U0712014

嵌入性约束下的长三角产业转移

杨玲丽 著

中国政法大学出版社
2019·北京

校庆筹备工作领导小组

组　长：	夏小和	刘晓红			
副组长：	潘牧天	刘　刚	关保英	胡继灵	姚建龙
成　员：	高志刚	韩同兰	石其宝	张　军	郭玉生
	欧阳美和	王晓宇	周　毅	赵运锋	王明华
	赵　俊	叶　玮	祝耀明	蒋存耀	

总序 GENERAL PREFACE

三十五年的峥嵘岁月，三十五载的春华秋实，转眼间，上海政法学院已经走过三十五个年头。三十五载年华，寒来暑往，风雨阳光。三十五年征程，不忘初心，砥砺前行。三十五年中，上海政法学院坚持“立足政法、服务上海、面向全国、放眼世界”，秉承“刻苦求实、开拓创新”的校训精神，走“以需育特、以特促强”的创新发展之路，努力培养德法兼修、全面发展，具有宽厚基础、实践能力、创新思维和全球视野的高素质复合型应用型人才，在中国特色社会主义法治建设征程中留下了浓墨重彩的一笔。

学校主动对接国家和社会发展重大需求，积极服务国家战略。2013 年 9 月 13 日，习近平主席在上海合作组织比什凯克峰会上宣布，中方将在上海政法学院设立“中国-上海合作组织国际司法交流合作培训基地”，愿意利用这一平台为其他成员国培养司法人才。此后，2014 年、2015 年和 2018 年，习主席又分别在上合组织杜尚别峰会、乌法峰会、青岛峰会上强调了中方要依托中国-上合基地，为成员国培训司法人才。2017 年，中国-上合基地被上海市人民政府列入《上海服务国家“一带一路”建设、发挥桥头堡作用行动方案》。五年来，学校充分发挥中国-上合基地的培训、智库和论坛三大功能，取得了一系列成果。

入选校庆系列丛书的三十五部作品印证了上海政法学院三十五周年的发展历程，也是中国-上海合作组织国际司法交流合作培训基地五周年的内涵提升。儒家经典《大学》开篇即倡导：“大学之道，在明明德，在亲民，在止于至善。”三十五年的刻苦，在有良田美池桑竹之属的野马浜，学校历经上海法律高等专科学校、上海政法管理干部学院、上海大学法学院和上海政法学院等办学阶段。三十五年的求实，上政人孜孜不倦地奋斗在中国法治建设的道路上，为推动中国的法治文明、政治进步、经济发展、文化繁荣与社会和谐而不懈努力。三十五年的开拓，上海政法学院学科门类经历了从单一性向多元性发展的过程，形成了以法学为主干，多学科协调发展的学科体系，学科布局日臻合理，学科交叉日趋完善。三十五年的创新，在我国社会主义法治建设进程中，上海政法学院学科建设与时俱进，为国家发展、社会进步、人民福祉献上累累硕果和片片赤诚之心！

所谓大学者，非谓有大楼之谓也，有大师之谓也。三十五部作品，是上海政法学院学术实力的一次整体亮相，是对上海政法学院学术成就的一次重要盘点，是上政方家指点江山、激扬文字的历史见证，也是上海政法学院学科发展的厚重回声和历史积淀。上海政法学院教师展示学术风采、呈现学术思想，如一川清流、一缕阳光，为我国法治事业发展注入新时代的理想与精神。三十五部校庆系列丛书，藏诸名山，传之其人，体现了上海政法学院教师学术思想的精粹、气魄和境界。

红日初升，其道大光。迎着佘山日出的朝阳，莘莘学子承载着上政的学术灵魂和创新精神，走向社会、扎根司法、面向政法、服务社会国家。在佘山脚下这座美丽的花园学府，他们一起看情人坡上夕阳抹上夜色，一起欣赏天鹅一家漫步在上合基地河畔，一起奋斗在落日余晖下的图书馆。这里记录着他们拼搏的青春，放飞着他们心中的梦想。

《礼记·大学》曰："古之欲明明德于天下者，先治其国。"怀着修身、齐家、治国、平天下理想的上政师生，对国家和社会始终怀着强烈的责任心和使命感。他们积极践行，敢为人先，坚持奔走在法治实践第一线；他们秉持正义，传播法义，为社会进步摇旗呐喊。上政人有着同一份情怀，那就是校国情怀。无论岁月流逝，无论天南海北，他们情系母校，矢志不渝、和衷共济、奋力拼搏。"刻苦、求实、开拓、创新"的校训，既是办学理念的集中体现，也是学术精神的象征。

路漫漫其修远兮，吾将上下而求索。回顾三十五年的建校历程，我们有过成功，也经历过挫折；我们积累了宝贵的办学经验，也总结了深刻的教训。展望未来，学校在新的发展阶段，如何把握机会，实现新的跨越，将上海政法学院建设成一流的法学强校，是我们应当思考的问题，也是我们努力的方向。不断推进中国的法治建设，为国家的繁荣富强做出贡献，是上政人的光荣使命。我们有经世济民、福泽万邦的志向与情怀，未来我们依旧任重而道远。

天行健，君子以自强不息。著书立说，为往圣继绝学，推动学术传统的发展，是上政群英在学术发展上谱写的华丽篇章。

上海政法学院党委书记 夏小和 教授
上海政法学院校长 刘晓红 教授
2019 年 7 月 23 日

摘要 ABSTRACT

遵循经济学的效率机制逻辑，产业转移是产业发展到一定阶段的必然产物，只要地区之间比较优势差异存在，企业就会从要素成本较高的地区向要素成本较低的地区转移（Lewis，1954；Akamatsu，1961；Vernon，1966；小岛清，1987；Dunning，1988；刘新争，2012）。遵循新经济地理学的“中心—外围”逻辑，产业转移是企业集聚带来的拥挤效应的必然选择，当经济增长到一定阶段之后，“中心”地区拥挤效应开始发挥作用，迫使一些产业部门向外围地区迁移，最终形成不同地区之间的专业化分工格局（Krugman，1991；藤田昌久等，2005）。

现实中，我们却发现，虽然“一带一路”倡议鼓励长三角地区的企业向中西部地区转移，但是产业转移并不是那么顺利，企业的生产活动依然受到地理和行政边界的约束。改革开放40多年来，发达地区与欠发达地区的经济差距之大就是事实，而企业却宁愿待在发达地区忍受高成本的煎熬，也不愿意转移到要素成本较低的欠发达地区（刘红光等，2011）。原因是，经济学和新经济地理学的研究把产业转移视为一个个单独厂商的独立行为，而忽视了现代生产实际上是一种复杂的网络联系（Powell，1990；Larsson，1993），一方面表现为基于生产链条的生产网络（陈介玄，1994），另一方面也表现为基于社会关系的社会网络（王缉慈，2001；魏江，2003）。而企业的生产则“高度嵌入”在这种生产网络和社会关系网络之中（Granovetter，1985），同时还嵌入在区域制度环境之中（Polanyi，1971/1957；Nee and Ingram，1998）。这说明，经济学和新经济地理学理论并不能完全解释产业转移机制。相对而言，社会学则始终坚持将生产活动置入社会化大背景中去观察（Granovetter，1985），为产业转移提供了一种新的解释视角。

从经济社会学视角来看，任何经济行为都是嵌入在社会关系网络和社会结构之中的，必然受到当地社会因素的约束（Granovetter，1985）。在关系主导的中国社会，对企业而言，地方乡土情结、地方企业家关系网络、企业与当地政府官员的关系都成为企业嵌入当地的社会资本，约束着企业的经济行为（杨玲丽，2012）。与物质资本和人力资本一样，嵌入在社会关系网络中的社会资本同样需要投资，并可以获得回报。企业通过建立良好的当地社会关系改善企业的经营环境，提高企业绩效。但是，社会资本与物质资本和人力资本不同的是，社会资本缺乏流动性，一旦企业转移，其嵌入在原有地的社会资本就会丧失（Coleman，1990）。因此，嵌入在当地社会关系网络中的社会资本对产业转移的影响是毋庸置疑的（杨玲丽，2010），这也是解释长三角地区劳动密集型产业为何转移不顺利的有力的社会学机制。

本研究从经济社会学视角，把企业看作高度嵌入的网络组织，以长三角企业问卷调查数据为依据，从制度嵌入、关系嵌入、生产嵌入三个层次考查产业转移的嵌入性约束因素。

（1）制度嵌入约束论。波兰尼认为人类经济嵌入于经济与非经济的制度之中（Polanyi，1971/1957），格兰诺维特的结构嵌入也包含着非正式制度嵌入的思想（Granovetter，1985），而倪志伟、王宁等则直接将制度嵌入性看作人的选择行为的正式制度和非正式制度约束（Nee and Ingram，1998；王宁，2008）。企业问卷调查的定量研究数据结果显示，正式制度（制度规范）和非正式制度嵌入（经商文化、共同价值观）影响企业之间的普遍信任（0.251***，0.383***，0.509***），从而影响企业向外转移的意愿（-0.468***）。

（2）关系嵌入约束论。新经济社会学的鼻祖格兰诺维特将经济行动看作嵌入在社会关系网络中，即关系嵌入（Granovetter，1985）。依循格氏逻辑，企业的生产活动也嵌入在社会关系网络中，这种关系网络能够产生信任，防止欺诈（Granovetter，1985）。即不是制度安排或者普遍道德使人们之间相互产生有效率的经济交易，而是由于人们被置于特定的网络之中，与熟人互动并由此产生了相互信任，才产生了有效率的经济交易（Granovetter，1973）。结合中国的现实情况，企业家的人际关系主要有两种：一种是企业家与政府官员之间的关系；一种是企业家之间的社会关系。在中国，企业家与政府官员的关系（寻租性关系）是一种特别的强关系，它凝聚了与众不同的信任、责任或义务（Tsui et al.，2006），从而使得企业可以更方便地获取所需的政治或政策资源，甚至连西方跨国公司都清楚地知道在中国做生意时“关系为王”(R. Buderi & GT Huang，2006)。而企业家之间的社会关系（社会性关系）可以帮助企业获得新技能和新知识（Podolny，Page，1998）、获取必要的资源(Westphal 等，2006)，从而提高企业的绩效（Powell，1990）。企业问卷调查的定量研究数据结果显示，寻租性关系嵌入和社会性关系嵌入影响企业之间的特殊信任（0.246***，0.117**），从而影响企业向外转移的意愿（-0.482***）。

（3）生产嵌入约束论。从鲍威尔（Powell，1990）把网络、市场和等级看作三种重要的组织间的交易模式开始，企业组织网络化研究开始得到重视并取得了丰硕的成绩。比如陈介玄（1994）把企业看作基于生产链条的生产网络，提出了“弹性化协力企业组织结构”，认为单个企业的生产离不开生产链条上的配套企业。李培林、梁栋（2003）分析了北京中关村 200 家高新技术企业的网络化发展新趋势。而且，随着现代化大企业，企业与金融、研发、人才招聘、人才培训、检测、技术服务等生产服务性机构的联系也越来越紧密，企业规模的扩大、产品质量的提升、技术创新等都离不开这些生产服务网络。企业问卷调查的定量研究数据结果显示，生产配套嵌入影响企业之间的特殊信任（0.752***），从而影响企业向外转移的意愿（-0.482***）；而生产服务嵌入则直接影响企业向外转移的意愿（-0.215**）。

虽然产业转移受到嵌入性约束，但是，在国家“一带一路”大背景下，在长三角地区日益面临着土地短缺、劳动力成本上升、环境治理等压力下，劳动密集型企业从长三角地区向经济欠发达的中西部地区转移将是大势所趋(叶琪，2014)。而且，如果劳动密集型企业不转出，长三角地区也很难进行“腾笼换凤”式产业升级。因此，产业转移迫在眉睫。而且，推动传统制造业从长三角地区向内陆欠发达地区转移也是我国推进产业结构调整，实现区域经济协调发展的重要战略。那么，如何突破产业转移的嵌入性约束，推动长三角地区的传统制造业向中西部欠发达地区转移呢？本研究主要以深度访谈和实地考察的形式，归纳了长三角地区打破嵌入性约束、推动产业顺利转移的 9 个案例。①嵌入性约束下，长三角产业转移的总指导思想是园区共建。其基本做法是：由发达地区和欠发达地区携手共建产业园，将在欠发达地区合作共建的园区看作发达地区产业园区在异地的延伸，既解决了产业发展的空间约束性，又保留了企业嵌入在原有地企业和政府中的社会关系网络，突破了产业转移过程中的嵌入性约束。②长三角园区共建成功运营的关键是

“政府导向、市场化运作”。主要做法是成立有政府背景的园区运作公司，在政府政策指引下，按照市场化运作。这种有政府背景的公司比政府直接推动产业转移更加有效率，因为此模式是以产业的内在需求为主导，按照市场化运作。政府可以搭建区域内“对内走出去”的服务平台，进行政策指引，但是产业转移到底能够“走到哪一步”，这得由区域经济的内在规律——市场“说了算”。只有企业在市场导向、成本导向、资源导向、产能扩张等方面“确实有内在需求”的情况下，相关产业的异地联动才会顺利“走出去”。如果条件不成熟，企业内在的调整愿望不迫切，企业“走出去”的积极性就不会很高。因此，区域一体化背景下的产业异地联动，绝不能搞成“政府直接干预”的“强制配对”，而是要尊重市场规律和经济规律，“有耐心、有引导、善等待”，在其内在动力的推进下，政府再提供政策导向，进而达到“自然而然，水到渠成”的效果。③江苏省南北挂钩共建产业园区突破产业转移的嵌入性约束。江苏省南北挂钩共建产业园区的成功做法是：苏南的南京、苏州、无锡、常州、镇江 5 市与苏北的淮安、宿迁、徐州、盐城、连云港 5 市实行一对一挂钩合作，由苏北在本地设立的省级以上开发区中，划出一定面积的土地作为区中园。区中园由苏南和苏北共同管理，苏南地区负责园区的规划、投资开发、招商引资和经营管理等工作，苏北地区负责拆迁安置、基础设施配套和社会管理等工作。在领导管理体制上，区中园通常有三个层级，即南北双方政府联席会议、园区管委会和园区投资开发公司。园区投资开发公司以股份制合作为主，一般是苏南占 60%以上的股份，因此苏南具有决策权。而且，园区管委会的干部主要由苏南派出，掌握着决策权，这种模式使企业从苏南转移到苏北去以后，仍然主要跟苏南的领导打交道，保留了企业跟苏南领导的社会关系网络，企业更愿意向外转移。截至 2015 年底，苏南苏北共建园区总数达 43 个。④嵌入性约束下，江苏省南北挂钩共建产业园区的制度安排。经济学的效率机制告诉我们，企业向外转移属于市场行为，策略应该是不同的。但是现实中却出现了企业的趋同现象，即企业看到自己周边的企业向哪里转移，也会跟着向哪里转移。原因是企业的决策并非纯理性模式，而是会受外界环境特别是制度环境的影响，会超越所谓的效率。“南北挂钩共建产业园区”就是江苏省政府在合法性机制作用下所提出的区域经济协调发展的制度安排，让政府以“行动者”的角色确立起产业转移的某种制度——共建产业园区，让苏南和苏北的园区行动起来，既为苏南园区产业升级“腾笼换凤”，又带动苏北的经济发展。而一旦制度安排发挥作用，政府即让效率机制在共建园区的运营过程中充分发挥能动作用，引导园区的经营者按照市场化运营园区，避免政府干预的低效率。⑤嵌入性约束下，苏州与宿迁合作共建产业园区的制度创新。宏观制度创新主要是政府作为产业转移的制度创新主体，园区作为推动主体。微观制度创新主要有两市签署南北挂钩合作协议的“制度顶层设计”，契约先行的“制度保障”，可持续发展的“合作利益机制”，园区与园区对接及园区作为产业转移的推动主体的“合作形式”制度创新，充分调动发达地区的积极性的“激励机制”制度创新，发达地区掌握主导权的“园区管理”制度创新，市场化运作的“园区运营”制度创新，“干中学”和培训宿迁干部的“人才培养”制度创新，股本金只给一次及后期滚动发展资金市场化运作的“资金支持”制度创新，为投资者建造一个“家”的“亲商理念”制度创新，基础设施规划先行的“保障机制”制度创新。⑥苏州工业园“飞地经济”模式超越嵌入性约束，促进产业转移。在嵌入性约束下，苏州工业园已经成功开拓了“走出去”发展飞地经济的新天地：苏南苏北合作的苏宿工业园成为跨区域合作的样本；苏南苏中携手的苏通科技产业园成为园区对外商业性合作的阵地；苏滁现代产业园是园区“城市整体开发运营”的尝试；新疆霍尔果斯口岸项目树立了东西区域“手拉手”的典范；苏相合作区是跨区联姻合作的新探索。园区通过“六项输出”突破产业转移的嵌入性约束：管理模式输出、人才输出、资金输出、招商经验输出、项目输出、中介服务机构输出等。因此，“飞地经济”的集群投资效应明显，企业逐渐愿意从苏州工业园区“脱嵌”出来，在“飞地经济”重新建立企业的社会关系网络，“重新嵌入”飞地经济。⑦苏州（宿迁）产业转移工业园的成功经验。该园区通过“两个到位”和“四个以苏南为主”突破产业转移中社会资本的嵌入性约束。“两个到位”是组织保证落实到位和帮办服务落实到位；“四个以苏南为主”是园区人才队伍“以苏南为主”、园区开发资金“以苏南为主”、园区招商“以苏南为主”、园区运行管理和服务“以苏南为主”。⑧上海“服务型政府”在园区共建中的作用。上海“服务型政府”的积极参与，成为推动产业转移的重要力量，主要体现在：“经济性公共服务”的供给者：“异地工业园”成为政府支持产业转移的载体，“长三角园区共建联盟”成为政府推动产业转移的公共服务组织；“制度性公共服务”的供给者：“总部经济”模式的发展战略选择加快产业转移，政策支持的“产业结构调整”式产业转移，政策支持的“企业规模化扩张”式产业转移。⑨上海外高桥（启东）产业园的经验借鉴。上海外高桥保税区与启东的合作模式被上海认为是既突破了土地瓶颈，促进产业转型升级，又能保持上海经济持续发展的典范。它的成功经验主要是：市场化运营，股份合作管理模式；转出方园区牵头，产业转移积极性更高；“组团式”外迁，增强企业信心；共建产业园，确保双赢。

目　录 CONTENTS

CHAPTER1 第一章

绪 论

第一节 研究背景

产业转移是产业发展到一定阶段的必然选择。产业转移也是我国经济发展的大趋势，是由资源供给或产品需求条件发生变化引起的东部发达地区部分企业顺应区域比较优势的变化趋势，将部分产业转移到中西部发展中地区，从而在产业的空间分布上表现出该产业由发达地区向发展中地区转移的过程和现象。产业转移是优化生产力空间布局、形成合理产业分工体系的有效途径，是推进产业结构调整、加快经济发展方式转变的必然要求。

从 20 世纪 80 年代起，我国东部地区利用我国要素禀赋优势积极承接国际产业转移，利用我国廉价的劳动力和自然资源，以“两头在外”的国际代工模式获得了快速发展。东部地区率先通过加工制造环节加入全球价值链，而中西部地区则成为东部地区廉价劳动力和自然资源的供给者。东部地区的这种先发优势，使其形成了良好的产业基础和高效的产业集聚，成为全球最具竞争力的加工制造平台。但是，经过改革开放 40 多年的发展，东部地区的产业集聚到一定程度，造成了当地的劳动力、土地、环境、资源等要素价格居高不下，导致东部地区依靠廉价和丰裕的低端要素获得竞争力的厂商开始丧失竞争优势，迫切需要向外转移。例如，自北京申办 2008 年奥运会成功以来，北京一直在将制造业、重化工企业等外迁，目前大型重工企业已基本迁移完毕。上海自申办 2010 年世博会成功后，也已经将数千家企业外迁，一批传统产业退出了上海。

对长三角地区而言，经过改革开放 40 多年的发展，受劳动力成本增加、人民币汇率调整、土地以及各种资源性产品价格不断飙升等多种因素的影响，一直以“制造业高地”著称的长三角地区在经历了经济高速发展之后，产业结构调整迫在眉睫。进入21世纪以来，长三角地区已经开始不断加快产业结构升级，调整区域产业布局，将资源和劳动密集型产业逐渐向苏北、安徽等地转移，集中力量发展高新技术产业和高端制造业。2010年5月24日，国务院正式批准实施长三角区域规划，贯彻落实《国务院关于进一步推进长江三角洲地区改革开放和经济社会发展的指导意见》（国发〔2008〕30号），加快长三角地区的产业结构调整，促进资源和劳动密集型产业向中西部地区转移，提升长三角地区的整体实力和国际竞争力。长三角地区大量产业也开始向长三角中上游转移，长江中游地区设立了安徽皖江、湖南湘南和湖北荆州三个国家级的承接产业转移示范区，长江上游地区设立了重庆沿江国家级的承接产业转移示范区。2018年，习近平在首届中国国际进口博览会开幕式上表示：“支持长江三角洲区域一体化发展并上升为国家战略，着力落实新发展理念，构建现代化经济体系，推进更高起点的深化改革和更高层次的对外开放，同‘一带一路’建设、京津冀协同发展、长江经济带发展、粤港澳大湾区建设相互配合，完善中国改革开放空间布局。”〔1〕

而上海则在长三角产业转移中扮演着重要的“输出方”角色。2011年，上海就提出“研发和销售两头在沪、中间在外”的产业转移模式。上海产业转移促进中心自2008年成立以来，已促成落地项目73个，投资金额724亿元，有效地推动了长江流域的联动发展。与此同时，内陆的企业也希望借助上海这个国际窗口与海外进行互动对接。上海的张江高新区内就有许多来自四川等中西部省份的企业，它们希望借助上海这个平台进行基础研发和产业化，同时吸引海外的投资，而生产制造则放在原籍地。上海自贸区的建设，使得上海的全球资源配置能力进一步增强，对长江流域的服务功能也进一步提升。而目前长三角地区正处在两种产业转移并行的关键阶段，一是国际产业向长三角区域内的沿海、沿高速公路、沿江等交通优势明显、基础产业雄厚的地区转移，二是在长三角内部，相对发达的上海、浙东、苏南则将部分产业向苏中、苏北转移。每年上海均会印发《上海市产业结构调整负面清

〔1〕“长三角一体化发展示范区是第二个雄安吗?”，载 http://www.sohu.com/a/294310734_479794.

单》，淘汰部分产业，比如2018年印发了淘汰两类软包装及两类软包装印刷工艺的清单，该清单成为相关单位开展结构调整、提升能源利用效率、实施差别电价政策、淘汰落后产能的主要依据。

对中西部地区而言，随着2000年西部大开发战略和2013年“一带一路”建设的推进，中西部地区的交通、水利、能源、通信等重大基础设施建设取得了实质性进展，基础设施条件日趋完善，制度环境、投资环境、市场环境正在大大改善，其固有的区位劣势正在不断弱化，外加低廉的土地、劳动力成本和丰富的资源，使其承接东部和境外产业转移的能力大幅增强。而且，中西部地区发挥资源丰富、要素成本低、市场潜力大的优势，积极承接国内外产业转移，不仅有利于加速中西部地区新型工业化和城镇化进程，促进区域协调发展，而且有利于推动东部沿海地区经济转型升级，在全国范围内优化产业分工格局。为了进一步推进中西部地区有序承接产业转移，国家于2006年出台了“鼓励东部地区向中西部地区进行产业转移”的政策，2008年出台了“继续推进西部地区基础设施和生态建设”“增加西部大开发投资”等政策，2010年又出台了《国务院关于中西部地区承接产业转移的指导意见》（国发〔2010〕28号），其指导思想是紧紧抓住国际国内产业分工调整的重大机遇，以市场为导向，以自愿合作为前提，以结构调整为主线，以体制机制创新为动力，着力改善投资环境，促进产业集中布局，提升配套服务水平；着力在承接中发展，提高自主创新能力，促进产业优化升级；着力加强环境保护，节约集约利用资源，促进可持续发展；着力引导劳动力就地就近转移就业，促进产业和人口集聚，加快城镇化步伐；着力深化区域合作，促进要素自由流动，实现东中西部地区良性互动，逐步形成分工合理、特色鲜明、优势互补的现代产业体系，不断增强中西部地区自我发展能力。为了促进中西部地区加快承接产业转移，国家共批准设立了安徽皖江城市带（2009）、广西桂东（2010）、重庆沿江（2011）、湖南湘南（2012）、湖北荆州（2012）、黄河金三角（跨山西、陕西、河南3省）（2012）共6个国家级承接产业转移示范区。

2013年9月至10月，习近平总书记先后出访中亚和东南亚国家，首次提出我国与各国共同建设“一带一路”的倡议构想。该倡议的主要思想是要加强“一带一路”沿线国家间的政策沟通、道路联通、贸易畅通、货币流通、民心相通。这一倡议不仅是我国开展外交新的倡议构想，将会推动我国部分产业的国际产业转移，而且也为平衡国内区域发展提出了新思路。一方面，它强调提高面向西北的中亚、西亚乃至欧洲的对外开放水平，为中西部地区开拓了新的市场空间；另一方面也有利于带动东部地区产业、资金等资源流向中西部地区，应对当前东部地区成本上升和转型压力增大、制造业加快对外转移等问题，促进制造业向中西部转移，加强东、中、西部之间的经济联动性。从 2013 年秋至今，习近平总书记的足迹遍布中亚、南亚、西亚、北非、中东欧等地。无论走到哪里，推进“一带一路”建设，都是他外访活动的重要内容。习近平总书记指出西部地区是中国经济增长的“新引擎”，要积极融入“一带一路”建设，为区域经济社会发展培育新动力。而且，近年来，随着“一带一路”建设蓝图的清晰呈现、政策驱动以及《中国制造 2025》战略决策的推行，西部地区已经积极融入“一带一路”，因地制宜、高效地承接东部的产业转移。目前河南、安徽、山西、陕西等省市已成为产业转移的主要承接地区，成都、重庆也积极利用长江经济带优势吸引东部地区的产业转移，同时利用“中欧班列”发展交通物流产业。2017 年 4 月，中国（陕西）自由贸易试验区挂牌成立。作为西北地区目前唯一的自由贸易试验区，陕西自贸区正在探索构建与“一带一路”沿线国家经济合作和人文交流的新模式。

但是，人们预期的长三角地区产业大规模向中西部转移的局面并没有出现，东西部之间的差距并没有缩小，西部地区的经济并没有被强劲拉动。这其中有很多原因。从国际背景看，主要是周边的发展中国家针对中国的吸引外资政策，纷纷出台更为优惠的措施，吸引了数额极高的外资。商务部国际贸易经济合作研究院指出，不少国外企业开始向越南、印度、柬埔寨等地设厂布点，一旦中国商务成本继续飙升，这些企业就会把订单转向东南亚一带的分厂。与此同时，发达国家也加大了对资金回流的鼓励，发达国家撤回海外投资的现象已经显现。2004 年美国出台的《本土投资法》，针对美国公司海外收益的所得税税率由 35%下调至 5.25%，期限是 1 年，条件是将这些收益投资于美国。从国内环境看，主要有中西部地区地方政府行为的短期化和非规范化，重招商、轻安商，政府失信违约、上热下冷、办事效率低、“吃拿卡”、乱收费、乱罚款、乱摊派等问题，使得长三角地区企业在向中西部转移的过程中望而却步；东部与中西部的投资环境的差异，使得已经转移过去的企业在投产过程中也遇到外来企业的“水土不服”，严重影响企业的生产经营；而中西部地区高端人才的缺乏也是一个非常严重的问题。从区域环境来看，一个地区内部所存在的经济发展梯度差异也抑制了劳动密集型产业向中西部地区转移，比如江苏省内部所存在的苏南、苏中与苏北的经济发展的梯度差异，使得地方政府出于区域经济协调发展的考虑，首先鼓励苏南的企业向苏北转移。

那么，是否还有其他因素制约着长三角地区企业向中西部地区转移呢？

第二节 研究问题的提出

在“一带一路”背景下，尽管长三角地区迫于产业结构调整的压力需要产业转移，中西部地区也迫于经济发展的压力和国家政策的支持迫切需要接受产业转移，而且，中西部地区的经济、社会面貌及基础设施也在不断完善，但是人们预期的长三角产业大规模向中西部转移的局面并没有出现，东西部之间的差距并没有缩小。为什么长三角地区的企业迟迟不愿意向中西部地区转移呢？

从经济学视角来看，产业转移是区域比较优势变化的必然结果。在二元经济模型中，当发达地区的农业剩余劳动力被耗尽之后，当地的劳动力价格就会进入持续上升通道，最后驱使资本向劳动力成本更低的发展中地区转移（Lewis，1954）。[1]而新的产业部门首先诞生在具有创新优势的发达地区，在其进入成熟期之后，再转移到具有劳动力成本优势的发展中地区（Vernon，1966）。[2]由于地区之间的比较优势是持续变化的，因此发达地区不断将已经失去比较优势的成熟产业转移到落后地区，落后地区则通过承接产业转移获得技术和资本（Akamatsu，1961；小岛清，1987）。[3][4]产业转移的第二个因素是市场牵引力。在国际贸易理论中，如果商品输出的成本大于资本输出的成本，企业就会选择通过资本输出的方式占领新市场，由此产生发达地区

---

［1］ See William Arthur Lewis，“Economic Development with Unlimited Supplies of Labour”，*The Manchester School*，Vol. 22，1954，pp. 139-191.

［2］ See Raymond Vernon，“International Investment and International Trade in the Product Cycle”，*The Quarterly Journal of Economics*，Vol. 80，1966，pp. 190-207.

［3］ See Akamatsu Kaname，“A Theory of Unbalanced Growth in the World Economy”，*Weltwirtschaftliches Archiv*，Vol. 86，1961，pp. 196~215.

［4］ 参见［日］小岛清：《对外贸易论》，周宝廉译，南开大学出版社 1987 年版。

向欠发达地区的产业转移（Dunning，1988）。[1]如果这种情况发生在同一国家的发达地区与欠发达地区之间，就形成了国家内部的产业转移（陈建军，2002）。[2]

从20世纪90年代快速发展的新经济地理学视角来看，产业转移是企业集聚带来的拥挤效应的必然选择（Krugman，1991；藤田昌久等，2005）。[3][4]当一个地区的企业集聚密度达到一定程度后，企业之间的激烈竞争导致利润水平下降，拥挤效应如果大于企业集聚产生的外部效应，企业就会向外围地区转移。至于何时出现产业转移，则取决于不同地区之间的运输成本，因为产业集聚水平与运输成本之间往往存在一个倒U型关系，运输成本过高或过低都会引发产业扩散，因此，通过降低运输成本可以促进产业转移，这也成为区域一体化研究的理论基础（Puga，2002）。[5]相比于传统的产业转移理论，新经济地理学将劳动力流动、市场牵引力、产业关联和企业竞争等诸多因素融入到统一的分析框架中，无疑具有更强的适用性，因此也逐渐替代了国内对产业转移的传统经济学分析视角（卢根鑫，1997）[6]，成为分析国内产业转移的主流理论（范剑勇，2004）[7]。

但是，经济学和新经济地理学研究仅仅考虑了经济因素对产业转移的影响，而忽视了社会因素的作用。实际上，任何经济行为都是嵌入在社会关系网络和社会结构之中的，必然受到当地社会因素的约束（Granovetter，1985）。[8]在关系主导的中国社会，对企业而言，地方乡土情结、地方企业家关系网络、企

---

〔1〕 See Dunning J. H., *Explaining International Production*, Unwin Hyman, 1988.

〔2〕 参见陈建军："中国现阶段产业区域转移的实证研究——结合浙江105家企业的问卷调查报告的分析"，载《管理世界》2002年第6期。

〔3〕 See Paul Krugman, "Increasing Returns and Economic Geography", *Journal of Political Economy*, Vol. 3, 1991, pp. 483-499.

〔4〕 参见［日］藤田昌久、［美］保罗·克鲁格曼、［美］安东尼·J·维纳布尔斯：《空间经济学——城市、区域与国际贸易》，梁琦主译，中国人民大学出版社2005年版。

〔5〕 See Diego Puga, "European Regional Policies in Light of Recent Location Theories", *Journal of Economic Geography*, Vol. 2, 2002, pp. 373-406.

〔6〕 参见卢根鑫：《国际产业转移论》，上海人民出版社1997年版。

〔7〕 参见范剑勇："市场一体化、地区专业化与产业集聚趋势——兼谈对地区差距的影响"，载《中国社会科学》2004年第6期。

〔8〕 See Mark Granovetter, "Economic Action and Social Structure: the Problem of Embeddedness", *American Journal of Sociology*, Vol. 91, 1985, pp. 481-510.

业与当地政府官员的关系都成为企业嵌入当地的社会资本，约束着企业的经济行为（杨玲丽，2012）。[1]与物质资本和人力资本一样，社会资本同样需要投资，并可以获得回报。企业通过建立良好的当地社会联系，改善企业的经营环境，提高企业绩效。但是，社会资本与物质资本和人力资本不同的是，社会资本缺乏流动性，一旦企业转移，其嵌入在原有地的社会资本就会丧失（Coleman，1990）。[2]因此，嵌入在当地社会关系网络中的社会资本对产业转移的影响无疑也是不容忽视的（杨玲丽，2010），[3]这也是解释长三角地区劳动密集型企业向中西部地区转移为何不顺利的有力的社会学机制。

经济学和新经济地理学忽视了企业之间的网络联系。而新经济社会学从一诞生就将企业的经济行为嵌入在社会大背景中去观察，从嵌入性视角解释企业的经济行为（Granovetter，1985）。[4]这为产业转移提供了一个新的研究视角。因此，从新经济社会学的视角，将企业生产视为一种“高度嵌入”的网络组织来考察产业转移具有重要意义。

本研究提出的问题是，在“一带一路”倡议引导和政府的推动下，长三角的多数劳动密集型企业也有向外转移的意愿，但是为什么企业迟迟不愿意向中西部地区转移呢？本研究将从新经济社会学的嵌入性视角，探讨企业向中西部地区转移的过程中会受到哪些嵌入性约束，地方政府如何帮助企业突破产业转移的嵌入性约束。

---

〔1〕 参见杨玲丽：“‘组团式’外迁：社会资本约束下的产业转移模式——上海外高桥（启东）产业园的案例研究”，载《华东经济管理》2012年第7期。

〔2〕 See Coleman J. S. , *The Foundations of Social Theory*, Belknap Press of Harvard University Press, 1990.

〔3〕 参见杨玲丽：“共生或竞争：论社会资本约束下的产业转移——苏州和宿迁两市合作经验的归纳与借鉴”，载《现代经济探讨》2010年第9期。

〔4〕 See Mark Granovetter, “Economic Action and Social Structure: the Problem of Embeddedness”, *American Journal of Sociology*, Vol. 91, 1985, pp. 481-510.

CHAPTER 2 第二章

文献综述

第一节 有关产业转移的研究

经济社会学有关产业转移的研究相对较少。产业转移方面的研究主要以经济学和新经济地理学为主，研究成果丰硕。因此，虽然本书是从经济社会学视角研究产业转移，但是有关产业转移的文献综述还是以经济学和新经济地理学为主。虽然有关产业转移的文献综述是以经济学和新经济地理学科为主，但是，这些学科在研究产业转移的过程中，引入了较多经济社会学的变量，比如社会资本、社会网络、关系、信任等，也值得经济社会学学科在研究产业转移时借鉴。

一、经济学有关产业转移的研究

经济学有关产业转移的研究较早，成果丰硕，影响力较大。现今多数产业转移的应用性研究仍然是以经济学产业转移理论为主。经济学将产业转移看作是区域间比较优势变化的必然趋势，更适合解释国际层面的产业转移是如何发生的，因为劳动力在国际间不容易流动。

（一）以发达国家为视角的产业转移理论

1. 劳动密集型产业转移理论

美国发展经济学家刘易斯放弃了新古典宏观经济学的劳动力供给固定不变的假设，假定劳动力供给具有无限弹性，于 1954 年在他的“劳动力无限供给条件下的经济发展”一文中，提出了劳动力部门转移理论（Lewis，1954）。[1]刘易斯将整个社会分为工业部门和农业部门，将劳动力的部门转移与经济发展分为三个阶段。第一阶段，农业部门中存在着大量隐性失业者，这部分劳动力边际生产力接近零或者为零，因此当这部分劳动力向工业部门转移时，农业的总产量不会受影响，出现的农业剩余产量正好可以满足转移到工业部门的劳动力对粮食的需求。第二阶段，当农业部门的边际生产力接近零或者为零的劳动力向工业部门转移完毕后，农业部门的一些边际生产力低于平均产量的剩余劳动力开始向工业部门转移，这部分劳动力的转移使得农业产量开始下降，所以提供给工业部门的农产品将短缺，工农业之间的贸易条件变得有利于农业部门，农业部门的工资水平开始上升。第三阶段，当农业部门的全部剩余劳动力都被吸收到工业部门以后，农业也开始进入商业化阶段（孙浩进，2012）。[2]

刘易斯的劳动力部门转移理论为他后来的“劳动密集型产业转移论”奠定了基础，他于 1978 年将产业转移与比较优势的变化相联系，在对劳动密集型产业区际转移现象的探讨后认为，发达国家由于人口自然增长率下降，非熟练劳动力不足，劳动成本趋于上升，劳动密集型产业的优势逐渐丧失，于是发达国家将劳动密集型产业转移到发展中国家，并从发展中国家进口劳动密集型产品，从而加快国内产业结构的升级。劳动力成本上升是产业转移的根本原因，劳动密集型产业是产业转移的主体（Lewis，1978）。[3]即劳动力部门转移理论提出的二战后发达国家的工业增长超速度，而人口增长几乎为零，导致劳动力不足，因此劳动密集型产业开始向发展中国家转移。

刘易斯的理论以赫克歇尔·俄林的要素禀赋理论为基础，把产业转移与比较优势变化相联系，认为产业转移的主体是劳动密集型产业，而没有讨论资本密集型和技术密集型的产业转移问题。因此，他并没有建立起产业转移的完整理论。

---

〔1〕 See William Arthur Lewis, “Economic Development with Unlimited Supplies of Labour”, *The Manchester School*, Vol. 22, 1954, pp. 139-191.

〔2〕 参见孙浩进：“国内外主要产业转移理论比较与评析”，载《福建论坛（人文社会科学版）》2012 年第 2 期。

〔3〕 See William Arthur Lewis, *The Evolution of the International Economic Order*, Princeton University Press, 1978.

从实证研究的角度来看，Pennings 和 Sleuwaegen[1]考察了大量的比利时企业和跨国公司，认为在工业化程度较高的经济体系中，劳动密集型产业比资本密集型产业更容易发生转移，并且两者在时间上存在先后顺序。对产业转移产生积极影响的因素是企业规模和创新速度，阻碍因素是未来的不确定性。受不确定性影响，大规模的跨国公司比小规模的公司更容易通过对外投资进行产业转移，尤其是盈利性跨国公司更容易作出产业转移决策。

2. 雁行形态理论

产业转移的雁行形态模式根源于比较优势的动态变化，这种变化促使产业结构在空间和层级上的相应调整。赤松要在 1935 年立足于产业转入区（日本）的视角，提出了雁行产业发展形态说。他通过对日本第二次世界大战前工业发展的路径分析，归纳出了产业发展的 3 种模式：第 1 种模式，后进国家的产业发展通常经历从接受转移到国内生产，再到对外出口的 3 个阶段，即依次经历“进口－国内生产（进口替代）－出口”的发展模式；第 2 种模式，工业生产模式是一个从一般消费品到资本品，或者是从低附加值产品到高附加值产品不断升级的过程，即产业结构处于不断升级的过程；第 3 种模式，某产品的第 1 种模式的动态演化会在国与国之间传导，后进国家的工业化会效仿先进国家的工业化（Akamatsu，1962）。[2]后来，赤松要又对其最初的“雁行形态理论”进行了补充，提出产业发展的“进口－进口替代（国内生产）－出口－重新进口”四个阶段的发展模式，把这些阶段用图表示出来，图表酷似展翅高飞的大雁，因此被称之为“雁行形态理论”（Akamatsu，1961）。[3]

后来，日本学者山泽逸平先生扩展了赤松要的“雁行产业发展形态”理论，提出了“进口－进口替代（国内生产）－出口成长－成熟－逆进口”五个阶段，更加详尽地阐述了后进国家如何通过进口先进国家产品和引进先进技术，建立自己的产业进行生产，不仅可以供给出口，而且可以满足国内需求，后

---

〔1〕 See Pennings E., Sleuwaegen L., “International Relocation: Firm and Industry Determinants”, *Economics Letters*, Vol. 67, 2000, pp. 179-186.

〔2〕 See Kaname Akamatsu, “A Historical Pattern of Economic Growth in Developing Countries”, *Journal of Developing Economies*, Vol. 1, 1962, pp. 3-25.

〔3〕 See Kaname Akamatsu, “A Theory of Unbalanced Growth in the World Economy”, *Weltwirtschaftliches Archiv*, Vol. 86, 1961, pp. 196-215.

来居上取代“领头雁”地位，并最终实现经济腾飞。

“雁行形态理论”是对日本明治维新以来产业发展路径的归纳，反映了日本包括纤维、钢铁、汽车等许多产业的发展轨迹。在赤松要之后，很多学者对“雁行形态理论”进行了验证。康明思（Cumings，1984）[1]运用“雁行形态理论”分析了20世纪60年代~80年代东亚经济内部产业分工与转移的动态关系。小泽辉智（Ozawa，1991）[2]通过经验验证了日本许多产业的发展符合此模式。小泽辉智等（Ozawa and Castello，2001）[3]还在“雁行形态理论”的基础上，引入了跨国公司和直接投资因素，发展出“增长阶段模型”，从而使雁行模式发生了变化，该模型认为跨国公司可以在产品生命周期一开始就在国外投资设厂生产，无需通过出口来开发东道国市场，外商直接帮助东道国建立起有竞争力的消费品工业。冲田（Okita，1985）[4]指出国家和地区间的产业发展阶段、资源禀赋以及历史遗产等方面的差异是雁阵模式的关键，正是这些差异的存在，才使得大国经济与小国经济之间存在异质性，一旦比较优势发生变化，产业即发生转移。蔡昉等[5]则把国与国之间的产业转移称之为“小国雁阵模式”，而一国内部地区之间的产业转移称为“大国雁阵模式”。

赤松要的“雁行形态理论”被当作后发和新兴工业化国家和地区产业发展的一般路径，用来解释后发国家通过承接发达国家的产业转移，实现工业化后，再向欠发达国家的梯度转移的全过程。但是，由于该理论未触及当时发达国家的产业发展问题，并且随着许多东亚国家经济结构的趋同，该理论

---

[1] See Cumings B.，“The Origins and Development of the Northeast Asian Political Economy：Industrial Sector，Product Cycles，and Political Consequences”，*International Organization*，Vol. 38，1984，pp. 1-40.

[2] See Ozawa T.，“Foreign Direct Investment and Structural Transformation：Japan as a Recycler of Market and Industry”，*Business and Contemporary World*，Vol. 1，1991，pp. 129-150.

[3] See Ozawa T.，Castello S.，“Toward an ‘International Business’ Paradigm of Endogenous Growth：Multinationals and Governments as Co-Endogenisers”，*International Journal of the Economics of Business*，Vol. 8，2001，pp. 211-228.

[4] See Okita S.，“Special Presentation：Prospect of the Pacific Economies”，in Korea Development Institute ed.，*Pacific Cooperation：Issues and Opportunities*，pp. 18-29，Report of the Fourth Pacific Economic Cooperation Conference，in Seoul，Korea，1985，April 29-May1.

[5] 参见蔡昉、王德文、曲玥：“中国产业升级的大国雁阵模型分析”，载《经济研究》2009年第9期。

越来越欠缺解释力。

3. 产品生命周期理论

基于赤松要的“雁行形态理论”越来越缺乏解释力，美国经济学家弗农（Vernon，1966）[1]和小岛清（Kojima，1978）[2]将“雁行形态理论”与“产品生命周期”相结合，立足于产业转出区的视角，引入动态的区位条件，分析产业比较优势如何从国际贸易领域延伸到对外直接投资领域。在此基础上，弗农于1966年发表了“产品生命周期中的国际投资和国际贸易”一文，提出了著名的“产品生命周期理论”（Vernon，1966）。[3]1968年，又在“产品周期中的国际贸易”一文中进一步完善了产品生命周期理论，从产品属性变化的角度解释产业转移以及产业转移对产业升级的作用，认为产品跟生命一样，有一个出生、成熟、衰老的过程，因此将产品生命周期分为三个阶段，即新产品阶段、成熟产品阶段和衰老产品阶段。随着时间推移，不同阶段的产品在不同国家受到重视的程度不同，从而导致不同国家之间的产业转移，推动了产业转出国和转入国的产业结构的调整与升级，即认为产业转移是企业为了顺应“引入期—成长期—成熟期—衰退期”的产品生命周期的变化，避开产品生产的比较劣势而进行的空间转移。该产品生命周期理论可以解释发达国家出口贸易、技术转让和对外直接投资的发展过程。

塔恩（Tan，2002）[4]在弗农的“产品生命周期理论”基础上，从产品系列的角度解释产业转移，进一步将产业转移动态化和系统化，并将企业生产的产品分为高档、中档和低档，并将市场结构分为直接出口（DS）、中间产品出口（IL）和当地生产（LP）。高档产品对应的市场结构以直接出口（DS）为主，中间产品出口（IL）和当地生产（LP）为辅；中档产品对应的市场结构以中间产品出口（IL）、当地生产（LP）为主，直接出口（DS）为

[1] See Raymond Vernon, “International Investment and International Trade in the Product Cycle”, *Quaterly Journal of Economics*, Vol. 80, 1966, pp. 190-207.

[2] See Kojima K., *Direct Foreign Investment: A Japanese Model of Multinational Business Operations*, Croom Helm, 1978.

[3] See Raymond Vernon, “International Investment and International Trade in the Product Cycle”, *Quaterly Journal of Economics*, Vol. 80, 1966, pp. 190-207.

[4] See Tan Z. A., “Product Cycle Theory and Telecommunications Industry-foreign Direct Investment, Government Policy, and Indigenous Manufacturing in China”, *Telecommunications Policy*, Vol. 26, 2002, pp. 17-30.

辅；低档产品则以当地生产（LP）为主。一国的市场结构在一段时期内相对保持不变，而高档、中档、低档产品则不断变化，新产品不断充实到高档产品系列中去，使得高档产品不断更新，一部分高档和中档产品被迫降级并充实到中档和低档产品系列中去。而外商直接投资者通常会将高档产品主要放在本国生产；将中档产品主要在国外组装的同时，将该产业向国外转移；而对于低档产品则完全转移到国外进行生产。

利普西（Lipsey，2002，引自马子红等，2012）[1]在研究跨国公司对外投资时发现，跨国公司更趋向于在母国生产高端产品，而在投资对象国生产低端产品，这样可以转移国内部分劳动密集型产业到投资对象国，提高本国产品的竞争力，从而达到产业升级的目的。

4. 边际产业转移扩张理论

小岛清（Kojima，1978）[2]在比较优势原理和产品生命周期理论的基础上，根据20世纪60年代末日本企业对外直接投资的情况，于1978年提出了“边际产业转移扩张理论”。该理论的基本涵义是，当一个国家的某些产业在本国已经或者即将失去发展空间（处于或即将处于劣势地位），成为该国的“边际产业”后，而该产业在另一些国家可能正处于优势地位或者潜在优势地位。因此，主张发达国家对发展中国家工业的投资要按照比较优势依次进行，从技术差距小、容易转移的技术开始，逐步进行转移，即主张发达国家对外直接投资应该从本国已经或即将处于比较劣势的产业开始，并将自己国家处于比较劣势的产业（边际产业）转移出去，在转移的过程中，先由发达国家转移到次发达国家，再由次发达国家转移到发展中国家（小岛清，1987）。[3]小岛清（Kojima，2000）[4]后来也用他的“边际产业转移扩张理论”分析了亚洲经济发展。

小岛清的理论是以李嘉图的比较成本理论和赫克歇尔·俄林的要素禀赋理论为基础的，反映了日本战后经历的“引进现代产业部门——创造比较优

---

〔1〕参见马子红、朱绍辉、蒋璇：“产业转移与区域产业升级：一个文献综述”，载《生产力研究》2012年第1期。

〔2〕See Kojima K., *Direct Foreign Investment: A Japanese Model of Multinational Business Operations*, Croom Helm, 1978.

〔3〕参见［日］小岛清：《对外贸易论》，周宝廉译，南开大学出版社1987年版。

〔4〕See Kojima K., “The ‘Flying Geese’ Model of Asian Economic Development: Origin, Theoretical Extensions, and Regional Policy Implications”, *Journal of Asian Economics*, Vol. 11, 2000, pp. 35-43.

势——失去比较优势——向外转移”的过程。

5. 国际生产折衷理论

1977年，英国瑞丁大学教授邓宁（Dunning）在《贸易，经济活动的区位和跨国企业：折衷理论方法探索》中提出了国际生产折衷理论，即O-L-I模型。该折衷理论总结出决定国际企业行为和国际直接投资的三个最基本的要素：O，所有权优势（Ownership）；L，区位优势（Location）；I，市场内部化优势（Internalization）。1981年，他在《国际生产和跨国企业》一书中对折衷理论进行了进一步阐述。产业组织决定所有权优势，要素禀赋结构决定区位优势，交易成本决定内部化优势。“三优势”是决定企业对外投资、向哪个国家或地区投资的主要因素，是解释企业对外直接投资和跨国经营的主要原因。只有当企业同时具备这三种优势时，才完全具备了对外直接投资的条件。邓宁的折衷理论涵盖了各种跨国经营活动，包括货物贸易、无形资产的转让、对外直接投资等（Dunning，1981）。[1]邓宁的国际生产折衷理论克服了传统的对外投资理论只注重资本流动方面的研究不足，他将直接投资、国际贸易、区位选择等因素综合起来加以考虑，使国际投资研究向比较全面和综合的方向发展。

在20世纪80年代初期，邓宁在国际生产折衷理论基础上，又提出了从动态角度解释一国的经济发展水平与国际直接投资地位的关系的国际投资发展周期理论（Dunning，1989）。[2]邓宁采取实证分析方法，对67个国家1967年~1978年间的直接投资流量与经济发展水平的资料进行了分析，结果发现一国的直接投资流量与该国的经济发展水平有密切关系。国际投资发展周期理论的核心是把一国的对外直接投资与该国的经济发展阶段联系起来，并结合该国所拥有的所有权优势、内部化优势和区域优势进行分析。其主要观点是：国家在经济发展初期，基本上处于国际产业单向转入阶段；随着经济的发展和人均GDP的增加与产业结构的调整，以及企业国际竞争力的提高，该国逐渐走上国际化道路，开始通过对外直接投资，改变原先国际产业的单向转入格局，真正加入到产业国际转移的行列国当中。该理论为解释发展中国

〔1〕 See Dunning J. H. , *International Production and the Multinational Enterprise*, London: George Allen & Unwin, 1981, pp. 102-110.

〔2〕 See Dunning J. H. , *Explaining Internation Production*, Unwin Hyman, 1988.

家，特别是一些新兴工业化国家和地区在国际产业转移发展历程中的地位转变问题提供了一定的理论依据（汪斌、赵张耀，2003）。[1]

邓宁用人均国民生产总值（GNP）代表一个国家的经济发展水平，用一国的人均直接投资流出量（ODI）、人均直接投资流入量（IDI）和人均直接投资净流出量（NODI）表示一国对外直接投资的水平。在此基础上，邓宁把经济发展水平分为四个阶段：第一阶段人均 GNP 低于 400 美元，处于这一阶段的国家，是世界最贫穷的国家，经济落后，几乎没有所有权优势和内部化优势，也不能利用国外的区位优势，对外直接投资处于空白状态，国外直接投资的流入处于很低的水平；第二阶段人均 GNP 处于 400 美元~1500 美元之间，处于该阶段的国家，由于经济发展水平的提高，国内市场有所扩大，投资环境有较大改善，因而区位优势较强，外国直接投资流入迅速增加，但由于这些国家企业的所有权优势和内部化优势仍然十分有限，对外直接投资刚刚起步，还处于较低水平。大多数发展中国家处于这一阶段；第三阶段人均 GNP 在 2000 美元~4750 美元之间的阶段，处于这一阶段的国家，经济实力有了很大的提高，国内部分企业开始拥有所有权优势和内部化优势，对外直接投资迅速增长，这一阶段国际直接投资的流入量和流出量都达到较大的规模。大多数新兴工业化国家处于这一阶段；第四阶段人均 GNP 超过 5000 美元，处于这一阶段的国家主要是发达国家，由于它们拥有强大的所有权优势和内部化优势，并从全球战略的高度来利用东道国的区位优势，因此对外直接投资达到了相当大的规模。由此可见，一国的经济发展水平决定了它所拥有的所有权优势、内部化优势和区位优势的强弱，三个优势的动态组合及其消长变化决定了一国的对外直接投资地位。[2]

6. 区域生命周期理论

1966 年，美国经济学家汤普森在《经济地理》杂志中发表的“对制造业地理的几点理论思考”一文中提出了“区域生命周期理论”。该理论是在费农的“产品生命周期理论”基础上提出的，认为产业区域也像有机生命体一样，经历着“青年-成熟-老年”的发展历程，不同阶段的区域面临一系列不同的

---

〔1〕 参见汪斌、赵张耀：“国际产业转移理论述评”，载《浙江社会科学》2003 年第 6 期。

〔2〕 参见“投资发展周期理论”，载 http://baike.baidu.com/view/3607689.htm，最后访问时间：2015 年 6 月 16 日。

问题，处于不同的竞争地位。在产业区域的青年阶段，区域具有比较成本优势，吸引经济发达区域的企业向该区域转移。当进入成熟期以后，区域内部工业相当发达，区域间的竞争加剧，在激烈的竞争下，当一个区域的比较成本优势逐渐削弱并丧失以后，区域内的企业为了寻求进一步发展，就会逐渐向其他区域转移（Thompson，1966）。[1]

7. 增长极理论

法国经济学家佩鲁（Francois Perroux）1955 年提出了增长极（growth pole）理论。该理论被认为是西方区域经济学中经济区域观念的基石，是不平衡发展论的依据之一。他反驳古典经济学家的均衡观点，指出现实世界中经济要素的作用完全是在一种非均衡的条件下发生的：增长并非同时出现在所有地方，它首先出现在一些增长点或增长极上，然后以不同的强度、通过不同的渠道向外扩散，并对整个经济产生不同的影响（Perroux，1955）。[2]增长极理论认为：一个国家要实现平衡发展只是一种理想，在现实中是不可能的，经济增长通常是从一个或数个“增长中心”逐渐向其他部门或地区传导。因此，应选择特定的地理空间作为增长极，以带动经济发展。

20 世纪 60 年代以来，美国经济学家赫希曼（Hirschman，1958）、法国经济学家布代维尔（Boudeville，1966）、美国经济学家弗里德曼（Friedmann，1966，1973）、美国经济学家汉森（Hansen，1972）等人分别在不同程度上进一步丰富和发展了佩鲁的增长极理论，使区域增长极理论的发展成为了区域开发工作中的流行观点。

8. 不平衡增长理论

赫希曼（Hirschman）于 1958 年发展了佩鲁的增长极理论，提出了一种应用性更强的“核心—外围”理论，并将它应用于对区域的不平衡增长问题的分析，因此又称之为不平衡增长理论（赫希曼，1991）。[3]该理论认为不同地区的发展有不同的顺序和发展速度，当某些主导产业或者有创新能力的

〔1〕 See Thompson J. H. , “Some Theoretical Consideration for Manufacturing Geography”, *Economic Geography*, Vol. 3, 1966, pp. 127-145.

〔2〕 See Perroux Francois, “The Theory of Monopolistic Competition- A General Theory of Economic Activity”, English Translation by Krishnan Kutty of Perroux's Preface to the French translation of E. H. Chamberlin's Theory of Monopolistic Competition, *The Indian Economic Review*, Vol. 2, 1955, pp. 134-143.

〔3〕 参见［美］赫希曼：《经济发展战略》，曹征海、潘照东译，经济科学出版社 1991 年版。

产业集中在大城市，并优先得到发展后，会形成资本与技术的高度聚集，产生规模效应，形成增长迅速的“发展极”。“发展极”地区得到优先发展以后，会通过技术外溢和技术创新带动本地产业结构优化和促进其他地区的产业发展。正是这种不同地区之间的差异，促使中心地区的市场不断扩大，技术和产业向周边地区转移，也加快周边地区的产业结构调整步伐。

瓦尔兹（Walz，1996）将赫希曼的不平衡增长理论应用到了微观层面，通过对美国企业产业集聚现象的探析，指出：技术外溢是产业集聚的主要推动力，正是技术外溢提高了集聚企业的生产效率，形成了产业集聚的“规模经济”，成为带动地方经济增长的“极核”（马子红等，2012）。[1] 在此基础上，贝斯特（Best，2001）进一步提出，产业集聚会产生知识的外溢效应，单个企业为了不断降低生产成本，将非常重视专业技术知识的不断更新，最终会引起产业结构的调整升级（马子红等，2012）。格尔和施特罗布尔（Görg and Strobl，2001）[2]通过对跨国公司的研究，发现跨国公司通过技术外溢促使东道国企业实现了技术更新，在提高了产品市场竞争力的同时，也优化了东道国的技术结构，促进了东道国产业的转型升级。

9.“中心-边缘”模型

1966年，弗里德曼（Friedmann）将佩鲁的增长极理论应用于对委内瑞拉经济的分析，构建了“中心-边缘”模型，取得了引人瞩目的成绩。之后，这种“中心-边缘”或者“核心-外围”的二元结构的分析范式成为区域经济学的固定模式，近年来兴起的新经济地理学家们也基本上沿用了这种“中心-外围”的二元结构分析区域经济的发展（陈建军，2007）。[3]1998年，藤田昌久等人将东亚经济发展过程描绘成一个“集聚-扩散”的过程。比如在日本，以东京、横滨为中心的京滨经济圈和以大阪、京都和神户为中心的京神阪经济圈是日本经济的核心区，其他则是外围地区。在亚洲，起初日本是亚洲经济发展的核心区，以后这一核心区扩展到了日本和亚洲四小龙，并在进一步

---

〔1〕 参见马子红、朱绍辉、蒋璇：“产业转移与区域产业升级：一个文献综述”，载《生产力研究》2012年第1期。

〔2〕 See Holger Görg, Eric Stobl, “Multinational Companies and Productivity Spillovers: A Meta-Analysis”, *The Economic Journal*, Vol. 111, 2001, pp. 723-739.

〔3〕 参见陈建军：“长江三角洲地区产业结构与空间结构的演变”，载《浙江大学学报（人文社会科学版）》2007年第2期。

扩展过程中（藤田昌久、久武昌人，1998）。[1]

10. 政策创新的“洼池效应”

20世纪50年代以来，为减少区域间的经济发展不平衡，许多国家对迁往落后地区的企业提供多种形式的津贴或其他政策刺激，这就产生了政策创新的“洼池效应”，吸引发达地区的大量产业主动向外转移，比如荷兰、法国都先后采用了类似的做法。因此，研究者们开始关注政策因素对产业转移和产业升级的影响，并开始对激励产业转移的政策进行评估。基布尔（Keeble，1976）的研究发现，区域政策是影响1966年~1971年英国区域间产业转移的重要原因。奥托纳和圣阿加塔（Ortona and Santagata，1983）认为，意大利都灵地区的土地优惠政策促进了产业转移，企业的区位选择行为是企业与政府、供应商、工会以及其他机构就土地价格、工资、税收、补贴等关键性因素谈判的结果。穆尔、罗兹和泰勒（Moore，Luo and Taylor，1993）的研究表明，产业转入区吸引投资的优惠条件、工资补贴等，以及在产业转出区对企业发展的限制政策对产业转移产生着重要影响。杜邦和马丁（Dupont and Martin，2003）探讨了地区补贴政策对落后地区产业区位、就业、收入不平等以及福利水平的影响后发现：当贸易成本较低时，上述所有补贴方式对产业区位的影响较强；当从地方层面融资时，补贴能够成功吸引产业；对贫困地区制造业的补贴影响了地区竞争和企业规模，可能会导致贫困地区缺乏创新精神，造成就业和生产的下降；如果存在产业区位调整成本，地区补贴则可能损害贫困地区（马子红等，2012）。[2]

（二）以发展中国家为视角的产业转移理论

20世纪80年代后，随着发展中国家的经济崛起，国际经济舞台上出现了发展中国家向发达国家或者欠发达国家的产业转移现象，而以发达国家为研究对象的产业转移理论无法解释这种现象。因此，出现了以发展中国家为视角的新理论。

---

〔1〕参见［日］藤田昌久、久武昌人：“日本和东亚地域经济系统的演变——新空间经济学视角分析”，载《通商产业研究所报告》1998年6月。

〔2〕参见马子红、朱绍辉、蒋璇：“产业转移与区域产业升级：一个文献综述”，载《生产力研究》2012年第1期。

1. 中心-外围理论

普雷维什（Prebisch）用依附理论阐述了发达资本主义国家（中心）和发展中国家（外围）之间的经济格局导致了发展中国家巨额贸易逆差和劣势贸易条件，发展中国家出于发展的压力而被迫实行的通过国内生产替代大量进口的进口替代战略，是产业转移发生的根源（普雷维什，1990）[1]。普雷维什借鉴了汉密尔顿、李斯特等人的贸易保护主义理论，强调发展中国家为迅速实现工业化而产生的被迫性产业移入需求，突出了国家行为对产业转移的影响，同时也较早地注意到了产业转移的消极影响，但是忽略了产业转移对欠发达地区经济发展的促进作用。

2. 局部创新理论

威尔斯、坎特威尔和托兰西诺、拉奥从局部创新和技术转移的视角解释了发展中国家的国际产业转移现象。这些理论对当前发展中国家走国际化道路和对外直接投资提供了理论依据。

（1）小规模技术理论

威尔斯（Wells，1983）[2]的小规模技术理论认为发展中国家产业的比较优势来源于为小市场需求服务的小规模生产技术优势，这种优势使得发达国家企业所擅长的大规模生产技术因为前期投入高、生产成本高而在竞争中陷入窘境。威尔斯的理论摒弃了那种只能依赖垄断技术优势打入国际市场的传统观点，将发展中国家对外直接投资的竞争优势与某些特殊的市场特征有机结合起来，从而为经济落后国家对外产业转移提供了理论依据。

（2）技术创新升级理论

坎特威尔和托兰西诺从技术进步和技术积累的角度阐述了发展中国家对外产业转移的阶段性动态演进过程，提出了技术创新升级理论（Cantwell and Tolentino，1990）[3]。该理论的主要观点是，发展中国家的技术能力的提高和积累是影响其对外投资的决定性因素，技术进步越快，技术能力

---

〔1〕 参见［阿根廷］劳尔·普雷维什：《外围资本主义——危机与改革》，苏振兴、袁兴昌译，商务印书馆1990年版。

〔2〕 See Wells L. T., *Third World Multinationals-The Rise of Foreign Direct Investment from Developing Countries*, MIT Press, 1983.

〔3〕 See Cantwell J., Tolentino P. E. E., "Technological Accumulation and Third World Multinationals", Discussion Paper in *International Investment and Business Studies*, Vol. 139, 1990, pp. 1-58.

的积累越多，对外投资的规模和速度就越快，并且认为发展中国家对外投资的产业分布和地理分布是随着时间的推移而逐渐变化的，并且是可以预测的。

(3) 技术本地化理论

拉奥（Sanjaya Lall，2004）通过对印度跨国公司的投资动机和竞争优势的考察，从技术优势的变迁来解释发展中国家的对外产业转移，提出了“技术本地化优势”理论。他认为，发展中国家对成熟技术的应用和生产工艺的改进，可以使发展中国家的企业形成自己的本土化优势，这种新技术和工艺在小规模生产条件下更具有效益，能够满足中低档次产品的生产需求，从而形成对外投资竞争优势，进而实施向外产业转移（引自：马子红等，2012）。[1]

3. 产品生命周期理论的变型

利柯鲁（Lecraw，1993）[2]运用产品生命周期理论的变型来解释发展中国家向下对外产业转移行为，认为发展中国家的对外直接投资通常发生在产品周期的成熟期与学习曲线的上升期的交点，并且是倾向于到经济发展水平相对较低的国家进行跨国生产，利柯鲁的理论对发展中国家制造业向下游投资具有一定的解释力。

二、基于集聚的产业转移理论

在国外产业转移理论中，基于集聚的产业转移理论主要包括古典区位理论和新经济地理理论。古典区位理论的影响力相对较弱，而20世纪90年代以克鲁格曼为代表所兴起的新经济地理学理论则影响力很大，在产业集聚和产业转移方面的解释力也较强。因为新经济地理学理论忽略劳动力的自由流动要素，对一国内部产业转移的解释力也较强，因此被我国很多学者用来研究中国的国内产业转移现象。

（一）古典区位理论

古典区位理论采取微观经济学的分析方法，探讨不同生产要素对工业区位

[1] 参见马子红、朱绍辉、蒋璇：“产业转移与区域产业升级：一个文献综述”，载《生产力研究》2012年第1期。

[2] See Lecraw D. J., “Outward Direct Investment by Indonesian Firms: Motivation and Effects”, *Journal of International Business Studies*, Vol. 24, 1993, pp. 589-600.

分布的影响，以及生产要素价格变动对区位选择的影响。认为工业区位选择实际上是企业追求利润最大化目标的自发选择，由于不同的地点、市场以及技术条件，使得企业面临不同的成本与收益的取舍，从而做出不同的区位选择决策（许崴、魏攀，2011）。[1]

杜能（Von Thünen，1826）在《孤立国同农业和国民经济的关系》一书中，推导出了著名的“杜能圈”，认为农业生产的集约化程度跟其与城市距离的远近相关，呈现出由内向外的带状变化的一系列同心圆，每个圆中都有自己的主要产品和耕作制度。他同时引入运输成本作为农业区位选择的重要因子，分析了地租、位置和资源配置对农业生产的影响，从而形成农业区位论，为工业区位选择理论的发展奠定了基础。

韦伯（Alfred Weber，1909）较早地研究了工业的区域布局问题，并提出了工业区位选择论，认为工业区位的选择取决于生产成本费用的大小，即一个理想的工业区位是选择在生产成本费用最小的点上。指出了决定工业区位的最小成本理论。他提出了“区位因子”概念，即决定工业空间分布的因素。他认为区位因子决定生产区域，通过因子分析找出的成本最低点是企业生产的理想区域。他认为最佳工业区位是运费、劳动力成本和集聚效应三者作用下的结果。因此，随着运费、工资等要素的变化，区域产业转移应运而生。韦伯的工业区位选择理论是在假设非经济因素（例如文化、民族、气候、政策、技术等）不起作用的前提下，探索资本、人口句大城市移动与集聚背后的空间机制，及工业区位移动的规律，寻找影响工业区位移动的各个因素及其作用大小（孙浩进，2012）。[2]

后来，诸多学者发展了韦伯的区位选择理论，或者在韦伯理论的基础上发展出了自己的理论体系。马歇尔（1920）从需求和供给两个方面分析了某些工业为何集中于特定地方（何龙斌，2012）。[3]克里斯泰勒（Walter Christaller，1933）在韦伯的理论的基础上，首创了以城市聚落为中心进行市场与网络分析的理论，即中心地理论。英国经济学家登尼森（Dennison，1937）结

[1] 参见许崴、魏攀：“国内外产业转移相关理论研究综述”，载《金融理论与教学》2011年第4期。

[2] 参见孙浩进：“国内外主要产业转移理论比较与评析”，载《福建论坛（人文社会科学版）》2012年第2期。

[3] 参见何龙斌：“区际产业转移的要素变化与现实表征”，载《改革》2012年第8期。

合当时的产业发展，发表了“工业区位理论”和“工业区位的政府统制”两篇文章，认为韦伯的区位研究只考虑技术关系，从而无法解释那些从成本最小化来讲应该迁移但是却没有迁移的情况。胡佛（Hoover，1937~1948）的研究更为系统，他修改了韦伯的体系，强调通过区域经济政策来发展区域经济，解决一些所谓的“问题区域”的经济发展。廖什（August Losch，1940）以克里斯泰勒的中心地理论为理论分析框架，把工业区位分析的对象推至多个产业，指出在资源、人口分布相同的情况下，工业的空间集聚是由规模经济和最终产品运输费用差异所决定，而且认为产业布局必须充分考虑市场因素，企业的区位选择是由其能否实现利润最大化来决定的（许崴、魏攀，2011）[1]。

（二）新经济地理理论

以新经济地理学领军人物克鲁格曼的经典文献为基础而发展起来的新经济地理学，基于集聚力和扩散力的相互作用，深入探讨了产业集聚和产业转移的微观机制，为不完全竞争和规模经济并存的市场中产业转移提供了另一种解释（丁建军，2011）。[2]该理论认为，经济活动的空间聚集取决于报酬递增、空间聚集和路径依赖，而产业转移是集群拥挤效应积累到一定程度的必然选择，当集群拥挤效应大于集群所带来的外部收益时，企业就会自发地向外转移（Krugman，1991；Fujita etc.，1999）。[3][4]

在新经济地理学有关产业转移的研究中，主要是围绕产业集聚（industry agglomeration）、产业扩散（industry dispersion）、产业区位（industry relocation）和产业变迁（industry churning）而展开的。它认为，产业集聚是企业的规模报酬递增、运输成本和生产要素成本减少或增加通过市场的相互作用而产生的，区域之间的运输成本是决定区域产业转移的关键变量。也就是说，经济发展过程中伴随着运输成本的变化，企业的利润结构以及个体的福利结构也

---

〔1〕参见许崴、魏攀：“国内外产业转移相关理论研究综述”，载《金融理论与教学》2011年第4期。

〔2〕参见丁建军：“产业转移的新经济地理学解释”，载《财经科学》2011年第1期。

〔3〕See Paul Krugman, “Increasing Returns and Economic Geography”, *Journal of Political Economy*, Vol. 99, 1991, pp. 483-499.

〔4〕See Fujita M., Krugman P., Venables A. J., *The Spatial Economy: Cities, Regions, and International Trade*, Cambridge, MIT Press, 1999.

将随之改变，企业依据利润最大化原则，个人依据福利最大化原则进行区位选择，最终导致新的区位均衡的形成，这一过程往往也是产业空间布局的变化过程，即产业转移（丁建军，2011）。[1]

克鲁格曼把产业初始集聚归于一种历史的偶然（Krugman，1980）。[2]而产业一旦集聚，就具有了“路径依赖性”，集群内部和外部的规模经济给集群内企业带来集群外企业无法获取的收益，诱使着集群外企业带着资本、技术、劳动力等要素不断地向集群靠拢，产生出更多的外部性，使得企业对集群的路径依赖更为强烈（Krugman，1998）。[3]但是，霍姆斯（Holmes，1999）[4]后来重新考查了历史和偶然因素在产业集聚方面的作用，发现它们并没有那种一锤定音的威力，由于历史偶然因素造成的这种均衡可能是一种低效率的均衡。

从国际贸易角度来看，关税、运输成本、投资壁垒是影响产业国际间转移的重要因素（Helpman and Krugman，1985）。[5]而克鲁格曼（Krugman，1987）的技术转让模型也指出，发达国家只有当一项技术所生产的产品达到成熟期后，该项技术才有可能向发展中国家转让，因此技术移出国和技术移入国之间的差距将长期存在。因此，克鲁格曼和维纳布尔斯模拟了两个国家之间的产业转移，构建国与国之间的产业转移模型，提出中心-外围模式的出现和消失是产业转移的驱动因素（Krugman and Venables，1995）。[6]普加和维纳布尔斯发展了中心-外围模型，通过集聚和扩散的程度、影响因素等，考虑了地区禀赋差异、经济增长与产业扩散的关系，探讨了三个国家的工业从一国转移到另一国的途径，认为当集聚使得两区域间的工资差异较大时，随着运输成本的降低，企业会逐渐从集聚中心扩散并转移到外围地带，而且是劳

---

〔1〕 参见丁建军：“产业转移的新经济地理学解释”，载《财经科学》2011年第1期。

〔2〕 See Paul Krugman，“Scale Economies，Product Differentiation，and the Pattern of Trade”，The *American Economic Review*，Vol. 70，1980，pp. 21-36.

〔3〕 See Paul Krugman，“Space：The Final Frontier”，*Journal of Economic Perspectives*，Vol. 12，1998，pp. 161-174.

〔4〕 See Holmes T. J.，“How Industries Migrate When Agglomeration Economies are Important”，*Journal of Urban Economics*，Vol. 45，1999，pp. 240-263.

〔5〕 See Helpman E.，Krugman Paul，*Market Structure and Foreign Trade*，MIT Press，1985.

〔6〕 See Paul Krugman，Anthony J. Venables.，“Globalization and the Inequality of Nations”，*Quarterly Journal of Economics*，Vol. 110，1995，pp. 857-880.

动密集型的企业率先向外围地区转移（Puga and Venables，1996）。[1]藤田昌久、克鲁格曼和维纳布尔斯则提出更为一般性的多国多产业的产业转移模型(Fujita etc.，1999)[2]。

普加（Puga，2002）[3]认为集群内的企业向外转移时，主要考虑的因素是运输成本，因此，完善交通运输网络，降低运输成本可以加速产业转移。但是，现实中还存在其他非常重要的变量，比如土地、劳动力与生态环境。韦勒和莫迪（Wheeler and Mody，1992）建立了集聚经济和基础设施质量、工业化水平和利用外资水平等之间的函数关系，发现市场规模和集聚经济是美国跨国公司向发展中国家转移的主要决定因素（引自：蒋凯、杨开忠，2011）[4]。狄更斯（Dicken，1992）研究了汽车行业随着规模扩大而向外转移带来的效益增加，认为规模经济是产业转移的主要动因（引自：蒋凯、杨开忠，2011）[5]。

劳奇（Rauch，1993）[6]把企业大规模转移模式归因于外部规模经济和重新定位发生的沉淀成本两者的相互作用，并发现外部规模经济导致企业愿意集中到一起，而且由于转移需要成本，企业会产生“安于一隅”的惰性。汉森（Hanson，1998）[7]则认为，由于土地供给是固定的，集聚会抬高了产业中心的工资，这种拥堵成本会把外部经济性较弱的活动挤出集聚地区，迫使企业从产业中心转移到低工资区域，但是转移出去的企业仍然倾向于与产业中心区域企业保持供应链上的垂直联系方式。马库森和维纳布尔斯（Markusen and Venables，2000）[8]则指出，虽然企业倾向布局在市场潜力大的地区，但市场

〔1〕 See Puga D.，Venables A. J.，“The Spread of Industry：Spatial Agglomeration in Economic Development”，*Journal of the Japanese and International Economies*，Vol. 10，1996，pp. 440-464.

〔2〕 See Masahisa Fujita，Paul Krugman，Venables A. J.，*The Spatial Economy：Cities，Regions，and International Trade*，Cambridge，MIT Press，1999.

〔3〕 See Puga D.，“European Regional Policies in Light of Recent Location Theories”，*Journal of Economic Geography*，Vol. 2，2002，pp. 373-406.

〔4〕 参见蒋凯、杨开忠：“多重视角下的产业转移文献述评”，载《开发研究》2011年第3期。

〔5〕 参见蒋凯、杨开忠：“多重视角下的产业转移文献述评”，载《开发研究》2011年第3期。

〔6〕 See James E. Rauch，“Does History Matter Only When It Matters Little? The Case of City-Industry Location”，*Quarterly Journal of Economics*，Vol. 108，1993，pp. 843-867.

〔7〕 See Hanson G. H.，“Regional Adjustment to Trade Liberalization”，*Regional Science and Urban Economics*，Vol. 28，1998，pp. 419-444.

〔8〕 See Markusen J. R.，Anthony J. Venables，“The Theory of Endowment，Intra-Industry and Multinational Trade”，*Journal of International Economics*，Vol. 52，2000，pp. 209-234.

越大，不可流动要素的价格就越高，企业的生产成本也就越高，这时企业是否决定外迁取决于生产地与销售地之间的贸易成本。荒山裕行（1995）[1]研究了产业转移对转出地的影响，认为产业转移对转出地和中西部地区都有好处，并有提高落后地区就业结构中第三产业的倾向。

进入21世纪以后，国际产业转移理论研究越来越多地从产业转移的模式、动因研究向产业转移效应（Maria Savona et al.，2004；Kirkegaard，2007）、全球生产网络（Dieter Ernst et al.，1997）、技术创新与竞争优势（Dieter Ernst et al.，2002）等方面转变，研究方法也从定性研究向定量研究转变（刘红光等，2011）[2]。胡兴华（2004）[3]把新一轮国际产业转移形成的动因归于竞争因素、周期性因素、环境与市场因素、成本因素和外部性因素。高秀艳（2004）[4]认为推动国际产业转移主要靠自然基础和社会基础两方面力量。原小能（2004）[5]则强调虽然各国产业升级导致了国际产业转移的需求，但是日益开放的国际经济环境也为国际产业转移提供了条件。杨丹辉（2006）[6]将国际产业转移的动因归之于三方面，即产业升级的外在需要、企业战略扩张的内在需要、一国经济发展阶段提升的必然趋势。周明华（2009）[7]则认为风险规避是国际产业转移的根本原因，比较优势的变化是国际产业转移的动因。郭连成等（2012）[8]认为源配置的全球化以及产品生产和交换的全球化，使一国的产业结构变动与全球产业发展和产业结构调整的相关性进一步提高。因此，在国际产业转移进程中美国和欧盟产业结构也发生着调整与变化：欧盟主要以高新技术产业为导向，支持研发与创新，支持制造业结构调整并开辟国际市场；美国仍将发展以信息技术为主的高新技术作为产业结构调整的重点，但也开始重视“产业空心化”，政府开始直接干预制造业转型，

---

[1] 参见［日］荒山裕行：“三次产业部门两地区模式中的所得转移（上）——经济发展期中国的得与就业结构的确定”，丁宏伟译，载《日本问题研究》1995年第1期。

[2] 参见刘红光、刘卫东、刘志高：“区域间产业转移定量测度研究——基于区域间投入产出表分析”，载《中国工业经济》2011年第6期。

[3] 参见胡兴华：“国际产业转移与中国制造的供应链危机”，载《经济问题》2004年第3期。

[4] 参见高秀艳：“国际产业转移与我国产业升级问题探析”，载《理论界》2004年第5期。

[5] 参见原小能：“国际产业转移规律和趋势分析”，载《上海经济研究》2004年第2期。

[6] 参见杨丹辉：“国际产业转移的动因与趋势”，载《河北经贸大学学报》2006年第3期。

[7] 参见周明华：“国际产业转移的动因研究”，载《经济研究导刊》2009年第15期。

[8] 参见郭连成、徐雅雯、王鑫：“国际产业转移与美国和欧盟产业结构调整”，载《财经问题研究》2012年第10期。

重振美国的制造业。许林（2014）[1]指出，国际产业转移对中国经济虽然起到带动作用，但是也对中国的环境保护提出了更严厉的挑战，如污染密集型产业对我国环境的严重污染导致我国的环境治理成本日益增加。蔡兴等(2014)[2]提出国际产业转移导致全球贸易的失衡：一方面，国际产业转移导致了部分发达经济体的“产业空洞化”，使得这些国家所需要的制造业产品严重依赖进口，也导致了这些国家产品出口能力相对不足，进而出现持续性的贸易逆差；另一方面，东亚发展中经济体通过承接国际产业转移，逐步发展成为“世界工厂”，并通过贸易顺差向全世界输送制造产品。

三、我国产业转移的研究

国际产业转移理论的重要前提是劳动力不能在国家间自由流动。在全球范围内，除高度一体化的欧盟外，多数国家都对普通劳动力的流入设置难以逾越的障碍，比如美国在美墨边界修建隔离墙，以阻止墨西哥劳动力流入美国。而且在多数国家这种障碍不是来自制度层面，而是来自流入地和流出地之间在文化、语言、生活习惯等方面的差异。正是国家之间劳动力缺乏自由流动，才使得发达国家的企业出于利润最大化的考虑，把本国丧失比较优势的产业、产品或者生产环节向具有劳动力比较优势的发展中国家转移。而在一国范围内，劳动力跨地区流动的障碍则要小得多，因此国际产业转移理论在解释一个国家区域之间的产业转移时，欠缺说服力。我国国内的产业转移研究，是在借鉴国际产业转移理论的基础上的有益探索，目前主要是在雁行形态理论、产品生命周期理论、梯度转移理论等基础上对产业转移的动因、产业转移的模式以及产业转移的效应等问题的探讨，因此也主要以经济学和新经济地理学学科为主。

（一）产业转移路径研究

1. “沿海-中部-西部”的梯度转移模式

虽然政府和学者一直倡导“沿海-中部-西部”的企业梯度转移模式，但

---

〔1〕 参见许林：“国际产业转移对中国经济及环境保护的影响与对策”，载《生态经济》2014年第3期。

〔2〕 参见蔡兴、刘子兰、赵家章：“国际产业转移与全球贸易失衡”，载《当代经济研究》2014年第1期。

是我国的这种梯度转移一直比较缓慢。刘红光等[1]通过对投入产出的定量分析发现，近年来，从东部地区向中西部地区产业转移速度有所加快，但仍然以低端产业为主。比如，在1997年~2007年间，纺织服装、木材家具、造纸等行业都是从中西部地区向东部地区转移，但到了2007年~2012年间这些产业都出现不同程度的从东部地区向中西部地区转移的趋势。他还认为，资源型产业将进一步向西部地区转移，中部地区承接一般制造业转移的速度将加快，高端制造业仍将主要集中在东部地区。张国胜、杨怡爽[2]运用2000年~2010年的数据，实证分析了我国制造业整体上在东、中、西部之间并未发生大规模的转移；虽然制造业内劳动密集型产业发生了明显的梯度转移，但只表现为由东部向中部的转移；制造业内资本技术密集型、技术劳动密集型产业并未发生明显转移，现有产业转移仍然集中在东部内部，但出现了由东部内部转移向中部扩散的趋势。

2. "省内转移-区域内转移-区域间转移"的梯度转移模式

我国的产业转移没有如想象中的那样大规模地向我国的中西部地区转移，主要原因是：一方面，我国的疆域广阔，即使在一个省域内同样也存在经济发展的巨大差距，存在"中心-外围"(张公嵬、梁琦，2010)。[3]比如江苏省的苏南和苏北的经济发展的巨大差距，广东省的珠三角地区与粤东西北的发展差距。因此，虽然在"一带一路"背景下，近年来国家宏观政策一直积极引导东部地区的劳动密集型企业向西部转移投资，但是东部区域内企业转移投资仍然是主流，因为东部区域内部也存在经济发达地区和经济欠发达地区，地方政府为了政绩自然出台各种政策鼓励区域内部的企业转移投资，比如本政府辖区之内的转移投资——江苏省内南北挂钩共建产业园区和广东省内向粤东西北的转移投资等相邻省份的京津冀、泛长三角、泛珠三角的泛区域内就近企业转移投资也是近年来的趋势，比如广东省的资源和低技术制造业整体呈现向湖南、江西、广西的空间扩散趋势，但是高技术行业却向发达

---

[1] 参见刘红光、李浩华、王云平："中国产业跨区域转移的总体特征与趋势"，载《地域研究与开发》2014年第5期。

[2] 参见张国胜、杨怡爽："我国制造业内发生了区域间的产业梯度转移吗——基于'五普'与'六普'的数据比较"，载《当代财经》2014年第11期。

[3] 参见张公嵬、梁琦："产业转移与资源的空间配置效应研究"，载《产业经济评论》2010年第3期。

地区集聚（肖雁飞等，2017）[1]，山西承接京津冀的产业转移（郭淑芬等，2017）[2]，长江经济带下游（江苏省、浙江省、上海市等地）企业向中上游（安徽、湖北、四川等地）转移投资（彭继增等，2017）[3]。因此，在地方政府的调控下，我国的产业转移出现“省内转移-区域内转移-区域间转移”的梯度转移模式，比如从南向北的江苏省内产业转移-上海的企业向苏北、浙西的长三角区域内产业转移，长三角的企业向毗邻的江西、安徽、河南等省的区域间产业转移等。

3. 反向转移模式

很多学者的研究发现，我国的劳动密集型企业向中西部转移，而资本密集型企业则出现向沿海地区的“反向转移”，即企业将自己的研发中心、营销中心、公司总部从不发达地区向发达地区甚至是发达国家转移，这是企业在市场主导和政府调控的双重作用下的空间优化配置（张公嵬，2010）。[4]比如，浙江的杉杉服装将企业的总部搬迁到上海，万向集团在上海建立了上海万向投资公司、上海万向进出口公司、美国万向分公司等。而陈建军（2002）[5]以浙江省为研究对象，得出了一种浙江省的企业向西部地区转移生产加工能力，而向东部地区转移公司总部、研究中心、营销中心等的“东扩西进”的产业转移战略。这种“东扩”指的就是反向转移。广东省的资源和低技术制造业整体呈现向湖南、江西、广西的空间扩散趋势，但是高技术行业却向发达地区集聚（肖雁飞等，2017）。

（二）产业转移动因研究

1. 政府干预型产业转移

在区域产业转移投资的内外互动中，地方政府的行为是极为重要的经济

[1] 参见肖雁飞等：“产业转移、专业化分工与跨区域协同发展研究——以粤湘赣为例”，载《地域研究与开发》2017年第6期。

[2] 参见郭淑芬、李晓琪、阎晓：“环渤海地区合作背景下京津冀产业转移趋势与山西承接行业拣选”，载《经济地理》2017年第9期。

[3] 参见彭继增、邓梨红、曾荣平：“长江中上游地区承接东部地区产业转移的实证分析”，载《经济地理》2017年第1期。

[4] 参见张公嵬：“我国产业集聚的变迁与产业转移的可行性研究”，载《经济地理》2010年第10期。

[5] 参见陈建军：《产业区域转移与东扩西进战略：理论和实证分析》，中华书局2002年版。

变量，在偏重于经济增长导向的绩效考核机制下，地方政府积极地参与到产业转移投资的竞争中来，为了争取所辖区域得到更多的投资而展开“兄弟竞争”（王敬勇，2011）。魏后凯（2003）〔1〕发现，区际产业转移是企业与转入区和转出区政府之间的动态博弈过程。产业转移的实质是企业的空间扩张或者区位调整过程，投资规模小的劳动力密集型中小企业，往往更看重地方政府的优惠政策，一旦优惠政策消失，他们便会考虑转移到政策更优惠的区域。何龙斌（2009）〔2〕早就从国家和地方两级政府角度考虑，他认为：一方面，国家应成立专门管理机构，统筹国内产业转移；另一方面，中西部地区地方政府要大力发展产业集群和物流产业，化解产业转移过程中的环境与资源约束难题。张宗庆（2000）〔3〕提出，为推动经济发达的东部省份的产业结构升级，国家要制定鼓励高科技产业在东部地区发展的政策，使其成为推动我国产业的“排头兵”，而限制传统的劳动密集型产业在东部发展，鼓励其向中西部转移。而程必定（2010）〔4〕则认为政府干预（省内转移），会加大产业转移的区域粘性，延缓产业转移的进程与承接地的策略选择。

广东省政府较早开始引导省内产业转移，因此以广东省为例所进行的政府干预型产业转移研究也较多。林平凡和刘城（2009）〔5〕也以广东省内产业转移工业园为研究对象，得出政府在促进区域内产业转移方面扮演着重要角色，产业转移是转出地政府与中西部地区政府博弈的结果。覃成林和熊雪如（2012）〔6〕认为目前我国沿海地区比如广东的区域产业发展也不平衡，存在着珠三角与东西两翼及山区的巨大差异。因此，为了促进区域经济协调发展，需要政府的有效干预，使得珠三角地区的部分产业有序地向省内的欠发达地区

---

〔1〕 参见魏后凯：“产业转移的发展趋势及其对竞争力的影响”，载《福建论坛（经济社会版）》2003年第4期。

〔2〕 参见何龙斌：“我国区际产业转移的特点、问题与对策”，载《经济纵横》2009年第9期。

〔3〕 参见张宗庆：“论我国产业结构调整面临的难题及对策”，载《东南大学学报（哲学社会科学版）》2000年第4期。

〔4〕 参见程必定：“产业转移‘区域粘性’与皖江城市带承接产业转移的战略思路”，载《华东经济管理》2010年第4期。

〔5〕 参见林平凡、刘城：“产业转移：转出地与转入地政府博弈分析——以广东产业转移工业园为例”，载《广东社会科学》2009年第1期。

〔6〕 参见覃成林、熊雪如：“产业有序转移与区域产业协调发展——基于广东产业有序转移的经验”，载《地域研究与开发》2012年第4期。

转移。杨本建和王珺（2015）[1]运用广东产业转移的调查数据，得出在分权体制与产业转移共同作用下，随着地区经济结构的差异增大和大量企业增加跨地区投资，地方政府合作推进产业转移有利于各方的经济增长。发达地区与落后地区的地方政府由竞争转向合作，合作效益明显：首先，这种合作政策有效地推进了地区间的产业转移；其次，由于合作的目的是各自谋求经济增长，合作政策更能影响大企业的迁移；最后，合作的是构建成本洼地方式，更能诱使企业采用部分迁移而非整体迁移的方式进行转移。

江苏省政府对省内产业转移的引导效果十分显著，因此也有较多学者研究了江苏省的政府干预型产业转移。孙君、姚建凤（2011）[2]以江苏南北共建产业园为例，通过灰色关联模型分析了江苏产业转移所带来的系统因素行为序列对系统特征序列影响的关联度和关联序，表明基于南北共建产业园的产业转移活动已经成为江苏各区域，特别是苏北经济发展的重要推手。胡俊峰、陈晓峰（2014）[3]研究了江苏省共建产业园区内中小企业集群创新网络的演进，发现转出地企业集群创新网络对转移企业的知识溢出作用明显，主要是来自转出地集群创新网络的知识溢出、交易成本降低、互补机制、知识流动与集体学习、外部环境和政府主动对集群的规划与调控。

政府干预产业转移效果明显，但是负面效应也不可忽视。谢呈阳等（2014）[4]提出政府在干预产业转移的过程中，要注意政府主导的产业转移与要素资源迁移速度不匹配问题所导致的要素资源的空间错配造成的经济效率损失，并以江苏省1500家企业调研的一手数据测算得出，高端人才错配对经济发展起到的影响超过资本及普通劳动力。

2. 扩张性产业转移和撤退性产业转移

根据产业转移的动机差别，产业转移可分为扩张性转移和撤退性转移。前者是成长性产业出于占领外部市场、扩大产业规模的动机而主动实施的产

---

〔1〕 参见杨本建、王珺：“地方政府合作能否推动产业转移——来自广东的经验”，载《中山大学学报（社会科学版）》2015年第1期。

〔2〕 参见孙君、姚建凤：“产业转移对江苏区域经济发展贡献的实证分析——以南北共建产业园为例”，载《经济地理》2011年第3期。

〔3〕 参见胡俊峰、陈晓峰：“产业转移视角下中小企业集群创新网络的动态演进——来自江苏共建产业园区的例证”，载《现代经济探讨》2014年第8期。

〔4〕 参见谢呈阳、周海波、胡汉辉：“产业转移中要素资源的空间错配与经济效率损失：基于江苏传统企业调查数据的研究”，载《中国工业经济》2014年第12期。

业布局；后者则是衰退性产业迫于结构调整的压力和生产要素成本的压力，而被迫转移出去构建新的比较优势。追求市场扩张是扩张性产业转移的最主要诱因。扩张性产业转移往往是区域间存在贸易壁垒，通过产业贸易难于实现市场扩张，只有通过直接投资才能绕开壁垒，从而形成产业转移。市场需求是产业转移的拉力和动力，由于各区域经济发展水平的不同，企业在市场扩张的前提下，会将非核心部门转移出去，比如将生产环节转移出去（潘伟志，2004）。[1]

区域间经济发展水平、产业成长差异决定了区域要素价格差异，即产业经营的成本不同，这是推动撤退型产业转移的最主要诱因。即作为经济发展水平较好的产业移出区，随着其产业集聚，必然出现土地、劳动力等生产要素成本、基础设施（如水、电）使用成本和环境保护政策成本等产业经营成本的上升。这种成本的上升会使区域内一些产业的竞争优势逐渐丧失，这些产业逐步走向衰退，面临巨大的调整压力。相反，中西部地区产业由于经济发展水平较低，生活指数较低，产业经营成本就相对低，竞争优势较强，出现潜在的产业利益差，从而导致这些产业从较强竞争力的地区转向具有竞争优势的地区（潘伟志，2004）。臧旭恒和何青松（2007）[2]从集聚租金角度探讨撤退性企业转移的原因，认为产业集群租金由产业租金、地理租金和组织租金组成，当集群租金下降时，企业就会迁移到其他地区寻找新的租金源。陈耀和冯超（2008）[3]结合集聚程度与对外依赖程度，认为低集聚、高外向型的企业在短期内更容易发生迁移。

3. *劳动力成本上升和产业升级的需要*

陈建军（2002）[4]运用道格拉斯生产函数，证明了对特定产业的支出倾向的减少、总劳动投入量的减少以及特定产业的劳动力（要素成本）成本上升是推动产业转移的重要因素，且产业区域转移常常首先发生在劳动密集型

---

〔1〕参见潘伟志："产业转移内涵、机制探析"，载《生产力研究》2004年第10期。

〔2〕参见臧旭恒、何青松："试论产业集群租金与产业集群演进"，载《中国工业经济》2007年第3期。

〔3〕参见陈耀、冯超："贸易成本、本地关联与产业集群迁移"，载《中国工业经济》2008年第3期。

〔4〕参见陈建军："中国现阶段的产业区域转移及其动力机制"，载《中国工业经济》2002年第8期。

产业领域。魏玮和毕超（2010）[1]的研究也认为产业转移受到劳动力成本因素的影响。王珺（2010）[2]研究发现工资差距是国家之间产业转移的直接动因，而地价差距则是国内地区之间产业转移的直接推动力。

我国的产业转移还受行政因素（张建军，2007；李瑞梨、邝国良、刘灿亮，2010）[3][4]、文化（白小明，2007）[5]、技术与体制（石奇、张继良，2007）[6]等因素的制约。周五七（2010）[7]的研究就发现，中部地区在地方财政分权度、产权多元化、政府效率、科技创新制度等方面与东部沿海地区存在较大的制度距离，这阻碍了东部沿海的传统产业向中部迁移。张燕（2009）[8]通过实证分析表明环境管制对污染产业的转移行为起到一定的遏制作用。陈英武、郑江淮（2010）[9]等从空间角度分析后认为产业转移现象使区域“中心-外围”特征得到维持甚至强化。陈建军（2002）[10]研究认为，地区之间发生产业转移最基本的条件是两地区之间具有较为密切的经济联系，这种经济联系的主要纽带是产品和要素的流动。

（三）产业转移的模式研究

1. 重合产业调整论

卢根鑫（1997）[11]从重合产业调整的角度研究产业转移。重合产业是指

---

〔1〕参见魏玮、毕超：“区际产业转移中企业区位决策实证分析——以食品制造业为例”，载《产业经济研究》2010年第2期。

〔2〕参见王珺：“是什么因素直接推动了国内地区间的产业转移”，载《学术研究》2010年第11期。

〔3〕参见张建军：“产业转移、比较优势与西部区域经济发展战略研究”，载《唐都学刊》2007年第2期。

〔4〕参见李瑞梨、邝国良、刘灿亮：“广东省产业转移中企业主体作用的研究”，载《改革与战略》2010年第12期。

〔5〕参见白小明：“我国产业区域转移粘性问题研究”，载《北方论丛》2007年第1期。

〔6〕参见石奇、张继良：“区际产业转移与欠发达地区下工业化的协调性”，载《产业经济研究》2007年第1期。

〔7〕参见周五七：“中部地区承接沿海产业转移中的制度距离与制度创新”，载《经济与管理》2010年第10期。

〔8〕参见张燕：“环境管制视角下污染产业转移的实证分析——以江苏省为例”，载《当代财经》2009年第1期。

〔9〕参见陈英武、郑江淮：“转型背景下‘中心-外围’特征的演变机制与发展趋势——基于江苏区域产业结构变迁的实证分析”，载《经济地理》2010年第3期。

〔10〕参见陈建军：《产业区域转移与东扩西进战略：理论和实证分析》，中华书局2002年版。

〔11〕参见卢根鑫：《国际产业转移论》，上海人民出版社1997年版。

发达国家和发展中国家在一定时期内存在技术构成相似的同类产品生产部门。重合产业技术构成的相似性决定了其劳动量投入的相似性。而由于发达国家和发展中国家劳动力价值的决定因素存在差异，发达国家的劳动力价值往往高于发展中国家的劳动力价值，也就意味着发达国家重合产业产品生产的绝对成本更高，导致竞争力下降，迫使发达国家的重合产业或者进行产业技术更新，或者进行产业转移。

2. 梯度转移理论

1982 年何钟秀在墨西哥举行的世界社会学大会上提交的名为“论国内技术的梯度转递”的论文中系统地提出了“国内技术转移的梯度推移理论”。该理论认为区域之间存在着经济技术梯度，包括传统技术、中间技术和先进技术 3 个梯度。因此，要鼓励有条件的地区首先掌握先进技术，然后再将这些先进技术逐步向中间技术和传统技术地带转移。这里讲的“梯度”是指技术梯度，而不是“梯度转移理论”的经济梯度，它研究的是国内技术的转移问题（何钟秀，1983）。[1]

梯度转移理论非常适合我国经济建设的需要，因此，20 世纪 80 年代后期，国内许多学者提出了梯度产业转移的构想（夏禹农等，1983）[2]。梯度转移理论认为，区域经济的盛衰主要取决于区域产业结构的优势，后者又取决于区域主导部门在生命周期中所处的阶段。如果主导部门处于创新和发展阶段前期，则该区域为高梯度地区。高梯度地区是产业创新活动集中的区域，以后随着时间的流逝和主导部门生命周期阶段的变化，区域主导部门趋于衰退并逐步由高梯度地区向低梯度地区转移。马海霞（2001）[3]在梯度转移理论基础上，探讨了区域传递的两种模式，即梯度推进和中心辐射。梯度推进强调以技术梯度为核心的产业转移的梯度指向，而中心辐射模式则强调产业转移的空间邻近性，一般是以经济发展水平较高的大中城市为中心，向周边经济欠发达地区转移。而中心辐射模式与梯度推进模式相结合，可以首先实现

---

〔1〕 参见何钟秀：“论国内技术的梯度转递”，载《科研管理》1983 年第 1 期。

〔2〕 参见夏禹龙等：“梯度理论和区域经济”，载《科学学与科学技术管理》1983 年第 2 期。

〔3〕 参见马海霞：“区域传递的两种空间模式比较分析——兼谈中国当前区域传递空间模式的选择方向”，载《甘肃社会科学》2001 年第 2 期。

小范围内的产业转移，再向全国范围内的转移。叶琪（2014）[1]运用主成分分析法，对2006年~2011年我国中西部18个省（市、区）承接区域产业转移的竞争力进行分析，发现在转变经济发展方式和产业结构转型升级的驱动下，我国新一轮区域产业转移渐成规模，并呈现出由东部地区转向中西部地区，以劳动密集型产业为主的较为明显的梯度性态势。

国际间劳动力流动受到诸多限制，因此国际产业转移的一个重要目的，是利用中西部地区相对廉价的劳动力。而在一国范围内，劳动力的跨区流动限制较少，而且随着市场制度的完善，劳动力的跨区流动越来越充分。较充分的后发区域劳动力向先发区域流动，使得一部分劳动密集型产业不需要产业转移，就能够在本地区获得低廉的劳动力。因此，虽然很多学者提出了国内梯度产业转移设想，但是在中国，产业梯度转移一直比较滞缓（谢丽霜，2005；张国胜、杨怡爽，2014）[2][3]，重要原因是产业转移的路径依赖和产业转移粘性（郭丽，2009；胡玫，2013）[4][5]、劳动力外流刚性（樊士德等，2015）等。樊士德等（2015）[6]通过劳动力流动短期均衡和长期空间均衡的数值模拟以及对1993年~2013年沿海地区制造业转移的经验研究发现，劳动力外流刚性阻碍了产业区际转移，不仅降低了产业转移规模，而且使得产业转移增量形成了低劳动密集度的生产安排，在其他条件不变的前提下，劳动力流动规模越大、外流刚性越强，对产业转移造成的内在障碍越明显。

3. “反梯度”转移理论

反梯度转移理论的核心思想是，现代科学技术发展也可以带有跳跃性，我国欠发达的中部和西部地区可以利用资源丰富的后发优势，实行赶超战略，通过先进技术的直接引进、消化、吸收和创新，提升产业层次，实现产业的

[1] 参见叶琪：“我国区域产业转移的态势与承接的竞争格局”，载《经济地理》2014年第3期。

[2] 参见谢丽霜：“产业梯度转移滞缓原因及西部对策研究”，载《中央民族大学学报（哲学社会科学版）》2005年第5期。

[3] 参见张国胜、杨怡爽：“我国制造业内发生了区域间的产业梯度转移吗——基于‘五普’与‘六普’的数据比较”，载《当代财经》2014年第11期。

[4] 参见郭丽：“产业区域转移粘性分析”，载《经济地理》2009年第3期。

[5] 参见胡玫：“浅析中国产业梯度转移路径依赖与产业转移粘性问题”，载《经济问题》2013年第9期。

[6] 参见樊士德、沈坤荣、朱克朋：“中国制造业劳动力转移刚性与产业区际转移——基于核心—边缘模型拓展的数值模拟和经验研究”，载《中国工业经济》2015年第11期。

跨越式发展，从而反过来向发达区域转移（郭凡生，1984）。[1]现代科学技术的转移有三大基本走向：一是向商业和贸易比较发达的地区转移，如技术向新加坡和中国的香港、台湾、广东等地转移；二是向生产力发展水平较高的地区转移，如向日本和中国的上海、京津唐等地转移；三是向自然资源比较丰富的地区转移，如向中东石油输出国和中国的山西、内蒙古等地转移（郭凡生，1984）。而我国的自然资源主要分布在经济欠发达的西部地区，因此国外先进技术便会有相当一部分会采取反梯度模式，不经过沿海地区而直接向内地转移。

受我国梯度产业转移滞缓的影响，近年来，越来越多的学者开始推崇产业“反梯度转移”模式。彭文斌、周善伟（2012）[2]认为如果简单地按照梯度转移理论进行产业转移，将可能会导致中部地区与沿海发达地区之间的经济差距进一步扩大。因此，他们计算编制了中部6省改进的产业梯度系数表，确定了中部各省的优势行业，按照优势互补、资源共享的原则，针对中部地区产业的具体情况，制定出承接产业反梯度转移的引导政策。而陆军荣（2014）[3]则综合成本、城乡差距、生态约束、产能过剩、地方债务等5个方面分析后认为，2011年以来中西部经济发展出现显著的回落拐点，传统的中西部梯度发展模式遇到瓶颈，这并不只是宏观经济周期现象，其预示着中西部传统梯度发展道路的终结，中西部开发战略应进入与东部“同步转型”的发展新阶段。而且，随着基础设施的完善，中西部地区有能力与条件在产业升级、开放经济、发展方式、制度改革方面与东部保持同步，形成发展新动力。吴伟华（2014）[4]也认为欠发达地区的发展战略选择应从本地区的实际出发，没有资源优势的可选择梯度转移战略；有资源优势的可选择反梯度转移战略，从而加快欠发达地区的经济社会发展。他以浙江省丽水市为例，分析了丽水市实施反梯度转移战略的条件，提出了实施反梯度转移战略的政策

---

〔1〕 参见郭凡生：“评国内技术的梯度推移规律——与何钟秀、夏禹龙老师商榷”，载《科学学与科学技术管理》1984年第12期。

〔2〕 参见彭文斌、周善伟：“反梯度视角下中部地区承接沿海产业转移的研究”，载《当代经济管理》2012年第12期。

〔3〕 参见陆军荣：“从‘梯度发展’到‘同步转型’——中西部实体经济发展的‘柳州拐点’”，载《上海经济研究》2014年第8期。

〔4〕 参见吴伟华：“反梯度转移：欠发达地区的发展战略选择与实践——以浙江省丽水市为例”，载《重庆科技学院学报（社会科学版）》2014年第7期。

建议。徐永利和赵炎（2014）[1]则通过对京津冀三次产业梯度差异进行比较分析，认为在产业高度和三次产业的规模与质量方面，河北与京津的产业梯度差距较大，且尚未出现缩小的趋势，因此河北要实现产业结构优化升级，应该采取反梯度推移策略，充分利用京津优势，以三地共同诉求的低碳化发展为切入点，有选择地承接京津产业分工转移，着力培育高新技术集群、配套产业集群和服务外包集群，大力发展特色服务业。

4. 全球价值链模式的产业转移

产品内分工是全球生产网络背景下国际产业转移的主要动因。产品内分工使得原来在一个企业内部完成的生产链条被拆分成诸多环节，一个企业可能只专业化于某一个环节，从而产生生产过程的垂直专业化，即实现了价值链的分解（许南、李建军，2012）。[2]全球价值链模式的产业转移包含了三重含义：（1）它通过国际间产业转移，建立起了全球分工和生产网络，需要国际性的协作；（2）在全球分工网络中，处于全球价值链高端的发达国家及其跨国公司居于强势地位，意味着市场势力链；（3）处于全球价值链高端的发达国家及其跨国公司利用自身的市场势力对发展中国家进行纵向压榨，获得大部分的贸易利得，意味着利得分配链（张少军、刘志彪，2009）。[3]

早期的全球价值链背景下的国际产业转移以网络型产业转移为主，表现为跨国公司将产品的研发、销售、核心部件生产等安排在发达国家，将产品的主要零部件制造转移至具有应用技术竞争优势的新兴工业化国家，而将辅助零配件制造、组装等工序转移至具有非熟练劳动力竞争优势的发展中国家，从而构成一个复杂的网络结构（赵张耀、汪斌，2005）。[4]

近年来，全球价值链背景下的国际产业转移模式已经演变为跨国公司推动下的“集群式”转移，跨国公司成为新一轮国际产业转移的主要推动力量

[1] 参见徐永利、赵炎：“京津冀协同发展：河北省产业逆梯度推移策略”，载《河北学刊》2014年第4期。

[2] 参见许南、李建军：“产品内分工、产业转移与中国产业结构升级”，载《管理世界》2012年第1期。

[3] 参见张少军、刘志彪：“全球价值链模式的产业转移——动力、影响与对中国产业升级和区域协调发展的启示”，载《中国工业经济》2009年第11期。

[4] 参见赵张耀、汪斌：“网络型国际产业转移模式研究”，载《中国工业经济》2005年第10期。

(郭爱君、毛锦凰, 2013)。[1]全球价值链的空间重组促进产业的地理集聚并形成地方产业集群，嵌入集群中的企业更多地只专注于全球价值链中的某一环节，一个企业只有与大量配套性企业相互依赖才能生存，迫使企业只能“抱团”流动，即产业的“集群式”转移（许南、李建军，2012)。[2]比如，当跨国公司落户深圳后，一大批产业链上的相关企业便逐渐在东莞、惠州等珠三角地区投资跟进。

除了以上几种产业转移模式之外，还有很多学者对我国的产业转移模式进行了归类。陈建军（2002）[3]通过对浙江105家企业的问卷调查，发现现阶段沿海发达地区企业主要通过设立营销网点、建立加工点、开展对外投资等方式进行区域产业转移。郑胜利和黄茂兴（2002)[4]则提出了台商在中国大陆投资的“复制群居链”式产业转移。戴宏伟（2008)[5]将我国区际产业转移模式归为5类，即扩张性产业转移和衰退性产业转移、产业整体转移与部分产业链的转移、技术转移与资本流动、企业协作性产业转移与并购性产业转移、企业迁移与要素流动等。马子红（2009)[6]则提出7种模式，即成本导向型转移、市场开拓型转移、多元化经营型转移、竞争跟进型转移、供应链衔接型转移、追求规模经济型转移和政策导向型转移。郑鑫和陈耀(2012)[7]基于区位论思想，提出“分散式转移”和“集中式转移”，并发现集中式转移对于促进区域协调发展的作用要大于分散式转移。

（四）产业转移效应研究

国内学者认为产业转移不仅存在产业结构升级、技术溢出、提升资源配置

---

〔1〕 参见郭爱君、毛锦凰：“全球价值链背景下产业集群式转移的特点与机理研究”，载《兰州大学学报（社会科学版）》2013年第6期。

〔2〕 参见许南、李建军：“产品内分工、产业转移与中国产业结构升级——兼论产业耦合转移背景下中国分工贸易省级”，载《管理世界》2012年第1期。

〔3〕 参见陈建军：《产业区域转移与东扩西进战略：理论和实证分析》，中华书局2002年版。

〔4〕 参见郑胜利、黄茂兴：“从集聚到集群——祖国大陆吸引台商投资的新取向”，载《世界经济与政治论坛》2002年第3期。

〔5〕 参见戴宏伟：“产业转移研究有关争议及评论”，载《中国经济问题》2008年第3期。

〔6〕 参见马子红、胡洪斌：“中国区际产业转移的主要模式探究”，载《生产力研究》2009年第13期。

〔7〕 参见郑鑫、陈耀：“运输费用、需求分布与产业转移——基于区位论的模型分析”，载《中国工业经济》2012年第2期。

效率与管理水平等正面效应（张公嵬、梁琦，2010）[1]，同时也存在一定的负面效应，如产业空心化（潘未名，1994）[2]、技术依赖（余慧倩，2004）[3]、污染转移（胥留德，2010）[4]等。而且，较多学者从产业转出区效应和产业承接区效应的角度进行产业转移效应的研究，较少关注产业转移的社会效应或环境效应等。

1. 产业空心化

什么是产业空心化？杨秀云和袁晓燕（2012）[5]将产业转移导致的产业空心化分为三类。一是产业技术“空心化”，主要是指我国在“以市场换技术”接受国际产业转移的过程中，由于外商技术溢出效应不明显，没有转化为本国产业发展的内生技术能力，反而造成原有研发平台逐渐被废除，研究团队纷纷解散，自主创新能力下降，自主品牌逐渐退市，最终导致产业发展缺乏技术支持和可持续性，比如汽车、风电制造和家电产业等。二是在地区产业结构调整过程中出现的区域性产业“空洞化”，比如东北和西部老工业基地，由于技术进步、外部需求变化等造成了传统产业的衰退，但由于地处不发达地区，资源贫瘠，对外开放和制度创新速度较慢，缺乏对资本、劳动力和企业等的吸引力，导致经济要素流动性差和民间投资主体缺位，使得新兴产业发育迟缓，形成了产业之间衔接的断层。三是在产业从发达地区向落后地区转移过程中出现的企业组织结构“空心化”，比如 2011 年前后，在东莞和温州等东部地区频频出现的中小企业停产甚至倒闭等问题。

很多学者讨论了产业转移导致的产业空心化。潘未名（1994）[6]研究发现，在当今世界分工体系中，跨国公司开始在全球范围内寻找最佳资源配置网络，构建研发、设计、生产和销售一条龙的海外生产体系，打破了国际产

---

〔1〕 参见张公嵬、梁琦：“产业转移与资源的空间配置效应研究”，载《产业经济评论》2010 年第 3 期。

〔2〕 参见潘未名：“跨国公司的海外生产对母国‘产业空心化’的影响”，载《国际贸易问题》1994 年第 12 期。

〔3〕 参见余慧倩：“长三角需审慎对待国际产业转移”，载《江南论坛》2004 年第 6 期。

〔4〕 参见胥留德：“后发地区承接产业转移对环境影响的几种类型及其防范”，载《经济问题探索》2010 年第 6 期。

〔5〕 参见杨秀云、袁晓燕：“产业结构升级和产业转移中的产业空洞化问题”，载《西安交通大学学报（社会科学版）》2012 年第 2 期。

〔6〕 参见潘未名：“跨国公司的海外生产对母国‘产业空心化’的影响”，载《国际贸易问题》1994 年第 12 期。

业转移主要转移国内衰退产业的传统模式，从而使得母国制造业的国际竞争力下降，“产业空心化”形成。卢根鑫（1997）〔1〕也认为，对发达国家而言，产业转移的正效应是有利于产业升级，负效应则是降低就业率和造成技术流失和产业空心化等。张敏丽、贾蓓（2014）〔2〕则认为，2008 年金融危机以来，产业空心化已不再是发达国家特有的经济现象，像中国这样的发展中国家产业空心化也出现了加速发展的趋势。

2. 产业空间优化

戴宏伟（2003）〔3〕构建了“产业梯度系数”等量化指标，提出“大北京”经济圈内三方协作的重点应该放在产业梯度转移和生产要素流动上，并以此为基础推动京津冀产业结构的共同优化与升级。熊必琳等（2007）〔4〕在此基础上引入了资本因素，并用改进的梯度系数对我国 31 个省市的 26 个工业行业进行了梯度分析，并从阶段特征、区域特征和产业定位等三个方面深入分析了现阶段我国区域产业梯度转移的总体特征。陈刚和张解放（2001）〔5〕认为，产业转移对欠发达区域的作用主要表现为要素注入效应、技术溢出效应、关联带动效应、优势升级效应、结构优化效应、竞争引致效应和观念更新效应等。魏后凯（2003）〔6〕认为，产业转移对转入区通常会提高转移产业的竞争力，增加就业机会和增强产业配套能力，形成集聚经济效应。冯长春等（2014）〔7〕以皖江城市带为研究对象，运用 GIS 空间分析、数据包络分析、因子分析、象限分析等多种数理分析方法，综合考虑生态承载力与社会经济效率双重约束，设计了一套基于生态功能和生产效率的产业空间规划路径：首

〔1〕参见卢根鑫：《国际产业转移论》，上海人民出版社 1997 年版。

〔2〕参见张敏丽、贾蓓：“金融危机后中国产业空心化发展的新动向及其原因探析”，载《河北学刊》2014 年第 2 期。

〔3〕参见戴宏伟：“北京产业梯度转移和产业结构优化的几点思索”，载《首都经济》2003 年第 6 期。

〔4〕参见熊必琳、陈蕊、杨善林：“基于改进梯度系数的区域产业转移特征分析”，载《经济理论与经济管理》2007 年第 7 期。

〔5〕参见陈刚、张解放：“区际产业转移的效应分析及相应政策建议”，载《华东经济管理》2001 年第 2 期。

〔6〕参见魏后凯：“产业转移的发展趋势及其对竞争力的影响”，载《福建论坛（经济社会版）》2003 年第 4 期。

〔7〕参见冯长春、曹敏政、甘霖：“皖江城市带承接产业转移的空间适宜性研究”，载《经济地理》2014 年第 10 期。

先从土地生态功能评价和社会经济系统生产效率评价出发，构建基于生态-生产二维结构关系的综合承接潜力评价矩阵；其次结合各区县产业发展基础的定量测度，对六大重点承接产业优势度分布的空间适宜性进行判别；再次在此基础上推导出承接产业转移的空间引导方案，为引导城市带尺度下产业结构优化与空间布局整合提供参考。王志远等（2015）〔1〕认为衡阳作为承接产业转移的示范基地，其城市空间发展轨迹可以分为内向发展-轴向扩张-圈层扩张三个阶段，新时期衡阳市承接产业转移的空间载体规划构建了“一轴、三核”的产业总体优化布局。

（五）产业转移的应用性研究

产业转移的应用性研究非常多。诸多学者以发达地区或者欠发达地区为例，用数据验证了劳动力转移、区位优势、金融支持、区域文化、本地市场效应等对产业转移的影响。陈耀和冯超（2008）〔2〕认为产业转移是经济发展的必然规律，在经济全球化和区域一体化背景下，如何积极主动地承接产业转移，已经成为后发展地区发挥后发优势，实施赶超战略、实现跨越发展的重要战略选择。刘新争（2012）〔3〕重点考察了劳动力转移对产业转移的影响，认为劳动力流动和就业的新趋势反映了我国比较优势在区域间的动态变化，东部地区开始逐步丧失劳动力的比较优势，中西部地区劳动力资源的显示性优势开始呈现，在劳动力流动这一“倒逼”因素的驱使下，产业转移的步伐将加快。黄钟仪（2009）〔4〕运用区域集聚指数分析了东部有转移趋势的产业及西部承接的具有区位优势的产业选择，并提出了重庆继续承接东部地区产业转移的产业选择、承接模式等。申洪源（2011）〔5〕从新经济地理学角度出发，应用 Davis 和 Weinstein（1999）的经典方法检验了“本地市场效应”

---

〔1〕 参见王志远、廖建军、李晟：“基于产业转移的城市空间结构优化研究——以衡阳市为例”，载《南华大学学报（社会科学版）》2015 年第 5 期。

〔2〕 参见陈耀、冯超：“贸易成本、本地关联与产业集群迁移”，载《中国工业经济》2008 年第 3 期。

〔3〕 参见刘新争：“比较优势、劳动力流动与产业转移”，载《经济学家》2012 年第 2 期。

〔4〕 参见黄钟仪：“产业转移：东部的趋势及西部的选择——以重庆为例”，载《经济问题》2009 年第 7 期。

〔5〕 参见申洪源：“本地市场效应对产业转移的区域协调发展研究”，载《软科学》2011 年第 12 期。

与承接产业转移和区域经济协调发展的关系。吴成颂（2009）[1]从产业转移承接地的金融支持视角探讨了安徽省要保证持续大规模地承接长三角的产业转移，必须加大金融支持力度。相伟和鲁春慧（2010）[2]通过对西部典型地区南宁市的实地调研，从中西部地区的角度探讨区际产业转移缓慢的原因，揭示出影响区际产业转移的因素是多元的，除生产成本外，配套产业情况、土地管理方式、促进产业转移的政策乃至地区文化都会产生较大影响，而且生产成本的内涵与国际产业转移不同，劳动力成本的区际差异不会明显驱动产业转移。冯长春等（2014）[3]以皖江城市带为研究对象，综合考虑生态承载力与社会经济效率双重约束，设计了一套基于生态功能和生产效率的产业空间规划路径，推导出承接产业转移的空间引导方案，为引导城市带尺度下产业结构优化与空间布局整合提供了参考。杨昊等（2015）[4]以 167 家上海中小企业的产业转移情况为例，剖析了上海企业向外拓展转移的动力机制、区位选择、运作模式以及企业对政府的服务需求，并建议上海市政府可以借鉴国外经验、通过制定针对性的政策、促进企业协作、搭建服务体系等方法，有序引导产业转移。高煜、张雪凯（2016）[5]将产业转移与国家的“一带一路”倡议相结合，研究了西部地区承接产业转移的外生政策冲击作用，指出丝绸之路经济带建设作为一项政策冲击，将显著推动西部地区产业集聚和承接产业转移，同时，西部地区产业升级又将促进丝绸之路经济带建设水平的提升。郑涛等（2015）利用 2004 年~2012 年中西部地区 4 个省份的经济数据，建立动态面板数据模型对此进行检验后发现，由于中西部地区制造业选择背离了自身劳动力资源丰富的比较优势，导致中西部的制造业企业缺乏竞争力，进而造成中西部地区经济发展缓慢，“一带一路”倡议的提出为中西部

---

[1] 参见吴成颂：“产业转移承接的金融支持问题研究——以安徽省承接长三角产业转移为例”，载《学术界》2009 年第 5 期。

[2] 参见相伟、鲁春慧：“南宁市承接东部地区产业转移研究”，载《经济地理》2010 年第 4 期。

[3] 参见冯长春、曹敏政、甘霖：“皖江城市带承接产业转移的空间适宜性研究”，载《经济地理》2014 年第 10 期。

[4] 参见杨昊、杨上广、章守颖：“上海中小企业产业转移的实证研究”，载《上海经济研究》2015 年第 3 期。

[5] 参见高煜、张雪凯：“政策冲击、产业集聚与产业升级——丝绸之路经济带建设与西部地区承接产业转移研究”，载《经济问题》2016 年第 1 期。

地区经济发展带来了机遇。张理娟等（2016）[1]通过沿线各国经济基础及区位条件的分析，以及通过产业转移及引进外资的基本国别分析，结合引力模型、结构相似系数等方法分析了中国对于沿线产业转移区位选择，最后结合产业转移的区位选择的分析结果，提出在“一带一路”倡议的引导下，中国沿线产业转移需要兼顾两个方向，即国内产业应积极寻求效率驱动和创新驱动、沿线产业转移应积极顺应新的国家产业转移趋势等，并提出中国将有望通过国际产业转移实现国内产业结构升级等战略，同时改变沿线各国产业发展和世界经济增长格局。

总之，虽然目前区际间的产业转移受到较大阻力，但是在“一带一路”倡议的引导下，东部地区劳动密集型企业向西部地区转移将是未来的发展方向。而且，区际企业转移投资和承接是两地间产业相互吸引的结果，只有两者相互耦合才是有效的企业转移投资与承接。郭淑芬等（2017）利用产业集聚指数、全局空间自相关指数，结合山西产业承接能力和产业承接需求，构建产业引力模型测算出山西对京津冀转移工业细分门类的吸引力情况，确定了山西最可能承接的京津冀转移产业。从产业竞争力优势来看，长江经济带下游2省1市（江苏省、浙江省、上海市）大部分产业的竞争力较弱，产业转移投资已经成为必然的趋势。东部沿海地区产业存在向长江中上游地区转移的客观条件和动力（彭继增等，2017），因此要发挥长江三角洲地区的辐射引领作用，促进中上游地区有序承接产业转移投资，这将是使长江经济带成为推动我国区域协调发展的示范带的关键（腾堂伟，2016）。长江经济带中上游7省1市承接产业转移投资的综合能力差异明显，在各个单要素评价指标方面，不同省份承接产业转移投资的能力表现不尽相同。云南和贵州的自然资源丰富，但是交通和投资环境较差，是未来承接原材料产业的潜在优势区位；安徽是当前承接轻纺工业的最佳区位，而四川则可以作为承接轻纺工业的潜在区位；安徽和湖北是承接装备制造业转移的最优区位；湖北目前仍然是承接高技术产业转移投资的主流阵地；四川则是承接高技术产业转移投资的次优区位（腾堂伟，2016）。

---

〔1〕参见张理娟等：“中国与‘一带一路’沿线国家的产业转移研究”，载《世界经济研究》2016年第6期。

第二节　嵌入性视角

一、嵌入性视角

（一）嵌入性的理论发展

1. 嵌入性在国外的发展

嵌入性一词最早由波兰尼在《大转型》中提出（Polanyi，1944）[1]。他批判了资本主义的市场自由主义经济，认为在前工业社会中，经济是社会的组成部分，因此经济是嵌入于社会结构之中的，而到了19世纪以后，经济开始脱嵌于社会，并且凌驾于社会之上。但是，波兰尼自己也认为，这种脱嵌实际上是不可能的。虽然古典经济学家们想要创造一个已经有效脱嵌的社会，而且他们也鼓励政治家们去追求这个目标，但实际上这种脱嵌入的、完全自发调节的市场经济是一种乌托邦，是不可能存在的（臧得顺，2009）[2]。而波兰尼在“作为制度过程的经济”一文中则指出，经济过程的制度化也是与社会过程紧密相关的（Polanyi，1992）[3]。经济过程会产生一种由社会定义的价值观、激励机制和政治形态。在经济与社会相互关联的过程中，人类的经济活动就被制度化了，即人类经济活动嵌入于经济与非经济的制度之中。对经济运行来说，将非经济的制度包括在内是极其重要的，比如宗教和政府可能会像货币制度、工具和机器一样对经济活动是非常重要的。因此，人们对于某种经济行为的选择，往往是受他们赖以生存的那个社会的社会结构和社会生活方式的影响的结果，即人们的经济行为对非经济制度有依赖性。波兰尼的经济行为嵌入在社会关系中，经济制度与社会结构之间的内在联系，直接启发了以格兰诺维特为代表的新经济社会学嵌入性理论的产生。

怀特虽然没有直接提出嵌入性概念，但是在他的思想中也隐含着嵌入性概念，他认为市场是一种社会建构，要理解市场问题，关键必须在经济行为

[1] See Polanyi K.，*The Great Transformation*，Farra & Rinehart，1944.

[2] 参见臧得顺：“从波兰尼到格兰诺维特：‘社会人’对‘经济人’假设的反拨与超越——兼议新经济社会学的最新进展”，载《甘肃行政学院学报》2009年第6期。

[3] See Polanyi K.，“The Economy as Instituted Process”，in Mark Granovetter and Richard Swedberg eds.，*The Sociology of Economical Life*，Westview Press，1992，p. 34.

主体所处的社会关系中去寻找（White，1981）。[1]市场是关系密切的企业通过彼此相互观察而产生的社会结构，市场的供给也是生产厂家之间互动的结果。生产厂家一开始就处在一个社会网络中，他们相互观察对方的行为，特别是对方在同类产品上是如何定价的，所以，生产厂商的社会网络为他们提供了必要的生产经营和产品价格信息。而处于一个社会网络中的生产厂商在合作的过程中相互传递信息，从而建立起一种信任关系。正是这种心照不宣的信任与共同约定约束着生产厂商的行为。而且，市场制度也是生产厂商在一个社会网络内部相互交往而产生的信任和规则的反映，而不是凭空而起的(李汉林等，2005)[2]。

格兰诺维特发展了波兰尼和怀特的观点。格兰诺维特批判性地发展了波兰尼的嵌入性观点。他认为，无论在工业社会还是前工业社会，嵌入性始终存在于经济生活中，只是嵌入的程度不同而已。在当代资本主义社会中，经济行动并非如波兰尼所认为的是“非嵌入”的，而是以另一种方式嵌入于社会关系网络和社会结构之中的（Granovetter，1985）。[3]后来，他又在“旧—新经济社会学：历史与议题”一文中，批评了古典经济学的社会化不足和古典社会学的社会化过度问题，将新经济社会学的理论基础归纳为两个社会命题：(1）经济行动总是社会性决定的，它不可能仅仅用个人动机来解释；(2）社会制度不可能以某种必然的形式自动产生，而是通过“社会建构”形成的。

结构嵌入性和关系嵌入性框架是嵌入性理论的经典分析框架。格兰诺维特把嵌入性分为关系嵌入和结构嵌入（Granovetter，1985）。关系嵌入是指单个行动者的经济行动是嵌入在与他人互动所形成的人际关系网络中的，这种人际关系网络中的各种规则性期望、互惠性原则都会对行动者经济行动产生重要影响；同时，行动者所在的网络又是与其他社会网络相联系的，并构成了整个社会的网络结构。因此，从更宏大的意义上来说，行动者及其所在的网络是嵌入在由其构成的社会结构之中的，并受到来自于社会结构的文化、

---

〔1〕 See White H. C.，“Where Do Markets Come from”，*American Journal of Sociology*，Vol. 87，1981，pp. 517-547.

〔2〕 参见李汉林等：“组织和制度变迁的社会过程——一种拟议的综合分析”，载《中国社会科学》2005年第1期。

〔3〕 See Mark Granovetter，“Economic Action and Social Structure：the Problem of Embeddedness”，*The American Journal of Sociology*，Vol. 91，1985，pp. 481-510.

价值等因素的影响，即结构性嵌入（Granovetter，1992）。[1]

关系嵌入性与社会学中的社会资本概念密不可分，强调基于互惠预期而发生的双向关系。格兰诺维特提出用4个指标衡量关系的强弱，分别是互动频率（frequent interactions）、亲密程度（emotional intensity）、互信（mutual confiding）和互惠服务（reciprocal services）（Granovetter，1973）。[2]关系的强弱影响着组织间的合作、资源的交换、共享性知识的开发等，关系的紧密程度、信任、合作规范等都影响着企业的绩效和合作意愿。在格兰诺维特看来，强关系是在性别、年龄、教育程度、职业身份、收入水平等社会经济特征相似的个体之间发展起来的，所以通过强关系获得的信息重复性很好，而弱关系发生在群体之间，更能充当跨越其社会界限获取信息和资源的桥梁，因此，他提出了"弱关系充当信息桥"的观点（Granovetter，1973）。[3]该观点得到了乌兹（Uzzi，1996）[4]和罗利等（Rowley et al.，2000）[5]学者的认同。比如，乌兹基于美国纽约制衣工厂的研究发现，嵌入性强度与企业绩效呈现倒"U"型关系，并提出"关系嵌入悖论"，即关系嵌入太强和太弱都不利于企业绩效，适度嵌入才可以提高企业竞争力，嵌入强度太弱可能会导致关系无法形成，而过度嵌入可能会带来负面效应，只有在市场交易关系和长期稳定联系之间取得平衡的企业才是最成功的（Uzzi，1996，1997）。[6][7]但边燕

---

〔1〕 See Mark Granovetter,"Problems of Explanation in Economic Sociology", in Nohria, N. and Eccless, R. G eds., *Networks and Organizations Structure, Form and Action*, Harvard Business School Press, 1992, pp. 25-56.

〔2〕 See Mark Granovetter, "The Strength of Weak Ties", *The American Journal of Sociology*, Vol. 78, 1973, pp. 1360-1380.

〔3〕 See Mark Granovetter, "The Strength of Weak Ties", *The American Journal of Sociology*, Vol. 78, 1973 , pp. 1360-1380.

〔4〕 See Uzzi B., "The Source and Consequences of Embeddedness for the Economic Performance of Organizations: the Network Effect", *American Sociological Review*, Vol. 61, 1996, pp. 674-698.

〔5〕 See Rowley T., Behrens D., Krackhardt D., "Redundant Governance Structures: an Analysis of Structural and Relational Embeddedness in the Steel and Semiconductor Industries", *Strategic Management Journal*, Vol. 21, 2000, pp. 369-386.

〔6〕 See Uzzi B., "The Source and Consequences of Embeddedness for the Economic Performance of Organizations: the Network Effect", *American Sociological Review*, Vol. 61, 1996, pp. 674-698.

〔7〕 See Uzzi B., "Social Structure and Competition in Interfirm Networks: the Paradox of Embeddedness", *Administrative Science Quarterly*, Vol. 42, 1997, pp. 35-67.

杰（Bian，1997）[1]对格兰诺维特的"弱关系力量"结论提出了质疑，认为该结论适用于较为成熟的市场经济条件，而对于从计划经济向市场经济转型的中国不一定适用，因此边燕杰提出了"强关系力量"，并证明了强关系在资源获取方面的作用。阿胡贾（Ahuja，2000）[2]也指出"强关系"在资源共享和资源获取方面的重要作用。克拉茨（Kraatz，1998）[3]也证明了"强关系"在促进组织更快适应环境变化方面起着积极作用。

结构嵌入性一方面强调网络参与者的相互联系和网络的整体结构，另一方面关注企业作为网络节点在社会网络中的结构位置。结构嵌入性关注网络密度、企业在网络中的位置对企业的行为和绩效的影响。在结构嵌入性研究中，伯特提出的"结构洞"观点强调企业在网络中拥有的结构洞的数量越多，企业在整个信息传递网络中越占据有利的地位，越能体现企业在网络中的"桥梁作用"（Burt，1992）。[4]鲍威尔也认为经济行为必须嵌入在特定的社会结构网络中来解释，在网络关系中，交易双方的互惠交换不是以理性计算为基础的，而是双方过去所累积的交易经验影响着双方未来的合作和信任关系（Powell，1990）。[5]格兰诺维特重视结构性嵌入中的信任机制。他明确指出，经济行为嵌入于社会结构之中，而核心的社会结构就是人们社会生活中的社会网络，信任则是嵌入网络的机制。也就是说，不是制度安排或者普遍道德使人们相互间产生有效率的经济交易，而是由于人们被置于特定的网络之中，与熟人互动并由此产生了相互信任，才产生了有效率的经济交易。因此，他的嵌入性的概念强调的是信任，而非信息（李汉林等，2005）。[6]萨克森宁关于硅谷的研究为我们理解结构性嵌入提供了最佳范本。研究发现硅谷与波士

---

〔1〕 See Bian Yanjie, "Bringing Strong Ties Back In: Indirect Ties, Network Bridges and Job Searches in China", *American Sociological Review*, Vol. 62, 1997, pp. 266-285.

〔2〕 See Ahuja G., "Collaboration Networks, Structutal Holes, and Innovation: a Longitudinal Study", *Administrative Science Quarterly*, Vol. 45, 2000, pp. 425-455.

〔3〕 See Kraatz M. S., "Learning by Association? Interorganizational Networks and Adaptation to Environmental Change", *Academy of Management Journal*, Vol. 41, 1998, pp. 621-643.

〔4〕 See Burt R. S., *Structual Holes: The Social Structure of Competition*, Harvard University Press, 1992.

〔5〕 See Powell W., "Neither Market Nor Hierarchy: Network Forms of Organization", *Research in Organizational Behavior*, Vol. 12, 1990, pp. 295-336.

〔6〕 参见李汉林等："组织和制度变迁的社会过程——一种拟议的综合分析"，载《中国社会科学》2005 年第 1 期。

顿128公路地区相比，散发着更多的结构性嵌入因素，比如硅谷成员自发组织的面对面交流平台、开放的劳工市场、开拓进取的创新精神、鼓励冒险的氛围、乐于合作的独特的硅谷文化，使得各公司之间在展开激烈竞争的同时，又能保持着良好的信任、合作关系，并为硅谷的企业创新提供持续动力（萨克森宁，1999）。[1]

格兰诺维特忽视了文化嵌入，纪廉认为，在一个给定的社会背景中，如果经济行动者对什么样的经济行为才是适当的这一点没有共同理解，那么经济行动就不可能进行（Guillen et al.，2002）。[2]迪马奇奥直接提出经济行为必须被视为嵌入在文化中（DiMaggio，1990）。[3]泽利泽尔不仅强调要关注经济交换的文化整合，而且提出经济社会学的3种文化研究路向：扩展路向、背景路向和替代路向（Zelizer，2002）。[4]

祖克和迪马奇奥把嵌入性分为4种类型：结构嵌入性、认知嵌入性、文化嵌入性和政治嵌入性（Zukin and DiMaggio，1990）。[5]结构嵌入性强调组织所在的网络结构决定了其可能获得的潜在机遇与经济绩效，企业在网络中的位置和其所维系的企业的社会关系决定了企业能否把握住机遇。此结构性嵌入来源于格兰诺维特的结构嵌入性概念。认知嵌入性在质疑古典经济学"理性人"假设的前提下，提出在信息不对称条件下，企业在进行行为选择时会受周边环境、固有的思维意识和群体思维的影响。文化嵌入性指企业在进行行为选择时会受传统价值观、信念、信仰、宗教、区域商业文化等的影响。正如哈格多恩（Hagedoorn，2006）[6]所言，国家不同，特别是文化不同，组

[1] 参见［美］安纳利·萨克森宁：《地区优势：硅谷和128公路地区的文化与竞争》，曹蓬等译，上海远东出版社1999年版。

[2] 参见［美］莫洛·F. 纪廉等编：《新经济社会学——一门新兴学科的发展》，姚伟译，社会科学文献出版社2006年版。

[3] See DiMaggio Paul，"Cultural Aspects of Economy Action and Organization"，in Roger Friedland and A. F. Robertson eds.，*Beyond the Marketplace*：*Rethinking Economy and Society*，New York：De Grugte，1990，pp. 113-136.

[4] 参见［美］莫洛·F. 纪廉等编：《新经济社会学——一门新兴学科的发展》，姚伟译，社会科学文献出版社2006年版。

[5] See Zukin S.，DiMaggio Paul，*Structures of Capital*：*The Social Organization of the Economy*，Cambridge University Press，1990.

[6] See Hagedoorn J.，"Understanding the Cross-Level Embeddedness of Interfirm Partnership Formation"，*The Academy of Management Review*，Vol. 31，2006，pp. 670-680.

织进行合作选择的倾向也不同。政治嵌入性是指企业所处的政治环境、政治体制、权力结构对行为主体的影响。经济合作与发展组织（Organization for Economic Cooperation and Development，OECD）研究发现，政府在公共政策制定与公共信息平台建设上的推动对区域内经济主体的经营活动和行为起着明显的引导或限制作用（OECD，2001）。[1]

"嵌入性"贯穿着整个新经济社会学的思想，所以格兰诺维特与斯威德伯格把新经济社会学的理论核心归结为3个基于"嵌入性"命题（Swedbeger and Granovetter，1992）[2]：（1）经济行动是一种特定类型的社会行动。经济行动者并不是纯粹的原子化的、经济理性人，无论在什么条件下，经济行动者首先是一个社会人，他的行动也必然是一种社会行动，社会价值观念、规范等必然影响行动者的决策。（2）经济行动是受社会性定位的。经济行动者，不管是个体还是组织，均嵌入在当下的个人关系网络中，而且是在与其他个人或者群体发生联系时而存在。行动者之间频繁的交往与联系构成了个人关系网络，一个个相互交错、互相联系的个人关系网络在更大层面上又构成了其所依存的社会结构。（3）经济制度是一种社会建构。新经济社会学同样保留着对宏观经济现象的研究热情，比如对制度的分析。新制度经济学从效率角度解释制度，认为制度变迁的直接动力是经济发展以及对效率的追求。演化经济学则认为制度变迁主要是自然选择的结果。新经济社会学则认为制度变迁受政治（权力）、社会（网络）、文化、市场、技术等因素的影响，制度变迁也是受社会历史背景因素的限制。至此，新经济社会学逐渐将研究焦点由社会网络分析转向对经济组织的制度化分析，并将分析领域扩展到诸如市场、货币、金融、国家等宏观制度层面，实现了新经济社会学研究从"网络嵌入性"到"制度嵌入性"的研究视角的转变和研究领域的拓展。

安德松等（Andersson et al.，2002）[3]从企业内部的运营和价值链视角，

---

[1] See OECD, *Innovative Clusters: Drivers of National Innovation System*, Paris: OECD Publishing, 2001.

[2] See Swedberg R., Mark Granovetter, "Introduction", *The Sociology of Economice Life*, Westview Press, 1992, pp. 1-26.

[3] See Andersson U., Forsgren M., Holm U., "The Strategic Impact of External Networks: Susidiary Performance and Competence Development in the Multinational Corporation", *Strategic Management Journal*, Vol. 23, 2002, pp. 979-996.

把嵌入性分为业务嵌入性与技术嵌入性。哈格多恩（Hagedoorn，2006）〔1〕把嵌入性分为3个层次，即环境嵌入性（environmental embeddedness）、组织间嵌入性（interorganizational embeddedness）与双边嵌入性（dyadic embeddedness），认为企业的行为选择受其所嵌入的特定的国家和产业环境、企业组织间网络和合作企业间双边关系的影响。环境嵌入性指企业行为受其所处的国家环境和产业特性的影响。组织间嵌入性指企业行为受其所处的网络环境、关系积累、合作历史的影响。成功的、配合紧密的、推动合作项目顺利执行的合作经验有助于下一次合作机会的把握。双边嵌入性指企业行为受合作企业间不断重复的合作关系影响。现实中，在信息不对称的情况下，企业倾向于与已有的合作伙伴进行合作，因为这样做可以节省合作伙伴的搜寻成本和选择成本（Chung et al.，2000）。〔2〕企业间不断重复的合作关系也能直接带来相互信任，被认为是建立新的合作关系和发展长期合作关系的基本要求（兰建平、苗文斌，2009）。〔3〕

朱莉（Julie，2003）〔4〕提出了一个识别嵌入关系的类型和程度的流程：首先，根据“是否存在社会因素影响交易的达成”和“交易契约的形式”（市场合同还是口头协议）两个标准来判断交易中是否存在嵌入关系，只要符合上述两个标准中的一个，就认为存在嵌入关系。其次，如果存在嵌入性关系，则要通过分析交易关系中存在的社会行为表现来辨别交易关系所嵌入的具体的社会关系。最后，根据嵌入性关系中的社会关系类型和紧密程度，区分嵌入关系。

2. 嵌入性在国内的发展

国内很多学者也对嵌入性概念进行了辨析，探讨了嵌入性的内涵、维度和研究领域，把嵌入性概念应用于中国的实证研究。符平（2009）〔5〕探讨了波兰尼和格兰诺维特有关嵌入性思想的两种不同的学术取向：社会构件论的

---

〔1〕 See Hagedoorn J.，“Understanding the Cross Level Embeddedness of Interfirm Partnership Formation”，*The Academy of Management Review*，Vol. 31，2006，pp. 670-680.

〔2〕 See Chung S.，Singh H.，Lee K.，“Complementarity，Status Similarity and Social Capital as Drivers of Alliance Formation”，*Strategic Management Journal*，Vol. 21，2000，pp. 1-22.

〔3〕 参见兰建平、苗文斌：“嵌入性理论研究综述”，载《技术经济》2009年第1期。

〔4〕 See Julie M. Hite，“Patters of Multidimensionality Among Embedded Network Ties：a Typology of Relational Embeddedness in Emerging Entrepreneurial Firms”，*Strategic Organization*，Vol. 1，2003，pp. 9-49.

〔5〕 参见符平：“‘嵌入性’：两种取向及其分歧”，载《社会学研究》2009年第5期。

市场观和社会建构论的市场观。臧得顺（2010）[1]则认为格兰诺维特是继承了波兰尼的“经济是社会的一部分”“经济行为是嵌入社会行为中”的思想基础上而建构的新经济社会学的“嵌入性”理论。丘海雄和于永慧（2007）[2]对产业集群研究中频频出现的“嵌入性”和“根植性”进行了辨析，认为“嵌入性”是分析经济行为如何受到历史、文化、制度、关系和社会结构影响的一个概念工具，而“根植性”是反映企业与本地生产体系的融合程度，帮助产业集群中企业扎根于本地的实践问题。刘世定（2015）[3]探讨了不同嵌入性概念之间的逻辑关系。桂勇等（2003）[4]在求职行为的嵌入性研究中，提出了“双重嵌入”的概念：微观层面上个体行动者嵌入在中观层面的具体的社会网络中，但是社会网络本身亦受其所处的更大的宏观社会背景的影响，因此其本身也嵌入在更为宏观的文化制度背景中。甄志宏（2006）[5]从新经济社会学制度分析的兴起梳理了从“网络嵌入性”到“制度嵌入性”的发展历程。王宁（2013）[6]从消费社会学的视角探讨了“制度嵌入性”的重要性。李汉林等（2005）[7]在组织和制度变迁的社会过程研究中，提出嵌入性作为组织和制度变迁的结构性环境，直接决定组织制度变迁的方式、方向和效果。

更多的学者是应用嵌入性理论进行经济社会学方面的实证研究。刘世定（1999）[8]较早探讨了嵌入性与关系合同之间的关系：即约前关系导入、多元关系属性、对关系属性的有限控制使得关系合同与合同治理结构之间产生

[1] 参见臧得顺：“格兰诺维特的‘嵌入理论’与新经济社会学的最新进展”，载《中国社会科学院研究生院学报》2010年第1期。

[2] 参见丘海雄、于永慧：“嵌入性与根植性——产业集群研究中两个概念的辨析”，载《广东社会科学》2007年第1期。

[3] 参见刘世定主编：《经济社会学研究》（第2辑），社会科学文献出版社2015年版。

[4] 参见桂勇、陆德梅、朱国宏：“社会网络、文化制度与求职行为：嵌入问题”，载《复旦学报（社会科学版）》2003年第3期。

[5] 参见甄志宏：“从网络嵌入性到制度嵌入性——新经济社会学制度研究前沿”，载《江苏社会科学》2006年第3期。

[6] 参见王宁：“从‘消费自主性’到‘消费嵌入性’——消费社会学研究范式的转型”，载《学术研究》2013年第10期。

[7] 参见李汉林等：“组织和制度变迁的社会过程——一种拟议的综合分析”，载《中国社会科学》2005年第1期。

[8] 参见刘世定：“嵌入性与关系合同”，载《社会学研究》1999年第4期。

结构性摩擦，但是关系合同在现实中却非常重要，因此他在关系合同的研究中引入委托-代理关系，提出“二次嵌入”。王宁（2014）[1]则将产业转型升级嵌入在地方消费主义、城市舒适物下，提出地方消费主义构成助推城市产业结构优化升级的社会-文化力量：伴随着消费单位的扩大，消费者的消费层级也从具体的物品消费上升到对一个地方或城市的整体的消费，即“地方消费主义”。具有高人力资本的人才往往是地方消费主义观念的携带者，他们的择地行为影响了高新技术产业公司的选址行为。而政府为了吸引高新技术公司，不但要考虑这些公司的盈利需要，而且要考虑人才的地方消费主义观念。黄斌欢（2014）[2]将新生代农民工的留守经历放在嵌入性视角下进行考察，发现新生代农民工同时呈现出脱嵌于乡村与城市社会的特点，且“双重脱嵌”之间具有内在的逻辑联系：留守经历导致新生代工人脱嵌于乡村社会，而这一主体性伴随其进入城市，导致其脱嵌于城市的劳动现场。黄斌欢还指出，工人阶级的形成还需要考虑具体历史情境下的重新嵌入问题。李汉林、魏钦恭（2013）[3]认为中国政企关系的变迁主要受到政府追求主导目标实现的内在动力驱动以及主体嵌入之中的结构环境约束，政企关系的发展变迁在微观层面取决于政府与企业具体、持续的互动。

（二）嵌入性对企业绩效的影响研究

自从格兰诺维特提出嵌入性理论以来，诸多西方学者对该理论进行了实证研究，其中有代表性的是乌兹。乌兹基于美国纽约制衣工厂的研究，把企业间的关系分为市场关系和嵌入关系，发现嵌入性强度与企业绩效呈现倒“U”型关系（Uzzi，1996）[4]，并提出“关系嵌入悖论”（Uzzi，1997）[5]。乌兹

---

〔1〕 参见王宁：“地方消费主义、城市舒适物与产业结构优化——从消费社会学视角看产业转型升级”，载《社会学研究》2014年第4期。

〔2〕 参见黄斌欢：“双重脱嵌与新生代农民工的阶级形成”，载《社会学研究》2014年第2期。

〔3〕 参见李汉林、魏钦恭：“嵌入过程中的主体与结构：对政企关系变迁的社会分析”，载《社会科学管理与评论》2013年第4期。

〔4〕 See Uzzi B.，“The Source and Consequences of Embeddedness for the Economic Performance of Organizations：the Network Effect”，*American Sociological Review*，Vol. 4，1996，pp. 674-698.

〔5〕 See Uzzi B.，“Social Structure and Competition in Interfirm Networks：the Paradox of Embeddedness”，*Administrative Science Quarterly*，Vol. 1，1997，pp. 35-67.

(Uzzi，1999)[1]后来又将研究重点放在公司如何从资本市场上获取资本，并探讨了强关系和弱关系对获取银行贷款等融资行为的影响。乌兹（Uzzi，2002)[2]还将目光投向公司间的网络关系、公司与金融机构之间的关系对于知识传递的影响。乌兹（Uzzi，2003)[3]还指出，组织间关系的缔结主要是通过个人间的社会联系而实现的，其中最典型的是通过中介的第三方或者其他的社交圈，而且这种嵌入关系一般不会由市场交易关系而产生，而是人际信任形成过程的一种反映。而格兰诺维特对乌兹所做工作的评价是：测量嵌入性的程度可能不是一条合适的路径，而应该把嵌入性作为一种“概念伞”，用来研究社会网络对经济、经济行为的影响（刘育新，2004)。[4]虽然格兰诺维特的评价有一定的道理，然而低度嵌入导致的非效率以及过度嵌入导致的“锁定”等现象却是真实存在的。

不断积累的嵌入性网络关系成为企业获取有价值的信息和可靠的合作伙伴的基础（Kogut et al.，1992；Powell et al.，1996)。[5][6]克拉克哈特（Krackhardt，1992)[7]通过实证研究发现，创新绩效与企业间的强关系息息相关，强嵌入关系可以使知识传递和分享更有效率，而弱嵌入关系对于群内企业而言不能达到有效创新的目的。诸多学者通过实证研究也发现，产业集群嵌入性能提高产业集群竞争力（Engight，2000；Porter，1990，2000；Grabher，

---

〔1〕 See Uzzi B.，“Embeddedness in the Making of Financial Capital：How Social Relations and Networks Benefit Firms Seeking Financing”，*American Sociological Review*，Vol. 64，1999，pp. 481–505.

〔2〕 See Uzzi B.，“Knowledge Spillover in Corporate Financing Networks：Embeddedness and the Firm's Debt Performance”，*Strategic Management Journal*，Vol. 23，2002，pp. 595–619.

〔3〕 See Brian Uzzi，Ryon Lancaster，“Relational Embeddedness and Learning：the Case of Bank Loan Managers and Their Clients”，*Management Science*，Vol. 49，2003，pp. 383–399.

〔4〕 参见刘育新：“嵌入性与产业集群研究”，载《科学学与科学技术管理》2004年第10期。

〔5〕 See Kogut B.，Shan W.，Walker G.，“The Make-or-cooperate Decision in the Context of a Industry Network”，in N. Nohria and R. Eccles，eds.，*Network and Organizations：Structure，Form and Action*，Harvard Business School Press，1992，pp. 348–365.

〔6〕 See Powell W. W.，Kuput K.，Smith-Doerr L.，“Inter-organizational Collaboration and the Locus of Innovation：Networks of Learning in Bio-technology”，*Administrative Science Quarterly*，Vol. 41，1996，pp. 116–145.

〔7〕 See Krackhardt D.，“The Strength of Strong Ties：The Importance of Philos in Organizations”，in Nohria N. and Eccles R. G. eds.，*Networks and Organizations*，1992，pp. 216–239.

1993；Rabellotti，1996；Zhao，2003）。[1][2][3][4][5][6]但汉森（Hansen，1999）[7]的研究却发现，集群中企业与外部的联系所获得的异质性信息是创新的主要出发点，因此，在过度嵌入的情况下，群内企业的认知趋同和对信息的有选择接受可能会使得集群演变为一个封闭的系统，从而导致“锁定”现象的出现。因此，对集群来说，适度嵌入才能提高集群竞争力。而以林竞君（2004）[8]为代表的部分学者认为结构嵌入作为一种宏观层面上的嵌入关系，主要给集群中的企业提供一种“氛围”或者“环境”，这会对创新网络等产生积极的影响，如硅谷的成功就是与硅谷鼓励冒险、善待失败以及乐于合作的文化氛围息息相关的。樊钱涛（2015）[9]基于对354家企业的问卷调查，采用层次回归分析和有调节的中介作用模型验证了关系嵌入性对于企业合作创新的影响机制。

近年来，较多管理学学者研究嵌入性对企业绩效及创新绩效的影响。张秀娥等（2012）[10]以中国东北地区中小企业为研究对象，利用回归分析检验了三个变量之间的关系，研究结果表明企业能够通过强化网络嵌入性提升组织

---

〔1〕 See Enright Michael，“The Globalization of Competition and the Localization of Competitive Advantage：Policies Toward Regional Clustering”，in N. Hood and SYoung eds.，*The Globalization of Multinational Enterprise Activity and Economic Development*，Macmillan，2000.

〔2〕 See Porter Michael，*The Competitive Advantage of Nations*，Free Press，1990.

〔3〕 See Porter M. E.，“Location，Competition and Economic Development：Local Clusters in a Global Economy”，*Economic Development Quarterly*，Vol. 14，2000，pp. 15-34

〔4〕 See Grabher G.，“Rediscovering the Social in the Economics of Interfirm Relations”，in Grabher G. eds.，*The Embedded Firm*，Routledge，1993.

〔5〕 See Rabellotti Roberta，“Collective Effects in Italian and Mexican Footwear Industrial Clusters”，*Small Business Economics*，Vol. 10，1996，pp. 243-262.

〔6〕 See Zhao Bei，*Embeddedness and Competitiveness：Regional Clusters in China*，Ph. D. dissertation，University of HongKong，Online Outstanding Thesis of 2003.

〔7〕 See Morten T. Hanson，“The Search-Transfer Problem：the Role of Weak Ties in Sharing Knowledge across Organization Subunits”，*Administrative Science Quarterly*，Vol. 44，1999，pp. 82-111.

〔8〕 参见林竞君：“嵌入性、社会网络与产业集群——一个新经济社会学的视角”，载《经济经纬》2004年第5期。

〔9〕 参见樊钱涛：“关系嵌入性对于合作创新的影响机制——一个整合的研究模型”，载《浙江科技学院学报》2015年第1期。

〔10〕 参见张秀娥、姜爱军、张梦琪：“网络嵌入性、动态能力与中小企业成长关系研究”，载《东南学术》2012年第6期。

的动态能力，从而在动荡的环境中获得成长。赵炎和郑向杰（2013）〔1〕以资源依赖理论为支撑，基于社会网络与相关统计分析方法，构建了中国10个高科技行业的大规模联盟创新网络，研究了嵌入网络的420个上市公司的网络嵌入性与地域根植性对其创新绩效的影响。宋晶等（2014）〔2〕通过实证研究发现，关系嵌入性在影响合作创新绩效过程中起到重要的调控作用。游家兴和邹雨菲（2014）〔3〕以我国2005年~2010年民营上市公司为样本，基于企业家嵌入性网络的视角对社会资本、多元化战略与公司业绩之间关系展开分析，发现企业家社会资本对公司多元化经营战略有积极推动作用，而且可以协同多元化与公司绩效的关系。唐春晖和曾龙风（2014）〔4〕通过案例研究，将企业内部资源与企业外部网络关系嵌入相结合，得出内部资源与外部网络关系嵌入存在交互耦合关系，其耦合协同程度越高，越能够促进本土制造企业升级的实现。

二、嵌入其中的社会关系网络对企业绩效的影响研究

（一）企业家之间的关系网络对企业绩效的影响研究

1. 关系网络可以帮助企业获取市场信息和商机，从而提高企业绩效

个人或者企业之所以嵌入网络是希望能够获取信息以降低不确定性（Granovertter，1985）。〔5〕埃里克森等（Eriksson et al.，2003）〔6〕研究发现，国际化企业对国际市场信息的吸收获取与其嵌入当地网络的深度和联系强度成正相关，尤其是与当地领先客户的紧密联系可以使企业及时地获取市场需

〔1〕参见赵炎、郑向杰："网络嵌入性与地域根植性对联盟企业创新绩效的影响——对中国高科技上市公司的实证分析"，载《科研管理》2013年第11期。

〔2〕参见宋晶、陈菊红、孙永磊："双元战略导向对合作创新绩效的影响研究：网络嵌入性的调节作用"，载《科学学与科学技术管理》2014年第6期。

〔3〕参见游家兴、邹雨菲："社会资本、多元化战略与公司业绩：基于企业家嵌入性网络的分析视角"，载《南开管理评论》2014年第5期。

〔4〕参见唐春晖、曾龙风："资源、网络关系嵌入性与中国本土制造企业升级案例研究"，载《管理案例研究与评论》2014年第6期。

〔5〕See Mark Granovetter.，"Economic Action and Social Structure：the Problem of Embeddedness"，*American Journal of Sociology*，Vol. 91，1985，pp. 481-510.

〔6〕See Kent Eriksson，Jan Johanson，Anders Majkgard，Sharma D. D. "Experiential Knowledge and Cost in the Internationalization Process"，*Journal of International Business Studies*，Vol. 28，1997，pp. 337-360.

求信息。康荣平（2004）[1]对温州打火机和制鞋产业的研究为此提供了有益的佐证。温州人能够取代了全球的金属打火机制造中心——日本、韩国和我国台湾地区，成为全球唯一的金属打火机制造基地，与温州人的海外商贸网络有着非常紧密的联系。温州人不仅利用海外温州商贸网络，将产品销往海外，而且能够通过海外温州商贸网络，及时准确地了解市场信息，调整产品战略。

2. 关系网络可以避免机会主义行为，从而提高企业绩效

以华人社会为例，华人社会很注重社会关系网络，这对华人家族企业有着重大影响。华人家族企业并不是以孤立的原子状态存在的，其创办、生存和交易活动都深深嵌入在华人的社会关系网络之中。费孝通早在 1948 年对这一点就有比较透彻的认识，他的“差序格局”分析了中国乡土社会怎么样利用亲属的伦常去组合社群，经营各种事业，使基本的家具有了民族性（费孝通，2012）。[2]汉密尔顿（Hamilton，1991）[3]对此也有比较深刻的认识，他认为，中国的家族企业随着时间的变化，家也表现出了社会性的联系。储小平和李怀祖（2003）[4]则认为华人社会关系的特性是社会成员之间的泛家族化联结，社会关系网络在华人社会经济活动中通常起着替代正式制度的作用。温州民营企业的国际商业网络背后的纽带也是其庞杂的亲缘关系，商业利益交织着泛族群情感，也正是这种令人惊讶的整合构建了特殊而坚韧的信任机制，表现为网络共同体成员不愿意、也不可能产生机会主义的倾向。任晓（2006）[5]发现，越是在远离家乡的海外，越是处在陌生的环境中，温州人的族群自我认同感就越强，圈子内“自己人”的身份成了贸易、融资时最高等级的信誉担保；这种自我认同的网络是大家共同熟悉的、得到公认的，而且是一种体制化的关系网络；大量温州企业频繁的海外扩张行动也是受到了“海外生意网”的刺激和鼓励，信任、合作和互惠性规范使得网络内的温州民

[1] 参见康荣平：“全球华人资源与中国产业发展”，载《经济研究参考》2004 年第 45 期。

[2] 参见费孝通：《乡土中国》，北京大学出版社 2012 年版。

[3] See Hamilton G. G., *Business Networks and Economic Development in East and Soltheast Asia*, Centre of Asian Studies, 1991.

[4] 参见储小平、李怀祖：“家族企业成长与社会资本的融合”，载《经济理论与经济管理》2003 年第 6 期。

[5] 参见任晓：“温州民营企业的国际化：一个观察样本”，载《浙江经济杂志》2006 年第 6 期。

营企业迅速获得了国际声誉。

3. 关系网络影响资源获取，有助于提高企业绩效

诸多学者的研究表明关系网络有利于资源获取和提高企业绩效（Powell，1990；Hall，1992、1993）。[1][2][3]吉瑞罗（Jarillo，1988）[4]认为企业的网络关系对于保持竞争优势非常重要。组织间的社会关系网络可以帮助企业获得新技能和新知识（Podolny and Page，1998）。[5]查希尔（Zaheer，1997）认为，网络关系丰富（如拥有很多弱关系）的企业其“警觉”能力和“反应”能力都比较强，从而影响企业绩效（巫景飞等，2008）。[6]埃克勒和格雷恩（Eccles and Grane，1988）以及波多尼（Podolny，1993）证明了投资银行高层之间的关系维持了该产业高回报（巫景飞，2008）。古拉蒂（Gulati，1998）[7]研究发现企业网络中的资源可以为企业提供有价值的信息，如资金、知识、信息、政府优惠等“网络资源”很可能被少数企业更早、更多或更久地占有，使企业通过比竞争者“先动”而获取战略优势。古拉蒂等（Gulati et al.，2000）[8]发现企业在网络内形成的“隐性合谋”所造成的“壁垒”在维持企业获利能力上会更为有效。彭维刚和罗亚东（Peng and Luo，2000）[9]通过对中国浙江、安徽和深圳等省市 127 家企业经理人的问卷调查，验证了企业经理人的社会联系对企业绩效有着显著影响。韦斯特法尔

〔1〕 See Powell W.，“Neither Market Nor Hierarchy：Network Forms of Organization”，*Research in Organizational Behavior*，Vol. 12，1990，pp. 295-336.

〔2〕 See Hall R.，“The Strategic Analysis of Intangible Resources”，*Strategic Management Journal*，Vol. 13，1992，pp. 135-144.

〔3〕 See Hall R.，“A Framework Linking Intangible Resources and Capabilities to Sustainable Competitive Advantage”，*Strategic Management Journal*，Vol. 14，1993，pp. 607-618.

〔4〕 See Jarillo J. C.，“On Strategic Networks”，*Strategic Management Journal*，Vol. 9，1988，pp. 31-41.

〔5〕 See Podolny J. M.，Page K. L.，“Network Forms of Organization”，*Annual Review of Sociology*，Vol. 24，1998，pp. 57-76.

〔6〕 参见巫景飞等：“高层管理者政治网络与企业多元化战略：社会资本视角——基于我国上市公司面板数据的实证分析”，载《管理世界》2008 年第 8 期。

〔7〕 See Gulati R.，“Alliances and Networks”，*Strategic Management Journal*，Vol. 19，1998，pp. 293-317.

〔8〕 See Gulati R.，Nohria N.，Zaheer A.，“Strategic Networks”，*Strategic Management Journal*，Vol. 21，2000，pp. 203-215.

〔9〕 See Mike W. Peng，Yadong Luo.，“Managerial Ties and Firm Performance in A Transition Economy：The Nature of a Micro-Macro Link”，*Academy of Management Journal*，Vol. 43，2000，pp. 486-501.

(Westphal et al. , 2006)[1]认为人际关系和友情对于企业获取必要的资源非常有价值。

(二) 企业与政府官员的关系网络对企业绩效的影响研究

制度嵌入性提供了合法性和资源(Zucker, 1987),[2]并为组织应对环境不确定性和竞争威胁提供了某种缓冲(Baum and Oliver, 1991)。[3]在中国,企业与政府官员的关系(Guanxi)是一种特别的强网络(Strong Web),它凝聚了与众不同的信任、责任或义务(Tsui et al. , 2006),[4]从而使得企业可以更方便地获取所需的政治或政策资源。甚至连西方跨国公司都清楚地知道在中国做生意时"关系为王"(Buderi and Huang, 2006; Vanhonacker, 2000)。[5][6]因此,很多西方学者以中国企业为对象,研究发现企业与政府的关系可以为企业带来经营绩效的提升,比如彭维刚和罗亚东(Peng and Luo, 2000)[7]发现企业家与政府官员的个人关系与企业获取资源以及企业绩效之间存在正相关关系,李海洋、张燕(Li and Zhang, 2007)[8]发现经理人的政治网络会对国内创业企业绩效有改进作用,社会学家边燕杰、丘海雄(2000)[9]也通过实证研究发现企业家纵向社会资本(政治经历)可以改善企业绩效。阿格拉瓦和克罗

---

〔1〕 See Westphal J. D. , Ming chn D. H. , Boivie S. , et al. , "The Strategic Impetus for Social Network Ties Reconstituting Broken CEO Friendship Ties", *Strategic Management Journal*, Vol. 27, 2006, pp. 425-445.

〔2〕 See Zucker L. G. , "Institutional Theories in Organization", *Palo Alto*, *CA*, *Annual Reviews*, 1987.

〔3〕 See Baum J. A. C. , Oliver C. , "Institutional Linkages and Organizational Mortality", *Administrative Science Quarterly*, Vol. 36, 1991, pp. 187-218.

〔4〕 See Tsui A. , Farh J. , Xin K. , Xiao Z. , *Hierarchical Ties and Network Closure as Social Capital for Chinese Managers*, Working Paper, Arizona State University, 2006.

〔5〕 See Buderi R. , Huang G. T. , *Guanxi* (*The Art of Relationships*): *Microsoft*, *China*, *and Bill Gates's Plan to Win the Road Ahead*, Simon and Schuster , 2006.

〔6〕 See Vanhonacker W. , "A Better Way to Crack China", *Harvard Business Review*, Vol. 7, 2000, pp. 20-22.

〔7〕 See Mike W. Peng. , Yadong Luo. , "Managerial Ties and Firm Performance in a Transition Economy: The Nature of a Micro-Macro Link", *The Academy of Management Journal*, Vol. 43, 2000, pp. 486-501.

〔8〕 See Haiyang Li, Yan Zhang, "The Role of Managers' PoliticalNetworking and Functional Experience in New Venture Performance: Evidence from China's Transition Economy", *Strategic Management Journal*, Vol. 28, 2007, pp. 791-804.

〔9〕 参见边燕杰、丘海雄:"企业社会资本及其功效",载《中国社会科学》2000年第2期。

伯（Agrawal and Knoeber，2001）[1]以1987年福布斯800（Forbes 800）中的264家制造类企业为样本，发现其中那些以政府为主要客户的公司，有政治经验的董事具有更为重要的作用和地位。彭维刚等人（Peng et al.，2004）[2]发现，由于路径依赖的存在，民营企业与政府官员的嵌入关系为企业提供了继续寻求政府支持的持续途径，例如获得补贴、保护、解决争议等。韩国学者杨敏基（Kim，2005）[3]对韩国1990年~1999年1991家上市公司的董事会成员的社会网络进行了考察，发现董事的外部政治社会资本以及精英学校网络对于企业绩效有正面影响。摩西（Moses，2007）[4]以非洲新兴经济体加纳的国内企业为研究对象，研究企业经理的社会关系网络包括政治网络所代表的社会资本对企业绩效的影响。胡旭阳（2006）[5]通过对浙江百强企业的实证分析，发现中国民营企业家通过参与人大、政协等途径获得政治身份，从而降低进入金融业的壁垒，提高民营企业的资本获取能力，促进民营企业的发展。石军伟等（2007）[6]通过对中国97家上市公司的数据的实证分析发现，包括政治关系资本的企业社会资本对销售收入的提升有着正面的促进作用。

三、嵌入社会关系网络中的社会资本对企业绩效的影响研究

嵌入性视角将企业的经济行为看作嵌入在社会关系网络和社会结构之中，受社会关系网络、文化、结构、制度等的影响。而在社会关系网络中，到底存在什么力量约束着企业的经济行为呢？社会资本是一个重要的变量。所以，社会资本是嵌入性的产物。

---

〔1〕 See Anup Agrawal, Charles R. Knoeber, "Do Some Outside Directors Play a Political Role?", *The Journal of Law and Economics*, Vol. 44, 2001, pp. 179-198.

〔2〕 See Mike W. Peng., Tan J., Tong W. Tang., "Ownership Types and Strategic Groups in an Emerging Economy", *Journal of Management Studies*, Vol. 41, 2004, pp. 2322-2380.

〔3〕 See Yangmin Kim, "Board Network Characteristics and Firm Performance in Korea", *Corporate Governance: An International Review*, Vol. 13, 2005, pp. 800-808.

〔4〕 See Acquaah Moses, "Managerial Social Capital, Strategic Orientation and Organizational Performance in An Emerging Economy", *Strategic Management Journal*, Vol. 28, 2007, pp. 1235-1255.

〔5〕 参见胡旭阳："民营企业家的政治身份与民营企业的融资便利——以浙江省民营百强企业为例"，载《管理世界》2006年第5期。

〔6〕 参见石军伟、胡立君、付海艳："企业社会资本的功效结构：基于中国上市公司的实证研究"，载《中国工业经济》2007年第2期。

（一）社会资本

社会资本概念首先由法国社会学家布迪厄提出，科尔曼对其做了全面的界定和分析，而真正使社会资本概念引起学者广泛关注的是普特南。布迪厄将资本分为三种形式：经济资本、社会资本和文化资本。他强调的是不同资本形式之间的相互转化，以及所有资本终将转化为经济资本。社会资本的积累和投资依赖于行动者可以有效动员的关系网络的规模，并且通过社会资本，行动者可以摄取经济资源（Bourdieu，1980、1986）。[1][2]科尔曼最初将社会资本概念应用于某中学辍学学生的案例分析中，分析了社会资本在人力资本产生中的作用（Coleman，1988）。[3]科尔曼后来在《社会理论的基础》一书中，对社会资本的概念、类型、特点、创造、保持和消失进行了详细的阐述，并认为社会资本相较于私人物品而言，具有两个特点，即不可转让性和公共物品性（Coleman，1990）。[4]伯特把社会资本定义为“是通过朋友、同事以及更普遍的联系，获得的使用金融资本和人力资本的机会”和“行动者在社会结构中能够连接异质资源的有利位置（结构洞）”，并认为自我封闭的网络只能提供重复的资源，而网络中的“结构洞”不仅为获取非重复资源提供机会，而且由结构洞连接的一组组结点之间控制着资源流动，构建了各种权力关系的社会资本（Burt，1992）。[5]伯特也提出了社会资本的相继价值观（Contingent Value），认为管理者的社会资本价值与同行的数量存在正相关性（Burt，1997）。[6]普特南把社会资本定义为“是指社会组织的特征，比如信任、规范和网络，它们能够通过推动协调的行动来提高社会的效率”，他通过

---

〔1〕 See Bourdieu P.，“Le Capital Social：Notes Provisoires，Actes Rech”，*Sci. Soc*，Vol. 31，1980，pp. 2-3.

〔2〕 See Bourdieu P.，“The Forms of Capital”，in J. G. Richardson eds.，*Handbook of theory and research for the sociology of education*，New York：Greenwood，1986，pp. 241-258.

〔3〕 See Coleman J. S.，“Social Capital in the Creation of Human Capital”，*The American Journal of Sociology*，Vol. 94，1988，pp. 95-121.

〔4〕 See Coleman J. S.，*The Foundations of Social Theory*，MA：Belknap Press of Harvard University Press，1990.

〔5〕 See Burt R. S.，*Structual Holes：The Social Structure of Competition*，Harvard University Press，1992.

〔6〕 See Burt R. S.，“The Contingent Value of Social Capital”，*Administrative Science Quarterly*，Vol. 42，1997，pp. 339-365.

对意大利长达20年的跟踪研究，发现社会资本的不同造成了意大利南北经济发展的差异，揭示了社会资本对经济发展的作用，意大利传统产业集群的成功就在于其高度信任的公民社会传统以及社区参与力，正是这种社会资本特征为该区域分工经济的迅猛发展提供了外部文化支持（Putnam，1993）。[1]他还验证了社会资本能够提高投资于物质资本和人力资本的收益，在一定历史条件下，在一个拥有的社会资本存量的社群内，生活和工作会更加容易（Putnam，1996）。[2]波茨认为科尔曼对社会资本的定义太过模糊，他把社会资本定义为"处在网络或者更为广泛的社会结构中的个人动员稀有资源的能力，不是依赖于个人，而是依赖于个人与他人的关系，社会资本是嵌入性的产物"（Portes，1998）。[3]林南重新阐释了社会资本概念，把社会资本定义为从社会关系（网络）中所获取的资源，社会资本是嵌入于社会网络中的。林南对社会资本概念的界定包含三层含义：（1）社会资本是嵌入于社会结构中的资源；（2）社会资本体现了个人或者组织获取这些社会资源的能力；（3）个人或者组织动用这些社会资源是有目的的工具性行动（Lin，2001）。[4][5]张文宏（2003）[6]也称林南对社会资本概念的表述、指标测量和理论模型的建构做出了最大贡献。科利尔（Colier，2002）[7]分析了社会资本所带来的外部经济利益：首先，它通过重复交易建立信任和声誉，从而减少机会主义行为。其次，它有利于传播技术和市场信息，从而减少市场在信息传播中的失败。最后，依靠规范和规则，它可以减少搭便车行为，从而促进集体行为的形成。

---

〔1〕 See Putnam R. D.，"The Prosperous Community：Social Capital and Public Life"，*The American Prospect*，Vol. 13，1993，pp. 35-42.

〔2〕 See Putnam R. D.，"The Strange Disappearance of Civic America"，*The American Prospect*，Vol. 7，1996，pp. 1-18.

〔3〕 See Portes A.，"Social Capital：Its Origins and Applications in Modern Sociology"，*Annual Review of Sociology*，Vol. 24，1998，pp. 1-24.

〔4〕 See Lin Nan.，"Building a Network Theory of Social Capital"，in Lin Nan.，Cook K. and Burt R. S. eds.，*Social capital：Theory and Research*，Aldine de Gruyter，2001，pp. 3-30.

〔5〕 See Lin Nan.，*Social Capital：A Theory of Social Structure and Action*，Cambridge University Press，2001.

〔6〕 参见张文宏："中国城市的阶级结构与社会网络"，香港中文大学研究院社会学部2003年博士学位论文。

〔7〕 See Collier P.，"Social Capital and Poverty：A Microeconomic Perspective"，in Grootaert C. and Bastelaer T. V. eds.，*The Role of Social Capital in Development：An Empirical Assessment*，Cambridge University Press，2002，pp. 19-41.

卜长莉（2005）[1] 提出了社会资本的三个作用：通过“体制化关系网络”而获取资源（社会资本的资源说）、通过社会关系网络摄取稀缺资源的能力（能力说）、为企业生产带来便利（功能说）。

（二）企业社会资本

科尔曼较早开始关注企业社会资本，伯特明确将企业作为社会资本研究的主体，乌兹研究了嵌入企业网络中的社会资本对企业绩效的影响。

1. 企业社会资本的定义

现有研究中，企业社会资本的定义可以分为三种：资源说、能力说和关系说。

（1）资源说[2]

那哈皮特和戈沙尔（Nahapiet and Ghoshal，1998）[3] 把企业社会资本定义为“嵌入于个体或者社会单元中而拥有的关系网络中可利用的实际的或者潜在的资源”，并从三个方面去分析企业社会资本：结构维度（网络关系、网络结构、专用网络）、认知维度（共享的编码和语言、共享的动机）、关系维度（信任、规范、义务和认同）。林德斯和加比（Leenders and Gabby，1999）[4] 认为企业社会资本是通过企业行动者的社会关系自然而然产生的资源，这些行动者由一系列关系联结在一起，当这些资源对企业目标的实现有积极作用和帮助时，便是社会资本。莲娜和布伦（Leana and Buren，1999）[5] 把企业社会资本定义为反映企业内部社会关系特质的资源。企业社会资本通过企业成员对集体目标的追求与相互信任来促进集体行动的成功。企业社会资本的分析维度包括结社能力（把个体目标和行动从属于集体目标和行动的能力）

---

〔1〕 参见卜长莉：《社会资本与社会和谐》，社会科学文献出版社 2005 年版。

〔2〕 参见朱彬钰：“社会资本与技术创新——珠三角传统产业集群中的企业研究”，中山大学 2007 年博士学位论文。

〔3〕 See Nahapiet J.，Ghoshal S.，“Social Capital，Intellectual Capital，and the Organizational Advantage”，*The Academy of Management Review*，Vol. 23，1998，pp. 242-266.

〔4〕 See Leenders R. T. A. J.，Gabbay S. M.，*Corporate Social Capital and Liability*，Kluwer AcademicPub，1999.

〔5〕 See Leana C. R.，Van Buren H. J.，“Organizational Social Capital and Employment Practices”，*The Academy of Management Review*，Vol. 24，1999，pp. 538-555.

和信任。阿德勒和权（Adler and Kwon，2002）[1] 认为社会资本是个体或者群体可以利用的信誉，它存在于行动者的社会关系网络和社会结构中，包括行动者可利用的信息、权力和连带关系。刘林平（2006）[2]把企业社会资本定义为动用了的、用来从事生产性经济活动的社会网络或社会资源。

（2）能力说

边燕杰、丘海雄（2000）[3] 将企业社会资本界定为企业通过纵向联系、横向联系和社会联系摄取稀缺资源的能力。纵向联系主要是从“上边”（上级领导机关和当地政府部门等）获取稀缺资源的能力。企业的横向联系主要是指企业与其他企业的联系，这种联系是解决资源短缺和突发事件的最后保证。企业的横向联系主要是指企业经营者的社会交往，它也是企业必要的财富，是企业摄取稀缺资源和争取经营项目的非正式机制。周小虎（2002）[4]将企业家社会资本定义为建立在企业群体范式上，由信誉、规范引导下的企业家社会关系网络，是企业家动员内部和外部资源的能力。此后，周小虎和陈传明（2004）[5] 还将企业社会资本定义修正为那些能够被企业所控制的，有利于企业实现其目标的、嵌入于企业网络结构中显在的和潜在的资源集合。石军伟（2006）[6]把社会资本看作是一种可以解释企业竞争优势和优化管理有效性的智力资本，这种智力资本也体现了企业家获取资源的能力。

（3）关系说

朴胜虎和罗东亚（Seung Ho Park and Ya Dong Luo，2001）[7]则直接将关系看作企业的社会资本，并通过对中国企业的实证研究发现，关系会促进企

---

〔1〕 See Adler P. S.，Kwon S. W.，“Social Capital：Prospects for A New Concept”，*The Academy of Management Review*，Vol. 27，2002，pp. 17-40.

〔2〕 参见刘林平：“企业的社会资本：概念反思和测量途径——兼评边燕杰、丘海雄的《企业的社会资本及其功效》”，载《社会学研究》2006年第2期。

〔3〕 参见边燕杰、丘海雄：“企业的社会资本及其功效”，载《中国社会科学》2000年第2期。

〔4〕 参见周小虎：“企业家社会资本及其对企业绩效的作用”，载《安徽师范大学学报（人文社会科学版）》2002年第1期。

〔5〕 参见周小虎、陈传明：“企业社会资本与持续竞争优势”，载《中国工业经济》2004年第5期。

〔6〕 参见石军伟：《管理有效性的7项修炼：对主流理论回归实践的反思》，湖北人民出版社2006年版。

〔7〕 See Seung Ho Park，Yadong Luo，“Strategic Alignment and Performance of Market-seeking MNCS in China”，*Strategic Management Journal*，Vol. 22，2001，pp. 141-155.

业销售量的增长、公司市场的扩张和竞争地位的巩固，但对利润和内部运营的促进作用并不显著。西曼等人（Seemann and Hüppi，2001）[1]认为企业社会资本包括社会规范、社会价值、情境、战略愿景，以及嵌入在相关主体形成的网络中的关系。

2. 企业社会资本的分析层次

罗杰斯和加贝（Rogerr and Gabbay，1999）[2]将企业社会资本的研究分为四个层次：第一个层次是企业内部个体层面的网络关系，主要研究个体如何通过个人的网络关系来实现就职、升迁等个人目标，以及个人层面的社会资本对组织目标实现的影响等，这是最基础的层次；第二个层次是企业内部部门与部门之间的网络关系；第三个层次是以企业为主体的社会网络关系；第四层次是最高层次的企业社会资本，该层次将企业置身于其外部社会结构和社会网络关系中，深入研究企业与企业之间以及企业与其他组织之间的网络关系对其获取资源、赢得竞争优势、实现企业目标的作用。本研究重点关注的是第三和第四层次的企业社会资本。那哈皮特和戈沙尔（Nahapiet and Ghoshal，1998）[3]区分了企业社会资本的三个维度，即结构维度（Structural Dimension）、关系维度（Relational Dimension）和认知维度（Cognitive Dimension）。他们的研究为管理学领域中企业社会资本的研究提供了一个清晰的分析框架，并在企业内部社会资本的实证研究中开始得到应用（Tsai and Ghoshal，1998）。[4]

韦影（2007）[5]则将企业社会资本的研究维度分为三种：（1）从企业内部的个人层面出发的社会资本（边燕杰、丘海雄，2000；张其仔，2002）；[6][7]

---

〔1〕 See Seemann P., Hüppi R., "Social Capital: Securing Competitive Advantage in the New Economy", *Financial Times*, 2001.

〔2〕 See Leender R. T. A. J, Gabbay S. M., *Corparate social capital and liability*, Kluwer Academic pub, 1999.

〔3〕 See Nahapiet J., Ghoshal S., "Social Capital, Intellectual Capital, and the Organizational Advantage", *Academy of Management Review*, Vol. 41, 1998, Vol. 23, 1998, pp. 242-266.

〔4〕 See Tsai W., Ghoshal S., "Social Capital and Value Creation: The Role of Intrafirm Networks", *The Academy of Management Journal*, Vol. 41, 1998, pp. 464-476.

〔5〕 参见韦影："企业社会资本与技术创新：基于吸收能力的实证研究"，载《中国工业经济》2007年第9期。

〔6〕 参见边燕杰、丘海雄："企业的社会资本及功效"，载《中国社会科学》2000年第2期。

〔7〕 参见张其仔：《社会资本论：社会资本与经济增长》，社会科学文献出版社2002年版。

（2）从企业内部或者外部联系出发的社会资本（Cooke and Clifton，2002；张方华，2004；石军伟等，2007）；[1][2][3]（3）从企业社会资本自身的特征维度出发进行的研究（Nahapiet and Ghoshal，1998；Yli-Renko et al.，2001；Landry et al.，2002；王霄、胡军，2005）。[4][5][6][7]韦影对企业社会资本的划分类似于罗杰斯和加贝（Rogerr and Gabbay，1999）[8]的企业社会资本四层次划分。韦影（2007）[9]认为单从前面两种角度出发分析企业社会资本，则缺失了信任这个重要的维度。而许多学者一致认为信任是社会资本的关键要素（Leenders and Gabbay，1999；Adler and Kwon，2002）。[10][11]

张文宏（2003）[12]归纳了两种社会资本的分析层次。一种是划分为个体和群体（或组织）。个体层次分析的焦点在于个人如何通过运用社会资本摄取网络中的资源并获得回报和收益，比如林南、博特、弗兰普和波茨；群体层次分析的焦点在于群体如何发展和维持群体社会资本，比如布迪厄和普特南。

[1] See Cooke P., Clifton N., "Social Capital, and Small and Medium Enterprise Performance in the United Kingdom", Paper Prepared for Workshop on Entrepreneuship in the Modern Space-economy: Evolutionary and Policy Perspectives, Tinbergen Institute, Keizersgrachi 482, Amsterdam, 2002.

[2] 参见张方华："知识型企业的社会资本与技术创新绩效的关系研究"，浙江大学2004年博士学位论文。

[3] 参见石军伟、胡立君、付海艳："企业社会资本的功效结构：基于中国上市公司的实证研究"，载《中国工业经济》2007年第2期。

[4] See Nahapiet J., Ghoshal S., "Social Capital, Intellectual Capital, and the Organizational Advantage", *The Academy of Management Review*, Vol. 23, 1998, pp. 242-266.

[5] See Yli-Renko H. E., et al., "Social Capital, Knowledge Acquisition, and Knowledge Exploitation in Young Technology-Based Firms", *Strategic Management Journal*, Vol. 22, 2001, pp. 587-613.

[6] See Landry R., et al., "Does Social Capital Determine Innovation? To What Extent", *Technological Forecasting and Social Change*, Vol. 69, 2002, pp. 681-701.

[7] 参见王霄、胡军："社会资本结构与中小企业创新——一项基于结构方程式模型的实证研究"，载《管理世界》2005年第7期。

[8] See Leender R. T. A. J., Gabbay S. M., *Corparate Social Capital and Liability*, Kluwer Academic Pub, 1999.

[9] 参见韦影："企业社会资本与技术创新：基于吸收能力的实证研究"，载《中国工业经济》2007年第9期。

[10] See Leenders R. T. A. J., Gabbay S. M., *Corporate Social Capital and Liability*, Kluwer Acdemic Pub, 1999.

[11] See Adler P. S., Kwon S. W., "Social Capital: Prospects for A New Concept", *The Academy of Management Review*, Vol. 27, 2002, pp. 17-40.

[12] 参见张文宏："社会资本：理论争辩与经验研究"，载《社会学研究》2003年第4期。

另一种是微观、中观和宏观的分析层次。微观分析层次关注的是个体通过社会网络动员资源的能力，比如科尔曼、波茨和林南等；中观层次研究的是特定社会网络的结构化，比如伯特的结构洞理论；宏观分析层次强调包括社会资本在内的社会网络如何嵌入在较大的政治经济系统和文化与规范系统中，比如泽利泽尔和迪马奇奥等。

3. 企业社会资本的测量

对于企业的社会资本，不同的学者给出了不同的测量，如网络位置（Burt，1992），[1]关系强度（Granovetter，1973；Bian，1997、1999），[2][3][4]嵌入性资源（网络资源和关系资源）（Lin，2001），[5]信任、规范和网络（Putnam and Robert，1993），[6]企业的纵向联系、横向联系和社会联系（边燕杰、丘海雄，2000），[7] 企业在构建和发展关系网络时所发生的费用（企业用于公共关系上的开支）（刘林平，2006）。[8]具体来说，舒勒等（Schuller et al.，2000）[9]指出，信任和网络是社会资本的2个关键测量内容。林南（2001）[10]认为应该从三个方面测量社会资本。（1）社会网络：指行动者及其之间所形成的关系网络。（2）民间聚集：行动者的社会参与情况，一般用“是否参加民间团体、参加民间团体或社会团体的数量”来测量。（3）信任：一种个人信念或

---

〔1〕 See Burt R. S., *Structural Holes: The Social Structure of Competition*, Harvard University Press, 1992.

〔2〕 See Mark Granovetter, "The Strength of Weak Ties", *The American Journal of Sociology*, Vol. 78, 1973, pp. 1360-1380.

〔3〕 See Bian Yan-Jie, "Bringing Strong Ties Back In: Indirect Connection, Bridges, and Job Searches in China", *American Sociological Review*, Vol. 62, 1997, pp. 366-385.

〔4〕 See Bian Yan-Jie, "Getting A Job through a Web of Guanxi in China", in Barry Wellman, Boulder eds., *Networks in Global Village*, Routledge, 1999.

〔5〕 See Lin Nan, *Social Capital, A Theory of Social Structure and Action*, Cambridge University Press, 2001.

〔6〕 See Putnam, Robert D., "The Prosperous Community: Social Capital and Public Life", *The American Prospect*, Vol. 13, 1993, pp. 35-42.

〔7〕 参见边燕杰、丘海雄：“企业的社会资本及其功效”，载《中国社会科学》2000年第2期。

〔8〕 参见刘林平：“企业的社会资本：概念反思和测量途径——兼评边燕杰、丘海雄的《企业的社会资本及其功效》”，载《社会学研究》2006年第2期。

〔9〕 See Schuller T., Baron S., Field J., "Social Capital: A Review and Critique", in Baron S., Field J., Schuller T. eds, *Social Capital: Critique Perspectives*, Oxford University Press, 2000.

〔10〕 参见［美］林南：“社会资本：争鸣的范式和实证的检验”，载《香港社会学学报》2001年第2期。

者群体中的共同信念，任何一个人或一个群体都努力在行动上遵循明确或不明确的承诺。朱国宏（2003）[1]认为社会资本的测量至少要强调两个方面：（1）对社会网络、社会联系等结构性要素的测度；（2）对规范、态度、价值观等认知性要素的测度。

（三）社会资本对企业绩效的影响研究

1. 社会资本影响技术创新

鲍威尔（Powell et al. , 1996）[2]认为，拥有社会资本多的企业，创新能力会更强，因为他们更具有组织间网络紧密、合作关系普遍、信息传递和获取意识强等特征。方丹（Fountain，1997）[3]研究了社会资本在推动科技创新中的作用，并指出社会资本的一个最关键的特征就是信任的可传递性。蔡和戈沙尔（Tsai and Ghoshal，1998）[4]研究了 15 家大型跨国电子企业后发现，企业的社会资本对企业获取市场和技术信息、推动员工间的交流和沟通起着重要的推动作用，从而能够加快企业产品创新的速度和提高企业产品创新的效益。加比和祖克曼（Gabby and Zuckerman，1998）[5]研究了财富 500 强企业参与研发工作的科学家的流动性后发现，企业社会资本对不同企业的作用不同：对基础研发部门来说，个人的贡献和独立自主是非常关键的，因此那些拥有较少社会资本的科学家更有可能获得成功；而对应用性研究和产品开发部门而言，拥有较多社会资本的研发人员更容易获得成功。舒勒等（Schuller，2000）[6]也证明了企业社会资本可以通过降低信息搜集成本、决策成本及实施成本、减少不确定性现象的发生、信守承诺与协议等措施，促进企业

---

〔1〕 参见朱国宏主编：《经济社会学》，复旦大学出版社 2003 年版。

〔2〕 See Powell W. , Koput K. , Smith-Doerr L. , "Inter-organizational Collaboration and the Locus of Innovation: Networks of Learning in Bio-technology", *Administrative Science Quarterly*, Vol. 41, 1996, pp. 116-145.

〔3〕 See Fountain J. , "Social Capital: A Key Enable of Innovation in Science and Technology", in Branscomb L. M. and Keller J. , eds. , *Investing in Innovation Towards a Consensus Strategy for Federal Technology Policy*, MIT press, 1997.

〔4〕 See Tsai W. , Ghoshal S. , "Social Capital and Value Creation: The Role of Intrafirm Networks", *Academy of Management Journal*, Vol. 41, 1998, pp. 464-476.

〔5〕 See Gabby S. , Zuckerman E. , "Social Capital and Opportunity in Corporate R&D: The Contingent Effect of Contact Density on Mobility Expectations", *Social Science Research*, Vol. 27, 1998, pp. 189-217.

〔6〕 See Schuller T. Baron S. , Field J. , "Social Capital: A Rerien and Critique", in Baron S. , Field J. and Schuller T. eds, *Social Capital: Critique Perspectives*, Oxford University Press, 2000.

的技术创新。格雷夫和萨拉夫（Greve and Salaff，2001）[1]则认为企业中员工个人的社会资本与企业社会资本之间相互作用，对于新思想的产生和现有知识的整合起着非常重要的作用，从而有助于企业技术创新。张其仔（2002）[2]则认为社会资本在人口过剩的条件下不利于技术创新。兰德里（Landry，2002）[3]通过对加拿大蒙特利尔西南部某区域不同产业的 440 家制造业的调查，发现社会资本的不同形式（商业网络资产、信息网络资产、研究网络资产、参与资产和关系资产等）对创新决策有一定的影响，社会资本的边际增长提高了企业创新的可能性。

国内很多学者通过定性研究后发现企业的社会资本对知识创造及技术创新有着促进作用（Chaminade and Roberts，2002；周小虎、陈传明，2004；吴晓波等，2004）；[4][5][6]通过定量研究也发现社会资本对于知识获取、技术创新决策与创新水平起着促进作用（Yli－Renko et al.，2001；Landry and Amara，2002；王霄、胡军，2005；韦影，2007）。[7][8][9][10]颜琼、成良斌（2006）[11]用量化的方式分析了企业的内部和外部社会资本对企业技术创新

[1] See Greve A., Salaff J. W.,"The Development of Corporate Social Capital in Complex Innovation Processes", *Research in the Sociology of Organizations*, Vol. 18, 2001, pp. 107－134.

[2] 参见张其仔："社会资本与国有企业绩效研究"，载《当代财经》2000 年第 1 期。

[3] See Landry R., et al.,"Does Social Capital Determine Innovation? To What Extent", *Technological Forecasting and Social Change*, Vol. 69, 2002, pp. 681－701.

[4] See Chaminade C., Roberts H.,"Social Capital as a Mechanism: Connecting Knowledge within and Across Firms", in Tsoukas H., My Ionopoules N. eds., Proceding of the *Third European Conference on Organizational Knowledge, Learning and Capabilities*, 2002.

[5] 参见周小虎、陈传明："企业社会资本与持续竞争优势"，载《中国工业经济》2004 年第 5 期。

[6] 参见吴晓波、韦影、杜健："社会资本在企业开展产学研合作中的作用探析"，载《科学学研究》2004 年第 6 期。

[7] See Yli－Renko H., Autio E., et al.,"Social Capital, Knowledge Acquisition, and Knowledge Exploitation in Young Technology－Based Firms", *Strategic Management Journal*, Vol. 22, 2001, pp. 587－613.

[8] See Landry R., et al.,"Does Social Capital Determine Innovation? To What Extent", *Technological Forecasting and Social Change*, Vol. 69, 2002, pp. 681－701.

[9] 参见王霄、胡军："社会资本结构与中小企业创新"，载《管理世界》2005 年第 7 期。

[10] 参见韦影："企业社会资本与技术创新：基于吸收能力的实证研究"，载《中国工业经济》2007 年第 9 期。

[11] 参见颜琼、成良斌："企业社会资本对技术创新推动的作用研究"，载《科技管理研究》2006 年第 7 期。

的促进作用。黄林（2014）[1]以珠三角集群企业为调查对象，研究发现社会资本通过集群知识创新平台，对企业创新绩效有显著的正向影响。姚瑶和徐燕（2014）[2]通过对上海、浙江两地高科技企业的问卷调查发现，社会资本对企业创新意愿有着积极影响，但是由于社会资本的高成本性，使得它在为企业带来积极作用的同时，也造成了负面作用。李四海和高丽（2014）[3]基于社会资本工具效用异质性视角，研究了跨体制性社会资本和专业性社会资本对高新技术企业创新投入的影响，发现企业家具有的跨体制性社会资本和专业性社会资本有助于推动企业的研发投入，但是由于不同社会资本工具效用的异质性，跨体制性社会资本在企业面临融资约束时对研发投入的促进作用更为显著，而专业性社会资本对研发的投入不论是在融资约束背景下还是非融资约束背景下都存在显著的促进作用，并且研究发现专业性社会资本对研发投入的促进更有利于企业未来绩效的提升。刘国宜等（2014）[4]构建了产业集群社会资本与自主创新能力的测评体系，运用统计分析与结构方程模型方法探析了社会资本五个维度对集群企业自主创新能力的影响机制，发现提升集群企业自主创新能力应从增强产业集群开放性、发挥中介机构在产业集群中纽带作用、加强产业园区建设和城市圈建设等方面入手。

还有学者从经济增长、市场化等的更宏观层次探讨了社会资本的重要作用，严成樑（2012）[5]从信息共享和相互沟通的视角构建了社会资本测度指标，并运用我国31个省份2001年~2010年的数据，通过面板数据模型考察了社会资本对我国自主创新和经济增长的影响，研究发现社会资本对知识生产有显著的促进作用；相对于低水平的创新而言，社会资本对高水平创新的影响力度更大；社会资本对经济增长也有显著的促进作用。张文宏、张莉（2012）[6]

---

〔1〕 参见黄林："集群社会资本、集群知识创新平台与集群企业创新绩效"，载《经济体制改革》2014年第6期。

〔2〕 参见姚瑶、徐燕："产业位势、社会资本及其交互作用对创新意愿积极性的影响"，载《科研管理》2014年第10期。

〔3〕 参见李四海、高丽："企业家社会资本与研发投入及其绩效研究——基于社会资本工具效用异质性视角"，载《科学学与科学技术管理》2014年第10期。

〔4〕 参见刘国宜等："集群社会资本对企业自主创新能力影响的实证研究"，载《经济地理》2014年第9期。

〔5〕 参见严成樑："社会资本、创新与长期经济增长"，载《经济研究》2012年第11期。

〔6〕 参见张文宏、张莉："劳动力市场中的社会资本与市场化"，载《社会学研究》2012年第5期。

通过对 2009 年中国 8 个城市“社会网络与职业经历”大型问卷调查数据的分析发现，市场化的不同测量对社会资本与市场化关系的判定影响很大，但是 3 种不同的测量仍然产生了一个一致性结果，即市场化进程在提升了社会资本的“认可度”的同时降低了社会资本的“含金量”。

2. 社会资本影响企业绩效

普特南通过实证研究发现企业的社会资本可以促进企业之间的合作与协调（Putnam，1993）。[1] 那哈皮特和戈沙尔（Nahapiet and Ghoshal，1998）[2]对社会资本影响企业竞争优势的内在机理做出了开创性的贡献，并提出了企业内部社会资本如何影响企业绩效的概念框架。伍尔科克（Woolcock，1998）[3]从微观与宏观层次分析了社会资本如何促进和妨碍经济发展。萨克和科耐克（Zak and Knack，2001）[4]通过实证分析，证实了社会资本的重要维度——信任对于国家经济增长的重要作用。西曼等人（Seemann and Hüppi，2001）[5]认为企业社会资本包括社会规范、社会价值、情境、战略愿景，以及嵌入在相关主体形成的网络中的关系，并指出社会资本是企业保持持续竞争优势的一种重要途径。朴胜虎和罗亚东（Seung Ho Park and Yadong Luo，2001）[6]将关系看作为企业的社会资本，并对我国企业的关系网络作了实证研究，发现关系影响着企业绩效：关系会促进企业销售量的增长、公司市场的扩张和竞争地位的巩固，但对利润和内部运营的促进作用并不显著，因为培育和维持各种社会关系需要高额的费用，这在一定程度上抵消了企业从市场中获得的利益。福山（Fukuyama，1995）[7]指出社会资本中嵌入着组织最重要的资源

〔1〕 See Putnam R. D.，“The Prosperous Community：Social Capital and Public Life”，*The American Prospect*，Vol. 13，1993，pp. 35-42.

〔2〕 See Nahapiet J.，Ghoshal S.，“Social Capital，Intellectual Capital，and the Organizational Advantage”，*The Academy of Management Review*，Vol. 23，1998，pp. 242-266.

〔3〕 See Woolcock M.，“Social Capital and Economic Development：Toward a Theoretical Synthesis and Policy Framework”，*Theory and Society*，Vol. 27，1998，pp. 151-208.

〔4〕 See Paul J. Zak，Stephen Knack，“Trust and Growth”，*The Economic Journal*，Vol. 111，2001，pp. 295-321.

〔5〕 See Seemann P.，Hüppi R.，“Social Capital：Securing Competitive Advantage in the New Economy”，*Financial Times*，2001.

〔6〕 See Seung Ho Park，Yadong Luo，“Strategic Alignment and Performance of Market-seeking MNCS in China”，*Strategic Management Journal*，Vol. 22，2001，pp. 141-155.

〔7〕 See Fukuyama F.，*Trust：The Social Virtues and the Creation of Prosperity*，Free Press，1995.

（丰富的信息流和业务机会），从而可以为企业获取信息提供便利，降低信息搜寻成本，从而改善企业的经营绩效（Podolny and Page，1998）。[1]摩西（Moses，2007）[2]以非洲加纳企业为样本，探讨了企业经理人的社会关系网络中蕴含的社会资本对企业绩效的影响。

边燕杰和丘海雄（2000）[3]是国内较早对企业社会资本进行实证研究的学者，他们通过对 1998 年广州 188 家企业调查数据的分析，发现社会资本对企业的经营能力和经济效益有直接的提升作用。周小虎（2002）[4]认为企业家的社会资本是企业最重要和最稀缺的资源，它对于获取资源、协调和组织资源、节约交易费用以及提高企业经营绩效有着不可替代的作用。唐颖等（2014）[5]通过对 126 家高新技术企业的调查，发现高新技术企业各类社会资本通过影响企业技术创新能力对企业绩效有着显著的正向影响关系。张宏和薛宪方（2014）[6]以民营企业家社会资本的广度和深度为视角，以温州市的民营企业家为样本，实证检验了民营企业家社会资本存量、质量和获取与使用能力对企业绩效均有着正相关关系。徐超和池仁勇（2014）[7]运用 151 家创业板上市公司的年报数据，验证了企业家社会资本和个人特质对企业经营绩效的影响，发现企业家教育水平、声誉威望和任职规模与创业企业绩效呈正相关关系，企业家政治参与度和职业经历与创业企业绩效呈负相关关系。

---

〔1〕 See Podolny J. M.，Page K. L.，"Network Forms of Organization"，*Annual Review of Sociology*，Vol. 24，1998，pp. 57-76.

〔2〕 See Moses Acquaah，"Managerial Social Capital，Strategic Orientation and Organizational Performance in An Emerging Economy"，*Strategic Management Journal*，Vol. 28，2007，pp. 1235-1255.

〔3〕 参见边燕杰、丘海雄："企业的社会资本及其功效"，载《中国社会科学》2000 年第 2 期。

〔4〕 参见周小虎："企业家社会资本及其对企业绩效的作用"，载《安徽师范大学学报（人文社会科学版）》2002 年第 1 期。

〔5〕 参见唐颖等："社会资本、企业技术创新能力与企业绩效的实证分析"，载《统计与决策》2014 年第 16 期。

〔6〕 参见张宏、薛宪方："民营企业家社会资本与企业绩效的关系：基于温州市的调研"，载《社会科学家》2014 年第 8 期。

〔7〕 参见徐超、池仁勇："企业家社会资本、个人特质与创业企业绩效——基于中国创业板上市公司的实证研究"，载《软科学》2014 年第 4 期。

CHAPTER 3 第三章

研究设计

第一节　研究方法

本书采用定性研究与定量研究相结合的研究方法。定性研究是一种归纳性研究，定量研究是一种演绎性研究，两种研究并不相矛盾，而是相互支持的。理论到底来源于哪里呢？它不是凭空想象出来的，大部分中层理论来源于经验研究，来源对现实生活的归纳研究，而定量研究是对归纳性研究理论的一种证实（王宁，2007）。[1]

一、定性研究

定性研究是以研究者本人作为研究工具，在自然情境下采用多种资料收集方法对社会现象进行整体性探究，使用归纳法分析资料和形成理论，通过与研究对象互动对其行为和意义建构获得解释性理论的一种活动（陈向明，2000）。[2]定性研究是探索性研究中的一个较常用的方法，但它也可以用于描述性和解释性研究。定性研究不仅可以帮助研究者在前期研究中形成更精确的问题，也可以更详细地分析现象产生的原因等。定性研究可以通过理论研究（文献研究法）、非结构性访谈、案例研究、叙事访谈、事件访谈、观察、人物志等方法获取资料。

本书的定性研究方法主要有理论研究、非结构性访谈和案例研究。

---

〔1〕 参见王宁：《定性研究方法》，中山大学课堂课件，2007 年。

〔2〕 参见陈向明：《质的研究方法与社会科学研究》，教育科学出版社 2000 年版。

（一）理论研究

首先，通过对嵌入性理论、前人有关产业转移的研究等相关文献研究，构建本书的研究框架；其次，通过对制度嵌入（正式制度嵌入和非正式制度嵌入）、关系嵌入（寻租性关系嵌入和社会性关系嵌入）、生产嵌入（生产配套嵌入和生产服务嵌入）等变量测量的研究，构建本书结构性问卷调查的测量题项，并归纳和推论各变量之间的关系，为研究模型及研究假设提供理论基础；最后，对研究结果进行理论归纳与提炼。

（二）非结构性访谈

本书非结构性访谈的步骤主要是：首先，对研究问题的形成、问卷设计和变量测量提供实际支持；其次，通过访谈及现实观察，重点回答嵌入性如何约束企业的转移意愿，并寻找影响企业转移意愿的社会因素；最后，对定量数据的分析和解释提供强有力的依据。

非结构性访谈的访谈对象为相关政府部门工作人员、企业总经理、董事长或者生产部经理、营销部经理等对企业转移意愿非常了解的企业相关负责人。共访谈了10多个政府工作人员及10多家中小民营企业相关负责人。

非结构性访谈的抽样方法采取“便利抽样”和“理论抽样”（王宁，2007）[1]的方式。采取便利抽样的原因是企业访谈进入难度较大，因此本书的企业访谈主要通过当地政府部门和熟人介绍进行；理论抽样是为产生理论而收集材料的过程，借助形成过程中的理论，研究者将材料收集、编码和材料分析结合起来，并决定下一步要收集什么材料和到哪里收集材料，以便在理论浮现的过程中发展理论，这个材料收集的过程是由浮现中的理论所控制的（王宁，2007）。

（三）案例研究

案例研究，是采取案例分析的方法，以长三角发达地区与欠发达地区合建的产业转移工业园区为案例，研究地方政府怎么样跨越产业转移的嵌入性约束，推动发达地区的劳动密集型企业向欠发达地区转移，实现区域经济的协调发展。

本书案例研究的资料主要来自对相关政府部门与相关园区的走访、资料

---

〔1〕参见王宁：《定性研究方法》，中山大学课堂课件，2007年。

收集等。详见第 7 章。

二、定量研究

定量研究是一种对事物可以量化的部分进行测量和分析，以检验研究者自己关于该事物的某些理论假设的研究方法（陈向明，2000）。[1]定量研究有一套完备的操作技术，包括抽样方法（随机抽样、非随机抽样等）、资料收集方法（问卷调查法、实验法等）、数据统计方法（描述性统计、推论性统计等）、统计分析软件（SPSS、SAS、STATA、LISREL、AMOS 等）等。

本书在定性研究的基础上，主要采取结构性问卷调查的定量研究方法。针对要研究的问题，结合理论研究与定性研究，构建测量工具——结构性调查问卷，并通过一手的实地调查数据资料，利用 SPSS 和 AMOS 统计分析软件对数据进行分析，采用描述性统计和推论性统计相结合的数据统计方法，检验本书的理论模型以及研究假设。

本书的定量研究方法主要是针对企业的问卷调查。详见第 6 章。

（一）研究对象及调查对象

本书的定量研究问卷调查研究对象主要是长三角地区的中小型制造业，主要分布在上海、苏南和浙西。

调查对象均为企业董事长、总经理或者生产部经理、营销部经理等对企业转移意愿非常了解的相关负责人。与定性研究的访谈对象相同，保证了研究结论的一致性。

（二）样本量

结构性问卷是在前期定性研究的基础之上设计而成。首先，对设计好的问卷进行试访，针对试访中存在的问题，对试访问卷进行修改后，形成一份初测问卷；其次，用初测问卷进行小样本调查，共回收 30 份问卷；再次，对初测样本进行数据的预处理，发现数据通过信度和效度检验，并且在数据结果与理论假设基本吻合后，再对问卷进行修改，形成一份正式问卷；最后，用正式问卷对供应商进行调查，共回收有效问卷 312 份。

---

〔1〕 参见陈向明：《质的研究方法与社会科学研究》，教育科学出版社 2000 年版。

（三）抽样方法

本书主要采取“便利抽样”和“配额抽样”的方式。由于企业调查进入难度较高，本次结构性问卷以样本的可接近性和可进入性为前提条件，在研究者的能力范围内调查企业，因此很难做到随机抽样。为了弥补这一缺陷，研究者按照配额抽样的原则，根据企业规模、企业所在地、企业生产的产品类型等确定不同类别中样本配额比例，然后再按比例在各类别中进行方便抽样，使样本结构尽可能与总体结构保持一致，以便使样本结论能够尽可能推论到总体。

（四）数据分析方法

本书采用 SPSS 软件分析和 AMOS 结构方程分析问卷调查数据。

第二节　研究流程

本书将定性与定量研究相结合，根据研究阶段及其每个阶段的相应目的、任务和研究途径，确立了具体的研究流程，如图 3-2-1。

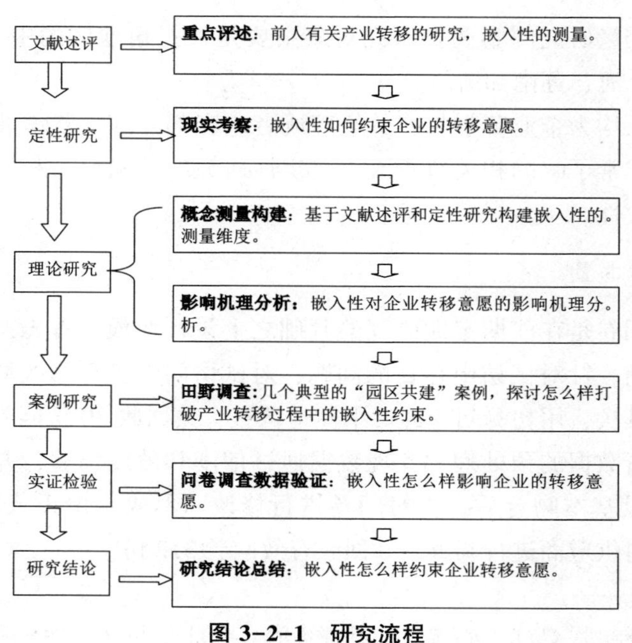

图 3-2-1　研究流程

CHAPTER4 第四章

长三角产业转移的历史变迁

第一节　长三角区域规划

一、区域规划与发展目标

长江三角洲地区（以下简称“长三角地区”）区位条件优越，自然禀赋优良，经济基础雄厚，体制比较完善，城镇体系完整，科教文化发达，是我国综合实力最强的区域之一，已经成为全国发展基础最好、体制环境最优、整体竞争力最强的地区之一，在社会主义现代化建设全局中具有重要的战略地位和突出的带动作用。根据2010年5月24日国务院正式批准实施的《长江三角洲地区区域规划》（以下简称为《区域规划》）〔1〕，长三角地区包括上海市、江苏省和浙江省，区域面积21.07万平方公里。

《区域规划》明确了长三角地区发展的战略定位，即亚太地区重要的国际门户、全球重要的现代服务业和先进制造业中心、具有较强国际竞争力的世界级城市群；到2015年，长三角地区率先实现全面建设小康社会的目标，人均地区生产总值达到82 000元（核心区100 000元），服务业比重达到48%（核心区50%），城镇化水平达到67%（核心区70%左右）〔2〕；到2020年，力争率先基本实现现代化，人均地区生产总值达到110 000元（核心区130 000

〔1〕 国家发展改革委：《长江三角洲地区区域规划》（发改地区〔2010〕1243号），2010年5月。说明：以下有关区域规划的相关内容均是根据《长江三角洲地区区域规划》整理而成的。

〔2〕 截至2015年底，此目标已经实现。

元)，服务业比重达到53%（核心区55%），城镇化水平达到72%（核心区75%左右）。

二、区域布局与协调发展

根据《区域规划》，长三角地区将形成以上海为核心的“一核九带”空间格局，推动区域协调发展。“一核九带”指：以上海为核心，沿沪宁和沪杭甬线、沿江、沿湾、沿海、沿宁湖杭线、沿湖、沿东陇海线、沿运河、沿温丽金衢线为发展带的空间格局。

（一）总体布局

以上海为发展核心。优化提升上海核心城市的功能，充分发挥国际经济、金融、贸易、航运中心作用，大力发展现代服务业和先进制造业，加快形成以服务业为主的产业结构，进一步增强创新能力，促进区域整体优势的发挥和国际竞争力的提升。

沪宁和沪杭甬沿线发展带。包括沪宁、沪杭甬交通沿线的市县。优化城市功能，提升创新能力，严格控制环境污染重、资源消耗大的产业发展，保护开敞生态空间，改善环境质量，建成高技术产业带和现代服务业密集带，形成国际化水平较高的城镇集聚带，服务长三角地区乃至全国的发展。

沿江发展带。包括长江沿岸市县。充分发挥黄金水道的优势及沿江交通通道的作用，合理推进岸线开发和港口建设，引导装备制造、化工、冶金、物流等产业适度集聚，加快城镇发展，注重水环境保护与生态建设，建成特色鲜明、布局合理、生态良好的基础产业发展带和城镇集聚带，成为长江产业带的核心组成部分，辐射皖江城市带，并向长江中上游延伸。

沿湾发展带。包括环杭州湾的市县。依托现有产业基础和港口条件，积极发展高技术、高附加值的制造业和重化工业，建设若干现代化新城区，注重区域环境综合治理，建成分工明确、布局合理、功能协调的先进制造业密集带和城镇集聚带，带动长三角南部地区的全面发展。

沿海发展带。包括沿海市县。依托临海港口，培育和发展临港产业，建设港口物流、重化工和能源基地，带动城镇发展，合理保护和开发海洋资源，形成与生态保护相协调的新兴临港产业和海洋经济发展带，辐射带动苏北、浙西南地区经济发展。

宁湖杭沿线发展带。包括宁湖杭交通沿线的市县。充分考虑资源环境容量和生态保护要求，重点发展高技术、轻纺家电、旅游休闲、现代物流、生态农业等产业，积极培育城镇集聚区，形成生态产业集聚、城镇发展有序的新型发展带，拓展长三角地区向中西部地区辐射带动的范围。

沿湖发展带。包括环太湖地区。坚持生态优先原则，以保护太湖及其沿岸生态环境为前提，严格控制土地开发规模和强度，优化产业布局，适度发展旅游观光、休闲度假、会展、研发等服务业和特色生态农业，成为全国重要的旅游休闲带、区域会展中心和研发基地。

沿东陇海线发展带。包括东陇海沿线的市县。大力发展劳动密集型产业，积极发展对外贸易，建设资源加工产业基地，成为振兴苏北、带动我国陇海兰新沿线地区经济发展的重要区域。

沿运河发展带。包括运河沿岸市县。依托人文底蕴深厚、生态环境良好的优势，大力发展旅游休闲、文化创意等服务业，积极发展生态产业，改善人居环境，成为独具特色的运河文化生态产业走廊。

沿温丽金衢线发展带。包括温州–丽水–金华–衢州高速公路沿线的市县。发挥毗邻海峡西岸经济区、生态环境良好、民营经济发达的优势，重点发展日用商品、汽车机电制造和商贸物流业，大力发展生态农业，建设浙中城市群，成为连接长三角地区和海峡西岸经济区的纽带。

（二）推动区域协调发展

加快核心区发展。以上海为龙头，南京、杭州为两翼，增强高端要素集聚和综合服务功能，提高自主创新能力和城市核心竞争力。核心区其他城市要抓住上海优先发展现代服务业和先进制造业的机遇，协同推进产业升级、技术创新和集约发展，增强现代产业和人口集聚能力。推动城市之间的融合，加快形成世界级城市群。

促进苏北、浙西南地区发展。充分利用苏北地区的土地、劳动力和能源资源优势，建立长三角地区优质农产品、能源、先进制造业基地和承接劳动密集型产业转移基地。充分利用浙西南地区民营经济发达的优势和山区资源条件，建设长三角地区先进制造业基地、绿色农产品基地和生态休闲旅游目的地。加快连云港、盐城、温州等发展潜力较大地区的发展，形成新的经济增长点，带动江苏沿海、东陇海沿线和浙江温台沿海、金衢丽高速公路沿线地区发展。依托上海设在盐城的 3 个农场，建设承接上海产业转移基地。强化核心区与苏北、浙西南地区基础设施的共建共享，延伸城际轨道交通和高速公路，加强上海港与南北两翼港口的合作共建，充分发挥核心区的辐射服务与产业链延伸功能，促进区域共同发展。

三、各个城市的产业发展重点

规划以上海为龙头，南京、杭州为两翼，将沪苏浙的 25 个城市划分为核心区和辐射区，详细阐述了各个城市的产业发展重点，试图破解长三角地区城市在产业分工与定位上的“同构”困局。其中，长三角地区原有的 16 个市为核心区，包括上海市和江苏省的南京、苏州、无锡、常州、镇江、扬州、泰州、南通，浙江省的杭州、宁波、湖州、嘉兴、绍兴、舟山、台州等市。

（一）提升上海核心地位

进一步强化上海国际大都市的综合服务功能，充分发挥服务全国、联系亚太、面向世界的作用，进一步增强高端服务功能，建成具有国际影响力和竞争力的大都市。加大自主创新投入，形成一批国际竞争力较强的产业创新基地和科技研发中心，发挥自主创新示范引领作用，带动长三角地区率先建成创新型区域。充分发挥上海浦东新区作为国家综合配套改革试验区的带动作用，率先形成更具活力、更加开放的发展环境。依托虹桥综合交通枢纽，构建面向长三角地区、服务全国的商务中心。优化功能分工，中心城区重点发展现代服务业，郊区重点建设先进制造业、高技术产业和现代农业基地，积极发展生产性服务业，形成合理的产业布局，带动产业转型与升级。

嘉定新城。依托沪宁高速等交通网络，重点发展以汽车产业为依托的现代服务业，建设集科研教育、运动休闲、生活居住、商业贸易、文化娱乐、旅游度假和都市工业等功能于一体的现代化城区。

松江新城。依托沪杭高速等交通网络，以高技术产业为支撑、现代服务业为导向，建设长三角地区重要的高等教育基地、适宜居住的生态园林城区、具有历史文化底蕴的旅游城区。临港新城。依托集装箱国际深水枢纽港、国际航空枢纽港，建设以现代装备制造为核心的重要产业基地、具有海港特色的旅游目的地和综合型滨海新城。

（二）完善区域性中心城市功能

进一步提升南京、杭州等区域性中心城市的综合承载能力和服务功能，错位发展，扩大辐射半径，带动区域整体发展。

南京，发挥沿江港口、历史文化和科教人才资源优势，建设先进制造业基地、现代服务业基地和长江航运物流中心、科技创新中心。加快南京都市圈建设，促进皖江城市带发展，成为长三角地区辐射带动中西部地区发展的重要门户。

苏州，发挥区位、产业和人文优势，进一步强化与上海的紧密对接，建设高技术产业基地、现代服务业基地和创新型城市、历史文化名城和旅游胜地。

无锡，充分发挥产业、山水旅游资源优势，建设国际先进制造业基地、服务外包与创意设计基地和区域性商贸物流中心、职业教育中心、旅游度假中心。

杭州，充分发挥科技优势和历史文化、山水旅游资源，建设高技术产业基地和国际重要的旅游休闲中心、全国文化创意中心、电子商务中心、区域性金融服务中心。建设杭州都市圈。

宁波，发挥产业和沿海港口资源优势，推动宁波-舟山港一体化发展，建设先进制造业基地、现代物流基地和国际港口城市。

（三）增强其他重要城市实力

按照区域总体布局的要求，充分发挥自身优势，形成特色鲜明、功能互补、具有竞争力的核心区城市。

常州，发挥产业和科教优势，建设以装备制造、新能源、新材料为主的先进制造业基地和重要的创新型城市。

镇江，依托长江港口和山水旅游、历史文化资源优势，建设以装备制造、精细化工、新材料、新能源、电子信息为主的先进制造业基地、区域物流中心和旅游文化名城。

扬州，发挥历史文化和产业优势，建设以电子、装备制造、新材料、新能源为主的先进制造业基地和生态人文宜居城市。

泰州，发挥滨江优势，建设以医药、机电、造船、化工、新材料、新能源为主的先进制造业基地，成为长江南北联动发展的枢纽、滨江生态宜居旅游城市。

南通，发挥滨江临海优势，建设以海洋装备、精细化工为主的先进制造业基地和综合性物流加工基地，建设江海交汇的现代化国际港口城市。

湖州，发挥临湖和生态优势，建设高技术产业引领的先进制造业基地和文化创意、旅游休闲城市，成为连接中部地区的重要节点城市。

嘉兴，发挥临沪和沿湾优势，建设高技术产业、临港产业和商贸物流基地，成为运河沿岸重要的港口城市。

绍兴，发挥传统文化和产业优势，建设以新型纺织、生物医药为主的先进制造业基地和国际文化旅游城市。

舟山，发挥海洋和港口资源优势，建设以临港工业、港口物流、海洋渔业等为重点的海洋产业发展基地，与上海、宁波等城市相关功能配套的沿海港口城市。

台州，发挥民营经济发达的优势，建设以汽摩、船舶、医药、石化为主的先进制造业基地，成为民营经济创新示范区。

（四）依托核心区，引导苏北、浙西南地区产业和人口有序集聚，加快城市发展

连云港，建设综合性交通枢纽、以重化工为主的临港产业基地和国际性海港城市。

徐州，建设以工程机械为主的装备制造业基地、能源工业基地、现代农业基地和商贸物流中心、旅游中心，成为淮海经济区的中心城市。

盐城，建设先进制造业基地、能源基地和现代农业示范区、重要生态湿地旅游目的地，成为沿海地区现代工商城市。

淮安，建设区域性交通枢纽、商贸物流中心、先进制造业基地和历史文化旅游目的地。

宿迁，建设新兴工业和商贸基地、绿色生态和创新创业城市。

温州，建设以装备制造为主的先进制造业基地、商贸物流为主的现代服务业基地、国家重要枢纽港和民营经济创新示范区，成为连接海峡西岸经济区的重要节点城市。

金华，建设国际商贸物流中心和高技术产业基地，加快以金华-义乌为核心的浙中城市群发展。

衢州，重点发展装备制造、新材料、职业教育、商贸物流、文化旅游，建设省际重要节点城市。

丽水，建设绿色农产品基地、特色制造业基地和生态文化休闲旅游目的地，建成浙西南重要的区域性中心城市。

（五）鼓励发展中小城镇

依托现有中小城市和重点中心镇，建设网络化的城镇体系。发挥各自比较优势，大力发展县域经济，突出发展特色，增强县域经济实力。着重发展一批经济实力雄厚、竞争力较强、发展空间较大的县（市），努力提高发展层次和质量，促进产业结构优化和空间集约利用。依托现有产业基础，重点培育一批工贸型小城镇。依托机场、港口、铁路和高速公路，发展一批交通节点型小城镇。依托独特的自然和人文资源，打造若干国内外知名度较高的旅游型小城镇。促进重点中心镇发展，将有条件的重点中心镇培育成为小城市。

四、区域规划对泛长三角的影响

《区域规划》亦提出要加强“泛长三角合作”，并表示，长三角地区周边的安徽等地区具有区位、自然资源、劳动力资源的比较优势，与长三角地区经济联系紧密，是长三角地区产业转移和直接辐射区。《区域规划》明确了建立健全泛长三角的合作机制，区域规划覆盖了长江流域、大沿海、泛长三角等几个大的国家战略带范围，将整个长三角地区与泛长三角、中西部发展联系起来。其中沪宁线是中国大中城市最密集的地带，将成为“世界级城市群”的主轴线，也是长三角地区发展的重中之重，而南京则是向长江中上游辐射的主轴线上的门户城市。

2010 年 12 月 20 日，沪苏浙皖三省一市党政领导齐聚上海，召开了“长三角地区主要领导座谈会”，沟通交流了长三角地区区域合作的“十二五”规划，探讨了怎么样更好地实施《区域规划》和《皖江城市带承接产业转移示范区规划》，并强调三省一市在研究制定“十二五”规划过程中，要加强与《区域规划》的对接，共同贯彻实施好《区域规划》。至此，“泛长三角合作”正式起动，沪苏浙皖三省一市之间进入日趋频繁的经济合作阶段，产业转移和分工正式进入实质化的操作阶段。

2016 年 6 月 3 日，国家发改委网站全文发布了长江三角洲城市群发展规划。规划确定长三角地区城市群在上海市、江苏省、浙江省、安徽省范围内，但并不包括这三省一市的全境范围。其中上海市，江苏省的南京、无锡、常州、苏州、南通、盐城、扬州、镇江、泰州，浙江省的杭州、宁波、嘉兴、湖州、绍兴、金华、舟山、台州，安徽省的合肥、芜湖、马鞍山、铜陵、安庆、滁州、池州、宣城等 26 市被纳入。也就是说，苏北的宿迁、连云港、徐州、淮安四市和皖北的阜阳、六安、亳州、淮南、淮北、蚌埠 6 市，皖南的黄山，以及浙南的温州、衢州、丽水 3 市未被划入长三角城市群范围。规划的最大亮点也是最核心之处，是明确了长三角地区的区域布局：在长江三角洲城市群构建“一核五圈四带”的网络化空间格局。具体为：提升上海全球城市功能；促进南京都市圈、杭州都市圈、合肥都市圈、苏锡常都市圈、宁波都市圈五个都市圈同城化发展；促进沪宁合杭甬发展带、沿江发展带、沿海发展带、沪杭金发展带四条发展带聚合发展。国家发改委、住建部于 2016 年 6 月 1 日印发《长江三角洲城市群发展规划》（发改规划〔2016〕1176 号）。规划指出，长江三角洲城市群是我国经济最具活力、开放程度最高、创新能力最强、吸纳外来人口最多的区域之一，是“一带一路”与长江经济带的重要交汇地带，在国家现代化建设大局和全方位开放格局中具有举足轻重的战略地位。规划提出，构建“一核五圈四带”的网络化空间格局。发挥上海龙头带动的核心作用和区域中心城市的辐射带动作用，依托交通运输网络培育形成多级多类发展轴线，推动南京都市圈、杭州都市圈、合肥都市圈、苏锡常都市圈、宁波都市圈的同城化发展，强化沿海发展带、沿江发展带、沪宁合杭甬发展带、沪杭金发展带的聚合发展，构建“一核五圈四带”的网络化空间格局。

2018 年 11 月，习近平同志在首届中国国际进口博览会开幕式上表示：支持长江三角洲区域一体化发展并上升为国家战略，着力落实新发展理念，构建现代化经济体系，推进更高起点的深化改革和更高层次的对外开放，同“一带一路”建设、京津冀协同发展、长江经济带发展、粤港澳大湾区建设相互配合，完善中国改革开放空间布局。伴随着高铁建设以及高铁的提速空间，未来长三角地区“两小时经济圈”将覆盖江浙沪全境以及安徽除亳州以外的共 40 个城市，将进一步助推泛长三角地区经济发展。

五、保障机制

（一）上海市、江苏省、浙江省人民政府作为《区域规划》实施的组织领导

《区域规划》提出了城镇发展与城乡统筹、产业发展与布局、自主创新与创新型区域建设、基础设施建设与布局、资源利用与生态环境保护、社会事业与公共服务、体制改革与制度创新、对外开放与合作八个方面的发展方向和重点任务，并明确了保障规划实施的政策措施。国务院在《国务院关于长江三角洲地区区域规划的批复》（国函〔2010〕38 号，以下简称《批复》），中强调，上海市、江苏省、浙江省人民政府要加强对《区域规划》实施的组织领导，制定实施方案，完善工作机制，落实工作责任，抓紧推进相关工作。国务院有关部门要按照职能分工，加强对《区域规划》实施的指导，研究制定贯彻落实《区域规划》的具体措施，在专项规划编制、项目安排、体制创新等方面给予积极支持，为促进长江三角洲地区加快发展创造良好的政策环境。

（二）长三角地区仍然缺少跨地区行政主体来推动区域经济协调发展

长三角区域规划要落实，需要国家给予实实在在的推动措施，长三角地区仍缺少跨地区的行政主体来具体操作，需要国家行政力量的推动、政策的扶持以及考核指标的调整。过去各地主要以 GDP 为指标，要“提高自主创新能力、缓解资源环境约束”，必须建立新的考核指标。

（三）定期协商会议制度作用有限

《区域规划》虽然提出了要完善两省一市“省市长”的定期协商会议制度，充分发挥长三角地区城市经济协调会市长峰会的作用，充分发挥沪苏浙皖的经济合作座谈会等合作机制作用，完善长三角地区合作的制度建设。但并没有一个更强有力的协调机构来推动长三角地区的更深层次的合作。

（四）中央政府角色不到位

首先，中央政府没有建立泛长三角地区专门的协调机构。宣文俊（2005）〔1〕

〔1〕 参见宣文俊：“关于长江三角洲地区经济发展中的法律问题思考”，载《社会科学杂志》2005 年第 1 期。

就曾提出成立“长三角区域经济发展协调委员会”，负责全面统筹长三角区域经济活动的重大事项决策，并负责对整个区域经济发展提出总体纲要和规划。其次，泛长三角地区各地缺乏统一的政策、法规、制度，比如就业、医疗、社保等各种制度不统一。中央政府应该统一市场规则，为区域内市场主体创造公平竞争的制度环境。

第二节 长三角产业转移的四次浪潮

以“上海为龙头，苏浙为两翼”的长江三角洲地区，已经成为中国经济、科技、文化最发达的地区之一，被公认为全球第六大都市圈，最有活力的地区之一（马军、吴梦宸、鲍宗客，2011）。[1]而且，在中国积极承接国际产业转移的过程中，长三角地区一直是中国产业结构调整的主战场，表现为上海在承接国际产业转移的过程中产业结构调整所带动的长三角地区的四次产业发展与转移浪潮。

一、第一次浪潮：20 世纪 80 年代初，借助国际产业转移的机遇

20 世纪 80 年代，中国改革开放以后，上海抓住国际上以轻纺产品为代表的劳动密集型产业向发展中国家转移的历史机遇，加快了轻纺产业的发展。而 1982 年国务院成立的上海经济区则为苏南、浙北、浙东地区的乡镇企业提供了利用上海资源的便利，与上海的国有企业及上海经济区进行了多种形式的技术经济合作，比如当时上海的知名品牌“凤凰牌”自行车、“蝴蝶牌”缝纫机的许多零部件都是在浙江的厂家“OEM”生产的。苏南也利用与上海在空间距离上临近的优势，为上海提供零配件的生产。因此，上海与周边江浙地区的垂直分工逐渐形成，上海的劳动密集型制造业开始向苏南和浙北转移，呈现出一种雁形发展形态。

二、第二次浪潮：20 世纪 90 年代，浦东大开发

20 世纪 80 年代，江浙两地蓬勃发展的乡镇企业，开始利用自己在制度、

[1] 参见马军、吴梦宸、鲍宗客：“长三角制造业专业化与产业转移研究”，载《华东经济管理》2011 年第 5 期。

土地、劳动力成本等方面的优势抢占上海的消费品工业市场。上海的国有企业逐渐失去了自己的优势，经济开始出现退潮。20 世纪 70 年代末，上海的 GDP 占全国 7%，之后就一路下滑，到浦东大开发之前，降到 4.08%，造成了上海国有工业发展的困境。因此，上海在 90 年代初开始了以浦东大开发为突破口的上海经济的再度崛起。而且，20 世纪 90 年代，也正是国际产业结构调整和转移的难得机遇，国际产业转移的重心从原材料工业转向加工工业，从制造业转向高附加值工业，从传统工业转向新兴工业，从制造业转向服务业。这些机遇被上海的浦东大开发紧紧抓住，使浦东一举成为改革开放的先进地区。改革开放的诸多政策、制度均是先在浦东推行，比如证券市场的开放、金融体制的改革等。这些制度收益也带来了外资对上海及长三角地区的投资热潮，江苏与浙江也看到了浦东大开发的机遇，积极“接轨浦东”，利用地理位置优势，利用上海的对外开放平台，引进海外资本，比如设立与上海“接轨”的出口加工区、技术开发区等。同时，浙江和江苏的很多民营企业也积极地进入上海浦东新区，1991 年底，在浦东新区的 142 家外地企业中，有 65 家是江苏和浙江的。

三、第三次浪潮：21 世纪初，上海“跨国公司总部”与“国家级产业基地”两翼齐飞的“总部经济”进程加快

21 世纪初，中国加入 WTO 带来了新机遇，国际上开始了新一轮的以信息产业为代表的高科技产业生产制造环节大规模向我国转移的趋势，而在外商眼中，上海是一个包括长江三角洲的大上海区域，苏州、嘉兴等地吸引着外商踊跃投资。而与此同时，上海也开始了“跨国公司总部”与“国家级产业基地”两翼齐飞的“总部经济”进程，政府导向型的产业结构调整步伐加快。上海一方面在积极引进国家高科技产业，另一方面也开始将传统产业沿着高速公路、高速铁路、江海等重点轴线向泛长三角地区扩展，由以上海为中心的 1 小时都市圈向 3 小时经济圈延伸。因此，苏北、浙西、皖江、闽北、赣东等正在成为继苏南和浙北之后，争夺上海新一轮产业转移的热点区域，泛长三角地区已经开始步入上海所领导的“交通快捷时代”和“同城化发展时代”。

四、第四次浪潮：2010 年之后，“一核九带”的长三角区域协调发展

2010 年之后，国家发改委为避免长三角地区 25 个城市之间的恶性竞争而对该 25 城进行明确分工，并于 2010 年 6 月 22 日公布了长三角区域规划中的“一核九带”布局，优化和统筹区域发展的空间布局，形成以上海为核心，沿沪宁和沪杭甬线、沿江、沿湾、沿海、沿宁湖杭线、沿湖、沿东陇海线、沿运河、沿温丽金衢线为发展带的“一核九带”空间格局，既推动了区域经济协调发展，也带动了长三角区域经济向中西部地区转移的趋势。

第三节 长三角产业转移的新蓝图

近年来，由上海产业结构调整所带动的新一轮产业转移已经开始。长三角地区的部分制造业已经开始由长三角地区的上海、苏南、浙北、浙东向泛长三角地区的苏北、浙西、皖江、闽北、赣东等地区转移。

一、苏南企业向苏北转移

根据地理位置和经济社会发展程度不同，江苏省目前形成三大区域——苏南（苏州、无锡、常州、镇江、南京）、苏中（南通、扬州、泰州）、苏北（徐州、淮安、盐城、连云港、宿迁）。苏南地区第二产业占主导地位，产业结构合理，经济效益高；苏中地区处于工业化中期；苏北地区则处于工业化初期阶段，产业结构低下，第一产业比重严重偏大使得苏北地区经济水平落后，经济基础和经济总量均既相对落后于苏中，更落后于苏南。

改革开放之初，苏南借助上海在承接国际产业转移过程中的产业结构调整，利用上海资源的便利，为上海提供零配件生产及积极引进外资，经济蓬勃发展。20 世纪初，苏南紧紧抓住上海浦东大开发的机遇再度崛起。但是，在苏南经济快速腾飞的同时，土地资源、环境承载力、劳动力成本等矛盾日益突出。而苏北虽然经济发展缓慢，但是资源及劳动力优势却明显凸显。在此背景下，2001 年，江苏省委省政府就提出了“苏南提升、苏中崛起、苏北振兴”的区域协调发展战略，开始了“南北挂钩合作”的尝试，但是效果并不显著。2005 年和 2006 年，在借鉴广东经验的基础上，江苏省委省政府又做

出了“南北挂钩共建苏北开发区”的决策，鼓励苏南的劳动密集型企业向苏北转移。[1] 此举措在之前的区域经济协调发展战略基础上，为“南北挂钩合作”提供了新平台——“共建产业园区”。

“南北挂钩合作”由苏南五市与苏北五市一对一挂钩合作。南京和淮安、镇江和连云港、常州和盐城、无锡和徐州、苏州和宿迁分别一对一挂钩合作，由苏北在本地设立的省级以上开发区中，划出一定面积的土地作为区中园，由苏南和苏北共同管理开发。

经过10年的发展，江苏省南北对接合作共建产业园模式非常成功，开创了双赢的局面，截至2018年底，建成45个共建园区。尤其是苏州和宿迁的园区合作发展，效果最为显著，让这个1996年才由几个县组成的新地级市宿迁，发生了翻天覆地的变化，经济发展潜力和增速持续增长。如今的苏北已经有了自己的产业结构，盐城民营、徐州重工、连云港港口、淮安旅游、宿迁品牌，加上新苏南模式产业转移，在苏南5个兄弟城市的帮助下，苏北从当初的沿海洼地发展为今天沿海新增长极。

二、上海企业向苏北、浙西、安徽等地转移

在苏南苏北共建产业园区的影响下，上海市政府出台各种政策积极鼓励上海市各工业园区和开发区与其周边（主要是江苏）合作建立“异地工业园”，帮助企业组团式迁移，降低转移风险。主要是由上海与所在地地方政府按照双方合作开发的方式，在异地批准建立工业园区等，用于上海外迁企业的链条式发展。“异地工业园区”的建立，使上海的制造业逐渐向“两头在内、中间在外”的产业布局迈进，即企业的总部或者研发、销售部门留在上海，生产性活动外移到“异地工业园区”。这种方式既能给上海的产业发展腾出足够的空间，实现上海的“腾笼换鸟”式产业转型升级；又能够带动落后地区经济发展，实现区域经济可持续协调发展。从2009年上海杨浦工业园区首先在江苏的大丰和海安建立异地工业园区开始，至2014年底，上海与周边

〔1〕 2006年9月和2009年12月，江苏省政府分别下发了《省政府关于支持南北挂钩共建苏北开发区政策措施的通知》（苏政发〔2006〕119号）和《省政府印发关于进一步加强共建园区建设政策措施的通知》（苏政发〔2009〕147号）两份文件，对苏北地区南北共建园建设进行政策优惠和资金支持。

地区已经建立30多个异地工业园和开发区分区，其中落址江苏的最多；其次是安徽和浙江。[1] 这是因为苏北地区、皖江地区土地资源丰富，交通条件大为改善，运输成本和要素成本相对较低等。

三、浙江企业向上海等发达地区、中西部欠发达地区转移

与上海和苏南企业向外转移不同的是，浙江的劳动密集型制造业主要是向江西、安徽与河南等相邻的中西部省区转移，这主要是由内外部条件决定的。首先，浙江地域狭小，且多为山地与丘陵，缺乏产业转移所需要的土地资源。其次，浙江省内地区间的经济发展差异不大，地区发展差异指数为0.38，明显小于江苏（0.71）、广东（0.77.）、全国（0.67）(傅允生，2011)。[2] 而与浙江毗邻的江西、安徽、河南等省区要素资源供给条件较好，投资不足，经济发展滞后，劳动力成本相对偏低，地方政府对于承接东部沿海地区产业转移、加快地区经济发展积极性高，对外来投资与产业转移给予相应的优惠政策。因此，浙江劳动密集型制造业主要是以区域间转移为主，区域内转移为辅的梯度转移发展模式。

浙江企业的区域间产业转移模式主要有两种：

（一）产业向下延伸式转移

产业向下延伸式转移，是指浙江企业在中西部地区设立生产与原材料基地，将一部分劳动用工强度大、能耗与污染偏高的生产制造环节转移过去(傅允生，2011)。这种向下延伸方式能够充分利用中西部地区的要素资源，而且劳动力成本较低，节能减排压力较小，因此可以降低生产成本，提高产品的市场竞争力，有助于浙江生产企业加强产品研发与营销网络建设，实现产业链优化与价值链提升的“微笑曲线”发展模式。浙江娃哈哈与华孚色纺等企业就是产业向下转移发展的成功案例。其中娃哈哈通过在中西部地区建设生产基地与销售网络，大幅度提高了产品的市场占有率。华孚色纺通过在

〔1〕 参见“上海与周边地区积极共建异地工业园区30多家，创合作新模式——产业‘走出去’促长三角一体化”，载http://www.envir.gov.cn/info/2015/1/114273.htm，最后访问时间：2016年3月29日。

〔2〕 参见傅允生：“浙江劳动密集型制造业转移态势与政策取向”，载《浙江学刊》2011年第6期。

中西部地区建立生产与原材料供应基地，降低了生产成本，保证了原材料供应，提高了产品的市场竞争力。

（二）产业向上延伸式转移

产业向上延伸式转移，指浙江生产企业将企业经营的部分环节转移到经济更发达的地区，以充分利用经济更发达地区的人才、信息等资源。主要有两种模式：

1. 企业总部和主要生产基地设在浙江，充分利用东部沿海地区的人才、信息资源等，而在浙江以外的经济更发达的东部沿海地区建立销售代理机构和售后服务机构、产品研发机构、融资机构等。近年来浙江一些转移到上海和海外的企业基本上是采用了这种模式，比如万向集团建立了上海万向投资、上海万向进出口、美国万向分公司；茉织华在上海建立了上海茉织华；西湖电子集团在上海建立了上海西湖电子；德力西在上海建立了上海德力西等（陈建军，2002）。〔1〕

2. 主要生产加工基地在浙江，而将企业总部转移到浙江以外的东部沿海地区，同时在两地建立销售网络。比如，杉杉服装是采用此模式，生产加工厂仍然在浙江，但是把企业总部转移到了上海，便于更好地进行品牌运作。

四、长三角地区企业向皖江城市带转移

长三角等地的要素成本持续上升，传统产业的发展优势在减弱，外延型发展方式难以为继，加快经济转型和结构调整刻不容缓。而安徽等广大中西部地区基础设施逐步完善，要素成本优势明显，产业发展空间相对比较大。在此背景下，加快东部沿海地区产业向中西部地区转移，形成更加合理、有效的区域产业分工格局，已成为国家促进区域协调发展的政策取向和重要任务。因此，2010年1月，国务院正式批复了《皖江城市带承接产业转移示范区规划》（发改地区〔2010〕97号，以下简称《转移规划》），安徽省开始积极承接长三角地区的产业转移，所承接的产业转移区域首先是浙江，其次是江苏，再次是上海。

---

〔1〕 参见陈建军：“‘东扩西进’与浙江产业区域转移的战略选择”，载《浙江社会科学》2002年第1期。

（一）空间布局

皖江城市带承接产业转移示范区为国家级示范区，规划范围为安徽省长江流域，成员包括合肥、芜湖、马鞍山、铜陵、安庆、池州、巢湖、滁州、宣城九市全境和六安市的舒城县、金安区，共59个县（市、区），辐射安徽全省，对接长三角地区的产业转移。〔1〕皖江城市带承接产业转移示范区构建了“一轴双核两翼”的产业空间格局。“一轴”包括安庆、池州、铜陵、巢湖、芜湖、马鞍山6个沿江市，是承接产业转移的主轴线。“双核”是指合肥和芜湖。“两翼”包括滁州和宣城，着力打造承接沿海地区特别是长三角产业转移的前沿地带。同时从空间上对构建现代城镇体系，实现产业与城镇互动发展作出了整体安排。

（二）产业规划

皖江城市带承东启西、连南接北，既是长三角“产业发展共生圈”的重要组成部分，也是长三角城镇体系的延伸，还是沿长江经济带中发达地区进一步扩张延伸的纽带，皖江城市带正成为承接我国新一轮产业转移的重点区域。因此，《转移规划》明确将皖江城市带承接产业转移示范区定位为合作发展的先行区、科学发展的试验区、中部地区崛起的重要增长极、全国重要的先进制造业和服务业基地。

《转移规划》的规划期为2009年~2015年，重大问题展望到2020年。到2015年，示范区地区生产总值比2008年翻一番以上，3次产业协调发展，实现与长三角分工合作、优势互补、一体化发展，成为在全国有重要影响力的城市带。

《转移规划》明确把装备制造业、原材料产业、轻纺产业、高技术产业、现代服务业和现代农业作为重点发展的六大支柱产业，并以现有的产业园区为基础，推动园区的规范、集约、特色化发展。因此，皖江城市带具有良好的产业基础和综合配套能力。目前，皖江城市带已经形成冶金、汽车及零部件、建材、家电、化工等产业集群，拥有马钢、奇瑞、安庆石化、海螺水泥等一批国内知名企业，现代农业、物流服务业、金融业等产业综合配套能力

〔1〕 国家发展和改革委员会：《皖江城市带承接产业转移示范区规划》（发改地区〔2010〕97号），2010年1月。以下有关皖江城市带承接产业转移的资源主要根据此规划整理而成。

不断进步。在与长三角经济圈的长期融合中，形成了产业发展的共生圈，皖江城市带加工产品的50%以上为长三角配套，汽车、家电等产业所需零部件70%左右来自长三角，是东中西协调发展的重要纽带。与此同时，皖江城市带的产业承接平台也更趋完善，共拥有4个国家级开发区，65个省级开发区，每个县都有自己的特色工业园区，支持政策也日趋完善。合肥、芜湖自主创新综合配套改革试验区建设深入推进，承接国内外高技术项目的优势更加凸显。

目前，皖江地带正抓住皖江示范区规划展期至2020年的重大利好，在土地、财税及金融等方面，针对性出台强有力的专项支持政策，优先用于支持共建园区基础设施配套、创新研发、人才引进、项目建设和龙头企业培育等，打造企业运营的成本“洼地”。

（三）产业园区建设

1. 皖江示范区已经成为安徽省经济增长的“引擎”

2012年，皖江示范区人均地区生产总值达到41 805元，分别占长三角、全国人均水平的60.5%和109%。与此同时，示范区对全省经济增长的贡献率达到70%，拉动全省经济年增长近10个百分点，使安徽增速跃居中部第一位。[1]2017年，示范区生产总值（不含金安、舒城）18 339.9亿元，比上年增长8.5%。2017年年末示范区规模以上工业企业数达12 389个，占全省比重为60.6%。

2. 集群式承接中低端产业转移，高端生产环节较少

皖江示范区通过大规模、集群式承接产业转移，社会经济快速增长，已基本完成第一阶段的目标任务。以工业为例，示范区主要吸引化工、剪裁、汽车零部件等行业企业，而且多以中低端的生产环节为主，研发设计、市场营销、品牌运作类企业甚少，上下游产业链仍需进一步完善，配套能力仍需加强。因此，皖江示范区已经进入到创新转型的新阶段，迫切需要通过改革创新和经济转型，促进科学承接和发展。

3. 成为东中西协调发展的重要纽带

示范区在进一步承接东部地区产业转移的同时，将有序推进示范区产业

〔1〕参见丁海中：《安徽经济蓝皮书：皖江城市带承接产业转移示范区建设报告（2014）》，社会科学文献出版社2014年版。

向中西部地区梯度转移，从而加强与中西部地区的产业协作，提高皖江示范区在区域发展分工中的纽带作用。具体来讲，在区域协作机制方面，加强与周边沿江省市的协作，建立双边合作或多边合作机制，推动安庆与武汉城市圈、环鄱阳湖城市群的交流与合作，协同推进重点项目建设；筹建长江联合发展银行，在上海、南京、合肥、武汉和重庆五大城市之间架起金融走廊；建立长江经济开发等专项基金，用于联动性地区经济项目的开发和建设。

4. 园区共建推动皖江示范区建设

近年来，长三角开发区围绕“转型发展”和拓展空间，加大品牌园区输出力度，推进园区共建与联动发展，取得了一些成功范例，长三角区域经济一体化发展进入了以跨省市合作共建开发园区为综合平台的新阶段，也为安徽省利用园区共建等有效模式推动皖江示范区建设提供了借鉴。

上海漕河泾新兴技术开发区跨省市合作共建开发园区，由开发公司自主成立，借力各方支持，坚持品牌导向，采取多种形式，实施双向互动，取得了开发区自身扩张发展和服务长三角地区、长江流域及全国的良好实效。合作形式主要有：（1）紧密合作共建型。是指与外省市开发区共同投资合作共建，如上海漕河泾新兴技术开发区海宁分区；（2）项目合作共建型。重点是推动区内若干企业、产业转移到内地省份；（3）交流合作共建型。是指与外省市开发区结为友好园区，如上海漕河泾开发区与安徽省合肥经开区、郑州高新区等国内 17 个开发区结为友好园区。

浙江海宁经编产业园区开发面积只有 5.7 平方公里，入园企业达到了 430 多家，是全国最大的经编生产和销售基地。经过 10 年快速发展后，园区发展面临着资源制约。首先是土地制约，今年园区工业用地只有 700 亩，每亩报价 80 万元以上；其次是环境制约，产业入园的环评门槛高，节能减排压力大；再次是成本制约，如普通工人年工资在 3 万元以上。为抓住机遇做大做强经编产业，园区决定突破行政区域范围，实行跨区域发展。经过多方考察论证，选择在安徽省郎溪县合作建设“郎溪（中国）经编产业园”，有效拓展产业发展空间。

作为承接产业转移的积极探索，安徽省联合长三角地区共建园区及“飞地经济”开展得有声有色。滁州、宣城等地通过“园中园”“托管园”“共建园”等有效合作方式，为推进示范区建设积累了宝贵经验。2010 年 11 月，上海漕河泾开发区、上海虹桥经济技术开发区、苏州工业园区、无锡国家高新区、合肥高新技术产业开发区及宝钢集团等30多家园区和大型企业集团在安徽发起成立了“长三角园区共建联盟”。通过园区这一重要载体，以产业梯度转移和要素合理配置为主线，推进地区间产业梯度转移，有利于盘活安徽省土地存量优势，加强区域间产业联动发展，形成区域合理分工布局的产业集群，增强区域竞争力。

CHAPTER5 第五章

长三角地区产业转移的嵌入性约束机制

经过改革开放 40 多年高速发展，以上海为龙头，江苏和浙江为两翼的长三角地区已经形成了完善的经济发展网络，集聚着众多国际性制造企业，区域综合经济实力不断增强，已经成为中国经济最发达的地区之一，被公认为全球第六大都市圈。而且，目前长三角地区制造业的集聚态势日趋明显，世界制造业基地正在此形成。但是，长三角地区与周边地区的区域经济发展不平衡现象也日益突出。比如，2009 年之前，上海、昆山、常州、苏州、无锡、杭州等城市的人均 GDP 已经超过 10 000 美元，远远高出全国平均水平，却日益面临着土地资源紧张、劳动力及商务成本上升、供电压力增大、环境条件日益恶化等突出问题，产业优化升级到了关键时刻。相比之下，紧临长三角地区的苏北、安徽等周边地区的经济发展则大大滞后，例如，2009 年之前，苏北地区的人均 GDP 仅约 3500 美元，而土地、劳动力和其他自然资源则相对充裕，发展空间较大。因此，长三角地区近年来的发展方向是加快区域一体化进程，有序推动区域内产业转移和产业升级，并逐渐向安徽等泛长三角地区扩散。

目前，长三角地区的产业转移已经在政府组织和企业自发两个层面上同时推进。例如上海外高桥保税区在江苏启东兴建的产业园、苏州市与宿迁市联合建立的苏州（宿迁）工业园都是政府推动区域资源整合和产业转移的成功案例。从经济学视角来看，泛长三角地区已经建立了纵横发达的交通网络，产业转移应该会比较顺利地进行，但是现实中，企业的生产活动依然很大程度上受到地理和行政边界的约束。例如，跨江大桥已经将苏南和苏北在地理上紧密联系在一起，但苏南的企业却不愿意转移到苏北地区。这说明，单一经济学理论所讨论的市场一体化并不能完全解释产业转移和生产布局调整机制。相对而言，社会学则始终坚持将生产活动置入社会化大背景中去观察(Granovetter, 1985)[1]，为产业转移提供一种新的解释视角。

第一节　产业转移的研究视角

一、产业转移的传统研究视角：经济学与新经济地理学

产业转移是指由于资源供给或者市场需求条件发生变化，相关生产部门在一国内部或国家之间的转移活动。早期的产业转移理论主要是经济学家讨论国际层面的产业转移是如何发生的，代表性的理论有刘易斯的劳动力部门转移理论（Lewis, 1954）[2]、赤松要的“雁行形态理论”(Akamatsu, 1961)[3]、弗农的产品生命周期理论（Vernon, 1966）[4]、小岛清的边际产业扩张论(小岛清，1987)[5]、邓宁的国际生产折衷论（Dunning, 1988）[6]等。这些理论尽管各有其独特视角，但都是围绕着地区比较优势变化来解释产业转移的发生机制。例如，刘易斯从劳动力供给的角度，解释了随着发达国家劳动力成本上升，劳动密集型产业向发展中国家转移的过程。而弗农则指出，同一个产业在其诞生、成长、成熟和衰老的不同阶段，与之相匹配的比较优势是不同的，因而其生产区位也将随着产业生命周期的演化而进行相应的调整。小岛清的边际产业扩张论指出了产业转移是一个连续不间断的过程，发达地区不断将已经失去比较优势的产业转移到落后地区，落后地区则通过承接产业转移获得技术和资本。这些理论尽管都是在国际产业转移背景下做出的，但同样适用于一国内部的地区性产业转移。

发展经济学和新经济地理理论则从一个相对间接的视角来解释产业转移。

---

〔1〕 See Mark Granovetter, “Economic Action and Social Structure: the Problem of Embeddedness”, *The American Journal of Sociology*, Vol. 91, 1985, pp. 481-510.

〔2〕 See William Atthur Lewis, “Economic Development with Unlimited Supplies of Labour”, *The Manchester School*, Vol. 22, 1954, pp. 139-191.

〔3〕 See Akamatsu Kaname, “A theory of unbalanced growth in the world economy”, *Weltwirts-chaftliches Archiv*, Vol. 97, 1961, pp. 196-215.

〔4〕 See Raymond Vernon., “International Investment and International Trade in the Product Cycle”, *The Quaterly Journal of Economics*, Vol. 80, 1966, pp. 190-207.

〔5〕 参见［日］小岛清：《对外贸易论》，周宝廉译，南开大学出版社1987年版。

〔6〕 See Dunning J. H., *Explaining International Production*, Unwin Hyman, 1988.

在发展经济学看来，一个国家的经济增长是一个不平衡的过程，在某个特定阶段必须要由某些生产部门和地区充当“增长极”的角色，大部分生产要素都会集中在少数几个地区，也就是所谓的“极化效应”。但是随着经济不断增长，发达地区的技术和资本会逐步向落后地区扩散，形成所谓的“回流效应”(Boudeville，1966；Myrdal，1957；Hirschman，1958)。新经济地理学进一步发展了发展经济学的观点，将产业集聚看成生产活动的基本特征（Krugman，1991)。[1]在经济增长的初期，企业为追求外部规模经济收益会高度集中，由此形成产业集聚的“中心”地区和相对落后的“外围”地区。当经济增长到一定阶段之后，“中心”地区拥挤效应开始发挥作用，迫使一些产业部门向外围地区迁移，最终形成不同地区之间的专业化分工格局（藤田昌久等，2005)。[2]

我国对产业转移的研究开始得比较晚，早期的研究主要集中在对国际产业转移理论的整理，以及宏观经济层面意义上的研究（例如，卢根鑫，1997)[3]。进入21世纪之后，国内产业转移的研究重点逐步转向微观层面，重视企业在产业转移中的主体地位，关注引发产业转移的动因和约束机制。例如陈建军（2002）通过对浙江企业的问卷调查，发现浙江企业向中西部地区的产业转移是为了开拓内地市场而进行的一种企业扩张行为，[4]而赵祥(2010）对广东省的“双转移”进行了调查，指出了配套设施不完善、政府行政效率不足和市场化水平低下是阻碍发达地区向落后地区进行产业转移的主要约束因素。[5]范剑勇（2004）从新经济地理学理论出发，建议通过降低运输成本，推动东部地区向中西部地区的产业转移。[6]叶琪（2014）则发现在转变经济发展方式和产业结构转型升级的驱动下，我国新一轮区域产业转移渐成规模，已经呈现出劳动密集型产业由东部地区向中西部地区梯度转移的

---

[1] See Paul Krugman.，“Increasing Returns and Economic Geography”，*Journal of Political Economy*，Vol. 3，1991，pp. 483-499.

[2] 参见［日］藤田昌久、［美］保罗·克鲁格曼、［美］安东尼·J·维纳布尔斯：《空间经济学——城市、区域与国际贸易》，梁琦主译，中国人民大学出版社2005年版。

[3] 参见卢根鑫：《产业转移论》，上海人民出版社1997年版。

[4] 参见陈建军：“中国现阶段产业区域转移的实证研究——结合浙江105家企业的问卷调查报告的分析”，载《管理世界》2002年第6期。

[5] 参见赵祥：“广东省内产业转移的影响因素分析”，载《经济地理》2010年第1期。

[6] 参见范剑勇：“市场一体化、地区专业化与产业集聚趋势——兼谈对地区差距的影响”，载《中国社会科学》2004年第6期。

态势。[1]

总体上来说，产业转移是当区域之间比较优势发生变化后，生产要素在区域间重新配置的结果。从现有的研究来看，宏观层面上，产业转移是由经济发展的阶段性变化所推动的。经济增长是一个沿着“劳动密集型——资本密集型——技术密集型”路径的连续性结构调整过程，诸如产品生命周期理论（Vernon，1966），[2]边际产业扩张理论（小岛清，1987）[3]都是这种基于区域梯度差距的解释视角。从微观机制上看，产业转移是企业区位理论的动态化延伸，是生产厂商为了维持成本优势，或者为了进入某个市场而做出的生产区位迁移。从转移的目标上，我们大致可以区分为资源寻求、市场寻求、效率（成本）寻求、战略寻求等几大类型（Dunning，1981；陈建军，2002）。[4][5]在如何推动产业转移方面，现有研究重点关注运输成本和市场壁垒对要素流动的阻碍作用（Krugman，1991；Puga and Venables，1996；藤田昌久等，2005）。[6][7][8]从经济学的角度看，产业转移完全取决于要素相对价格的变化，只要消除了行政壁垒，降低了运输成本，产业转移就可以自发实现。北美和欧盟的实践也表明，贸易壁垒消除确实有效地推动了生产活动在不同区域之间的重新布局（克鲁格曼，2000）。[9]在国内，研究者除了强调交通运输和市场一体化的影响之外（范剑勇，2004），[10]还格外强调地区之间的制度环境趋同。这是

---

[1] 参见叶琪：“我国区域产业转移的态势与承接的竞争格局”，载《经济地理》2014 年第 3 期。

[2] See Raymond Vernon，“International Investment and International Trade in the Product Cycle”，*The Quaterly Journal of Economics*，Vol. 80，1966，pp. 190-207.

[3] 参见［日］小岛清：《对外贸易论》，周宝廉译，南开大学出版社 1987 年版。

[4] See Dunning J. H.，*International Production and the Multinational Enterprise*，George and Unwin，1981，pp. 102-110.

[5] 参见陈建军：“中国现阶段产业区域转移的实证研究——结合浙江 105 家企业的问卷调查的分析”，载《管理世界》2002 年第 6 期。

[6] See Paul Krugman，“Increasing Returns and Economic Geography”，*Journal of Political Economy*，Vol. 99，1991，pp. 483-499.

[7] See Puga D.，Anthony J. Venables，“The Spread of Industry：Spatial Agglomeration in Economic Development”，*Journal of the Japanese and International Economies*，Vcl. 10，1996，pp. 440-464.

[8] 参见［日］藤田昌久、［美］保罗·克鲁格曼、［美］安东尼·J·维纳布尔斯：《空间经济学——城市、区域与国际贸易》，梁琦主译，中国人民大学出版社 2005 年版。

[9] 参见［美］保罗·克鲁格曼：《地理和贸易》，张兆杰译，北京大学出版社 2000 年版。

[10] 参见范剑勇：“市场一体化、地区专业化与产业集聚趋势——兼谈对地区差距的影响”，载《中国社会科学》2004 年第 6 期。

因为国内不同地方在市场环境、政府行政效率上往往存在着较大的差异，过大的制度环境差异会直接抑制产业转移发生（赵祥，2010）。[1]

二、产业转移的新研究视角：新经济社会学的“嵌入性”

遵循经济学的效率机制逻辑，产业转移是产业发展到一定阶段的必然产物，只要地区之间比较优势差异存在，企业就会从要素成本较高的地区向要素成本较低的地区转移（任太增，2001；刘新争，2012）。[2][3]现实中，我们却发现，产业转移并不是那么顺利，企业的生产活动依然受到地理和行政边界的约束。改革开放40多年来，发达地区与欠发达地区的经济差距之大就是事实，而企业却宁愿待在发达地区忍受高成本的煎熬，也不愿意转移到要素成本较低的欠发达地区（刘红光等，2011）。[4]原因是，经济学和新经济地理学的研究把产业转移视为一个个单独厂商的独立行为，而忽视了现代生产实际上是一种复杂的网络联系（Powell，1990；Larsson and Starr，1993），[5][6]一方面表现为基于生产链条的生产网络（陈介玄，1994），[7]另一方面也表现为基于社会关系的社会网络（王缉慈等，2001；魏江，2003）。[8][9]而企业的生产则“高度嵌入”在这种生产网络和社会关系网络之中（Granovetter，1985），[10]同时还嵌入在区域制度环境之中（Polanyi，1971/1957；Nee and

〔1〕 参见赵祥：“广东省内产业转移的影响因素分析”，载《经济地理》2010年第1期。

〔2〕 参见任太增：“比较优势理论与梯级产业转移”，载《当代经济研究》2001年第11期。

〔3〕 参见刘新争：“比较优势、劳动力流动与产业转移”，载《经济学家》2012年第2期。

〔4〕 参见刘红光、刘卫东、刘志高：“区域间产业转移定量测度研究——基于区域间投入产出表分析”，载《中国工业经济》2011年第6期。

〔5〕 See Powell W.，“Neither Market Nor Hierarchy：Network Forms of Organization”，*Research in Organizational Behavior*，Vol. 12，1990，pp. 295-336.

〔6〕 See Larsson A.，Starr A.，“A Network Model of Organization Formation”，*Entrepreneurship Theory and Practice*，Vol. 17，1993，pp. 5-15.

〔7〕 参见陈介玄：《协力网络与生活结构：台湾中小企业的社会经济分析》，联经出版事业公司1994年版。

〔8〕 参见王缉慈等：《创新的空间：企业集群与区域发展》，北京大学出版社2001年版。

〔9〕 参见魏江：《产业集群——创新系统与技术学习》，科学出版社2003年版。

〔10〕 See Mark Granovetter，“Economic Action and Social Structure：the Problem of Embeddedness”，*The American Journal of Sociology*，Vol. 91，1985，pp. 481-510.

Ingram，1998）。[1][2]从单个企业来看，长三角地区已经建立了纵横发达的交通网络，运输成本大幅度降低，产业转移应该会比较顺利进行，但是现实中，企业的生产活动依然很大程度上受到地理和行政边界的约束。例如，跨江大桥已经将苏南和苏北在地理上紧密联系在一起，但苏南的企业仍然不愿意转移到苏北。原因是产业转移往往不是单个企业的转移行为，而是涉及部分甚至整个生产网络和社会关系网络的转移，同时，企业转移出去以后也失去了区域制度特别是非正式区域制度环境的保护。这说明，经济学和新经济地理学理论并不能完全解释产业转移机制。相对而言，社会学则始终坚持将生产活动置入社会化大背景中去观察（Granovetter，1985），[3]为产业转移提供了一种新的解释视角。

新经济社会学从一诞生就受格兰诺维特的影响，重视从嵌入性视角解释经济现象，认为经济行动嵌入在网络中，并把嵌入性分为关系嵌入和结构嵌入（Granovetter，1985）。[4]关系嵌入指经济行动嵌入在其所在的关系网络之中，并深受网络中其他成员的影响；结构嵌入指经济行动嵌入在行动者所构成的网络结构之中，而其网络结构又是嵌入于社会文化传统、价值规范等更大层面的结构之中。实际上，不仅仅是格兰诺维特，新经济社会学的著名代表人物包括斯威德伯格、泽利泽尔、伯特等虽然研究领域不同、方法不同，但均持嵌入性观点，认为经济行动是社会行动的一种，经济行动被社会建构，经济制度也是一种社会建构（Swedberg and Granovetter，1992）。[5]

经济学分析经济行为时明显存在"社会化不足"，而古典社会学理论则存在过度社会化倾向，嵌入性理论则成为连接经济学与社会学的桥梁（Granovetter，

---

〔1〕 See Polanyi K.，"The Economy as Instituted Process"，in Karl Polanyi，Conrad Aresberg and Harry Pearson eds.，*Trade and Market in the Early Empires：Economics in History and Theory*，Henry Regnery Company，1971/1957.

〔2〕 See Nee Victor，Paul Ingram，"Embeddedness and Beyond：Institutions，Exchange，and Social Structure"，in Mary Brinton，Nee Victor eds.，*The New Institutionalism in Sociology*，Russell Sage Foundation，1998，pp. 19-45.

〔3〕 See Mark Granovetter，"Economic Action and Social Structure：the Problem of Embeddedness"，*The American Journal of Sociology*，Vol. 91，1985，pp. 481-510.

〔4〕 See Mark Granovetter，"Economic Action and Social Structure：the Problem of Embeddedness"，*The American Journal of Sociology*，Vol. 91，1985，pp. 481-510.

〔5〕 See Swedberg R.，Mark Granovetter，"Introduction"，*The Sociology of Economic Life*，Westview Press，1992.

1985)。[1]从“嵌入性”视角来看，企业经营者并不纯粹是一个古典经济学所谓的理性经济人，他在做决策时，必然受其所处的社会价值观、社会规范、社会文化等因素的影响。不管是企业，还是企业经营者，都是在与其他社会群体发生联系的过程中存在的，他们之间的频繁交往形成群体关系网络。他们在做决策时，必然受其所处的社会网络的影响。经济制度看似是为了解决经济问题而客观存在的，实际上，它也是经济行动者之间稳定、持续的网络互动的结果，具有较强的路径依赖性，当经济行动者离开此网络时，企业遇到的问题可能无法顺利通过经济制度解决。

总体而言，中国依旧是个关系型社会。对企业来说，地方企业网络、地方生产服务性网络、地方乡亲血缘关系、企业与当地政府官员的关系网络都使得企业“高度嵌入”当地社会，制约着企业的转移行为（杨玲丽，2012)。[2]比如在企业集群中，企业的经济活动高度嵌入在社会关系网络和产业链网络之中，否则交易成本相对较高（刘少杰、姚伟，2007)。[3]再比如，宿迁市的一位领导人表示，产业转移过程中不顺利的情况主要来自两方面：一是当地产业环境不景气；二是企业水土不服，对政策环境不适应。第一方面主要就是当地缺乏产业链条配套生产；第二方面其实就是企业转移后失去了嵌入原有地的社会关系网络，新的社会关系网络一时不能建立起来，这对产业转移起着约束作用。

第二节　嵌入性如何约束产业转移

一、产业转移的嵌入性约束

究竟用哪些指标来考察产业转移的嵌入性约束。格兰诺维特把嵌入性分为关系嵌入和结构嵌入（Granovetter，1985)。[4]祖克和迪马奇奥把嵌入性分为结

---

〔1〕 See Mark Granovetter, “Economic Action and Social Structure: the Problem of Embeddedness”, *The American Journal of Sociology*, Vol. 91, 1985, pp. 481-510.

〔2〕 参见杨玲丽：“‘组团式’外迁：社会资本约束下的产业转移模式——上海外高桥（启东）产业园的案例研究”，载《华东经济管理》2012 年第 7 期。

〔3〕 参见刘少杰、姚伟：“论企业集群的网络、制度结构与双重绩效”，载《黑龙江社会科学》2007 年第 3 期。

〔4〕 See Mark Granovetter, “Economic Action and Social Structure: the Problem of Embeddedness”, *The American Journal of Sociology*, Vol. 91, 1985, pp. 481-510.

构嵌入、认知嵌入、文化嵌入和政治嵌入（Zukin and Dimaggio, 1990）。[1]波兰尼（Polanyi, 1971/1957）[2]、倪志伟和尹格兰（Nee and Ingram, 1998）[3]、王宁（2008）[4]等都论述了制度嵌入的重要性。科尔曼从社会资产的角度分析了经济行为的社会嵌入性，他的社会资产包括信用和人际关系（Coleman, 1990）。[5]

本研究从“嵌入性三层次分析框架”，即制度嵌入（正式制度嵌入和非正式制度嵌入）、关系嵌入（寻租性关系嵌入和社会性关系嵌入）、生产嵌入（生产配套嵌入和生产服务嵌入）来考察约束企业转移意愿的嵌入性因素。

（一）制度嵌入

波兰尼认为人类经济嵌入于经济与非经济的制度之中（Polanyi, 1971/1957），[6]格兰诺维特的结构嵌入也包含着非正式制度嵌入的思想。而倪志伟和尹格兰则直接提出了制度嵌入性作为嵌入性的一个主要类型，制度嵌入性就是指选择行为的制度约束（Nee and Ingram, 1998）。[7]王宁指出制度嵌入性是指人的选择行为受到所嵌入其中的制度（包括正式制度与非正式制度）的约束（王宁，2008）。[8]汉密尔顿和费恩斯特从非正式制度嵌入性角度解释

---

〔1〕 See Zukin S. , DiMaggio Paul, *Structures of Capital: The Social Organization of the Economy*, Cambridge University Press, 1990.

〔2〕 See Polanyi. K. , “The Economy as Instituted Process”, in Karl Polanyi, Conrad Aresberg and Harry Pearson eds. , *Trade and Market in the Early Empires: Economics in History and Theory*, Henry Regnery Company, 1971/1957.

〔3〕 See Nee Victor, Paul Ingram, “Embeddedness and Beyond: Institutions, Exchange, and Social Structure” in Mary Brinton and Nee Victor eds. , *The New Institutionalism in Sociology*, Russell Sage Foundation, 1998, pp. 19-45.

〔4〕 参见王宁：“消费行为的制度嵌入性——消费社会学的一个研究纲领”，载《中山大学学报（社会科学版）》2008 年第 4 期。

〔5〕 See Coleman J. S. , “The Foundations ofSocial Theory”, MA: Belknap Press of Harvard University Press, 1990.

〔6〕 See Polanyi K. , “The Economy as Instituted Process”, in Karl Polanyi, Conrad Aresberg, Harry Pearson eds. , *Trade and Market in the Early Empires: Economics in History and Theory*, Henry Regnery Company, 1971/1957.

〔7〕 See Nee Victor, Paul Ingram, “Embeddedness and Beyond: Institutions, Exchange, and Social Structure” in Mary Brinton and Nee Victor eds. , *The New Institutionalism in Sociology*, Russell Sage Foundation, 1998, pp. 19-45.

〔8〕 参见王宁：“消费行为的制度嵌入性——消费社会学的一个研究纲领”，载《中山大学学报（社会科学版）》2008 年第 4 期。

经济现象，认为东亚的经济组织就是嵌入于历史遗留下来的家长制等权威关系中的（Hamilton and Feenstra，1998）。[1]

1. 正式制度嵌入

正式制度对产业转移的嵌入性约束主要体现在，一个地区的宪法、法律、规则等对市场行为的正式约束。一个国家的各个地区的宪法、基本法律、法规等虽然一致，但是各个地区政府的监管能力不同，经济发达地区，市场经济发展较早，地方政府在市场经济发展的过程中积累了较多的市场监管经验，因此市场监管机制好，力度强，正式制度对企业的约束力就较强。在政府的有序监管下，本地企业就会遵守市场制度、规则、规范。

具体到长三角地区，市场经济发达，本地政府对市场的监管力度强，而且为企业办事的效率也高，在服务企业方面也积累了较多经验，能够出台一些有利于企业成长和发展的优惠政策等。这些正式制度的约束，都会提高本地区企业之间合作的信任度。因此，企业更愿意留在长三角地区。

2. 非正式制度嵌入

非正式制度对产业转移的嵌入性约束主要体现在，在正式制度的监管下，该区域所形成的特定的社会文化传统、价值观念等非正式制度对产业转移的约束。在现实中，非正式的行为规范、习俗、行为准则等对人们的约束作用可能会大于正式制度。因为非正式制度是日积月累形成的一种习惯，支配着人们的日常行为。

具体到长三角地区，在正式制度的监管下，长三角地区形成了基于信任与互惠的经商文化、商业氛围和价值观等，即“产业氛围”。地区的商会和行会也能对企业提供一些服务，这培养了良好的市场道德秩序。这种相互约束的市场道德秩序使得企业能够按照规则、规范办事，形成本地良好的企业合作文化及企业家精神，企业老板之间能够相互理解、相互认同，有共同的价值观和经商理念。而如果企业离开长三角地区迁入内地，内地的市场经济不发达，企业之间可能会缺乏诚信合作的非正式制度保护，因此企业更愿意留在长三角地区。

[1] See Hamilton G. G., Feenstra R., “The Organization of Economics”, in Mary Brinton and Victor Nee eds., *The New Institutionalism in Sociology*, Russell Sage Foundation, 1998, pp. 153-180.

（二）关系嵌入

新经济社会学的兴起，就是以关系嵌入引起相关学者的研究旨趣。虽然格兰诺维将嵌入性分为关系嵌入和结构嵌入，但是格氏和追随者们更多的是在讨论关系嵌入。关系嵌入将经济行动嵌入在社会关系网络中来讨论，嵌入的网络机制是信任。关系嵌入是一种基于互惠预期而发生的双向关系，通过互动频率、亲密程度、关系持续时间和相互服务的内容等 4 个指标来衡量关系的联系强度（Granovetter，1985）。[1]企业在生产过程中，为了应对信息不对称性和不确定性，主要通过人际交往获取订单信息、市场信息、招聘信息、产品改进信息等，遵守合同，诚实守信地合作。诚信的社会交往是企业成功的基石。人际关系网络能为企业的管理者提供一个信息共享、互相沟通、彼此交流的平台。关系嵌入影响组织间的合作、资源的交换组合、共享性知识的开发，参与知识创造的动机等，从而影响企业的经济绩效。关系嵌入作为一种信息甄别、筛选机制，可以为企业节约搜寻成本，节约交易费用；关系嵌入作为交易治理结构，还可以减少双方机会主义行为的出现。

结合中国的现实情况，企业家的人际关系主要有两种：一种是企业家与政府官员之间的关系，一种是企业家之间的社会关系。对于企业家与政府官员之间的关系，有学者称之为政治嵌入（Zukin and DiMaggio，1990），[2]本章节为了避免与后面的制度嵌入混淆，将企业家与政府官员之间的关系称之为寻租性关系，将企业家之间的关系称之为社会性关系。相应地，企业的关系嵌入也分为寻租性关系嵌入和社会性关系嵌入。

1. 寻租性关系嵌入

寻租性关系嵌入，指企业的经济行动嵌入在企业家与当地政府官员之间的人际关系网络中。在中国，企业家与政府官员的关系是一种特别的强网络，它凝聚了与众不同的信任、责任或义务（Tsui et al.，2006），[3]从而使得企业可以更方便地获取所需的政治或政策资源，甚至连西方跨国公司都清楚地知

〔1〕 See Mark Granovetter, "Economic Action and Social Structure: the Problem of Embeddedness", *The American Journal of Sociology*, Vol. 91, 1985, pp. 481-510.

〔2〕 See Zukin S., DiMaggio Paul, *Structures of Capital: The Social Organization of the Economy*, Cambridge University Press, 1990.

〔3〕 See Tsui A., et al., *Hierarchical Ties and Network Closure as Social Capital for Chinese Managers*, Arizona State University, 2006.

道在中国做生意时“关系为王”（Buderi and GT Huang，2006；Vanhonacker，2000）。〔1〕〔2〕在政府导向型的中国经济发展模式主导下，地方政府手中掌握着大量政策、税收优惠、创新支持等资源，因此，企业通常会与生产地区的制度化机构（例如地方政府、政府服务机构）等官员建立密切联系，从政策导向、政策支持中获取有利于企业发展的经济资源。但是，如果企业转移出去，可能很难一时与中西部地区政府官员建立良好的人际关系网络，从而影响企业的发展，因此企业对向外转移心存顾虑。

2. 社会性关系嵌入

社会性关系嵌入，指企业的生产经营嵌入在企业家之间的人际关系网络中。人际关系网络中成员之间更容易互惠信任并降低声誉的不确定性和违约的风险（Coleman，1990），〔3〕网络中的信任与规范机制更容易约束企业的机会主义行为（蔡铂、聂鸣，2003）。〔4〕企业家之间的人际关系网络也可以帮助企业获得新技能和新知识（Podolny and Page，1998）、〔5〕获取必要的资源（Westphal et al.，2006），〔6〕从而提高企业的绩效（Powell，1990；Prahalad and Hamel，1990；Hall，1992、1993）。〔7〕〔8〕〔9〕〔10〕乌兹基于美国纽约制衣

〔1〕 See Buderi R.，G T Huang，*Guanxi（The Art of Relationships）：Microsoft，China and Bill Gates's Plan to Win the Road Ahead*，Simon and Schuster，2006.

〔2〕 See Vanhonacker W.，“A Better Way to Crack China”，*Harvard Business Review*，Vol. 78，2000，pp. 20-22.

〔3〕 See Coleman J. S.，*The Foundations of Social Theory*，Belknap Press of Harvard University Press，1990.

〔4〕 参见蔡铂、聂鸣：“社会网络对产业集群技术创新的影响”，载《科学学与科学技术管理》2003年第7期。

〔5〕 See Podolny J. M.，Page K. L.，“Network Forms of Organization”，*Annual Review of Sociology*，Vol. 24，1998，pp. 57-76.

〔6〕 See Westphal J. D.，et al.，“The Strategic Impetus for Social Network Ties Reconstituting Broken CEO Friendship Ties”，*Strategic Management Journal*，Vol. 27，2006，pp. 425-445.

〔7〕 See Powell W.，“Neither Market Nor Hierarchy：Network Forms of Organization”，*Research in Organizational Behavior*，Vol. 12，1990，pp. 295-336.

〔8〕 See Prahalad. C. K.，Gary Hamel，“The Core Competence of the Corporation”，*Harvard Business Review*，Vol. 68，1990.

〔9〕 See Hall R.，“The Strategic Analysis of Intangible Resources”，*Strategic Management Journal*，Vol. 13，1992，pp. 135-144.

〔10〕 See Hall R.，“A Framework Linking Intangible Resources and Capabilities to Sustainable Competitive Advantage”，*Strategic Management Journal*，Vol. 14，1993，pp. 607-618.

工厂的研究发现，嵌入在经济行为主体中的人际关系网络可以克服不确定性和信息不对称性（Uzzi，1997）。[1]

企业的社会性关系网络就像润滑剂，保证企业的生产经营更加顺畅。企业的经营更多的是靠社会关系网络中无形规范和信任的约束。在中国，企业遇到的诸多问题主要是靠人际关系解决，而非法律解决。正如一位访谈对象所言："企业生产都可能会遇到困难，比如当初谈好的每天交200件货，但是我们的机器忽然出问题了，合作方也会派技术人员上门跟我们一起解决问题，而不是拿出合同说如果不按时供货将罚款多少等，只要问题解决了，一般也不会罚款的。大家做生意，既是合作伙伴，也是朋友，没有必要动不动就摊开合同。如果两家企业动不动就摊开合同，那意味着已经撕破脸皮，当走上法庭的时候关系就到此结束，以后没有合作的机会了。甚至以后别的企业也不敢再跟这家企业合作了。因为打官司其实是一件很耗精力的事情，一般情况下，企业都不愿意打官司"。而这种无形规范和信任均嵌入在当地的社会关系网络中，如果企业"脱嵌"后转移出去生产，企业将失去这种无形规范和信任的约束，影响到企业的正常生产经营。

（三）生产嵌入

鲍威尔（Powell，1990）[2]把网络、市场和等级看作三种重要的组织间的交易模式，同时认为，通过网络关系互动的组织具有高度的相互依赖性。至此，学者走出了企业和市场的两分法，企业组织网络化研究开始得到重视。具体而言，陈介玄、高承恕、张苙芸、张维安等对台湾的企业网络做了详细的分析。比如陈介玄（1994）[3]的《协力网络与生活结构——台湾中小企业的社会经济分析》把企业基于生产链条的生产网络，提出了"弹性化协力企业组织结构""拟似家族团体连带""情感与利益加权关系"等，认为单个企

[1] See Uzzi B.，"Social Structure and Competition in Interfirm Networks：the Paradox of Embeddedness"，*Administrative Science Quarterly*，Vol. 42，1997，pp. 35–67.

[2] See Powell W.，"Neither Market Nor Hierarchy：Network Forms of Organization"，*Research in Organizational Behavior*，Vol. 12，1990，pp. 295–336.

[3] 参见陈介玄：《协力网络与生活结构——台湾中小企业的社会经济分析》，联经事业出版公司1994年版。

业的生产离不开生产链条上的配套企业。李培林、梁栋（2003）[1]的“网络化：企业组织变化的新趋势——北京中关村200家高新技术企业的调查”则分析了中小企业的网络化生产的趋势。这些研究均暗含着一种思想：单个企业的生产嵌入在企业与企业之间所组成的生产网络中，比如产业链上的企业的生产配套网络。而且，随着现代化大企业、企业与金融、研发、人才招聘、人才培训、检测、技术服务等生产服务性机构的联系也越来越紧密，企业规模的扩大、产品质量的提升、技术创新等都离不开企业的生产服务网络。

1. 生产配套嵌入

生产配套嵌入，指企业的生产经营嵌入在生产环节中与生产链上的其他配套企业的联系之中。这种生产配套嵌入能够在协力合作的基础上，促进企业改善产品性能，提高企业的创新能力。当企业遇到生产或者资金困难时，还可以帮助企业渡过难关。生产配套网络是聚集在一起的企业之间的一种最基础性的网络关系，正如波特所认为的，产业集群就包括一系列相关联的产业实体，比如零部件、机器设备和服务的供应商、销售商等，现代化大生产使得企业没有必要在企业内部完成全部的经济活动，而是依靠其生产网络来完成绝大部分生产活动（Porter，1998）。[2]比如，我国台湾及东莞的电子制造业、温州的小商品生产簇群、意大利羊毛生产联合体等富有活力的主要原因是生产配套网络的作用。丰田即时制也是基于高度信任的供应商网络而建立起来的（李久鑫、郑绍濂，2002）。[3]企业网络中的企业之间相互合作、竞争与学习，可以保持一种动态的创新活力（李新春，2000）[4]；集群内的核心企业和配套企业之间可以通过协同创新提高企业的竞争力（杜欣、邵云飞，2013）；[5]网络中的资源共享也可以提高企业的竞争力（Gulati，1999）。[6]

---

[1] 参见李培林、梁栋：“网络化：企业组织变化的新趋势——北京中关村200家高新技术企业的调查”，载《社会学研究》2003年第2期。

[2] See Michael E. Porter, “Clusters and The New Economics of Competition”, *Harvard Business Review*, Vol. 76, 1998, pp. 77-90.

[3] 参见李久鑫、郑绍濂：“管理的社会网络嵌入性视角”，载《外国经济与管理》2002年第6期。

[4] 参见李新春：“专业镇与企业创新网络”，载《广东社会科学》2000年第6期。

[5] 参见杜欣、邵云飞：“集群核心企业与配套企业的协同创新博弈分析及收益分配调整”，载《中国管理科学》2013年第S2期。

[6] See Gulati R., “Network Location and Learning: the Influences of Network Resources and Firm Capabilities on Alliance Formation”, *Strategic Management Journal*, Vol. 20, 1999, pp. 397-420.

2. 生产服务嵌入

生产服务嵌入，指企业嵌入在与当地生产服务机构的联系之中，包括研发机构、行业协会、培训机构、招聘机构、金融机构、检测机构等。企业的成长离不开现代服务业的发展（杨亚琴，2005）。如果没有多元化的服务机构，企业生产过程中碰到的诸多问题将难以解决，比如找不到合适的工人、技术人员、研发人员，产品检测比较麻烦，企业的融资出现问题等。而且，创新型生产服务网络中的“知识溢出”也有利于提高企业的创新意识和创新能力。比如，科研机构和大学、技术创新中心、咨询机构等为企业集群提供专业性知识（王缉慈等，2010；Scott and Martin，2011）；[1][2]上海陆家嘴金融贸易区集聚了大批能为企业提供金融、会计、律师、咨询、广告等有形服务和研发、创新、市场开发与应用创新等无形服务的生产者服务机构（杨亚琴，2005）；外高桥保税区的物流服务业的发展使其成为“以贸易带动物流，以物流促进贸易”的发展格局（杨亚琴，2005）；赤峰路一条街的现代设计服务业专门为价值链高端的生产者提供建筑、装潢、图文制作、建筑模型、建筑监理等服务（杨亚琴，2005）。[3]

总之，从“嵌入性”视角来看，企业的生产经营会形成很强的地区路径依赖，一旦企业离开此地区，将失去其所“嵌入”其中的社会关系网络、生产配套及服务网络，而其在异地的社会网络却很难在短时间内建立起来，导致企业生产经营中遇到的诸多问题可能难以顺利解决。这也是为什么很多企业宁愿在经济发达地区忍受高成本的煎熬，而不愿意向欠发达地区转移的原因之一。

二、嵌入在网络中的社会资本的作用

为什么嵌入性会约束产业转移意愿？主要是嵌入在社会关系网络中的社会资本在起作用。大量理论和实证研究证明，企业的竞争能力和经营绩效不仅仅

---

〔1〕 参见王缉慈等：《超越集群：中国产业集群的理论探索》，科学出版社 2010 年版。

〔2〕 See Scott T.，Martin K.，“Measuring the Roles Universities Play in Regional Innovation Systems：a Comparative Study Between Chilean and Canadian Natural Resource－based Regions”，*Science and Public Policy*，Vol. 38，2011，pp. 55-66.

〔3〕 参见杨亚琴：“上海现代服务业集群发展的途径与机理——以陆角嘴金融贸易区、外高桥保税区、赤峰路一条街为例的分析”，载《上海经济研究》2005 年第 12 期。

取决于其所掌握的经济资本和技术能力，同时也取决于其嵌入在社会关系网络中的社会资本（Burt，1992；边燕杰、丘海雄，2000；石军伟等，2007）。[1][2][3]企业的社会资本嵌入在本地建立起来的人际关系网络和结构中，它既不依附于独立的个人，也不存在于企业的物质生产过程之中（Coleman，1988；Coleman，1990）。[4][5]企业社会资本的积累依赖于企业所能有效动员的人际关系网络的规模和从网络中获得的经济资本的数量和质量（张文宏，2003）。[6]网络资源和关系资源等社会资本影响着企业的经济资本（Lin，1999）；[7]企业的社会资本与经济资本之间可以相互转化，通过社会资本，企业可以与生产地区的制度化的机构（如地方政府、服务机构）建立密切联系，从政策支持中获取经济资源（Bourdieu，1986）；[8]社会资本还可以帮助企业提高投资于物质资本和人力资本上的经济收益（Putnam，1993）。[9]因此，地方乡亲血缘关系、地方企业网络、企业与当地政府官员的关系都成为企业嵌入当地的社会资本，特别是在中国，企业和政府官员之间的关系成为制约企业转移的重要的社会资本因素。这些社会资本都具有封闭性（Coleman，1990），[10]即社会资本不可能像物质资本和人力资本一样在地区之间自由流动，企业一旦离开这个地区，将失去嵌入在原有关系网络中的社会资本。

---

〔1〕 See Burt R. S. , *Structual Holes*: *The Social Structure of Competition*, Harvard University Press, 1992.

〔2〕 参见边燕杰、丘海雄："企业的社会资本及其功效"，载《中国社会科学》2000年第2期。

〔3〕 参见石军伟、胡立君、付海艳："企业社会资本的功效结构：基于中国上市公司的实证研究"，载《中国工业经济》2007年第2期。

〔4〕 See Coleman J. S. , "Social Capital in the Creation of Human Capital", *The American Journal of Sociology*, Vol. 94, 1988, pp. 95-121.

〔5〕 See Coleman J. S. , The Foundations of Social Theory, Belknap Press of Harvard University Press, 1990.

〔6〕 参见张文宏："中国城市的阶级结构与社会网络"，香港中文大学研究院2003年社会学部博士学位论文。

〔7〕 See Lin Nan. , "Social Networks and Status Attainment", *Annual Review of Sociology*, Vol. 25, 1999, pp. 467-487.

〔8〕 See Bourdieu P. , "The Forms of Capital", in Richardson J. eds. , *Handbook of Theory and Research for the Sociology of Education*, Greenwood, 1986, pp. 241-258.

〔9〕 See Putnam R. D. , "The Prosperous Community: Social Capital and Public Life", *The American Prospect*, Vol. 13, 1993, pp. 35-42.

〔10〕 See Coleman J. S. , "The Foundations of Social Theory", Belknap Press of Harvard University Press, 1990.

要分析嵌入在社会关系网络中的社会资本如何约束产业转移，首先要厘清社会资本的测量。对于企业的社会资本，不同的学者给出了不同的测量，如网络位置（Burt，1992），[1]关系强度（Granovetter，1973；Bian，1997，1999），[2][3][4]嵌入性资源（网络资源和关系资源）（Lin，2001），[5]信任、规范和网络（Putnam，1993），[6]企业的纵向联系、横向联系和社会联系（边燕杰、丘海雄，2000），[7]企业在构建和发展关系网络时所发生的费用（企业用于公共关系上的开支）（刘林平，2006）。[8]根据研究人员对长三角地区的实地考察，社会网络虽然是社会资本的一种重要形式，但并不完全等同于社会资本，嵌入在当地网络中的信任和规范同样很重要。因此本研究结合普特南和边燕杰、丘海雄的定义，从信任、规范、网络三个方面测量企业社会资本。对于信任，用普遍信任和特殊信任来测量；对于规范，用有形规范和无形规范；对于网络，从企业的纵向联系、横向联系和社会联系三个层次来测量。企业社会资本是企业与社会的联系以及通过这种联系提取稀缺资源的能力，即强调企业不是孤立的行动个体，而是与经济领域的各个方面发生种种联系的企业网络上的纽节。下面从企业社会资本的具体体现，即信任、规范和网络方面分析社会资本如何约束产业转移。

（一）信任

长三角地区经过多年的市场经济发展，制度环境和文化环境相对比较完

---

〔1〕 See Burt R. S. , *Structual Holes: The Social Structure of Competition*, Harvard University Press, 1992.

〔2〕 See Mark Granovetter , "The Strength of Weak Ties", *American Journal of Sociology*, Vol. 78, 1973, pp. 1360-1380.

〔3〕 See Bian Yan-Jie, "Bringing Strong Ties Back In: Indirect Ties, Network Bridges and Job Searches in China", *AmericanSociological Review*, Vol. 62, 1997, pp. 266-285.

〔4〕 See Bian Yan-Jie, "Getting A Job through a Web of Guanxi in Urban China", in Barry Wellman, Boulder eds. , *Networks in Global Village*, Routledge, 1999.

〔5〕 See Lin Nan, *Social Capital: A Theory of Social Structure and Action*, Cambridge University Press, 2001.

〔6〕 See Putnam R. D. , "The Prosperous Community: Social Capital and Public Life", *The American Prospect*, Vol. 13, 1993, pp. 35-42.

〔7〕 参见边燕杰、丘海雄："企业的社会资本及其功效"，载《中国社会科学》2000 年第 2 期。

〔8〕 参见刘林平："企业的社会资本：概念反思和测量途径——兼评边燕杰、丘海雄的《企业的社会资本及其功效》"，载《社会学研究》2006 年第 2 期。

善，产业比较聚集，企业与企业、企业与政府、企业与服务机构之间非常信任，这种信任是在市场经济发展的过程中形成的，并随着企业的发展日益繁荣。而且，由于企业嵌入在同一网络中，信息的传递暗示关系稳定，经过重复博弈后，企业间建立了一定程度的信任关系，在这种信任关系的制约下，大家往往会达成共识，共同遵守同一规则，或维持契约变更的规则，从而使市场行为得以顺利延续（李久鑫、郑绍濂，2002）。[1]另外，长三角地区本地密集和紧密的企业网络保障了企业之间的互惠信任，因为信任在封闭的网络当中更容易形成、传递和扩散，可以降低声誉的不确定性和违约的风险（Coleman，1990）。这种信任是一种特殊信任，嵌入在企业、个人和政府官员的关系网络中，一旦企业离开这个关系网络，这种特殊信任也将随之消失。企业离开发达地区后，要素成本降低了，但是企业合作中的机会主义行为也许会增加，增加企业的交易成本，使得企业的生产总成本可能不降反升，前些年零星的企业从苏南转移到苏北后来又转移回苏南的例子就是实证，这也是行业内所称之为的企业“水土不服”。

（二）规范

一个地区经济发展的规范是在发展的过程当中逐渐建立起来的，西方发达资本主义国家当初也是从混乱走向有序的，例如当年的华尔街、美国的市场经济发展等。规范分为有形规范和无形规范，有形规范靠国家制度的完善，单个企业无力改变；而无形规范却是嵌入在企业与企业之间的关系中，嵌入在当地的文化之中，比如潮汕人和浙江人的经商文化虽然各有差异，但相同点是靠无形规范的约束，使得企业在发展过程中的机会主义行为减少。虽然在现实的市场环境中，企业之间存在的合作行为是通过订立一定的契约来维持的。但是，一方面由于完全契约的订立成本和执行成本都太高，另一方面由于决策信息的永远不完全特点，这些合作契约必须依靠基于信任的无形规范来补充或润滑，而这种基于信任的无形规范只能是这些契约所嵌入的社会网络。而且，整个市场的秩序产生于同处一个网络中的生产经营者之间，他们的行为从根本上遵循市场的价值规律，但绝不是按照纯粹的价格规律来行事，他们的行为嵌入于经营者社会网络的背景之中，即受制于社会网络中的交往价

---

〔1〕参见李久鑫、郑绍濂：“管理的社会网络嵌入性视角”，载《外国经济与管理》2002年第6期。

值观体系等无形规范的约束。这种观点被处于熟人社会的东方国家所普遍接受，但是即使在法制规范、成熟的西方市场经济里，由于交易双方的信息不对称，交易者往往也要依赖其社会网络（亲友、朋友、专家）来获取信息(李久鑫、郑绍濂，2002)。[1]

经过多年的发展，长三角地区地方政府和其工业园区的官员形成了一套相对完善的企业管理制度，约束企业的机会主义行为，使企业的生产经营更加顺畅。同时，在长三角地区，本地企业之间也逐渐形成了比较健全的约束企业经营行为的无形的潜规则、默会知识及文化习惯等，约束企业的机会主义行为。不管是有形规范还是无形规范都嵌入在长三角地区，特别是无形规范更是深深嵌入本地，对机会主义行为实施惩罚，从而降低企业的交易成本，而外迁后这些规范将不再约束企业。因此，规范的嵌入性也使企业对转移可望而不可及。

（三）网络

从企业的纵向联系来看，企业与上级领导机关、当地政府部门以及下属企业、部门建立了紧密的联系，这种纵向联系的目的是从“上边”获得和摄取稀缺资源。从多数学者证明地方政府具有积极发展地方经济的热情(Walder，1995)[2]就可以看出，地方政府手中掌握着大量的政策、财政支持等资源，是地方企业社会资本的重要形式。这种纵向的企业社会资本深深嵌入在企业与当地政府的关系之中，如果企业迁出，这种纵向的社会资本将不再对企业起到帮助其摄取稀缺资源的作用。从企业的横向联系来看，企业与当地其他企业建立了业务关系、协作关系、借贷关系、控股关系等，这种联系不仅用来沟通信息，更是用来解决资源短缺和突发事件的最后保证。因为如果企业的横向联系多而广，企业的有效信息就多，可选择性就大，因而可以有先人之举，得到发展；同时在企业遇到紧急困难时能够得到帮助，渡过难关。但是如果企业转移出去，在发展的初期阶段，承接地的产业聚集效应多数不明显，企业单打独斗，虽然降低了人力成本，但是却增加了管理成本、

---

〔1〕 参见李久鑫、郑绍濂：“管理的社会网络嵌入性视角”，载《外国经济与管理》2002年第6期。

〔2〕 See Andrew G. Walder, “Local Governments as Industrial Firms”, *The American Journal of Sociology*, Vol. 101, 1995, pp. 263-301.

交易成本等，难以实现企业聚集在一起的规模效应和范围效应，减弱企业在国际社会中的竞争力。从企业的社会联系来看，企业虽然是在经济领域内运行的，但企业及其经营者则生存在广阔的社会空间之中。企业经营者的社会交往和联系虽然不是企业的属性，却是企业必要的财富。这是因为企业经营者非经济的社会交往和联系往往是企业与外界沟通信息的桥梁和与其他企业建立信任的通道，是摄取稀缺资源和争取经营项目的非正式机制，就像一些企业家所说的，企业经营者不但要头脑灵、点子多，而且要路子广、朋友多（边燕杰、丘海雄，2000）。[1] 如果企业离开此地，企业的社会联系很难在异地发挥作用，很难将嵌入在社会网络中的这种社会资本转换成对企业发展有用的经济资本。因此，长三角地区企业生产所需的社会资本深深嵌入在本地社会网络中的特性使得企业一旦脱离该网络，其社会资本的使用价值就会大大降低甚至消失，增加了企业交易的不确定性和监督成本，从而使企业不愿意转出。

第三节　如何突破产业转移的嵌入性约束

虽然产业转移受到嵌入性约束。但是，在“一带一路”倡议引导下，在长三角地区日益面临土地短缺、劳动力成本上升、环境急需治理等压力下，劳动密集型企业从长三角地区向中西部地区转移将是大势所趋（叶琪，2014）。[2]而且，如果劳动密集型企业不转出，长三角地区也很难进行“腾笼换凤”式产业升级。因此，产业转移迫在眉睫。而且，推动传统制造业从长三角地区向中西部地区转移也是我国推进产业结构调整，实现区域经济协调发展的重要战略。那么，如何突破产业转移的嵌入性约束，推动长三角地区的传统制造业向中西部地区转移呢？本研究采取定量研究与案例研究相结合的方式展开。

一、定量研究

定量研究采取问卷调查的方式，在长三角地区回收了 312 份企业调查问

〔1〕 参见边燕杰、丘海雄：“企业的社会资本及其功效”，载《中国社会科学》2000 年第 2 期。

〔2〕 参见叶琪：“我国区域产业转移的态势与承接的竞争格局”，载《经济地理》2014 年第 3 期。

卷，通过问卷调查数据探讨影响企业转移意愿的嵌入性因素。详见第6章。

定量研究主要从制度嵌入（正式制度嵌入和非正式制度嵌入）、关系嵌入（寻租性关系嵌入和社会性关系嵌入）、生产嵌入（生产配套嵌入和生产服务嵌入）考察嵌入性因素如何约束企业的转移意愿。

二、案例研究

案例研究采取案例分析的方法，以长三角地区与欠发达地区共建的产业转移工业园区为案例，研究地方政府如何跨越产业转移的嵌入性约束，推动发达地区的劳动密集型企业向欠发达地区转移，实现区域经济的协调发展，为西部地区吸引东部地区的产业转移提供参考。详见第7章。

案例分析主要从社会资本、合法性机制与效率机制、制度创新、服务型政府的作用等视角探讨地方政府如何突破产业转移过程中的嵌入性约束。

CHAPTER6 第六章

嵌入性约束下，长三角产业转移的定量分析

第一节 长三角地区劳动密集型企业的生存压力

表 6-1-1 调查数据显示，在“政府的产业升级”和“政府不扶植劳动密集型产业”的背景下，长三角地区劳动密集型企业面临着较大的生存压力。在 10 分制的测量中，“本地产业升级的压力大”平均得分为 5.679 5 分，而“该企业生产的主要产品属于本地政府扶植的产业”平均得分只有 4.532 1 分。

表 6-1-1 描述性统计量

	均值	标准差	样本量
2.1 本地产业升级的压力大	5.679 5	2.154 74	312
2.8 政府对制造业的扶持力度	4.532 1	3.182 39	312

长三角地区劳动密集型企业到底面临哪些生存压力呢？根据对企业家的访谈发现，劳动密集型企业面临的生存压力主要是原材料上涨、劳动力成本上升、污染治理成本上升、人民币升值、国外消费市场疲软、土地成本上升等。但是，这些生存压力有些与长三角地区性相关，有些与长三角地区性关系不大，比如原材料上涨、人民币升值、国外消费市场疲软等是地区劳动密集型企业所面临的共性问题，并非长三角地区性问题，所以在本次问卷调查中没有列举这些测量变量。

本次长三角的问卷调查共列举了表 6-1-2 的 6 个生存压力。根据均值初

步判断来看，这 6 个生存压力可以归为 4 类，分别是劳动力成本压力、污染治理成本压力、土地成本上升压力、能源短缺压力等。但是，这种主观判断的归类方法是否合理呢？我们需要给出科学的判断。我们将用因子分析进行科学归类。

表 6-1-2　描述性统计量

	均值	标准差	样本量
2.2 本地普通劳动力成本上升	6.762 8	2.277 00	312
2.3 本地的技能型劳动力成本上升	6.564 1	2.205 46	312
2.4 本地的中高层管理者成本上升	6.448 7	2.176 44	312
2.7 在本地生产，企业的污染治理成本上升	5.262 8	2.616 08	312
2.5 本地土地成本上升	4.871 8	2.830 06	312
2.6 本地的水、电短缺	3.480 8	2.393 64	312

下面，通过因子分析对企业的生存压力提取公因子的方法，来科学地归纳长三角劳动密集型企业面临的生存压力。表 6-1-3 的结果显示，巴特利特球度检验统计量的卡方值为 1391.252，相应的概率 P 值接近 0，通过了显著性检验，说明这 6 个变量适合进行因子分析。同时，KMO 值为 0.820（KMO 值大于 0.5 为适合进行因子分析），也证明适合进行因子分析。结合碎石图（图 6-1-1）和理论需要，采取主成分分析法提取因子，提取了 4 个公因子（表 6-1-5），共解释了 95.687%的总方差（表 6-1-4）。根据理论需要，给这 4 个公因子分别命名为劳动力成本因子、能源短缺因子、土地成本因子、污染治理成本因子。

表 6-1-3　KMO 和 Bartlett 检验

取样足够度的 KMO 度量		0.820
Bartlett 的球形度检验	近似卡方	1391.252
	df	15
	Sig.	0.000

表 6-1-4 解释的总方差

成分	初始特征值			提取平方和载入			旋转平方和载入		
	合计	方差的 %	累积 %	合计	方差的 %	累积 %	合计	方差的 %	累积 %
1	3.897	64.942	64.942	3.897	64.942	64.942	2.606	43.439	43.439
2	0.986	16.432	81.374	0.986	16.432	81.374	1.075	17.911	61.350
3	0.452	7.527	88.901	0.452	7.527	88.901	1.057	17.622	78.971
4	0.407	6.787	95.687	0.407	6.787	95.687	1.003	16.716	95.687
5	0.165	2.743	98.431						
6	0.094	1.569	100.000						

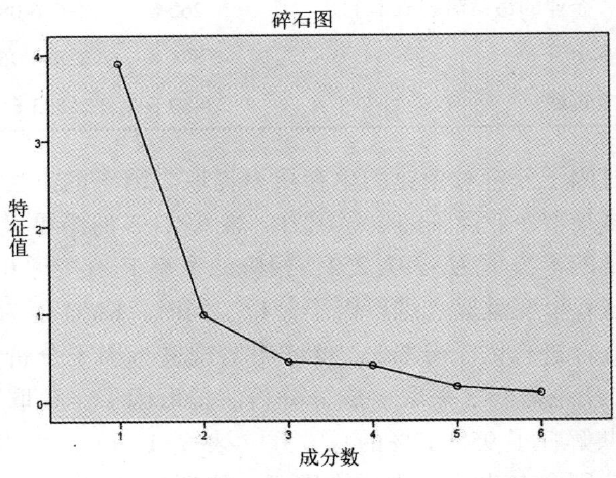

图 6-1-1 碎石图

表 6-1-5 旋转因子矩阵

	因子			
	1	2	3	4
	劳动力成本因子	能源短缺因子	土地成本因子	污染治理成本因子
2.2 本地普通劳动力成本上升	0.855	0.068	0.399	0.118
2.3 本地的技能型劳动力成本上升	0.918	0.069	0.202	0.230

续表

	因子			
	1	2	3	4
	劳动力成本因子	能源短缺因子	土地成本因子	污染治理成本因子
2.4 本地的中高层管理者成本上升	0.882	0.173	0.137	0.291
2.5 本地土地成本上升	0.355	0.216	0.866	0.253
2.6 本地的水、电短缺	0.108	0.962	0.161	0.190
2.7 在本地生产，企业的污染治理成本上升	0.341	0.253	0.251	0.867

下面，结合表 6-1-2 描述性统计分析中的均值得分，对提取的 4 个公因子进行排序，归纳出长三角地区劳动密集型企业的生存压力主要来源于以下 4 个方面：

1. *劳动力成本上升的压力（劳动力成本因子）*

从表 6-1-2 的均值得分可以看出，长三角劳动密集型企业生存的最大压力来自于劳动力成本的上升，不管是普通劳动力，还是技能型劳动力，或者是中高层管理者的成本上升的压力均较大，均值得分均超过 6 分（满分 10 分）。结合对企业家的访谈资料发现，首先，《中华人民共和国劳动法》严格执行，会增加企业 15%~20%的成本；其次，近年来上海的最低工资一直居于全国之首，长三角地区的平均工资上涨也较快，对于长三角地区的产品低附加值的劳动密集型企业来说，存在一种窘境：不涨工资留不住人，涨了工资又自感吃不消，而且，工人的信息也灵得很，哪家工资高就往哪家跑，所以大多数企业近年来工人工资上涨幅度每年都在 10%以上。

2. *污染治理成本的压力（污染治理成本因子）*

随着雾霾对人们生活的影响增大，城市污染治理的压力越来越大，柴静的《穹顶之下》更是唤起了人们对于蓝天白云的向往。李克强总理在 2015 年政府工作报告中要求打好节能减排和环境治理攻坚战，区域联防共护蓝天碧水。而经济发达的长三角地区，更是开始深入实施大气污染防治行动计划，实行区域联防联控。

政府的污染治理压力必然会转移到企业身上。为了再见蓝天白云，政府对企业的污染治理提出更高的要求，从而增加了企业的污染治理成本，也迫使企业开始考虑向污染治理成本较低的地区转移。但是从长三角地区的调查数据来看，企业污染治理成本压力均值得分为5.26分（满分10分），并不是特别高。通过对企业家的访谈发现，主要原因是长三角地区近年来通过政策导向，已经迫使大多数重污染的企业转移出去，留下来的企业的环境污染相对较小，因此污染治理成本对他们的生存压力也较小。但是，长三角地区仍然有一些重污染型企业有待迁出。

3. 土地成本上升的压力（土地成本因子）

随着长三角地区的经济发展，土地越来越紧缺，因此上海及江南一些需要扩产建厂的制造企业已经在“江苏省南北挂钩共建产业园区”和“上海与异地共建产业园区”的政策导向下，在异地扩产建厂。因此，企业土地成本上升的压力均值得分为4.87分（满分10分），并不是很高。但是，对一些浙江的需要扩产建厂的企业来说，土地成本上升仍是非常大的压力。比如浙江的一家电线电缆厂老板说公司决定到外省设立生产基地，最主要的原因之一是温州的土地实在是太贵了，现在温州柳市镇地段稍微好一点的工业用地要达到60万~70万一亩。温州中小企业促进会会长表示：“现在在温州土地资源非常紧缺，已经到达寸土寸金这样的程度，浙江有些地方的工业用地的价格是200万一亩，这个是全中国最昂贵的土地价格，内地很多地方还是只有5、6万一亩，即使是上海这种中心城市，它的土地价格也比温州低得多。”

4. 水电短缺的压力（能源短缺因子）

调查数据显示，水电短缺好像还没有对长三角的劳动密集型企业构成太大压力，均值得分只有3.48分（满分10分）。而且，访谈也发现，在长三角地区，较少有企业感受到水电短缺对企业的转移意愿形成的压力。2005年长三角的几次拉闸限电，让江浙沪的企业和居民心有余悸。但是，近年来，较少听到长三角地区拉闸限电。可见，随着劳动密集型企业的逐渐迁出及一些电力项目的投产，用电已经不是企业面临的问题了。长三角地区靠近长江，水也一直不是企业的短缺项。

第二节　企业为什么不愿意向中西部地区转移

虽然长三角地区劳动密集型企业在劳动力成本上升、污染治理成本上升、土地成本高涨等压力下，生存压力越来越大，客观上迫切需要向外转移，而且又有“一带一路”倡议的支持，但是，调查数据却显示，综合考虑，企业向中西部地区转移或者设厂的意愿并不是很强，平均得分只有4.512 8分（满分10分）。而且，考虑到生产配套网络和社会关系网络时，企业向中西部地区转移或者设厂的意愿就更弱了，平均得分分别只有4.089 7分和4.041 7分（满分10分）。

表6-2-1　描述统计量

	N	极小值	极大值	均值	标准差
4.2综合考虑，贵企业向中西部地区转移，或者设厂的意愿有多强	312	1.00	10.00	4.512 8	2.643 90
a4.2a考虑到生产配套网络，贵企业向中西部地区转移，或者设厂的意愿有多强	312	1.00	10.00	4.089 7	1.207 54
a4.2b考虑到社会关系网络，贵企业向中西部地区转移，或者设厂的意愿有多强	312	1.00	10.00	4.041 7	1.140 40

企业的生存压力如此之大，而且长三角地区政府在产业升级的压力之下也不再扶持劳动密集型企业，为什么企业仍然不愿意大规模地向中西部地区转移呢？本章节从经济社会学的嵌入性视角进行分析。从嵌入性视角来看，企业的生产活动“高度嵌入”在长三角地区的制度、人际关系及生产网络中，如果单个企业转移出去，将难以维系企业的正常生产经营。

由于企业转移意愿的嵌入性约束路径较多，而且各个路径之间可能还存在相互影响，因此本章节用结构方程模型来分析企业转移意愿的嵌入性约束。

一、预设模型及研究假设

（一）预设模型

根据前期对长三角的共建园区的调研和对企业家的访谈，结合理论需要，对企业转移意愿的嵌入性约束建立如图6-2-1的模型及分析架构。

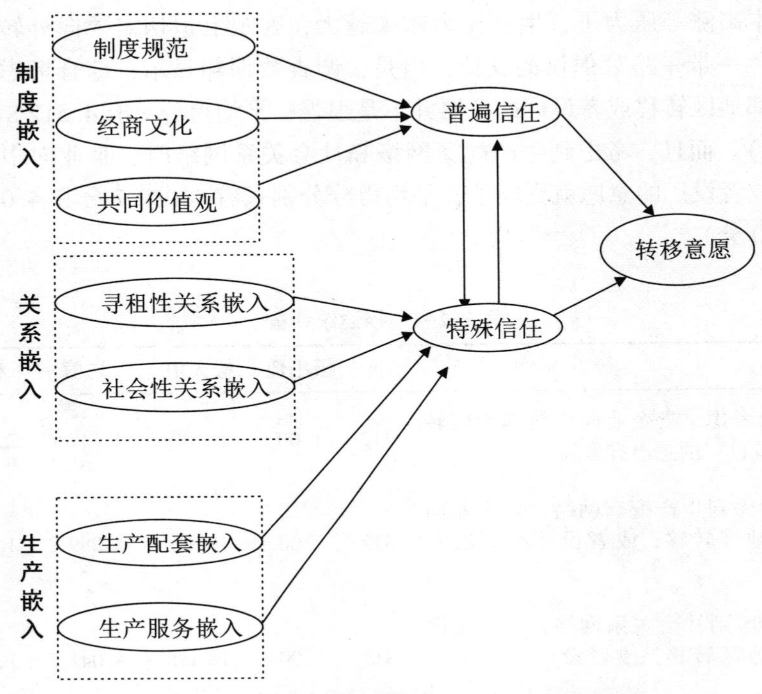

图 6-2-1　企业转移意愿的嵌入性约束预设模型

（二）研究假设

1. 假设一：制度嵌入约束论

波兰尼在他 1944 年的巨著《大转型》中提出嵌入性概念以后，于 1957 年又发表了一篇重要论著，论述制度嵌入的重要性，认为人类经济嵌入于经济与非经济的制度之中（Polanyi，1971/1957）。[1]波兰尼的目的是提醒经济学家重视制度的重要性。但是，波兰尼的思想对经济学家产生了较小的影响，相反却对社会学家产生了重要影响。经 1985 年格兰诺维特对嵌入性概念进行了更为理论化和操作化的探讨以后，嵌入性成为美国新经济社会学的一个基础概念。格兰诺维特把嵌入性分为关系嵌入和结构嵌入。其中，他把关系嵌

〔1〕 See Polanyi K.，"The Economy as Instituted Process"，in Karl Polanyi，Conrad Arensberg and Harry Pearson eds.，*Trade and Market in the Early Empires*：*Economics in History and Theory*，Henry Regnery Company，1971/1957.

入定义为行动者嵌入其所在的关系网络之中，并深受网络其他成员的影响；而把结构嵌入定义为行动者嵌入网络结构之中，同时行动者所在的网络又是嵌入在更大的社会结构之中；在现实中，这种社会结构往往表现为该区域特定的社会文化传统、价值观念等（Granovetter，1985）。[1]因此，格兰诺维特虽然没有直接论述制度嵌入，但是其结构嵌入的论述中已经包括着非正式制度嵌入的思想。而倪志伟和尹格兰则直接提出了制度嵌入性作为嵌入性的一个主要类型，制度嵌入性就是指选择行为的制度约束（Nee and Ingram，1998：20），[2]此观点迅速引起了学者的重视。按照倪志伟和尹格兰的观点，制度就是一系列相互关联的规范，这些规范支配着人们的关系，规范可分为正式规范和非正式规范，相应地，制度也可分为正式制度与非正式制度（Nee and Ingram，1998：19）。[3]诺斯也指出，制度是人所设计用于调节人们的互动的约束，包括正式约束（例如，规则、法律、宪法）和非正式约束（例如，行为规范、习俗、行为准则）（Nee and Ingram，1998：24）。[4]费恩斯特和汉密尔顿从制度嵌入性角度研究了经济组织现象，认为经济组织难以用原子主义的自下而上的模式来解释，而必须从制度嵌入性的角度来解释，例如东亚的经济组织就是嵌入于历史遗留下来的家长制等权威关系中的（Hamilton and Feenstra，1998）。[5]弗兰克和韦斯顿从制度嵌入性角度分析了"赢者通吃"市场（Frank，1998）和劳动力市场（Western，1998）（引自：王宁，2008）。[6]王宁指出制度嵌入性是指人的选择行为受到所嵌入其中的制度（包括正式制

---

〔1〕 See Mark Granovetter, "Economic Action and Social Structure: the Problem of Embeddedness", *The American Journal of Sociology*, Vol. 91, 1985, pp. 481-510.

〔2〕 See Victor Nee, Paul Ingram, "Embeddedness and Beyond: Institutions, Exchange, and Social Structure", in Mary Brinton and Victor Nee eds., *The New Institutionalism in Sociology*, Russell Sage Foundation, 1998, pp. 19-45.

〔3〕 See Victor Nee, Paul Ingram, "Embeddedness and Beyond: Institutions, Exchange, and Social Structure", in Mary Brinton and Victor Nee eds., *The New Institutionalism in Sociology*, Russell Sage Foundation, 1998, pp. 19-45.

〔4〕 See Victor Nee, Paul Ingram, "Embeddedness and Beyond: Institutions, Exchange, and Social Structure", in Mary Brinton and Victor Nee eds., *The New Institutionalism in Sociology*, Russell Sage Foundation, 1998, pp. 19-45.

〔5〕 See Hamilton G. G., Feenstra R., "The Organization of Economics", in Mary Brinton and Victor Nee eds., *The New Institutionalism in Sociology*, Russell Sage Foundation, 1998, pp. 153-180.

〔6〕 参见王宁："消费行为的制度嵌入性——消费社会学的一个研究纲领"，载《中山大学学报（社会科学版）》2008年第4期。

度与非正式制度）的约束，分别论述了消费的私人行为与社会行动的制度嵌入性，并以教育消费为例说明了制度嵌入性对中国居民消费行为的解释力（王宁，2008）。[1]

访谈资料也显示，制度嵌入性对企业的转移意愿产生着重要影响。

> 地区的制度环境等对企业生产当然非常重要了。上海这种地方，政府的监管能力非常好，市场秩序好，企业也遵守市场规则、秩序，企业的信誉度就较高。所以企业之间打交道时，被骗的可能性就会小一些。而且，上海这种市场经济较早发展起来的地区，政府的办事效率也高，如果转移到内地去以后，申请一个新产品可能就要等很长时间，做一个产品质量鉴定可能也需要很长时间，政府没有服务意识，而上海政府的服务意识就强。经商文化也很重要。经商文化实际上是在（正式）制度的约束下形成的，比如诚信交易就是一种经商文化，比如有创新意识也是一种经商文化，比如重视产品质量也是一种经商文化。这些经商文化对企业之间的诚信合作非常重要。比如前些年的奶粉事件，实际上就是奶源出了问题，最终奶粉的生产厂家生产出来的奶粉当然也有问题。对于我们食品生产企业来说，合作企业的诚信非常重要，任何一个环节出了质量问题，就会影响到最终产品的质量。
>
> ——某休闲食品企业，生产部经理

结合理论综述及访谈资料，提出假设一（制度嵌入约束论）。

假设1a：制度规范（正式制度）影响企业之间的普遍信任，从而影响企业向外转移的意愿。

假设1b：经商文化（非正式制度）影响企业之间的普遍信任，从而影响企业向外转移的意愿。

假设1c：共同价值观（非正式制度）影响企业之间的普遍信任，从而影响企业向外转移的意愿。

---

〔1〕参见王宁："消费行为的制度嵌入性——消费社会学的一个研究纲领"，载《中山大学学报（社会科学版）》2008年第4期。

2. 假设二：关系嵌入约束论

自从1944年波兰尼（Polanyi，1957/1944：46）[1]提出嵌入性概念以后，经由格兰诺维特对嵌入性的阐述，嵌入性成为新经济社会学的纲领性术语，对新经济社会学的理论旨趣及其独特性产生了重要影响。格兰诺维特将人看作是嵌入于具体的社会关系网络之中的行动者，经济行动也必然嵌入在社会关系网络中（Granovetter，1985）。[2]依循格氏逻辑，企业的生产活动也嵌入在社会关系网络中，即关系嵌入。这种嵌入其中的关系网络能够产生信任，防止欺诈，因此信任是嵌入网络的机制。即，不是制度安排或者普遍道德使人们之间相互产生有效率的经济交易，而是由于人们被置于特定的网络之中，与熟人互动并由此产生了相互信任，才产生了有效率的经济交易（Granovetter，1973）。[3]结合中国的现实情况，企业家的人际关系主要有两种：一种是企业家与政府官员之间的关系，一种是企业家之间的社会关系。在中国，企业家与政府官员的关系是一种特别的强网络，它凝聚了与众不同的信任、责任或义务（Tsui et al.，2006），[4]从而使得企业可以更方便地获取所需的政治或政策资源，甚至连西方跨国公司都清楚地知道在中国做生意时“关系为王”（Buderi and Huang，2006；Vanhonacker，2000）。[5][6]而企业家之间的社会关系网络可以帮助企业获得新技能和新知识（Podolny and Page，1998）、[7]获取必要的资源（Westphal et al.，2006），[8]从而提高企业

[1] See Polanyi K.，*The Great Transformation*，Beacon Press，1957/1944.

[2] See Mark Granovetter，“Economic Action and Social Structure：the Problem of Embeddedness”，*The American Journal of Sociology*，Vol，91，1985，pp. 481-510.

[3] See Mark Granovetter ，“The Strength of Weak Ties”，*The American Journal of Sociology*，Vol. 78，1973，pp. 1360-1380.

[4] See Tsui A.，Farh J.，Xin K.，Xiao Z.，*Hierarchical Ties and Network Closure as Social Capital for Chinese Managers*，Working Paper，Arizona State University，2006.

[5] See Buderi R.，GT Huang，*Guanxi*（*The Art of Relationships*）：*Microsoft*，*China and Bill Gates's Plan to Win the Road Ahead*，Simon an Schuster ，2006.

[6] See Vanhonacker W.，“A Better Way to Crack China”，*Harvard Business Review*，Vol. 78，2000，pp. 20-22.

[7] See Podolny J. M.，Page K. L.，“Network Forms of Organization”，*Annual Review of Sociology*，Vol. 24，1998，pp. 57-76.

[8] See Westphal J. D.，Boivie S.，et al.，“The Strategic Impetus for Social Network Ties：Reconstituting Broken CEO Friendship Ties”，*Strategic Management Journal*，Vol. 27，2006，pp. 425-445.

的绩效（Powell，1990；Prahalad and Hamel，1990；Hall，1992，Hall，1993）。[1][2][3][4]对于企业家与政府官员之间的关系，有学者称之为政治嵌入（Zukin and DiMaggio，1990）。[5]本章节为了避免与前面的制度嵌入混淆，将企业家与政府官员之间的关系称之为寻租性关系，将企业家之间的关系称之为社会性关系。

访谈资料也显示，关系嵌入性对企业的转移意愿产生着重要影响。

> 企业与政府的关系当然非常重要了。企业要发展，没有政府的支持肯定是不行的。你看，很多地方的招商都是政府牵头的，为什么呢？因为政府要发展地方经济，要业绩，就得招商。招商招好了，政府还得为企业提供好的服务，提供税收优惠政策，提供创新政策，研发经费支持等。对我们这些小的民营企业来说，没有政府的支持肯定是不行的。如果没有跟政府搞好关系，他三天两头来查你这查你那，那企业就没法生产了。谈到企业与政府的关系对企业向外转移的影响，那当然也很重要了。因为企业在这边生产，跟政府的关系理顺了，办起事来就方便，而转移到新的地区以后，能不能跟政府建立比较好的关系还很难说，而且关系的建立也需要时间。关系是相互的。以前就听说有的企业转移到内地去以后，虽然劳动力成本下降了，但是政府经常让你参加这个活动、那个活动，还要请吃饭，搞不好还找你麻烦，对企业来说，这些事情很麻烦的。所以，你看，现在有些园区就在异地搞共建产业园区，你像苏州（宿迁）产业园区就做得挺好的，它把部分企业转移到宿迁去，同时派苏州工园区的干部过去管理园区，企业有什么问题就直接找苏州工园区的干部，省去了刚一去就跟苏北领导干部打交道的不顺畅。当然，时

---

[1] See Powell W.，"Neither Market Nor Hierarchy：Network Forms of Organization"，*Research in Organizational Behavior*，Vol. 12，1990，pp. 295-336.

[2] See Prahalad C. K.，Hamel G.，"The Core Competence of the Corporation"，*Harvard Business Review*，Vol. 68，1990.

[3] See Hall R.，"The Strategic Analysis of Intangible Resources"，*Strategic Management Journal*，Vol. 13，1992，pp. 135-144.

[4] See Hall R.，"A Framework Linking Intangible Resources and Capabilities to Sustainable Competitive Advantage"，*Strategic Management Journal*，Vol. 14，1993，pp. 607-618.

[5] See Zukin S.，DiMaggio Paul，*Structures of Capital*：*The Social Organization of the Economy*，Cambridge University Press，1990.

间久了，企业跟苏北地方政府领导关系好了，也就可以直接找苏北地方政府领导办事了。说到企业与企业之间的关系，那当然更重要了，人与人都是互相需要帮忙的，比如说我们企业生产过程中遇到技术问题，解决不了，找关系好的企业的技术人员过来看看，也许就帮忙解决了。而如果搬去一个新的地方，估计这种问题就很难解决了。

——某电子产品生产企业，生产部经理

结合理论综述及访谈资料，提出假设二（关系嵌入约束论）。

假设 2a：寻租性关系嵌入影响企业与政府官员之间的特殊信任，从而影响企业向外转移的意愿。

假设 2b：社会性关系嵌入影响企业与企业之间的特殊信任，从而影响企业向外转移的意愿。

3. 假设三：生产嵌入约束论

鲍威尔（Powell, 1990）[1]把网络、市场和等级看作三种重要的组织间的交易模式，同时认为，通过网络关系互动的组织具有高度的相互依赖性。至此，学者走出了企业和市场的两分法，企业组织网络化研究开始得到重视。中国台湾地区的学才陈介玄、高承恕、张苙芸、张维安等对台湾的企业网络做了详细的分析。比如陈介玄（1994）[2]的《协力网络与生活结构——台湾中小企业的社会经济分析》把企业看作基于生产链条的生产网络，提出了“弹性化协力企业组织结构”“拟似家族团体连带”“情感与利益加权关系”等，认为单个企业的生产离不开生产链条上的配套企业。李培林、梁栋（2003）[3]的“网络化：企业组织变化的新趋势——北京中关村 200 家高新技术企业的调查”更是分析了中小企业的网络化生产趋势。这些研究均暗含着一种思想：单个企业的生产嵌入在企业与企业之间所形成的生产网络中，

〔1〕 See Powell W. , “Neither Market Nor Hierarchy: Network Forms of Organization”, *Research in Organizational Behavior*, Vol. 12, 1990, pp. 295-336.

〔2〕 参见陈介玄：《协力网络与生活结构——台湾中小企业的社会经济分析》，联经出版事业公司 1994 年版。

〔3〕 参见李培林、梁栋：“网络化：企业组织变化的新趋势——北京中关村 200 家高新技术企业的调查”，载《社会学研究》2003 年第 2 期。

比如产业链上的企业的生产配套网络。而且，随着现代化大企业的发展，企业与金融、研发、人才招聘、人才培训、检测、技术服务等生产服务性机构的联系也越来越紧密，企业规模的扩大、产品质量的提升、技术创新等都离不开这些生产服务网络。

访谈资料也显示，生产嵌入性对企业的转移意愿产生着重要影响。

> 现在哪里有一家企业是从原料到成品都是自己做的呢？企业的生产都需要配套，同一种类型的企业都喜欢扎堆在一起，比如汽车生产厂周围就会有很多汽车零配件生产厂，服装生产企业周围就会有布料、纽扣、拉链、装饰品、水洗等配套企业。转移到内地去以后，找不到配套厂是一个非常大的问题。所以要想企业向外转移，核心大企业先向外转移非常重要，核心大企业转走了，配套厂也会跟着一起转走。可是，除非是政府非常不想发展的产业，否则政府也不会鼓动核心大企业向外转移。举个例子，如果上汽转到安徽去，那上汽的一大堆配套企业也会跟着转到安徽去的。但是，政府不可能让上汽转走的，那是它的税收大户呢。当然，如果有些企业要扩大生产规模，在上海没有新的厂房、土地，他可能会转移到距离比较近的苏南、苏中、苏北地区，不太可能考虑向内地转移。像有一些饮料、食品等需要全国布局的企业，它可能会在内地设厂，就地生产，就近销售，扩大市场占有率。对企业来说，生产服务配套也很重要，比如当地研发机构、人才招聘培训机构、检测及技术服务机构等。人才招聘培训服务好的话，企业能招到好的工人，生产过程就会顺畅很多；研发、技术检测服务好的话，出新产品就会比较快，效率比较高，在市场中就更具有竞争力。
>
> ——某铜艺装饰制品有限公司，生产部经理

结合理论综述及访谈资料，提出假设三（生产嵌入约束论）。

假设 3a：生产配套嵌入影响企业之间的特殊信任，从而影响企业向外转移的意愿。

假设 3b：生产服务嵌入影响企业之间的特殊信任，从而影响企业向外转移的意愿。

4. 假设四：信任影响论假设

信任是企业之间合作的重要变量，信任可以减少交易成本、降低监督成本，有利于顺利合作及问题的解决，形成稳定、长久的合作关系（Lawler and Yoon，1993）。[1]格兰诺维特也指出，嵌入性的网络机制是信任（Granovetter，1985）。[2]在经济领域，信任的建立需要时间，需要双方的交往，在双方交往的基础上，高水平的信任会促进长期合作关系的形成（Zhao and Cavusgil，2006）。[3]这种信任实际上是合作企业之间的一种特殊信任，是对与自己长期合作的企业的特殊信任。

而吉登斯（Giddens，1990）[4]认为信任受我们所处的社会的系统信任的影响，福山（Fukuyama，1996）[5]认为建立高信任度的社会从而降低社会的交易成本，应当是一个社会追求的目标。这其中都暗含着普遍信任的思想，即提高我们整个社会的普遍信任度。郑伯埙（1995）[6]提出的企业交往中的“信任穿透模式”：初级人际信任—经济信任—深度人际信任—义利共存，则包含着普遍信任与特殊信任之间的相互影响。

访谈资料也显示，信任对企业的转移意愿产生着重要影响。

> 信任并非一朝一夕之事。合作企业之间的信任也是慢慢建立起来的，你跟别人第一次合作，别人肯定不可能完全相信你，当然不一定是怕你骗他们，而主要是不相信你企业的技术水平、产品质量等。任何两个企业之间的合作都是需要磨合的，合作久了，磨合好了，产品质量跟上来了，自然信任度就高了，所以企业一般都喜欢跟长期合作伙伴做生意，不太会轻易更换合作伙伴。当然，地区的总体信任水平也很重要。地区的总体信任水平与地方政府的市场监督管理力度和水平有关。地方政府

---

〔1〕 See Lawler E. J. , Yoon J. , “Power and the Emergence of Commitment Behavior in Negotiated Exchange”, *American Sociological Review*, Vol. 58, 1993, pp. 465-481.

〔2〕 See Mark Granovetter, “Economic Action and Social Structure: the Problem of Embeddedness”, *The American Journal of Sociology*, Vol. 91, 1985, pp. 481-510.

〔3〕 See Zhao Yushan, Cavusgil Tamer S. , “The Effect of Supplier's Market Orientation on Manufacturer's Trust”, *Industrial Marketing Management*, Vol. 35, 2006, pp. 405-414.

〔4〕 See Giddens A. , *The Consequences of Modernity*, Polity Press, 1990.

〔5〕 See Fukuyama F. , *Trust: The Social Virtues and the Creation of Prosperity*, Free Press, 1996.

〔6〕 参见郑伯損：“差序格局与华人组织行为”，载《本土心理学研究》1995年第3期。

市场监督严了，管理有序了，地区的经商文化就好，企业就会更加正规化生产，企业生产的产品质量就提高了，企业之间合作的信任度也就高了。

——某缝纫机生产厂，总经理

结合理论综述及访谈资料，提出假设四（信任影响论）。

假设 4a：普遍信任影响特殊信任，从而影响企业向外转移的意愿。

假设 4b：特殊信任影响普遍信任，从而影响企业向外转移的意愿。

（三）变量的定义及测量

1. 制度规范

制度规范主要是指影响企业之间合作关系的正式制度约束。有以下几个测量变量：（1）本地政府廉洁，办事效率高；（2）本地政府的市场监督机制好、力度强；（3）本地的正式制度环境好，对企业的约束力强；（4）在政府的监督下，本地的企业遵守市场规范、规则、制度。

2. 经商文化

经商文化主要是指影响企业之间合作关系的经商文化、行规、社会习俗、伦理习惯、惯例等非正式制度约束，主要强调区域文化等非正式制度约束。有以下几个测量变量：（1）本地行业内的经商文化有利于企业生产；（2）本地商会、行会等的行规有利于企业生产；（3）本地的社会习俗、伦理习惯、惯例有利于企业生产。

3. 共同价值观

共同价值观主要是指影响企业之间合作关系的经商理念、共同价值观、相互理解、相互认同等非正式制度约束，主要强调所达成的一种默契和共识。有以下几个测量变量：（1）认同本地老板的经商理念；（2）本地企业老板之间能够相互理解、相互认同；（3）本地企业老板有共同的价值观。

4. 寻租性关系嵌入

寻租性关系主要是指企业为了寻求庇护，与政府官员所建立起来的人际关系，从而使得企业可以更方便地获取所需的政治或政策资源。有以下几个测量变量：（1）与本地政府、政府服务机构的人脉关系好；（2）与本地政府、政府服务机构的人脉关系有助于企业获得政策扶持；（3）与本地政府、政府服务机构的人脉关系有助于企业获得产品技术升级支持；（4）与本地政府、政府服务机构的人脉关系有助于企业遇到困难时获得帮助。

5. 社会性关系嵌入

社会性关系主要是指企业与企业之间所建立起来的人际关系，确保企业合作过程中的信任。有以下几个测量变量：（1）与本地老板的人脉关系有助于企业获取订单信息和市场信息；（2）与本地老板的人脉关系有助于企业获取技术升级信息；（3）与本地老板的人脉关系有助于企业获取高级技术人才、管理人才等招聘信息。

6. 生产配套嵌入

生产配套嵌入主要是指企业的生产活动嵌入在与其产业链上的配套企业之间所形成的合作网络中。有以下几个测量变量：（1）本地良好的生产配套网络；（2）本地良好的生产配套网络能够帮助提高企业的创新能力；（3）本地良好的生产配套网络能够帮助提高产品质量。

7. 生产服务嵌入

生产服务嵌入主要是指企业的生产活动嵌入在当地的金融、研发、人才招聘、人才培训、检测、技术服务等生产服务性网络中。有以下几个测量变量：（1）本地良好的金融服务机构优势，如银行服务好；（2）本地的研发服务优势，如科研机构多而且技术水平高；（3）本地良好的培训机构优势，如帮助企业培训技术工人等；（4）本地良好的招聘机构优势，如帮助企业招聘人才等。

8. 普遍信任

普遍信任主要是指区域社会系统的普遍信任程度。问卷中只有 1 个测量变量：本地企业遵循共同的伦理规范、价值观，彼此信任。

9. 特殊信任

特殊信任主要是指长期合作企业之间的特殊信任。共有 3 个测量变量：（1）贵企业与本地合作企业之间相互信任；（2）贵企业与本地合作生产商（配套商）之间相互信任；（3）贵企业与本地的重要合作伙伴之间相互信任。

10. 转移意愿

转移意愿主要是指企业向外地转移的意愿。共有 3 个测量变量：（1）考虑到社会关系网络，贵企业向中西部地区转移，或者设厂的意愿有多强；（2）考虑到生产配套网络，贵企业向中西部地区转移，或者设厂的意愿有多强；（2）综合考虑，贵企业向中西部地区转移，或者设厂的意愿有多强。

二、分析方法及工具[1]

本章主要采用 SPSS 和结构方程模型的方法对数据进行分析。

结构方程模型（Structural Equation Modeling，SEM）是近年来比较常用的线性统计建模技术，用来揭示多变量之间的关系，广泛应用于社会学、心理学、经济学和管理学等社会科学领域。它最初由博克和巴格曼（Bock and Bargmann，1969）倡议，Jöreskog（1970）撰文论述了其建构的可能性，并在心理测量学（Psychometrika）做了理论分析，后由 Jöreskog（1978）整合了生物学家开发的路径分析、计量经济学中的多项联立方程以及验证性因子分析而最终形成。多元回归（Multiple Regression）、因子分析（Factor Analysis）和路径分析（Path Analysis）等都是结构方程模型的特例。结构方程模型与多元回归、路径分析、因子分析及计量经济学中的联立方程组等方法相比，有更多的优越性，如虽然它也是利用联立方程组求解，但是它没有很严格的限制条件，同时允许自变量与因变量存在测量误差（measurement errors）；它还可以对社会科学中许多不能直接测量的变量（潜变量），如制度、交往、信任、共生等概念进行处理。对于这些潜变量（latent variable），可以找到一些观测变量（observed variable）来测量，但是这些潜变量的观测变量总是包含着大量的测量误差，结构方程模型分析既可以处理测量误差，又可以分析潜在变量之间的结构关系（朱彬钰，2007）。[2]

（一）结构方程的基本原理

结构方程模型包括测量模型（Measurement Model）与结构模型（Structural Model）。测量模型验证观测变量与潜变量之间的关系；结构模型验证潜变量与潜变量之间的关系。在结构方程模型中，对于所研究的问题，无法直接测量的现象记为潜变量（latent variable）；可直接测量的变量记为观测变量（ob-

---

〔1〕 本部分内容参阅：郭志刚（1999）、侯杰泰等（2004）相关书的介绍，以及朱彬钰的博士学位论文（2007）。

〔2〕 参见朱彬钰："社会资本与技术创新：珠三角传统产业集群中的企业研究"，中山大学 2007 年博士学位论文。

served variable）。

1. 测量模型（Measurement Model）

一般由两个方程式组成，分别规定了内生的潜在向量 ε 和内生的显在向量 Y 之间，以及外生的潜在变量 ξ 和外生的显在向量 X 间的关系，分别用方程表示为：

$Y=\Lambda Y\varepsilon+\omega$ （1）

$X=\Lambda X\xi+\delta$ （2）

其中，Y 为 $q\times1$ 阶内生观测变量向量，X 为 $p\times1$ 阶外生观测变量向量；ε 是 $n\times1$ 阶内生潜变量（即潜在的因变量）向量，ξ 是 $m\times1$ 阶外生潜变量（即潜在的自变量）向量；ΛY 为 $q\times n$ 阶矩阵，是内生观测变量 Y 在内生潜变量 ε 上的因子载荷矩阵；ΛX 为 $p\times m$ 阶矩阵，是外生观测变量 X 在外生潜变量 ξ 上的因子负载矩阵；δ 为 $p\times1$ 阶测量误差向量，ω 为 $q\times1$ 阶测量误差向量，δ、ω 表示不能由潜变量解释的部分。

2. 结构模型（Structural Model）

主要表示潜变量之间的关系。规定了所研究的系统中假设的潜在外生变量和潜在内生变量之间的因果关系，用方程表示为：

$\varepsilon=\beta\varepsilon+\Gamma\xi+\delta$ （3）

其中，ε 是内生潜变量向量，ξ 是外生潜变量向量；β 是内生潜变量 ε 的系数矩阵，也是内生潜变量间的通径系数矩阵，Γ 是外生潜变量 ξ 的系数矩阵，也是外生潜变量对相应内生潜变量的通径系数矩阵；δ 为残差向量，是模式内未能解释的部分。

结构方程模型假设：

（1）测量方程误差项 ε、δ 的均值为零；

（2）结构方程残差项 ξ 的均值为零；

（3）误差项 ε、δ 与因子 ε、ξ 之间不相关，ε 与 δ 不相关；

（4）残差项 δ 与 ξ、ε、δ 之间不相关。

（二）结构方程模型分析的主要步骤

结构方程模型分析主要有四个步骤，即模型建构（model specification）、模型拟合（model fitting）、模型评价（model assessment）以及模型修正（model modification）。

1. 模型建构

利用结构方程模型分析变量的关系，根据专业知识和研究目的，建构出理论模型，然后用测得的数据去验证这个理论模型的合理性。建构模型包括指定：

（1）观测变量与潜变量的关系；

（2）各潜变量间的相互关系；

（3）在复杂的模型中，可以限制因子负荷或因子相关系数等参数的数值或关系。

2. 模型拟合

结构方程模型分析中的模型拟合目标是使模型隐含的协方差矩阵即模型的再生矩阵与样本协方差矩阵尽可能地接近。模型拟合中的参数估计方法有许多种，每种方法有自己的优点和适用情况。常用的参数估计方法包括：无加权的最小二乘法、广义最小二乘法、最大似然法、一般加权最小二乘法、对角一般加权最小二乘法等。目前最大似然法是应用最广的参数估计方法。

3. 模型评价

评价一个刚建构成或修正的模型时，主要检验：

（1）结构方程的解是否适当，包括迭代估计是否收敛、各参数估计值是否在合理范围内；

（2）参数与预设模型的关系是否合理；

（3）检查多个不同类型的整体拟合指数，如 GFI、CFI、RMSEA 等，以衡量模型拟合程度。

4. 模型修正

模型的修正主要包括：

（1）依据理论或有关假设，提出一个或数个合理的先验模型；

（2）检查潜变量与指标间的关系，建立测量方程模型；

（3）若模型含多个因子，可以循序渐进地，每次只检验含两个因子的模型，确立测量模型部分合理后，最后再将所有因子合并成预设的先验模型，作总体检验；

（4）对每一模型，检查标准误、标准化残差、修正指数、参数期望改变值及各种拟合指数，据此修改模型。

（三）结构方程模型分析的优点

相比回归分析、因子分析和传统的路径分析等，结构方程模型的优点是（侯杰泰等，2004）[1]：

（1）可以同时处理多个因变量，而且比回归分析或路径分析好在计算对某一个因变量的影响时，同时考虑其他变量的存在及影响；

（2）容许自变量和因变量含有测量误差，容许变量用多个指标测量，并同时进入模型计算中；

（3）同时估计因子结构和因子关系；

（4）容许更大弹性、更加复杂的测量模型；

（5）可以估计整个模型的拟合程度，而传统的路径分析只估计每个路径的强弱。

（四）本章节为什么要使用结构方程模型

因为本章节涉及的潜变量较多，潜变量之间的关系比较复杂，而且很难直接、准确地测量，如制度规范、经商文化、共同价值观、寻租性关系嵌入、社会性关系嵌入、生产配套嵌入、生产服务嵌入、特殊信任、转移意愿等均难以直接用一个指标来测量，只能用多个外显指标去间接地测量。结构方程模型可以很好地分析涉及潜变量的复杂关系，而且比简单回归分析好在可以探究各潜变量之间的路径关系，比传统的路径分析好在可以同时考虑多个观测变量对潜变量的影响和潜变量之间的影响，而且可以做多个模型的拟合优度比较。

（五）分析软件

结构方程模型分析的软件较多，目前比较流行的是 LISREL（Linear Structural Relationship）、AMOS（Analysis of Moment）、EQS（Equations）、Mplus 等（侯杰泰等，2004）。[2]本书选择 AMOS 软件作为结构方程模型分析的工具，它的优点是在与 SPSS 格式的数据对接上显得比较方便，而且提供观测变量及路径调整的建议，不足之处是 AMOS 软件只报告运算结果，而不报告运算结

〔1〕参见侯杰泰、温忠麟、成子娟：《结构方程模型及其应用》，教育科学出版社 2004 年版。

〔2〕参见侯杰泰、温忠麟、成子娟：《结构方程模型及其应用》，教育科学出版社 2004 年版。

果的路径图，因此就不能通过 AMOS 直接报告类似 LISREL 中的验证性因子分析图和模型的路径图。

本章节中，样本的描述性统计分析、探索性因子分析、Cronbach's α 系数的信度分析、观测变量净化等用 SPSS 软件处理，验证性因子分析、检验问卷的效度、建构结构方程模型等用 AMOS 统计软件处理。

三、观测变量净化

结构方程分析在模型拟合之前，必须先对潜变量的观测变量进行净化，从而为结构方程拟合过程中的探索性因子分析提供纯化后的数据。观测变量净化分析采用观测变量与潜变量的相关分析（Corrected-Item Total Correlation，简称 CITC）来净化测量项目。具体来讲，观测变量净化包括信度分析、观测变量与潜变量的相关分析（CITC），并在此基础上删除一致性较差的观测变量，为探索性因子分析提供纯化后的数据。首先，通过信度分析来分析不同观测变量测量同一潜变量的一致性程度，常用的方法是计算内部一致性信度，通过估计 Cronbach's α 系数来进行。其次，通过计算潜变量的各观测变量的 CITC 值，对潜变量的观测变量进行净化，剔除信度较低的观测变量，从而形成有效的观测变量。目前普遍认同的观测变量净化的标准是：（1）Cronbach's α 系数高于 0.6；（2）CITC 值大于 0.5，对于 CITC 值小于 0.5 且删除后可以增加 Cronbach's α 值的测量项目可以考虑予以删除（Yoo and Donthu，2001，转自：蒋廉雄，2007）。[1]

观测变量净化的基本要求是，观测变量的无应答率低于 10%，否则就表明该观测变量是不可靠的，应予以删除（Oliver，1994，转自：蒋廉雄，2007）。[2]本章节对所用的 312 个调查样本中各观测变量的缺失值进行了统计，发现没有出现这一情形的观测变量，因为本章节在数据的预处理时删除掉主要观测变量缺失值较多的样本，进入统计分析的样本中，有缺失值的主要是被调查的背景资料部分。

---

〔1〕 参见蒋廉雄："品牌知识的内容、结构及其模型——关于中国老字号和国际品牌的比较研究"，中山大学 2007 年博士学位论文。

〔2〕 参见蒋廉雄："品牌知识的内容、结构及其模型——关于中国老字号和国际品牌的比较研究"，中山大学 2007 年博士学位论文。

本章节中，在企业转移意愿的嵌入性约束研究模型中，测量的潜变量有制度规范、经商文化、共同价值观、寻租性关系嵌入、社会性关系嵌入、生产配套嵌入、生产服务嵌入、普遍信任、特殊信任、转移意愿等。下面用 SPSS 软件逐一对各潜变量的观测变量进行净化及信度分析。

（一）制度规范的 CITC 和信度分析

表 6-2-2 显示，制度规范的各观测变量的初始 CITC 值均大于 0.5，而且 Cronbach's α 系数为 0.926，信度很高，所以不删除观测变量。

表 6-2-2　制度规范的 CITC 和信度分析

测量变量	Scale Mean if Item Deleted	Scale Variance if Item Deleted	Corrected Item-Total Correlation	Cronbach's Alpha if Item Deleted
3.1 本地政府廉洁，办事效率高	19.230 8	26.635	0.810	0.909
3.2 本地政府的市场监督机制好、力度强	19.147 4	26.210	0.872	0.888
3.3 本地的正式制度环境好，对企业的约束力强	19.070 5	26.664	0.837	0.900
3.4 在政府的监督下，本地的企业遵守市场规范、规则、制度	18.666 7	26.551	0.791	0.915
总信度系数	Cronbach's α = 0.926			

（二）经商文化的 CITC 和信度分析

表 6-2-3 显示，经商文化的各观测变量的初始 CITC 值均大于 0.5，而且 Cronbach's α 系数为 0.897，信度很高，所以不删除观测变量。

表 6-2-3　经商文化的 CITC 和信度分析

测量变量	Scale Mean if Item Deleted	Scale Variance if Item Deleted	Corrected Item-Total Correlation	Cronbach's Alpha if Item Deleted
3.6 本地行业内的经商文化有利于企业生产	12.352 6	11.689	0.844	0.813
3.7 本地商会、行会等的行规有利于企业生产	12.717 9	11.483	0.776	0.876
3.8 本地的社会习俗、伦理习惯、惯例有利于企业生产	12.314 1	12.808	0.779	0.870
总信度系数	Cronbach's α = 0.897			

（三）共同价值观的 CITC 和信度分析

表 6-2-4 显示，共同价值观的各观测变量的初始 CITC 值均大于 0.5，而且 Cronbach's α 系数为 0.902，信度很高，所以不删除观测变量。

表 6-2-4　共同价值观的 CITC 和信度分析

测量变量	Scale Mean if Item Deleted	Scale Variance if Item Deleted	Corrected Item-Total Correlation	Cronbach's Alpha if Item Deleted
3.15 认同本地老板的经商理念	13.724 4	9.204	0.789	0.875
3.16 本地企业老板之间能够相互理解、相互认同	14.019 2	9.074	0.830	0.838
3.17 本地企业老板有共同的价值观	13.974 4	10.122	0.802	0.865
总信度系数	Cronbach's α = 0.902			

（四）寻租性关系嵌入的 CITC 和信度分析

表 6-2-5 显示，寻租性关系嵌入的各观测变量的初始 CITC 值均大于 0.5，而且 Cronbach's α 系数为 0.956，信度很高，所以不删除观测变量。

表 6-2-5　寻租性关系嵌入的 CITC 和信度分析

测量变量	Scale Mean if Item Deleted	Scale Variance if Item Deleted	Corrected Item-Total Correlation	Cronbach's Alpha if Item Deleted
3.18 与本地政府、政府服务机构的人脉关系好	18.782 1	28.673	0.888	0.943
3.19 与本地政府、政府服务机构的人脉关系有助于企业获得政策扶持	18.762 8	27.899	0.908	0.937
3.21 与本地政府、政府服务机构的人脉关系有助于企业获得产品技术升级支持	18.794 9	29.102	0.889	0.943
3.22 与本地政府、政府服务机构的人脉关系有助于企业遇到困难时获得帮助	18.891 0	27.171	0.884	0.945
总信度系数	Cronbach's α=0.956			

(五) 社会性关系嵌入的 CITC 和信度分析

表 6-2-6 显示，社会性关系嵌入的各观测变量的初始 CITC 值均大于 0.5，而且 Cronbach's α 系数为 0.943，信度很高，所以不删除观测变量。

表 6-2-6　社会性关系嵌入的 CITC 和信度分析

测量变量	Scale Mean if Item Deleted	Scale Variance if Item Deleted	Corrected Item-Total Correlation	Cronbach's Alpha if Item Deleted
3.26 与本地老板的人脉关系有助于企业获取订单信息和市场信息	13.609 0	10.850	0.848	0.954
3.27 与本地老板的人脉关系有助于企业获取技术升级信息	13.903 8	8.897	0.924	0.889

续表

测量变量	Scale Mean if Item Deleted	Scale Variance if Item Deleted	Corrected Item-Total Correlation	Cronbach's Alpha if Item Deleted
3.28 与本地老板的人脉关系有助于企业获取高级技术人才、管理人才等招聘信息	13.820 5	8.559	0.905	0.908
总信度系数	Cronbach's α=0.943			

（六）生产配套嵌入的 CITC 和信度分析

表 6-2-7 显示，生产配套嵌入的各观测变量的初始 CITC 值均大于 0.5，而且 Cronbach's α 系数为 0.909，信度很高，所以不删除观测变量。

表 6-2-7 生产配套嵌入的 CITC 和信度分析

测量变量	Scale Mean if Item Deleted	Scale Variance if Item Deleted	Corrected Item-Total Correlation	Cronbach's Alpha if Item Deleted
3.29 本地良好的生产配套网络	13.525 6	9.266	0.799	0.886
3.31 本地良好的生产配套网络能够帮助提高企业的创新能力	13.346 2	10.118	0.819	0.869
3.32 本地良好的生产配套网络能够帮助提高产品质量	13.320 5	9.376	0.838	0.851
总信度系数	Cronbach's α=0.909			

（七）生产服务嵌入的 CITC 和信度分析

表 6-2-8 显示，生产服务嵌入的各观测变量的初始 CITC 值均大于 0.5，而且 Cronbach's α 系数为 0.911，信度很高，所以不删除观测变量。

表 6-2-8　生产服务嵌入的 CITC 和信度分析

测量变量	Scale Mean if Item Deleted	Scale Variance if Item Deleted	Corrected Item-Total Correlation	Cronbach's Alpha if Item Deleted
3.43 本地良好的金融服务机构优势，如银行服务好	17.147 4	26.801	0.581	0.952
3.44 本地的研发服务优势，如科研机构多而且技术水平高	17.775 6	20.715	0.867	0.860
3.45 本地良好的培训机构优势，如帮助企业培训技术工人等	17.942 3	20.466	0.875	0.857
3.46 本地良好的招聘机构优势，如帮助企业招聘人才等	17.903 8	20.409	0.890	0.852
总信度系数	Cronbach's α=0.911			

（八）普遍信任的 CITC 和信度分析

普遍信任只有一个观测变量，因此 CITC 值和 Cronbach's α 系数值均为 1，不需要进行观测变量净化。

表 6-2-9　普遍信任的 CITC 和信度分析

测量变量	Scale Mean if Item Deleted	Scale Variance if Item Deleted	Corrected Item-Total Correlation	Cronbach's Alpha if Item Deleted
3.10 本地企业遵循共同的伦理规范、价值观，彼此信任				
总信度系数	Cronbach's α=1			

（九）特殊信任的 CITC 和信度分析

表 6-2-10 显示，特殊信任的各观测变量的初始 CITC 值均大于 0.5，而且 Cronbach's α 系数为 0.866，信度较高，所以不删除观测变量。

表 6-2-10 特殊信任的 CITC 和信度分析

测量变量	Scale Mean if Item Deleted	Scale Variance if Item Deleted	Corrected Item-Total Correlation	Cronbach's Alpha if Item Deleted
3.25 贵企业与本地合作老板之间相互信任	12.057 7	6.820	0.690	0.862
3.30 贵企业与本地合作生产商（配套商）之间相互信任	11.929 5	6.021	0.720	0.837
3.34 贵企业与本地的重要合作伙伴之间相互信任	12.051 3	5.464	0.836	0.723
总信度系数	Cronbach's α=0.866			

（十）转移意愿的 CITC 和信度分析

表 6-2-11 显示，转移意愿的各观测变量的初始 CITC 值均小于 0.5，而且删除 4.2 观测变量后的 Cronbach's α 系数为明显上升，从 0.371 上升到 0.631，所以删除观测变量 4.2。

表 6-2-11 转移意愿的 CITC 和信度分析

测量变量	初始 CITC	Cronbach's Alpha if Item Deleted	最终 CITC	Cronbach's Alpha if Item Deleted
4.2b 考虑到社会关系网络，贵企业向中西部地区转移，或者设厂的意愿有多强	0.289	0.241	0.562	
4.2a 考虑到生产配套网络，贵企业向中西部地区转移，或者设厂的意愿有多强	0.334	0.171	0.562	
4.2 综合考虑，贵企业向中西部地区转移，或者设厂的意愿有多强	0.182	0.631	删除	
总信度系数	初始 Cronbach's α=0.371，最终 Cronbach's α=0.631			

四、数据探测分析

（一）各潜变量的观测变量

经过初测检验、观测变量净化后，最终进入结构方程中的各潜变量及其观测变量如表6-2-12。

表 6-2-12　各潜变量的观测变量

潜变量	观测变量
制度规范	3.1 本地政府廉洁，办事效率高
	3.2 本地政府的市场监督机制好、力度强
	3.3 本地的正式制度环境好，对企业的约束力强
	3.4 在政府的监督下，本地的企业遵守市场规范、规则、制度
经商文化	3.6 本地行业内的经商文化有利于企业生产
	3.7 本地商会、行会等的行规有利于企业生产
	3.8 本地的社会习俗、伦理习惯、惯例有利于企业生产
共同价值观	3.15 认同本地老板的经商理念
	3.16 本地企业老板之间能够相互理解、相互认同
	3.17 本地企业老板有共同的价值观
寻租性关系嵌入	3.18 与本地政府、政府服务机构的人脉关系好
	3.19 与本地政府、政府服务机构的人脉关系有助于企业获得政策扶持
	3.21 与本地政府、政府服务机构的人脉关系有助于企业获得产品技术升级支持
	3.22 与本地政府、政府服务机构的人脉关系有助于企业遇到困难时获得帮助
社会性关系嵌入	3.26 与本地老板的人脉关系有助于企业获取订单信息和市场信息
	3.27 与本地老板的人脉关系有助于企业获取技术升级信息
	3.28 与本地老板的人脉关系有助于企业获取高级技术人才、管理人才等招聘信息

续表

潜变量	观测变量
生产配套嵌入	3.29 本地良好的生产配套网络
	3.31 本地良好的生产配套网络能够帮助提高企业的创新能力
	3.32 本地良好的生产配套网络能够帮助提高产品质量
生产服务嵌入	3.43 本地良好的金融服务机构优势，如银行服务好
	3.44 本地的研发服务优势，如科研机构多而且技术水平高
	3.45 本地良好的培训机构优势，如帮助企业培训技术工人等
	3.46 本地良好的招聘机构优势，如帮助企业招聘人才等
普遍信任	3.10 本地企业遵循共同的伦理规范、价值观，彼此信任
特殊信任	3.25 贵企业与本地合作企业之间相互信任
	3.30 贵企业与本地合作生产商（配套商）之间相互信任
	3.34 贵企业与本地的重要合作伙伴之间相互信任
转移意愿	4.2b 考虑到社会关系网络，贵企业向中西部地区转移，或者设厂的意愿有多强
	4.2a 考虑到生产配套网络，贵企业向中西部地区转移，或者设厂的意愿有多强

（二）观测变量的描述性统计分析

本章节中，所用观测变量使用的测量标准都相同，均是 10 分制测量尺度。即所有观测变量均是被访者按照“1 分到 10 分”给各观测变量打分，1 分代表最低分，10 分代表最高分，从 1 分到 10 分的分值越来越高。从描述性统计分析的结果来看，所有观测变量的平均值均高于 4 分，达到中端测量尺度水平，表明测量变量具有较高的影响力；样本的标准差在 2 分之内，表明各测量变量的离散程度在可接受的范围之内。

表 6-2-13　观测变量的描述性统计分析

测量变量	样本量	最小值	最大值	平均值	标准差	方差
3.1 本地政府廉洁，办事效率高	312	2.00	10.00	6.141 0	1.889 04	3.568

续表

测量变量	样本量	最小值	最大值	平均值	标准差	方差
3.2 本地政府的市场监督机制好、力度强	312	2.00	10.00	6.224 4	1.837 70	3.377
3.3 本地的正式制度环境好，对企业的约束力强	312	2.00	10.00	6.301 3	1.844 15	3.401
3.4 在政府的监督下，本地的企业遵守市场规范、规则、制度	312	2.00	10.00	6.705 1	1.928 69	3.720
3.6 本地行业内的经商文化有利于企业生产	312	2.00	10.00	6.339 7	1.837 43	3.376
3.7 本地商会、行会等的行规有利于企业生产	312	1.00	10.00	5.974 4	1.964 14	3.858
3.8 本地的社会习俗、伦理习惯、惯例有利于企业生产	312	2.00	10.00	6.3782	1.754 53	3.078
3.15 认同本地老板的经商理念	312	1.00	10.00	7.1346	1.709 01	2.921
3.16 本地企业老板之间能够相互理解、相互认同	312	2.00	10.00	6.839 7	1.680 21	2.823
3.17 本地企业老板有共同的价值观	312	1.00	10.00	6.884 6	1.534 02	2.353
3.18 与本地政府、政府服务机构的人脉关系好	312	1.00	10.00	6.294 9	1.829 44	3.347
3.19 与本地政府、政府服务机构的人脉关系有助于企业获得政策扶持	312	1.00	10.00	6.314 1	1.876 59	3.522
3.21 与本地政府、政府服务机构的人脉关系有助于企业获得产品技术升级支持	312	1.00	10.00	6.282 1	1.785 24	3.187
3.22 与本地政府、政府服务机构的人脉关系有助于企业遇到困难时获得帮助	312	1.00	10.00	6.185 9	1.986 46	3.946
3.26 与本地老板的人脉关系有助于企业获取订单信息和市场信息	312	4.00	10.00	7.057 7	1.403 90	1.971
3.27 与本地老板的人脉关系有助于企业获取技术升级信息	312	2.00	10.00	6.762 8	1.643 90	2.702

续表

测量变量	样本量	最小值	最大值	平均值	标准差	方差
3.28 与本地老板的人脉关系有助于企业获取高级技术人才、管理人才等招聘信息	312	2.00	10.00	6.846 2	1.724 25	2.973
3.29 本地良好的生产配套网络	312	1.00	10.00	6.570 5	1.724 10	2.973
3.31 本地良好的生产配套网络能够帮助提高企业的创新能力	312	2.00	10.00	6.750 0	1.553 44	2.413
3.32 本地良好的生产配套网络能够帮助提高产品质量	312	2.00	10.00	6.775 6	1.657 39	2.747
3.43 本地良好的金融服务机构优势，如银行服务好	312	2.00	10.00	6.442 3	1.509 84	2.280
3.44 本地的研发服务优势，如科研机构多而且技术水平高	312	1.00	10.00	5.814 1	1.799 62	3.239
3.45 本地良好的培训机构优势，如帮助企业培训技术工人等	312	2.00	10.00	5.647 4	1.817 40	3.303
3.46 本地良好的招聘机构优势，如帮助企业招聘人才等	312	1.00	9.00	5.685 9	1.803 19	3.252
3.10 本地企业遵循共同的伦理规范、价值观，彼此信任	312	3.00	10.00	6.826 9	1.612 51	2.600
3.25 贵企业与本地合作企业之间相互信任	312	3.00	9.00	5.961 5	1.246 91	1.555
3.30 贵企业与本地合作生产商（配套商）之间相互信任	312	2.00	9.00	6.089 7	1.390 70	1.934
3.34 贵企业与本地的重要合作伙伴之间相互信任	312	3.00	8.00	5.967 9	1.395 54	1.948
4.2b 考虑到社会关系网络，贵企业向中西部地区转移，或者设厂的意愿有多强	312	1.00	10.00	4.041 7	1.140 40	1.301
4.2a 考虑到生产配套网络，贵企业向中西部地区转移，或者设厂的意愿有多强	312	1.00	10.00	4.089 7	1.207 54	1.458

（三）数据的正态分布检验

下面对数据进行正态分布检验。正态分布的检验标准是偏度系数和峰度系数均为0。本书的正态分布检验结果（见表6-2-14）表明，测量数据的偏度系数（skew）和峰度系数（kurtosis）均大于或小于0，为偏态分布；而且多数偏度系数小于0，为左偏分布；多数峰度系数也小于0，为平峰分布；因此不能通过正态分布的检验。这一检验结果与多数企业调研呈现的结果偏离正态分布的情形是相似的，后面数据分析时将会介绍通常情况下非正态分布的数据处理方法。

表6-2-14　正态分布检验

测量变量	样本量	均值	偏度		峰度	
			系数	标准误	系数	标准误
3.1本地政府廉洁，办事效率高	312	6.141 0	0.233	0.138	−0.363	0.275
3.2本地政府的市场监督机制好、力度强	312	6.224 4	0.292	0.138	−0.227	0.275
3.3本地的正式制度环境好，对企业的约束力强	312	6.301 3	0.052	0.138	−0.233	0.275
3.4在政府的监督下，本地的企业遵守市场规范、规则、制度	312	6.705 1	−0.247	0.138	−0.271	0.275
3.6本地行业内的经商文化有利于企业生产	312	6.339 7	−0.178	0.138	−0.233	0.275
3.7本地商会、行会等的行规有利于企业生产	312	5.974 4	0.072	0.138	−0.357	0.275
3.8本地的社会习俗、伦理习惯、惯例有利于企业生产	312	6.378 2	−0.238	0.138	−0.129	0.275
3.15认同本地老板的经商理念	312	7.134 6	−0.281	0.138	−0.274	0.275
3.16本地企业老板之间能够相互理解、相互认同	312	6.839 7	−0.269	0.138	−0.041	0.275
3.17本地企业老板有共同的价值观	312	6.884 6	−0.407	0.138	0.459	0.275

续表

测量变量	样本量	均值	偏度		峰度	
			系数	标准误	系数	标准误
3. 18 与本地政府、政府服务机构的人脉关系好	312	6. 294 9	−0. 246	0. 138	−0. 138	0. 275
3. 19 与本地政府、政府服务机构的人脉关系有助于企业获得政策扶持	312	6. 314 1	−0. 450	0. 138	0. 104	0. 275
3. 21 与本地政府、政府服务机构的人脉关系有助于企业获得产品技术升级支持	312	6. 282 1	−0. 233	0. 138	−0. 235	0. 275
3. 22 与本地政府、政府服务机构的人脉关系有助于企业遇到困难时获得帮助	312	6. 185 9	−0. 116	0. 138	−0. 793	0. 275
3. 26 与本地老板的人脉关系有助于企业获取订单信息和市场信息	312	7. 057 7	−0. 215	0. 138	−0. 622	0. 275
3. 27 与本地老板的人脉关系有助于企业获取技术升级信息	312	6. 762 8	−0. 358	0. 138	−0. 363	0. 275
3. 28 与本地老板的人脉关系有助于企业获取高级技术人才、管理人才等招聘信息	312	6. 846 2	−0. 472	0. 138	−0. 624	0. 275
3. 29 本地良好的生产配套网络	312	6. 570 5	−0. 787	0. 138	0. 681	0. 275
3. 31 本地良好的生产配套网络能够帮助提高企业的创新能力	312	6. 750 0	−0. 520	0. 138	0. 567	0. 275
3. 32 本地良好的生产配套网络能够帮助提高产品质量	312	6. 775 6	−0. 637	0. 138	0. 151	0. 275
3. 43 本地良好的金融服务机构优势，如银行服务好	312	6. 442 3	−0. 374	0. 138	0. 517	0. 275
3. 44 本地的研发服务优势，如科研机构多而且技术水平高	312	5. 814 1	−0. 306	0. 138	−0. 249	0. 275
3. 45 本地良好的培训机构优势，如帮助企业培训技术工人等	312	5. 647 4	−0. 359	0. 138	−0. 338	0. 275

续表

测量变量	样本量	均值	偏度		峰度	
			系数	标准误	系数	标准误
3.46 本地良好的招聘机构优势，如帮助企业招聘人才等	312	5.685 9	−0.397	0.138	−0.434	0.275
3.10 本地企业遵循共同的伦理规范、价值观，彼此信任	312	6.826 9	−0.189	0.138	−0.632	0.275
3.25 贵企业与本地合作企业之间相互信任	312	5.961 5	0.173	0.138	−0.307	0.275
3.30 贵企业与本地合作生产商（配套商）之间相互信任	312	6.089 7	−0.364	0.138	−0.369	0.275
3.34 贵企业与本地的重要合作伙伴之间相互信任	312	5.967 9	−0.143	0.138	−0.821	0.275
4.2b 考虑到社会关系网络，贵企业向中西部地区转移，或者设厂的意愿有多强	312	4.041 7	0.638	0.138	3.910	0.275
4.2a 考虑到生产配套网络，贵企业向中西部地区转移，或者设厂的意愿有多强	312	4.089 7	0.532	0.138	2.660	0.275

（四）模型拟合的参数估计方法

在数据探测结果的基础上，来决定 AMOS 的验证性因子分析和模型拟合使用哪种参数估计方法。本书采用最大似然法（Maximun Likelihood，以下简称 ML）进行模型参数估计。

在理论上，使用 ML 估计方法的前提条件之一是变量数据呈现多元正态分布，但这一条件在社会科学研究中往往很难满足。虽然从统计上考虑可采用多元正态分布假设的一般加权最小二乘法估计（Generally Weighted Least Squares，以下简称 WLS），但 WLS 估计所需样本在 1000 以上，否则仍不能得到合理的估计值。在样本未超过 1000 的情况下，WLS 的估计结果可能比 ML

方法更不合理（侯杰泰等，2004）。[1]从经验结果看，不少研究者（Hu et al.，1992）认为即使在变量数据不是正态分布的情况下，ML 估计也是稳健的，因此在样本数据非正态分布的情形下，ML 估计也仍是合适的方法（蒋廉雄，2007）。[2]因此，后面分析中，本书的数据虽然不是正态分布，但是仍然采用最大似然法进行模型参数估计。根据 ML 估计的要求，模型估计的数据分析采用协方差矩阵进行。

五、探索性因子分析

探索性因子分析（Exploratory Factor Analysis，简称 EFA）的目的是检验通过 CITC 纯化后的观测变量之间是否存在有效的潜在结构，而且也可以通过它简化变量，去掉一些负载系数较低的观测变量，对观测变量进行进一步纯化。探索性因子分析也可以对量表的内容效度进行检验（邱皓政，2003）。[3]探索性因子分析将多个观测变量转换成少数几个潜变量，反映了一种降维的思想，通过降维将相关性高的变量聚在一起，减少需要分析的变量的数量，从而减少问题分析的复杂性。

本章节的企业转移意愿的嵌入性约束模型中包括多个潜变量，每个潜变量又包括多个观测变量，如果将所有的观测变量放在一起进行因子分析，可能使模型变得复杂，也可能会使提取的因子很难具有理论解释意义。本特勒和周（Bentler and Chou，1987）提出恰当的做法是采用子模型的方法进行分析（蒋廉雄，2007）。[4]因此，根据理论假设，本章节分别对制度嵌入外生变量、关系嵌入和生产嵌入外生变量、信任及转移意愿内生变量进行探索性因子分析。

进行探索性因子分析，首先要对数据进行检验，判断数据是否具备因子分析的条件。普遍接受的是用 KMO（Kaiser-Meyer-Olkin Measure of Sampling Adequacy）值测度和巴特利特球形检验（Bartlett's Test of Sphericity）来判断数

---

〔1〕 参见侯杰泰、温忠麟、成子娟：《结构方程模型及其应用》，教育科学出版社 2004 年版。

〔2〕 参见蒋廉雄："品牌知识的内容、结构及其模型——关于中国老字号和国际品牌的比较研究"，中山大学 2007 年博士学位论文。

〔3〕 参见邱皓政：《结构方程模式：LISREL 的理论、技术与应用》，双业书廊有限公司 2003 年版。

〔4〕 参见蒋廉雄："品牌知识的内容、结构及其模型——关于中国老字号和国际品牌的比较研究"，中山大学 2007 年博士学位论文。

据是否具备因子分析的条件。KMO 是样本充分性的检验，即检验当前因子分析的样本量是否适合进行因子分析，是用来比较相关系数值和偏相关系数值是否适中的指标。样本数据适合因子分析的基本条件是：KMO 值越接近 1 越好，最少不低于 0.5，而且巴特利特球形检验通过显著性检验（郭志刚，1999）。[1] 表 6-2-15 的因子分析条件检验结果显示，制度嵌入外生变量、关系嵌入和生产嵌入外生变量、信任及转移意愿内生变量的因子分析的 KMO 都大于 0.7，而且巴特利特球形检验在 $p<0.000$ 水平上均是双尾显著，说明样本数据符合进行因子分析的基本条件。

表 6-2-15　初测研究的因子分析条件检验结果

	KMO 值	巴特利特球形检验显著性
外生变量的因子分析	0.870	0.000
嵌入性内生变量的因子分析	0.859	0.000
信任及转移意愿内生变量的因子分析	786	0.000

通过因子分析条件检验后，因子分析主要采用主成分分析法（Principal Component Analysis）提取共因子，以方差最大法（Varimax）正交旋转，并以初始本征根值（Initial Eigenvalues）不低于 1 作为初始标准来截取因子（郭志刚，1999）。[2] 用此方法得出的因子旋转矩阵显示，潜变量之间的结构基本清晰，而且各测量变量在因子上的分配也基本符合理论假设，外生变量和内生变量的因子累计解释方差也都超过 80%，解释力较强。

用探索性因子分析对测量变量进一步净化的标准是：当样本量大于 50 时，因子负载系数大于 0.3 时被认为是显著的，因子负载系数大于 0.4 时被认为是很重要的，因子负载大于 0.5 时被认为是非常重要的（Hair，1992，转自：蒋廉雄，2007）。[3] 本章节因子分析的结果显示，所有测量变量在所属因子上的负载系数均大于 0.7。因此，从观测变量净化角度来看，各因子所包含的测量变量与 CITC 观测变量纯化后的结果一致，因子的意义也与理论假设基

〔1〕 参见郭志刚主编：《社会统计分析方法——SPSS 软件应用》，中国人民大学出版社 1999 年版。

〔2〕 参见郭志刚主编：《社会统计分析方法——SPSS 软件应用》，中国人民大学出版社 1999 年版。

〔3〕 参见蒋廉雄："品牌知识的内容、结构及其模型——关于中国老字号和国际品牌的比较研究"，中山大学 2007 年博士学位论文。

本一致，没有可删除的观测变量。因此，对各因子将根据理论假设进行命名。

（一）制度嵌入外生变量的探索性因子分析

制度嵌入外生变量的探索性因子分析，按理论假设提取 3 个因子后，方差的总解释力为 83.851%，解释力较强，测量变量的因子归属符合理论假设，见表 6-2-16。因此，为 3 个因子分别命名为：制度规范因子、经商文化因子、共同价值观因子。

表 6-2-16　外生变量的因子旋转矩阵

	因子		
	1	2	3
	制度规范	经商文化	共同价值观
3.1 本地政府廉洁，办事效率高	0.776	0.427	0.154
3.2 本地政府的市场监督机制好、力度强	0.776	0.407	0.307
3.3 本地的正式制度环境好，对企业的约束力强	0.749	0.440	0.270
3.4 在政府的监督下，本地的企业遵守市场规范、规则、制度	0.834	0.154	0.355
3.6 本地行业内的经商文化有利于企业生产	0.279	0.868	0.197
3.7 本地商会、行会等的行规有利于企业生产	0.256	0.877	0.115
3.8 本地的社会习俗、伦理习惯、惯例有利于企业生产	0.454	0.738	0.211
3.15 认同本地老板的经商理念	0.310	0.085	0.848
3.16 本地企业老板之间能够相互理解、相互认同	0.247	0.181	0.872
3.17 本地企业老板有共同的价值观	0.160	0.209	0.884
特征值	2.993	2.717	2.674
解释的方差%	29.935	27.173	26.743
累计解释的方差%	29.935	57.108	83.851

（二）关系嵌入和生产嵌入外生变量的探索性因子分析

关系嵌入和生产嵌入外生变量的探索性因子分析，按理论假设提取 4 个因子后，方差的总解释力为 86.123%，解释力较强，测量变量的因子归属符合理论假设，见表6-2-17。因此，为4个因子分别命名为：寻租性关系嵌入因子、生产服务嵌入因子、生产配套嵌入因子、社会性关系嵌入因子。

表6-2-17　嵌入性内生变量的因子旋转矩阵

	因子			
	1	2	3	4
	寻租性关系嵌入	生产服务嵌入	生产配套嵌入	社会性关系嵌入
3.18 与本地政府、政府服务机构的人脉关系好	0.887	0.227	0.181	0.194
3.19 与本地政府、政府服务机构的人脉关系有助于企业获得政策扶持	0.920	0.024	0.154	0.196
3.21 与本地政府、政府服务机构的人脉关系有助于企业获得产品技术升级支持	0.890	0.027	0.107	0.278
3.22 与本地政府、政府服务机构的人脉关系有助于企业遇到困难时获得帮助	0.890	0.020	0.093	0.275
3.29 本地良好的生产配套网络	0.134	0.165	0.852	0.255
3.31 本地良好的生产配套网络能够帮助提高企业的创新能力	0.130	0.215	0.857	0.195
3.32 本地良好的生产配套网络能够帮助提高产品质量	0.173	0.194	0.892	0.115
3.26 与本地老板的人脉关系有助于企业获取订单信息和市场信息	0.381	0.156	0.366	0.753
3.27 与本地老板的人脉关系有助于企业获取技术升级信息	0.387	0.228	0.217	0.826
3.28 与本地老板的人脉关系有助于企业获取高级技术人才、管理人才等招聘信息	0.356	0.197	0.198	0.845
3.43 本地良好的金融服务机构优势，如银行服务好	0.048	0.721	0.197	-0.037
3.44 本地的研发服务优势，如科研机构多而且技术水平高	0.028	0.887	0.143	0.265

续表

	因子			
	1	2	3	4
	寻租性关系嵌入	生产服务嵌入	生产配套嵌入	社会性关系嵌入
3.45 本地良好的培训机构优势，如帮助企业培训技术工人等	0.131	0.901	0.150	0.169
3.46 本地良好的招聘机构优势，如帮助企业招聘人才等	0.058	0.923	0.118	0.152
特征值	3.728	3.249	2.647	2.432
解释的方差%	26.631	23.209	18.910	17.374
累计解释的方差%	26.631	49.840	68.750	86.123

（三）信任及转移意愿内生变量的探索性因子分析

信任及转移意愿内生变量的探索性因子分析，按理论假设提取4个因子后，方差的总解释力为82.840%，解释力较强，测量变量的因子归属符合理论假设，见表6-2-18。因此，为3个因子分别命名为：特殊信任因子、转移意愿因子、普遍信任因子。

表6-2-18　信任及转移意愿内生变量的因子旋转矩阵

	因子		
	1	2	3
	特殊信任	转移意愿	普遍信任
3.10 本地企业之间彼此信任	0.200	−0.213	0.888
3.25 贵企业与本地合作老板之间相互信任	0.723	−0.091	0.521
3.30 贵企业与本地生产商（配套商）之间相互信任	0.883	−0.219	0.020
3.34 贵企业与本地的重要合作伙伴之间相互信任	0.870	−0.249	0.242
4.2b 考虑到社会关系网络，贵企业向中西部地区转移，或者设厂的意愿有多强	−0.072	0.729	−0.474

续表

	因子		
	1	2	3
	特殊信任	转移意愿	普遍信任
4.2a 考虑到生产配套网络，贵企业向中西部地区转移，或者设厂的意愿有多强	-0.346	0.840	-0.045
特征值	2.226	1.400	1.345
解释的方差%	37.095	23.329	22.416
累计解释的方差%	37.095	60.423	82.840

六、信度和效度检验

（一）信度检验：Cronbach's α 系数法

信度是指测量结果的一致性和稳定性，即指测量工具能否稳定地测量所测的变量。信度是检验量表可靠性程度的重要技术指标，包括重测信度、复本信度、内部一致性信度和评分者信度。其中内部一致性信度包括折半信度、库李信度、Cronbach's α 系数和 Hoyt 信度。在社会调查研究中，用得较多的信度测量方法是 Cronbach's α 系数（Cronbach，1946；转自：蒋廉雄，2007），[1] 它是所有分割量表项目的不同方法的所有可能的分半系数的平均数，它的取值范围在 0~1 之间。Cronbach's α 系数越高，表示该组测量项目间越有系统性，即内部一致性越高。一般来讲，Cronbach's α 系数高于 0.7 就可以说明多个观测变量有较好的内部一致性信度（Nunnally，1978；转自：蒋廉雄，2007）。[2]

信度检验主要通过前面的 CITC 和探索性因子分析进行观测变量净化后，计算各潜变量的 Cronbach's α 系数来检验。SPSS 所计算的研究结果显示（表 6-2-19），各潜变量的 Cronbach's α 系数均大于 0.6，通过了信度检验。

〔1〕 参见蒋廉雄："品牌知识的内容、结构及其模型——关于中国老字号和国际品牌的比较研究"，中山大学 2007 年博士学位论文。

〔2〕 参见蒋廉雄："品牌知识的内容、结构及其模型——关于中国老字号和国际品牌的比较研究"，中山大学 2007 年博士学位论文。

表 6-2-19 各潜变量的 Cronbach's α 系数

潜变量	观测变量数量	Cronbach's α 系数
制度规范	4	0.926
经商文化	3	0.897
共同价值观	3	0.902
寻租性关系嵌入	4	0.956
社会性关系嵌入	3	0.951
生产配套嵌入	3	0.909
生产服务嵌入	4	0.911
普遍信任	1	1.000
特殊信任	3	0.866
转移意愿	2	0.631

（二）效度检验

效度是指测量工具事实上测量什么的问题，它是科学测量中的中心工作，效度反映了测量工具真实测量了测量对象的程度。效度检验包括内容效度、区别效度、收敛效度和模型的拟合优度指数等。而结构方程模型用来判断潜变量效度的方法主要有区别效度、收敛效度和模型的拟合优度指数。模型的拟合优度指数在后面的模型拟合中均有检验，在此不再检验。

1. 内容效度

内容效度（content validity）指观测变量涵盖潜变量的多个层面的程度。潜变量往往具有多个层面或维度，如果仅仅用一个或几个不足的维度测量，则缺乏内容效度。由于一个潜变量的维度很难确定，因此往往依靠专家的主观判断来评估内容效度。

本章节对内容效度的检验分以下步骤：（1）事前检验，是对引进的观测变量翻译的检查。由于量表中需要从英文文献中翻译观测变量，如共同价值观、信任等，在研究者本人进行翻译的同时，也和同行认真讨论，修订翻译观测变量。（2）事中检验，是对观测变量问法的检验。由于观测变量是在理论基础上建立的，问法不一定符合日常用语或中国人的习惯，因此要对翻译的观测变量进行试调研，试调研采取面对面的方式，询问问卷填写者对问卷提问方式的看法，修改有歧义的观测变量和不符合中国日常语法结构的观测变量。(3) 事后检验。对初测研究所得到的调查数据计算单个观测变量与潜变量的相关效度分析（CITC 分析），检验量表中所选的指标能否反映所要测量的内容，如果相关系数不显著，表示该观测变量的内容效度低，应予以删除。初测研究中的观测变量净化已经删除了效度较低的观测变量。

2. 区别效度

区别效度（discriminant validity）反映不同潜变量的测量指标的不相关性。一般有 4 种方法来判断观测变量的区别效度：①使用相关系数矩阵来判断区别效度。如果一个潜变量的不同指标之间的相关系数都大于该潜变量的指标与其他潜变量的指标之间的相关系数，表明潜变量的观测变量有较高的区别效度（Carmpbell and Fiske，1959）；②如果任何两个潜变量之间的相关系数加减 2 倍标准误的置信区间不包括 1，表明潜变量的观测变量有较高的区别效度（Lytle，Hom and Mokwa，1998）；③如果各个潜变量所解释的观测变量方差大于该潜变量与其他潜变量之间的方差，表明潜变量的观测变量有较高的区别效度（Posdakoff and Mackenzie，1994）；④做 2 次验证性因子分析，第一次把各组潜变量之间的相关系数固定为 1，第二次把各组潜变量之间的相关系数设定为待估计参数，用结构方程模型分析软件计算参数的估计值，然后对照两次分析结果的 χ^2 值和自由度，如果两次分析结果的 χ^2 值有显著差异，表明潜变量的观测变量有一定的区别效度（Bagozzi and Phillips，1982，转自：贺志锋，2004）。[1] 在以上 4 种方法中，第一种方法是传统的判断区别效度的方法，第二种和第三种方法是近年来学术界常用的判断区别效度的方法。

本章节采用第三种方法来检验各观测变量的区别效度，AMOS 所进行的验证性因子分析得出各潜变量之间的方差矩阵如表 6-2-20，结果显示，各潜变量所解释的观测变量方差（表中对角线上的值）均大于该潜变量与其他潜变量之间的方差（对角线下方的值），说明各观测变量具有很好的区别效度。

---

〔1〕 参见贺志锋：“家族企业二元代理模型研究”，中山大学 2004 年博士学位论文。

表 6-2-20 潜变量之间的方差矩阵

	FWQR	TSXR	PBXR	ZYYY	SHQR	SCQR	XZQR	GTJZG	JSWH	ZDGF
FWQR	2. 654									
TSXR	0. 691	1. 53								
PBXR	0. 328	0. 769	1. 673							
ZYYY	−0. 501	−0. 597	−0. 639	0. 852						
SHQR	1. 044	0. 982	1. 285	−0. 8	2. 414					
SCQR	0. 88	1. 319	0. 715	−0. 556	1. 045	1. 892				
XZQR	0. 513	0. 929	1. 056	−0. 851	1. 611	0. 714	2. 639			
GTJZG	0. 557	0. 806	1. 046	−0. 413	0. 852	0. 996	0. 764	1		
JSWH	0. 509	0. 407	1. 574	−0. 633	0. 989	0. 524	1. 359	0. 696	2. 442	
ZDGF	0. 795	0. 71	1. 567	−0. 536	0. 775	1. 008	0. 824	0. 882	1. 879	2. 283

七、预设模型的拟合及模型修正

模型修正是在模型比较的过程中进行的。模型比较是对各种可能的路径模型进行检验，通过比较结构方程模型的拟合优度指数来判断模型。

根据模型建立的理论及其假设，预设模型考虑各种研究假设为真，而修正模型则考虑某些假设不一定为真。从模型评价来看，预设模型由于考虑了各种研究假定为真，增加了估计参数，与修正模型相比，如果其卡方值（χ^2）相对于自由度的变化量没有显著地减少，则认为预设模型更为合理，预设模型中的所有理论假设都会得到证实。如果在修正模型中减少了估计参数，其卡方值（χ^2）的变化量出现显著下降，则可判断通过修正模型对预设模型进行结构简化及其减少参数估计是有价值的，修正模型比预设模型能更好地拟合数据，此时则意味着预设模型的部分理论假定没有得到证实。AMOS 显示了模型路径调整后的卡方值和自由度的变化，供我们修正模型所用。总体来看，如果模型的 $\chi^2/df<2$ 时，模型拟合为优，$\chi^2/df<5$ 时，模型拟合可接受（侯杰泰等，2004）。[1]

〔1〕 参见侯杰泰、温忠麟、成子娟：《结构方程模型及其应用》，教育科学出版社 2004 年版。

为了使模型评价更加可靠，在进行似然比检验的基础上，还要结合比较其他拟合指数和指标的差异。本书比较了 RMSEA（Root Mean Square Error of Appreximatim 近似误差均方根）、GFI（Goodness-of-Fit Index 拟合优度指数）、CFI（Comparative Fit Index 比较拟合指数）、NFI（Normal of Fit Index 常规拟合指数）等拟合指数，这些拟合指数也是近年来关于结构方程分析需报告的普遍性指标。评价的标准是 RMSEA≦0.08；CFI、GFI、NFI≧0.9，如果多数指标达到标准而有个别指标未达到标准，但是接近标准，模型也是可接受的（侯杰泰等，2004）。[1]

总的来说，对于模型的修正，在 AMOS 中主要按照以下的思路进行：（1）检查各潜变量的确定系数（cofficient of determination），用复相关系数 R^2 值来评价，对于 R^2 值低且解释力不显著的潜变量可予以删除。（2）减少模型的自由参数，检查路径的显著性。对于不显著的路径，在符合理论依据的前提下可删除。（3）增加模型的自由估计参数。根据模型修正指数结果，对超过4（在 0.05 水平下的 $\triangle \chi^2/\triangle df$ 显著性比率）的路径，在符合理论假设的前提下可以设定为自由估计参数。

在进行模型拟合之前，先对“各潜变量所代表的意义”进行说明：

ZDGF-制度规范，JSWH -经商文化，GTJZG-共同价值观，XZQR-寻租性关系嵌入，SHQR-社会性关系嵌入，SCQR-生产配套嵌入，FWQR-生产服务嵌入，PBXR-普遍信任，TSXR-特殊信任，ZYYY-转移意愿。

下面开始对模型进行拟合。

首先对“预设模型”进行拟合。结果显示，各潜变量的复相关系数 R^2 值均在 0.35 以上，不存在删除潜变量的可能性；但模型的部分路径系数没有通过显著性检验，因此预设模型需要修正。“预设模型”的路径图及路径系数如图6-2-2。

[1] 参见侯杰泰、温忠麟、成子娟：《结构方程模型及其应用》，教育科学出版社 2004 年版。

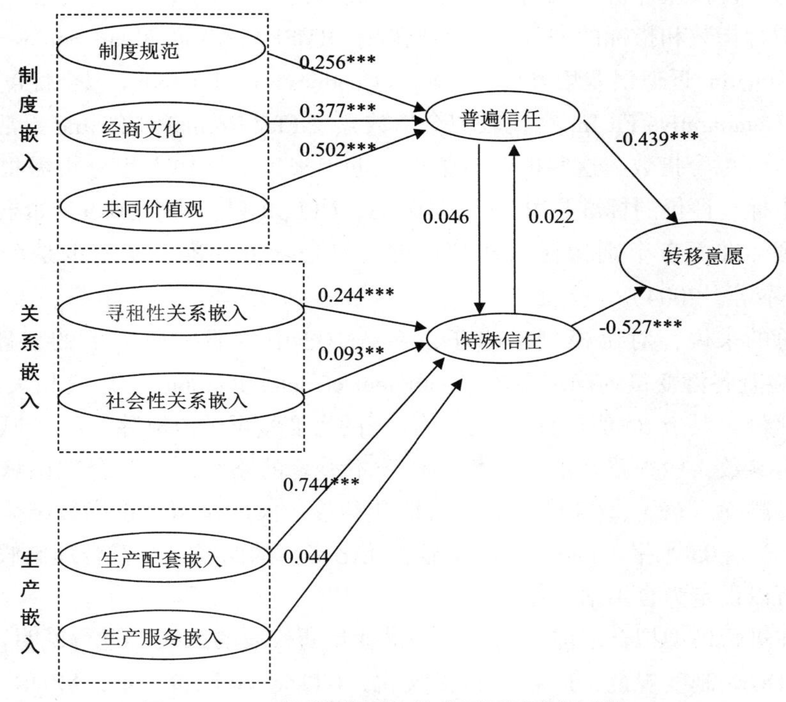

图 6-2-2 "预设模型"的路径图及路径系数

（备注：***P<0.001，**P<0.01，*P<0.05）

预设模型的 AMOS 运行结果显示：路径 TSXR←FWQR、TSXR←PBXR、PBXR←TSXR 没有通过显著性，所以予以删除；同时增加路径 ZYYY←FWQR。经过减少和增加路径后，模型的拟合优度虽然没有显著提高，但减少和增加这些路径并没有显著增加 χ^2 值，说明减少这些路径是值得的。而且，减少这些路径后，增加的路径 ZYYY←FWQR 也通过了显著性检验，说明路径的调整是合理的。因此，本章节将该修正模型（图 6-2-3）定为"最终模型"。

表 6-2-21 模型比较

	路径变化	χ^2	df	χ^2/df	RMSEA	CFI	GFI	NFI
预设模型		1995	396	5.03	0.095	0.896	0.861	0.916

续表

	路径变化	χ^2	df	χ^2/df	RMSEA	CFI	GFI	NFI
修正模型 （最终模型）	- TSXR←FWQR - TSXR←PBXR - PBXR←TSXR + ZYYY←FWQR	1989	398	5.02	0.093	0.892	0.876	0.927

八、最终模型分析

（一）最终模型的路径图及路径系数

AMOS 软件只显示结构方程运算的结果，不显示路径图。下面根据 AMOS 软件的运算结果，绘制出“最终模型”的路径图及路径系数，如图 6-2-3。

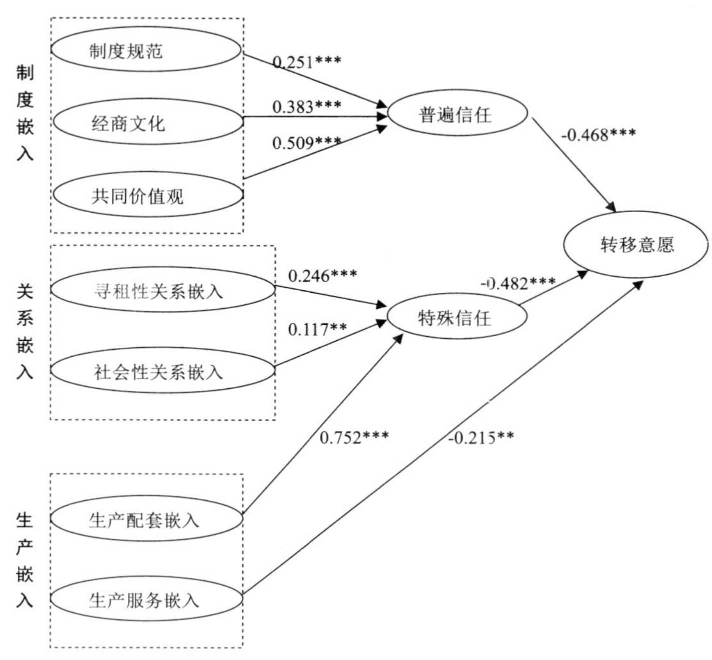

图 6-2-3　“最终模型”的路径图及路径系数

（备注：*** P<0.001，** P<0.01，* P<0.05 ）

（二）最终模型的评价

模型拟合优度的检验指标有：（1）卡方指数（χ^2），一般要求高于0.05的显著水平，认为在假设模型和观测数据之间有着较好的拟合度。但是，需要注意的是，χ^2 值对于样本量非常敏感，当样本越大时，χ^2 就越容易显著，导致理论模型被拒绝（黄芳铭，2005）。[1]因此，学者认为评价指数可采用 χ^2/df 指标，$\chi^2/df<2$ 时，模型拟合为优；$\chi^2/df<5$ 时，模型拟合可接受。（2）近似误差指数SRMR、RMSEA，近似误差均方根RMESA≦0.05被认为是很好的适配，≦0.08被认为是不错的适配，≦0.1是中度适配，≧0.1是不良适配（黄芳铭，2005）。[2]（3）相对拟合指数CFI、NFI≧0.9，认为拟合为优。（4）拟合优度指数GFI≧0.9，拟合为优。评价的标准是如果多数指标达到标准，而有个别指标未达到标准，但是接近标准，模型也是可接受的（侯杰泰等，2004）。[3]

AMOS软件运算的最终模型的 χ^2 值通过了0.001的显著性检验，$\chi^2/df=5.03$，模型拟合可接受。模型的拟合优度指数近似误差均方根RMESA=0.095，属于中度适配；相对拟合度指数CFI=0.896和拟合优度指数GFI=0.876，虽然没有达到0.9的拟合优度，但是接近0.9，所以拟合优度在可接受的范围之内。总体而言，此模型的拟合优度一般，主要是因为外生变量的观测变量之间的多重共性线所致，比如制度规范的观测变量对经商文化和共同价值观的观测变量的影响。但是，因为模型想检验的就是外生变量对内生变量的作用，因此，模型中没有加入外生变量之间的相互影响，所以只能牺牲模型的拟合优度，但是总体上模型的拟合优度在可接受的范围之内。

（三）最终模型的参数估计值

“最终模型”的参数估计值如表6-2-22，并由此形成“最终模型”的路径图6-2-3。

---

〔1〕参见黄芳铭：《结构方程模式：理论与应用》，中国税务出版社2005年版。
〔2〕参见黄芳铭：《结构方程模式：理论与应用》，中国税务出版社2005年版。
〔3〕参见侯杰泰、温忠麟、成子娟：《结构方程模型及其应用》，教育科学出版社2004年版。

表 6-2-22　“最终模型”的估计值和拟合优度

			标准化估计值	标准误差（S. E.）	T 值（C. R.）	显著度（P）
TSXR	<——	XZQR	0. 246	0. 030	5. 676	***
TSXR	<——	SCQR	0. 752	0. 042	14. 205	***
TSXR	<——	SHQR	0. 117	0. 031	2. 745	0. 006
PBXR	<——	ZDGF	0. 251	0. 050	4. 117	***
PBXR	<——	JSWH	0. 383	0. 050	6. 177	***
PBXR	<——	GTJZG	0. 509	0. 062	7. 922	***
ZYYY	<——	TSXR	−0. 482	0. 046	−5. 747	***
ZYYY	<——	PBXR	−0. 468	0. 042	−5. 167	***
ZYYY	<——	FWQR	−0. 215	0. 028	−2. 959	0. 003
A3. 4	<——	ZDGF	0. 812	0. 051	18. 658	***
A3. 3	<——	ZDGF	0. 850	0. 046	20. 321	***
A3. 2	<——	ZDGF	0. 937	0. 043	24. 338	***
A3. 1	<——	ZDGF	0. 879			
A3. 8	<——	JSWH	0. 839	0. 044	19. 516	***
A3. 7	<——	JSWH	0. 825	0. 050	19. 025	***
A3. 6	<——	JSWH	0. 933			
A3. 17	<——	GTJZG	0. 859	0. 050	18. 367	***
A3. 16	<——	GTJZG	0. 912	0. 055	19. 462	***
A3. 15	<——	GTJZG	0. 840			
A3. 18	<——	XZQR	0. 916			
A3. 19	<——	XZQR	0. 937	0. 036	29. 301	***
A3. 21	<——	XZQR	0. 914	0. 036	27. 206	***
A3. 22	<——	XZQR	0. 910	0. 040	26. 852	***
A3. 29	<——	SCQR	0. 842			

续表

			标准化估计值	标准误差（S. E.）	T值（C. R.）	显著度（P）
A3. 31	<——	SCQR	0. 892	0. 048	19. 813	***
A3. 32	<——	SCQR	0. 900	0. 051	20. 058	***
A3. 28	<——	SHQR	0. 939			
A3. 26	<——	SHQR	0. 868	0. 030	25. 190	***
A3. 27	<——	SHQR	0. 972	0. 028	34. 873	***
A4. 2B	<——	ZYYY	0. 603			
A4. 2A	<——	ZYYY	0. 599	0. 175	6. 017	***
A3. 10	<——	PBXR	0. 808			
A3. 34	<——	TSXR	0. 911			
A3. 30	<——	TSXR	0. 765	0. 053	16. 075	***
A3. 25	<——	TSXR	0. 745	0. 049	15. 462	***
A3. 44	<——	FWQR	0. 918			
A3. 46	<——	FWQR	0. 943	0. 035	29. 686	***
A3. 45	<——	FWQR	0. 935	0. 035	29. 053	***
A3. 43	<——	FWQR	0. 594	0. 045	12. 074	***
拟合优度			χ^2（398）= 1989，p=0. 000，χ^2/df=5. 02 RMESA=0. 093，CFI=0. 892，GFI=0. 876，NFI=0. 927			

（备注：*** P<0. 001，** P<0. 01，* P<0. 05）

（四）最终模型的效应分解

最终模型中，各潜变量的效应，有些是直接效应，有些是间接效应，标准化效应分解结果（表 6-2-23）可以清楚、直观地显示各潜变量的效应。具体分析见后面的“研究假设的检验”。

表 6-2-23　“最终模型”的各路径的变量效应

	SHQR	SCQR	XZQR	GTJZG	JSWH	ZDGF	FWQR	TSXR	PBXR
TSXR									
总效应	0. 117	0. 752	0. 246						
直接效应	0. 117	0. 752	0. 246						
间接效应									
PBXR									
总效应				0. 509	0. 383	0. 251			
直接效应				0. 509	0. 383	0. 251			
间接效应									
ZYYY									
总效应	−0. 056	−0. 363	−0. 118	−0. 238	−0. 179	−0. 117	−0. 215	−0. 482	−0. 468
直接效应							−0. 215	−0. 482	−0. 468
间接效应	−0. 056	−0. 363	−0. 118	−0. 238	−0. 179	−0. 117			

（五）研究假设的检验

最终模型中，普遍信任与特殊信任之间的相互影响没有得到验证，可能是普遍信任与特殊信任之间的相互影响需要日积月累，并非一朝一夕之事。服务性关系嵌入对特殊信任的影响也没有得到验证，主要是因为在问卷设计时特殊信任的测量没有考虑生产服务嵌入关系。但是，模型验证了生产服务嵌入对企业转移意愿有负的影响。

表 6-2-24　“研究假设”得以验证情况

			标准化估计值	显著度（P）	研究假设的检验
			假设 1：关系嵌入约束论		
TSXR	<——	XZQR	0. 246	***	接受
TSXR	<——	SHQR	0. 117	0. 006	接受

续表

			标准化估计值	显著度（P）	研究假设的检验
ZYYY	<——	TSXR	-0.482	***	接受
假设2：制度嵌入约束论					
PBXR	<——	ZDGF	0.251	***	接受
PBXR	<——	JSWH	0.383	***	接受
PBXR	<——	GTJZG	0.509	***	接受
ZYYY	<——	PBXR	-0.468	***	接受
假设3：生产嵌入约束论					
TSXR	<——	SCQR	0.752	***	接受
TSXR	<——	FWQR			拒绝
ZYYY	<——	FWQR	-0.215	0.003	接受
假设4：信任影响论					
PBXR	<——	TSXR			拒绝
TSXR	<——	PBXR			拒绝

（备注：*** $P<0.001$，** $P<0.01$，* $P<0.05$）

九、研究结论

（一）“制度嵌入”影响企业之间的普遍信任，进而影响企业的转移意愿

企业的生产经营活动嵌入在当地的正式制度、非正式制度、经商文化等大的制度环境中。制度是一个社会的博弈规则，是人为设计的、形塑人们互动关系的约束；制度分为正式制度和非正式制度，正式制度是人类在政治、经济、法律、金融和文化等方面设计的规则和契约，非正式制度主要是指习俗和文化；即使在最发达的国家，正式制度也仅仅占所有制度规则的一小部

分，因此研究制度环境时要特别重视非正式制度环境（North，1990）。[1]制度环境是指一系列与政治、经济、金融和文化有关的法律、法规和习俗，比如法律和产权规则、规范和社会传统等。制度环境与制度的制定、监督和执行密切相关，是一种工具逻辑（Scott，1995）。[2]虽然国家层面的制度环境基本一致，但是各个地区的制度环境差异却较大。因为地区的制度环境与当地政府的市场监管有着密切联系，如果本地政府市场监管机制完善，市场监管力度强，办事效率高，那么本地企业在长期交往中就会自觉遵守市场制度、市场规则、相关法律，诚实守信地合作。另外，正式制度也会影响该区域的社会文化传统、价值观、非正式的行为规范、习俗、惯例、行为准则等，这些非正式的经商文化和共同价值观都能够维持本地良好的市场道德秩序和企业相互约束的道德义务，使企业按照规范、规则办事，增强企业之间的信任度，从而促进企业之间的合作。因此，不管是正式制度，还是非正式的经商文化和共同价值观等制度环境，都使得企业的生产经营活动深深地嵌入当地，如果企业迁出当地，将失去当地正式制度和非正式制度的保障，缺乏企业诚信合作的基础。企业问卷调查的定量研究数据结果也显示，正式制度（制度规范）嵌入和非正式制度（经商文化、共同价值观）嵌入影响企业之间的普遍信任（0.251***，0.383***，0.509***），从而影响企业向中西部地区转移的意愿（-0.468***）。

（二）“关系嵌入”影响企业之间的特殊信任，进而影响企业的转移意愿

企业的生产经营活动深深嵌入在企业家的社会关系网络中。企业家培育的跨越组织界限的人际关系网络充当着非正式制度的支架和资源交换通道（Peng and Luo，2000）。[3]对企业发展而言，这种充当资源交换通道的企业家关系网络是企业发展所需的宝贵资源，它可能使企业获得物质的、信息的和情感的帮助，从而有助于企业目标的实现，促进企业成长（林南，2005）。[4]在中国，关系已经成为个人联系和商业行为的血液，而关系网络本身就可以被

〔1〕 See North D. C., *Institutions, Institutional Change, and Economic Performance*, Cambridge University Press, 1990.

〔2〕 See Scott W. R., *Institutions and Organizations*, Sage Publications, 1995.

〔3〕 See Mike W. Peng, Yadong Luo., “Managerial Ties and Firm Performance in a Transition Economy: The Nature of a Micro-Macro Link”, *The Academy of Management Journal*, Vol. 43, 2000, pp. 486-501.

〔4〕 参见［美］林南：《社会资本——关于社会结构与行动的理论》，张磊译，上海人民出版社2005年版。

看作是一种不可模仿的资源，一个创造资源的手段，一项获得资源与信息的途径。企业家的社会关系网络主要分为两种：一种是企业家之间的社会关系网络，我们称之为社会性关系网络，这种关系网络可以提高合作企业之间的信任度，帮助企业解决生产技术过程中遇到的难题，提高产品质量，形成良性健康的互动关系；一种是企业家与政府官员的社会关系网络，我们称之为寻租性关系网络，这种社会关系网络可以为企业生产经营提供庇护（比如地方保护主义），在企业遇到困难时帮助企业渡过难关（比如帮助企业申请贷款），为企业提供技术创新政策支持，享受国家及地方政府的税收减免等优惠政策。国外发达国家主要关注企业家之间的社会关系网络，这是因为在成熟的市场经济中，所有的信息和资源都可以通过市场机制获取；而我国的市场制度还不完善成熟，仍然有大量的稀缺资源被政府控制，企业生产经营经常需要通过与政府官员建立关系去获取所需的某些资源，比如审批项目和拨派资源；而且，尽管我国已经转向市场经济多年，但是政府依然无所不涉，包括资源配置、产品定价、企业多层次管理、行业监管、能源控制等，只要企业使用任何一种资源，都可能要与政府打交道（钱锡红等，2009）。[1]企业问卷调查的定量研究数据结果显示，寻租性关系嵌入和社会性关系嵌入影响企业之间的特殊信任（0.246***，0.117**），从而影响企业向中西部地区转移的意愿（-0.482***）。

（三）“生产嵌入”影响企业之间的特殊信任，进而影响企业的转移意愿

现代化大生产，企业的生产经营不可避免地嵌入在企业生产协力网络中，相互依赖，共同成长。企业之间的生产关系与社会关系密不可分，经济学所谓的边界明确的企业从效用最大化目标出发开展经营活动的市场，已经被基于信任的生产交易网络所替代。企业的社会关系网络也已经从早期的社会性逐渐向商业性过渡，企业的关系联结也是嵌入在社会关系网络和生产网络之中的（Gulati，1998）。[2]这说明良好的社会关系可以使企业间的合作产生认同、信任和互惠，而信任则是网络中合作企业之间长期互动、不断重复合作

〔1〕 参见钱锡红、徐万里、李孔岳：“企业家三维关系网络与企业成长研究：基于珠三角私营企业的实证”，载《中国工业经济》2009年第1期。

〔2〕 See Gulati R.，“Alliances and Networks”，*Strategic Management Journal*，Vol. 19，1998，pp. 293-317.

交易的结果，它意味着基于信任的关系网络是企业间的一种长期生产合作结果，同时，一旦企业间产生了信任，又会强化企业间的合作交易关系。因此，建立在信任基础上的生产网络最明显的好处就是可以降低交易成本和减少交易风险。从实际情况来看，为了保证产品质量和性能，组装企业和配套企业之间长期紧密合作，形成生产网络中业界共同的商业道德和商业惯例，降低配套企业因机会主义行为带来的风险；同时，他们相互信任，经常采用非正式协议，不谈合同和条款，用口头承诺代替法律文件，减少企业之间的交易成本，即形成弹性生产网络。因此，企业的生产经营活动深深嵌入在当地的生产网络中，离开了此网络，企业的生产经营将受到严重影响。企业问卷调查的定量研究数据结果显示，生产配套嵌入影响企业之间的特殊信任（0.752***），从而影响企业向中西部地区转移的意愿（-0.482***）。

生产性服务是从一体化的生产过程中分解而来的，它是由于制造业企业将一系列以前由内部提供的生产性服务业活动（研发、设计、技术监测与服务、内部运输、采购、融资、人才招聘、人才培训等）等进行垂直分解，并实施外部化的结果（何德旭，2008）。[1]这个结果随着新产业的形成以及新投资的不断注入（通过分工与外包）而不断壮大，加之生产性服务业内部又继续细分，最终形成多元化的生产性服务网络，服务企业生产过程。在生产网络之中，网络内各个组织的互赖性越来越强，生产服务网络也已经成为企业网络化生产的一部分，比如金融网络和物流网络等服务活动不仅提供一个生产链内部的生产片段之间的联系，也将生产圈和流通圈捆绑在一起，不仅提供空间和交易上的联系，也整合协调着网络化的生产过程，呈现出由生产网络、经济空间和经济地点通过各种流（信息流、物流、资金流等）联结在一起的空间上的高度复杂的动态网络（彼得·迪肯，2007）。[2]这种复杂的网络化生产模式，使得企业之间具有高度的相互依赖性，形成一种协力网络，企业在该协力生产网络中，不仅可以保证生产的顺利进行，而且可以获得人才、研发、技术、创新、金融等支持，获得生产上的帮助。但是，嵌入该协力网络中的企业，一旦离开此网络，就失去了协力网络中生产配套、生产服

〔1〕 参见何德旭主编：《中国服务业发展报告 No. 6——加快发展生产性服务业》，社会科学文献出版社 2008 年版，第 3 页。

〔2〕 参见［英］彼得·迪肯：《全球性转变——重塑 21 世纪的全球经济地图》，刘卫东等译，商务印书馆 2007 年版，第 19 页。

务等支持，而在异地能否建立起新的协力生产网络，则存在很多未知数，所以企业在对外迁移时心存较多顾虑。企业问卷调查的定量研究数据结果显示，生产服务嵌入直接影响企业向中西部地区转移的意愿（-0.215**）。

第三节　企业向中西部地区转移的顾虑

一、企业向中西部地区转移的顾虑

调查数据显示，虽然有国家“一带一路”倡议的支持，但是在企业对中西部地区的产业环境预期不明确的条件下，长三角地区劳动密集型企业向中西部地区转移时存在着较多顾虑。在10分制的测量中，有关企业向中西部地区转移的顾虑的平均得分均较高，平均得分均在6.5分以上，特别是“中西部地区没有形成好的产业环境和产业氛围、转移过去的企业较少、在中西部地区难以寻到合适的生产配套合作企业”平均得分高达7.013 2分（见表6-3-1）。那么，企业向中西部地区转移时，到底存在哪些顾虑呢？本次长三角地区的问卷调查共列举了表6-3-1的10个转移顾虑测项。根据均值初步判断来看，这10个转移顾虑可以归为4类，分别是劳动力顾虑、产业配套顾虑、人际关系顾虑、生产服务配套顾虑等。但是，这种主观判断的归类方法是否合理呢？我们需要给出科学的判断。我们将用因子分析进行科学归类。

表6-3-1　描述统计量

	均值	标准差	样本量
4.7.1 中西部地区的技能型劳动力缺乏而且成本高	6.480 3	2.602 28	304
4.7.2 中西部地区的高级技术人才缺乏而且成本高	6.552 6	2.560 91	304
4.7.3 中西部地区的中高层管理者缺乏而且成本高	6.651 3	2.372 17	304
4.7.4 中西部地区没有形成好的产业环境和产业氛围，转移过去的企业较少，难以寻到合适的生产配套合作企业	7.013 2	2.221 96	304
4.7.5 中西部地区的基础设施不完善	6.789 5	2.011 95	304
4.7.6 在外地设厂，运输成本增大	7.078 9	1.951 65	304
4.7.7 中西部地区的政府办事效率低	6.486 8	1.953 20	304

续表

	均值	标准差	样本量
4.7.8 企业老板短期内难以与中西部地区政府官员建立良好的人际关系	6.743 4	1.896 66	304
4.7.9 企业老板短期内难以与中西部地区同行老板建立良好的人际关系	6.743 4	1.882 69	304
4.7.10 中西部地区缺乏完善的技术服务、检测服务、人才服务机构等	6.835 5	1.920 68	304

下面，通过因子分析对企业向外转移的顾虑提取公因子的方法，来科学地归纳长三角地区劳动密集型企业向中西部地区转移的顾虑。表 6-3-2 的结果显示，巴特利特球度检验统计量的卡方值为 4492.377，相应的概率 P 值接近 0，通过了显著性检验，说明这 10 个变量适合进行因子分析。同时，KMO 值为 0.844（KMO 值大于 0.5 为适合进行因子分析），也证明适合进行因子分析。结合碎石图（图 6-3-1）和理论需要，采取主成分分析法提取因子，共提取了 3 个因子，解释了 90.570%的总方差（表 6-3-3）。根据理论需要结合表6-3-4，给这 3 个因子分别命名为生产配套因子、社会关系因子、基础设施因子。

表 6-3-2　KMO 和 Bartlett 的检验

取样足够度的 Kaiser-Meyer-Olkin 度量		0.844
Bartlett 的球形度检验	近似卡方	4429.377
	df	45
	Sig.	0.000

表 6-3-3　解释的总方差

成分	初始特征值			提取平方和载入			旋转平方和载入		
	合计	方差的 %	累积 %	合计	方差的 %	累积 %	合计	方差的 %	累积 %
1	7.135	71.347	71.347	7.135	71.347	71.347	3.878	38.785	38.785
2	1.453	14.527	85.874	1.453	14.527	85.874	3.614	36.140	74.925

续表

成分	初始特征值			提取平方和载入			旋转平方和载入		
	合计	方差的 %	累积 %	合计	方差的 %	累积 %	合计	方差的 %	累积 %
3	0. 470	4. 696	90. 570	0. 470	4. 696	90. 570	1. 565	15. 645	90. 570
4	0. 330	3. 300	93. 870						
5	0. 208	2. 075	95. 945						
6	0. 158	1. 584	97. 529						
7	0. 098	0. 984	98. 513						
8	0. 087	0. 873	99. 385						
9	0. 043	0. 425	99. 810						
10	0. 019	0. 190	100. 000						

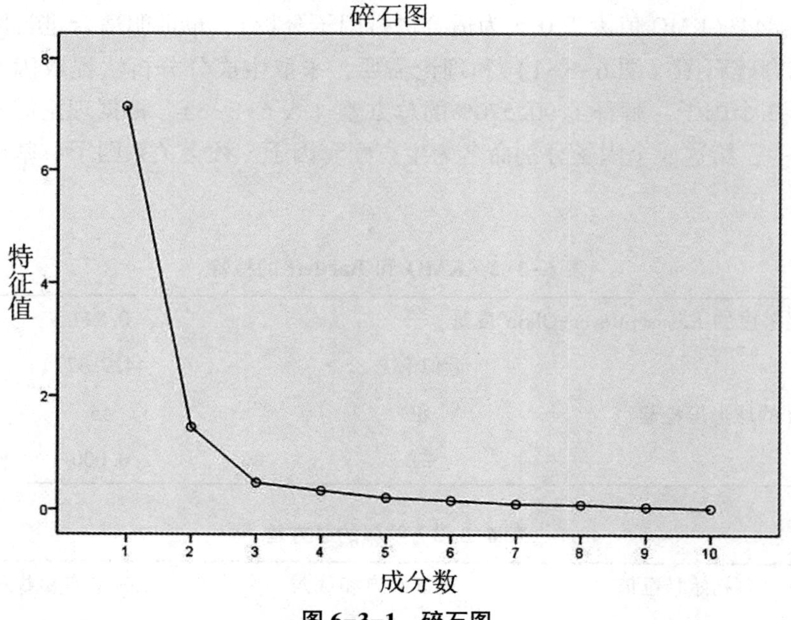

图 6-3-1　碎石图

表 6-3-4　旋转因子矩阵

	因子		
	1	2	3
	生产配套因子	社会关系因子	基础设施因子
4.7.1 中西部地区的技能型劳动力缺乏而且成本高	0.912	0.270	0.113
4.7.2 中西部地区的高级技术人才缺乏而且成本高	0.909	0.249	0.251
4.7.3 中西部地区的中高层管理者缺乏而且成本高	0.910	0.179	0.280
4.7.4 中西部地区没有形成好的产业环境和产业氛围，转移过去的企业较少，难以寻到合适的生产配套合作企业	0.761	0.350	0.358
4.7.5 中西部地区的基础设施不完善	0.420	0.424	0.732
4.7.6 在中西部设厂，运输成本增大	0.383	0.568	0.613
4.7.7 中西部地区的政府办事效率低	0.578	0.752	0.029
4.7.8 企业老板短期内难以与中西部地区政府官员建立良好的人际关系	0.214	0.834	0.413
4.7.9 企业老板短期内难以与中西部地区同行老板建立良好的人际关系	0.199	0.864	0.407
4.7.10 中西部地区缺乏完善的技术服务、检测服务、人才服务机构等	0.263	0.902	0.184

下面，结合表 6-3-1 描述性统计分析中的均值得分，将提取的 3 个公因子进行排序，归纳出在“一带一路”背景下，长三角地区劳动密集型企业向中西部地区转移的顾虑主要有以下 3 个方面：

1. 生产配套的顾虑（生产配套因子）

从表 6-3-1 的均值得分可以看出，长三角地区劳动密集型企业向中西部地区转移的最大顾虑来自“中西部地区没有形成好的产业环境和产业氛围，转移过去的企业较少，在中西部地区难以寻到合适的生产配套合作企业”，平均得分高达7.013 2分，另外，“中西部地区的技能型劳动力、高级技术人才、中高层管理者缺乏而且成本高”也是企业向外转移的重要顾虑，这些劳动力资源也是企业生产不可或缺的配套。

2. 社会关系重建的顾虑（社会关系因子）

企业的生产经营离不开社会关系网络，社会关系网络就像润滑剂，能够帮助企业在遇到困难时解决问题，也能够帮助企业解决生产经营过程中的部分阻碍。因此，社会关系网络对企业的生产经营非常重要。表6-3-1的均值得分显示，“企业老板短期内难以与中西部地区政府官员、同行老板建立良好的人际关系”是企业向外转移的重要顾虑。同时，“中西部地区缺乏完善的技术服务、检测服务、人才服务机构等”“中西部地区的政府办事效率低下”等也是企业向外转移考虑的重要因素。

3. 基础设施不完善的顾虑（基础设施因子）

由于“中西部地区的基础设施不完善”导致的“在中西部地区设厂，运输成本增大”是企业向外转移的重要顾虑。同时，也反映了企业在向中西部地区转移的过程中，并没有打算将企业全盘迁出，而是部分地转移生产车间或者在中西部地区设厂扩大生产规模。

二、企业向外转移的顾虑对转移意愿的影响

前面采用主成分分析法对企业向外转移的顾虑提取了3个因子后，计算3个因子的因子得分，并生成3个反映“企业向外转移的顾虑”的自变量，分别是“生产配套”因子、“社会关系”因子和“基础设施”因子。这3个因子将作为“企业向外转移的顾虑”的新自变量。

然后，采用主成分分析法对“企业的转移意愿”（两个测项分别是：4.2a考虑到生产配套网络，贵企业向中西部地区转移，或者设厂的意愿有多强；4.2b考虑到社会关系网络，贵企业向中西部地区转移，或者设厂的意愿有多强）提取了1个公因子（命名为“企业的转移意愿”因子），解释了累计73%的方差，并计算因子得分，生成“企业的转移意愿”因变量。

用提取的3个“企业向外转移顾虑”因子（“生产配套”因子、“社会关

系”因子和“基础设施”因子）作为自变量，用提取的1个“企业的转移意愿”因子作为因变量，采取逐步线性回归法，探寻企业向外转移顾虑对企业转移意愿的影响。通过多次逐步回归法拟合后，选择表6-3-5的回归模型。反映模型总体拟合程度的F检验统计量的观测值为15.866，对应的概率P值近似为0，小于给定的显著性水平α(0.05)，认为自变量与因变量之间的线性关系是显著的，建立线性模型总体拟合程度较好，模型拟合的$R^2=0.137$。

表6-3-5企业转移意愿的回归分析结果显示，在给定的显著性水平α(0.05)下，“企业向外转移的顾虑”的3个因子（“生产配套”因子、“社会关系”因子和“基础设施”因子）对企业转移意愿的回归系数的T检验的概率P值都小于给定的显著性水平α(0.05)，说明3个因子对企业的转移意愿均有显著性线性关系。

从回归系数的值来看，3个因子对企业转移意愿的标准化回归系数均为负值，而且标准化回归系数得分也较高（分别为-0.242，-0.168，-0.224），说明企业向外迁移的顾虑越强，转移意愿越弱。

得出结论：在“一带一路”背景下，企业向中西部地区转移时，生产配套顾虑越强，转移意愿越弱；社会关系重建顾虑越强，转移意愿越弱；基础设施配套顾虑越强，转移意愿越弱。

表6-3-5　企业转移意愿的回归分析结果

模型	非标准化系数		标准化系数	T值	P值
	B	标准误差	Beta		
（常量）	0.015	0.054		0.278	0.781
转移顾虑1：生产配套因子	-0.243	0.054	-0.242	-4.504	0.000
转移顾虑2：社会关系因子	-0.169	0.054	-0.168	-3.136	0.002
转移顾虑3：基础设施因子	-0.226	0.054	-0.224	-4.181	0.000

因变量：转移意愿因子
$R=0.370$，$R^2=0.137$
$F=15.866$（$P=0.000$）

第四节　如果向中西部地区转移，会怎么样转移

一、如果向中西部地区转移，打算向哪里转移

由于本次调查的企业主要分布在上海、江苏、浙江三地，所以大多数企业对外转移或者扩产时，仍然是在长三角及泛长三角地带就近转移。受江苏省南北挂钩共建产业园区的推动，有一半的企业打算转移到江苏，也有1/3的企业考虑向浙江转移。由于安徽皖江经济带近年来发展较快，又距离长三角地区较近，对企业有一定的吸引力，有13.3%的企业也考虑向安徽转移，只有7.6%的企业考虑向其他中部地区转移。

表6-4-1　转移、扩产、设厂去向（多选）

	频率	有效百分比
江苏	104	49.5%
浙江	70	33.3%
安徽	28	13.3%
其他中部地区	16	7.6%
西部地区	10	4.7%
合计	228	108.3%

“一带一路”倡议对企业向西部地区转移的吸引力并不是很强。本次调查数据（表6-4-1）显示，只有4.7%的企业考虑向西部地区转移。可见，由于距离较远，而且对西部投资环境缺乏了解，以及所存在的偏见，企业宁愿在上海转行生产也不愿意向西部地区转移。

> 我们从来没有考虑过向西部地区转移，除非西部地区的投资环境好了。说实话，我承认西部地区的劳动力成本低，基础设施近年来也改善了不少，但是我还是不想去。我给你讲个真实的事情，一个企业在西部地区设厂，当时说好的“三通”（通水通电通路），可是企业建好厂以后，通电时，供电局居然要让企业自己出电线杆的线，企业领导打电话

给当时负责招商的领导，领导一个电话，事情解决了……后来陆陆续续又碰到一些事情，虽然找相关部门领导事情最后都解决了，但是企业领导觉得累得慌，觉得西部地区还是人治社会，什么事情都得靠关系，累！我们在上海，管理很规范，你按规则办事，基本上不需要找领导解决问题，而西部地区缺乏规范化管理。我们习惯了按规则办事，不习惯靠人办事。所以后来，厂子建好以后，这个老板就把厂子和地卖了，又回到上海了。

——某板箱厂，董事长

我们企业可怜呀，这条马路两边的企业全部被强行关停了，说要搞PPP。这是好事，我也认可，但是，你最起码可以在附近建一栋楼，给我们这些被拆迁的企业一个办公室也好。但是政府不管你以后的事情，反正你现在的发展已经不符合他们的产业规划了，他们就要把你规划掉。(访问员：你有没有考虑在其他地方设厂呢?) 在其他地方设厂我还没有考虑，我以前在苏北设过一个厂，后来也经营不下去，关了，理念不一样，没法运作。我现在打算退休了，我女儿在上海有一个外贸公司，我打算把钱投资到她那里去，我去钓鱼……

——某塑料材料生产厂，厂长

二、企业向中西部地区转移的目的

44.5%的企业向中西部地区转移的目的是保留现有厂房，在内地设厂扩大生产规模；36.1%的企业向中西部地区转移的目的是开拓内地市场；6.7%的企业是出于全国性生产布局的需要而向中西部地区转移。这 3 种向外转移的目的合计为 87.3%，企业都没有打算完全撤出长三角地区。说明，大多数企业并没有打算完全撤出长三角地区，而是打算保留长三角地区的厂房，考虑全国性生产布局的需要，在中西部地区设厂扩大生产规模，开拓内地市场。只有 16%的企业觉得本地生产成本太高，打算逐步撤出长三角地区，向中西部地区转移。

表 6-4-2 贵企业向外转移的目的（多选）

	频率	有效百分比
开拓内地市场	86	36.1%
保留现有厂房，在内地设厂扩大生产规模	106	44.5%
全国性生产布局的需要	16	6.7%
本地生产成本高，逐步向中西部地区转移	38	16.0%
合计	246	103.3%

三、企业向中西部地区转移的方式

如果打算向中西部地区迁移，70.7%的企业打算采取链条式迁移和核心大企业先迁移，配套企业跟随其迁移的模式。可见，如果想要动员企业向中西部地区迁移，核心大企业将是工作的重点，一旦核心大企业迁移，其生产链上的其他企业也会跟随其迁移。

表 6-4-3 如果企业向中西部地区迁移，你认为哪种方式更可行？

	频率	有效百分比
链条式迁移	96	36.9%
核心大企业先迁移，配套企业跟随其迁移	88	33.8%
企业自己单独迁移	60	23.1%
组团式迁移	8	3.1%
集群式迁移	8	3.1%
合计	200	100.0%

四、企业向中西部地区转移的策略

调查显示，71.9%的企业在向中西部地区迁移时，只打算迁移生产环节，而保留研发、销售等环节在长三角地区；只有 28.1%的企业打算把整个厂全部迁走。可见，长三角地区的市场环境对企业具有非常大的吸引力。企业向中西部地区转移，更多的只是全国性生产布局的需要，而不是整体搬迁。

表 6-4-4　如果企业向外迁移，会怎么样迁移?

	频率	有效百分比
只迁移生产环节，保留研发、销售等环节在本地	194	71.9%
把企业的整个厂全部迁走	76	28.1%
合计	270	100.0%

第五节　中西部地区的哪些因素会吸引企业向外转移

在“一带一路”背景下，国家给了中西部地区很多优惠政策，但是企业的转移意愿仍然不是很强。那么，中西部地区的哪些要素会吸引企业向外转移呢？根据对企业家的访谈发现，吸引企业向中西部地区转移的因素主要有要素创造、要素禀赋和市场环境等。本次长三角的问卷调查共列举了表 6-5-1 的 20 个因素。调查数据显示，在 10 分制的测量下，吸引企业向中西部地区转移的 20 个因素的得分均较高，大多数得分在 7 分之上，特别是，企业认为中西部地区的市场环境非常重要，平均得分均在 7.3 分之上。

表 6-5-1　描述性统计量

	均值	标准差	样本量
要素创造			
5.1 能够较快寻找到企业的生产配套合作企业	6.827 8	2.207 69	302
5.2 政府及服务机构能够提供良好的劳动力素质和技能培训	6.788 1	2.076 96	302
5.3 能够寻找到充足而且成本低的中高层企业管理人员	7.046 4	1.954 08	302
5.4 能够寻找到充足而且成本低的普通企业管理人员	7.158 9	1.837 57	302
5.5 能够寻找到充足而且成本低的技能型劳动力	7.185 4	1.964 48	302

续表

	均值	标准差	样本量
5.6 能够寻找到充足而且成本低的中高级技术人才	7.172 2	1.985 87	302
5.7 技术服务、检测服务、人才服务等中介服务组织完善	7.198 7	1.901 28	302
要素禀赋			
5.8 普通劳动力充足、成本低	7.655 6	1.966 65	302
5.9 丰富的自然资源	6.960 3	2.208 05	302
5.10 交通运输成本低	7.364 2	2.004 92	302
5.11 土地成本低	7.437 1	1.978 54	302
5.12 能源供应充足（水、电）	7.490 1	1.865 47	302
5.13 基础设施、配套设施完善	7.417 2	1.957 55	302
市场环境			
5.14 政治和法律环境完备	7.450 3	1.677 24	302
5.15 积极性高，出台有吸引力的投资政策	7.476 8	1.575 71	302
5.16 政府运作效率高，市场监管能力强	7.384 1	1.762 89	302
5.17 城市聚集效应明显，吸引人才	7.404 0	1.694 94	302
5.18 市场秩序良好，能够保证企业的正常运作	7.483 4	1.669 96	302
5.19 产业环境景气，愿意转移过来的企业较多	7.410 6	1.703 12	302
5.20 创新氛围好	7.404 0	1.618 74	302

但是，在这么多的吸引企业向外转移的要素中，人为主观地将其归为要素创造、要素禀赋和市场环境是否合适呢？我们需要给出科学的判断。下面通过因子分析对吸引企业向中西部地区转移的要素提取公因子的方法，来科学地归纳吸引长三角地区劳动密集型企业向中西部地区转移的因素。表 6-5-2 的结果显示，巴特利特球度检验统计量的卡方值为 14 988.567，相应的概率 P 值接近 0，通过了显著性检验，说明这 20 个变量适合进行因子分析。同时，KMO 值为 0.793（KMO 值大于 0.5 为适合进行因子分析），也证明适合进行因子分析。结合碎石图（图 6-5-1）和理论需要，采取主成分分析法提取因子，选择特征值大于 1，共提取了 3 个公因子（表 6-5-4），共解释了 92.184% 的总方差（表 6-5-3）。根据理论需要，给这 3 个公因子分别命名为要素创造

因子、市场环境因子、要素禀赋因子。提取的 3 个公因子与之前的主观判断基本吻合。

表 6-5-2　KMO 和 Bartlett 检验

取样足够度的 KMO 度量		0.793
Bartlett 的球形度检验	近似卡方	14 988.567
	df	190
	Sig.	0.000

表 6-5-3　解释的总方差

成分	初始特征值			提取平方和载入			旋转平方和载入		
	合计	方差的 %	累积%	合计	方差的 %	累积%	合计	方差的 %	累积%
1	14.295	71.477	71.477	14.295	71.477	71.477	6.927	34.635	34.635
2	2.759	13.796	85.273	2.759	13.796	85.273	5.908	29.539	64.174
3	1.382	6.911	92.184	1.382	6.911	92.184	5.602	28.010	92.184
4	0.378	1.890	94.074						
5	0.243	1.215	95.289						
6	0.194	0.972	96.261						
7	0.185	0.924	97.185						
8	0.137	0.683	97.868						
9	0.112	0.559	98.427						
10	0.097	0.483	98.910						
11	0.062	0.308	99.218						
12	0.046	0.230	99.448						
13	0.031	0.157	99.605						
14	0.027	0.136	99.741						
15	0.017	0.086	99.827						
16	0.013	0.064	99.891						
17	0.008	0.042	99.933						

续表

成分	初始特征值			提取平方和载入			旋转平方和载入		
	合计	方差的 %	累积%	合计	方差的 %	累积%	合计	方差的 %	累积%
18	0.006	0.031	99.964						
19	0.006	0.028	99.992						
20	0.002	0.008	100.00						

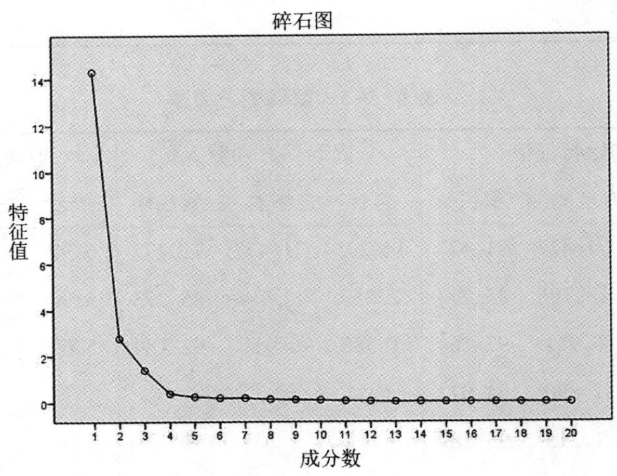

图 6-5-1　碎石图

表 6-5-4　旋转成分矩阵

	成分		
	1	2	3
	要素创造因子	市场环境因子	要素禀赋因子
5.1 能够较快寻找到企业的生产配套合作企业	0.892	0.240	0.133
5.2 政府及服务机构提供良好的劳动力素质和技能培训	0.836	0.383	0.154
5.3 能够寻找到充足而且成本低的中高层企业管理人员	0.867	0.373	0.203
5.4 能够寻找到充足而且成本低的普通企业管理人员	0.844	0.380	0.275
5.5 能够寻找到充足而且成本低的技能型劳动力	0.873	0.376	0.223

续表

	成分		
	1	2	3
	要素创造因子	市场环境因子	要素禀赋因子
5.6 能够寻找到充足而且成本低的中高级技术人才	0.860	0.382	0.239
5.7 技术服务、检测服务、人才服务等中介服务组织完善	0.873	0.353	0.224
5.8 普通劳动力充足、成本低	0.192	0.338	0.829
5.9 丰富的自然资源	0.536	0.000	0.766
5.10 交通运输成本低	0.163	0.314	0.901
5.11 土地成本低	0.137	0.296	0.916
5.12 能源供应充足（水、电）	0.161	0.306	0.896
5.13 基础设施、配套设施完善	0.213	0.386	0.853
5.14 政治和法律环境完备	0.435	0.761	0.376
5.15 政府的积极性高，出台有吸引力的投资政策	0.481	0.771	0.369
5.16 政府运作效率高，市场监管能力强	0.379	0.845	0.334
5.17 城市聚集效应明显，吸引人才	0.430	0.797	0.347
5.18 市场秩序良好，能够保证企业的正常运作	0.449	0.783	0.340
5.19 产业环境景气，愿意转移过来的企业较多	0.347	0.853	0.307
5.20 创新氛围好	0.441	0.776	0.338

提取方法：主成分。
旋转法：具有 Kaiser 标准化的正交旋转法。

下面，结合表6-5-1描述性统计分析中的均值得分，将提取的3个公因子进行排序，归纳出吸引长三角地区劳动密集型企业向中西部地区转移的要素，主要有以下3个方面：

一、市场环境

在“一带一路”背景下，企业愿不愿意向中西部地区转移，很重要的一个因素是考虑中西部地区的市场环境。市场环境既包括市场的制度环境，即政治和法律环境完备（得分7.450 3分），政府的积极性高，出台有吸引力的投资政策（得分7.476 8分），政府运作效率高，市场监管能力强（得分7.384 1分）等；也包括产业环境，即城市聚集效应明显，吸引人才（得分7.404 0分），市场秩序良好，能够保证企业的正常运作（得分7.483 4分），产业环境景气，愿意转移过来的企业较多（得分7.410 6分），创新氛围好（得分7.404 0分）等。

因此，不管是市场的制度环境还是产业环境，都将影响企业之间的诚信合作，因此是企业向中西部地区地转移考虑的重要因素。多数企业对上海的市场环境评价很高，认为上海政府的监管力度较强，企业遵守市场秩序及法规，企业之间诚信合作的基础较好，而且政府的服务也好。企业和政府共同营造了一个良性发展的市场环境，这点值得中西部地区学习。

二、要素禀赋

产业转移的主要推动力是要素和市场。即便是为了扩大市场，要素驱动也非常重要。比如长三角地区的劳动密集型企业的生存压力主要来源于劳动力、土地、水电、污染治理等要素成本，在要素成本高涨的前提下，企业不得不选择转移到要素成本较低的地区。因此，中西部地区的要素禀赋是吸引企业向外转移的重要因素。在所有要素禀赋中，企业最看中的是中西部地区的普通劳动力充足、成本低（得分7.655 6分）、其次是水、电等能源供应充足（得分7.490 1分）、土地成本低（得分7.437 1分）、基础设施、配套设施完善（得分7.417 2分）、交通运输成本低（得分7.364 2分）、丰富的自然资源（得分6.960 3分）。

可见，劳动力成本仍是劳动密集型企业生产最看重的因素，其次是保证企业正常运作的水、电、土地、基础设施等配套，最后才是自然资源。根据对企业家的访谈，企业家认为，中西部地区一些优秀的熟练劳动力，不管是技术型的还是非技术型的都愿意到东部发达城市去打工，而不愿意留在中西部地区，主要是因为东部地区的职业技能培训相对比较完善，工作也相对比较容易寻找。“人往高处走，水往低处流”，人才必定会向发展空间更大的区域流动。所以，中西部地区如果想要吸引企业转移过来，必须注重对职业技术培训机制的开发，形成人力资源开发与管理的良性循环。

三、要素创造

吸引企业向中西部地区转移的除了要素禀赋之外，要素创造也非常重要，而要素创造离不开城市化及市场环境，反映了一个地区的综合市场环境。在要素创造中，企业最看重的是中西部地区的技术服务、检测服务、人才服务等中介服务组织完善（得分 7. 198 7 分），可见技术检测类中介服务机构对劳动密集型企业生产的重要性，因为其生产的产品要经常进行技术检测；其次是，能够寻找到充足而且成本低的技能型劳动力（得分 7. 185 4 分）、能够寻找到充足而且成本低的中高级技术人才（得分 7. 172 2 分）、能够寻找到充足而且成本低的普通企业管理人员（得分 7. 158 9 分）、能够寻找到充足而且成本低的中高层企业管理人员（得分 7. 046 4 分），可见，企业向中西部地区转移，除了考虑普遍劳动力成本外，还要考虑中高层技术管理类人才的成本；最后是，在中西部地区，能够较快寻找到企业的生产配套合作企业（得分 6. 827 8 分）、政府及服务机构能够提供良好的劳动力素质和技能培训（得分 6. 788 1 分）。这种对企业生产至关重要的生产配套网络却被企业排在最后，从另一个方面也显示出技术服务和人才对劳动密集型企业生产的重要性。

第六节　转移出去的企业，重新嵌入当地了吗

一、已经进行了扩张或转移的企业

表 6-6-1 数据显示，本次调查的 312 家企业中，112 家企业已经进行了对外扩张或转移，占被调查企业的 35. 9%。结合前面的分析发现，已经转移或者扩张的企业，大部分企业不是将企业全盘转出，而是在周边地区（苏北、浙东、安徽）设厂扩大生产规模，从而实施对外扩张的策略。

表 6-6-1　企业是否已经进行了对外扩张或转移？

企业是否已经进行了对外扩张或转移？	频率	有效百分比
是	112	35.9%
否	200	64.1%
合计	312	100.0

二、转移出去的企业，重新嵌入当地了吗

这些转移出去的企业，嵌入当地社会了吗？调查发现，虽然企业全盘转移出去的意愿并不是很强，但是对外扩张的意愿却较强。而且，实施了对外扩张战略的企业也已经嵌入当地社会，均值得分均在 6 分以上（见表 6-6-2）。其中，企业的社会关系网络嵌入性最强，“企业转移出去后，与转入地企业老板建立了良好的人际交往关系”得分最高，为 6.928 6 分，其次是“企业转移出去后，与转入地政府官员建立了良好的人际交往关系”，得分为 6.785 7 分。结合表 6-6-3 各个分值所占的比例来看，50%的企业转移出去以后，在与政府官员的社会关系网络嵌入性方面得分为 8 分，占的比例最高，可见企业对与政府关系的重视程度；60%以上的企业在与政府及企业老板的社会关系网络嵌入性方面得分为 7 分或者 8 分，得分较高，也说明企业的社会关系网络（与政府官员及企业家）嵌入性较强。相比较而言，企业的生产配套网络嵌入性较弱，只有 50%的企业得分为 7 分或者 8 分。说明企业在异地设厂以后，首先考虑的是建立良好的社会关系网络，其次才是建立良好的生产配套网络，而且生产配套网络的完善并非一朝一夕所能完成的，需要企业之间的协同合作，需要合作企业之间的不断磨合。

表 6-6-2　转移出去企业的再嵌入性

	样本量	极小值	极大值	均值	标准差
6.1 企业转移出去后，与中转入地企业建立了完善的生产配套合作关系	112	1.00	8.00	6.446 4	1.739 00

续表

	样本量	极小值	极大值	均值	标准差
6.2 企业转移出去后，与转入地研发机构、培训机构、招聘机构等建立了密切合作关系	112	1.00	8.00	6.678 6	1.677 70
6.3 企业转移出去后，与转入地政府官员建立了良好的人际交往关系	112	1.00	8.00	6.785 7	1.629 84
6.4 企业转移出去后，与转入地企业老板建立了良好的人际交往关系	112	1.00	9.00	6.928 6	1.696 39

表 6-6-3　转移出去企业的再嵌入性

	得分（从 1 分~10 分，分值越来越高）									
	1	2	3	4	5	6	7	8	9	10
	%	%	%	%	%	%	%	%	%	%
6.1 企业转移出去后，与转入地企业建立了完善的生产配套合作关系	3.6				23.2	21.4	7.1	42.9		1.8
6.2 企业转移出去后，与转入地研发机构、培训机构、招聘机构等建立了密切合作关系	3.8				14.3	16.1	21.4	42.9		1.8
6.3 企业转移出去后，与转入地政府官员建立了良好的人际交往关系	3.6			1.8	14.3	16.1	14.3	50.0		
6.4 企业转移出去后，与转入地企业老板建立了良好的人际交往关系	3.6				14.3	14.3	25.0	28.6	14.3	

CHAPTER7 第七章

嵌入性约束下，长三角产业转移的案例分析

长三角地区面临着迫切需要产业转型和产业升级的压力。而在“一带一路”背景下，中西部地区的交通、水利、能源、通信等重大基础设施建设也取得了实质性进展，具备了承接产业转移的能力。国家也出台了一系列中西部大开发及鼓励长三角地区劳动密集型产业向中西部地区转移的政策。但是，长三角地区的制造业并没有想象中的大规模地向中西部转移，这是为什么呢？因为除了土地、劳动力、水、电等要素成本会影响企业的转移意愿外，嵌入性因素（制度嵌入、关系嵌入、生产嵌入、服务嵌入等）也是影响企业转移意愿的重要因素。长三角地区企业的经营活动深深“嵌入”所在地的区域制度环境、社会关系网络、生产配套与服务网络中，如果企业转移到中西部地区，将失去企业嵌入在这些关系网络中的社会资本，从而影响企业的正常生产经营。

如何突破产业转移中的嵌入性约束，在“政府导向、市场化运作、共建产业园”的总指导思想下，长三角地区（特别是上海和江苏）各地政府纷纷结合当地特色，有序地推动着区域产业转移。本章节采取案例研究的方法，通过走访长三角的地方政府、部分产业转移园区，选取长三角产业转移总指导思想、长三角产业转移的运营模式、江苏省南北挂钩共建产业园策略及制度安排、苏州与宿迁合作共建产业园区的制度创新、苏州工业园“飞地经济”模式、苏州（宿迁）产业转移园、上海“服务型政府”在园区共建中的作为、上海外高桥集团（启东）产业园等为切入点，研究地方政府如何突破产业转移的嵌入性约束，推动长三角地区的企业向周边等欠发达地区转移，以便既实现长三角地区的产业转型和产业升级，又实现区域经济的协调发展，推动长三角地区区域经济一体化进程。这些案例也为中西部地区吸引长三角

地区的产业转移提供借鉴。

案例一：嵌入性约束下，长三角产业转移的总指导思想——“园区共建”

在长三角区域一体化整合的“背后推力”下，长三角区域内产业转移有着“一箭双雕”的作用：既能破解“一线城市”的土地、劳动力、环境、能源、自然资源等瓶颈，有效地推动产业结构的调整升级；又能带动长三角欠发达地区的经济发展，形成区域一体化的互动格局。但是，长三角发达地区的企业适应了转出地的产业环境，与当地企业和政府建立起了较好的社会关系网络，如果企业转出，将会失去企业嵌入在原有地社会关系网络中的社会资本。为此，长三角的做法是展开点对点的园区共建合作：由发达地区和欠发达地区携手共建产业园，将在欠发达地区合作共建的园区看作发达地区产业园区在异地的延伸，既解决了产业发展的空间约束性，又保留了企业嵌入在原有地企业和政府中的社会关系网络，突破了产业转移过程中的嵌入性约束。那么，长三角的园区共建模式是如何发展起来的，采取了什么样的共建模式呢？

一、园区共建的发展历程

（一）探索阶段：合作共建产业园区

1. 江苏省南北挂钩合作共建产业园区

长三角的园区共建最早是在苏南地区的传统加工制造企业已经有外迁势头的情况下，由江苏省委省政府于2006年提出的（见“苏南苏北挂钩合作共建产业园区的措施”政策文件），目的是推进苏南地区的传统加工制造业向苏北地区转移，带动苏北地区的经济发展，实现全省经济的协调均衡发展。2007年开始，江苏省不断探索南北共建园区的创新实践，鼓励苏南重大产业转移项目落户苏北，全面推动苏南苏北合作共建产业园区，共批准11个共建园区。2009年，为了进一步深化南北合作，更深层次地推进苏南苏北合作共建产业园区，将跨省共建也纳入南北共建范围，主要是将上海纳入南北共建范围。截至2009年底，江苏省南北共建园区20个，2010年底增至27个，

2011年底增至33个，2012年底增至37个，2016年底增至43个，2018年底增至45个（见表7-1-1）。2013年，江苏省政府又出台了《关于促进苏中与苏北结合部经济相对薄弱地区加快发展的政策意见》，明确这些苏中地区的南北共建园区同等享受苏北地区南北共建园区的政策。同期，苏中3市（扬州、泰州、南通）申报的南北共建园区共7个。根据政策，2013年至2015年，南北共建园区在通过年度考核后，可以获得省财政1 500万元的以奖代补资金，年度考核排名前10名的园区再奖励1 000万元，年度考核排名第11名至前50%的园区再奖励600万元，新增增值税和所得税省、市、县留成部分全部补贴给园区。〔1〕至2016年底，共建园区累计入园企业超千家，项目注册资本超千亿元，实际利用外资超过40亿美元，带动就业人口55万人。园区主要经济指标年增长率大体保持15%以上，年均新增高新技术企业100多家，约60%园区土地投资强度达到280万元/亩以上，超出当地开发区平均水平。〔2〕共建园区逐渐成长为省内区域合作的关键纽带、南北产业转移的重要平台、苏北经济社会发展的新动能。

表7-1-1　江苏省南北挂钩共建的产业园区

序号	共建园区名称	批准时间	主要产业
1	苏州宿迁工业园区	2007.06.06	电子机械、新材料、轻工食品、纺织服装
2	张家港经济开发区宿豫工业园	2007.05.23	高科技、高附加值产业（机械、汽配加工产业）
3	无锡-新沂工业园	2007.06.06	石英制品精加工、机械、电子、纺织、精细化工等
4	无锡锡山-丰县工业园	2007.04.30	纺织服装、机械加工及电动车业

〔1〕参见“南北共建园区吸引110亿投资，累计引进30个项目，三个园区已分别获得省财政1500万元奖补资金”，载http://sz.tznews.cn/tzrb/html/2015-05/08/content_670329.htm?div=-1，最后访问时间：2016年1月7日。

〔2〕参见“创新南北园区合作共建 促进江苏区域协调发展”，载http://fzggw.jiangsu.gov.cn/art/2018/1/4/art_4637_7240181.html，最后访问时间：2016年1月7日。

续表

序号	共建园区名称	批准时间	主要产业
5	常州高新区大丰工业园	2007.05.23	电子、机械电器、新型材料
6	武进高新区阜宁工业园	2007.06.06	电子信息、纺织服装、机械电器、新型建材
7	南京经济技术开发区涟水工业园	2007.05.23	机械电子、纺织服装
8	江宁经济开发区淮阴工业园	2007.05.23	先进制造业为主，电子、IT 等高科技产业等为辅
9	昆山经济技术开发区连云港工业园	2007.05.23	机械、电子
10	镇江经济开发区东海工业园	2007.05.23	硅产业、农副产品、纺织服装、机械电子等
11	江阴睢宁工业园	2007.09.21	机械电子、纺织服装、板材家具
12	昆山-沭阳工业园	2008.04.06	纺织、服装、电子、机械加工
13	吴江经济开发区泗阳工业园	2008.07.08	纺织服装、电器照明、木材加工等
14	常熟东南经济开发区泗洪工业园	2008.07.08	纺织服装、轻工食品、电子和机械制造业
15	吴中经济开发区宿城工业园	2008.09.12	纺织服装、机械电子
16	南京江宁经济开发区连云港工业园	2009.04.23	医药电子、装备制造、仓储物流
17	丹阳经济开发区灌云工业园	2009.04.23	机械加工、轻工食品、纺织服装
18	宜兴环保科技工业园沛县园区	2009.04.27	铝加工、轻纺电子、商贸物流

续表

序号	共建园区名称	批准时间	主要产业
19	无锡蠡园高新区贾汪工业园	2009. 04. 27	机械、电子
20	无锡-邳州工业园	2009. 04. 27	机械、农副产品加工
21	太仓港经济开发区灌南工业园	2010. 02. 04	精细化工
22	昆山高新区淮安工业园	2010. 02. 04	电脑及周边产品和电子元件产业
23	南京雨花经济开发区盱眙工业园	2010. 02. 04	机械、电子
24	宜兴经济开发区金湖工业园	2010. 02. 04	机械制造、仪表线缆和新型建材
25	丹徒经济开发区赣榆工业园	2010. 11. 12	精密机械、电子信息、服装玩具
26	句容经济开发区海州工业园	2011. 04. 14	新型装备制造、新能源、新材料
27	江苏省国信集团淮安工业园	2011. 11. 28	新能源、IT 产业、天然气深加工相关产业
28	上海嘉定工业园区建湖工业园	2010. 03. 22	机械产业、绿色照明产业
29	上海西郊工业园区东台工业园	2010. 11. 12	机械制造、电子电气、新材料
30	上海南汇工业园区响水工业园	2011. 04. 14	电子信息、纺织服装、机械加工
31	上海漕河泾新兴技术开发区盐城工业园	2011. 06. 10	新能源汽车及零部件、新能源、装备制造
32	上海市工业综合开发区滨海工业园	2011. 11. 28	泵阀机械、高新技术、新型材料等
33	上海闵行盐都工业园	2011. 11. 28	通讯电子产业
34	上海嘉定汽车产业园区亭湖工业园	2012. 04. 05	汽车零部件、光伏新能源、电子、通讯

续表

序号	共建园区名称	批准时间	主要产业
35	昆山花桥经济开发区淮安工业园	2012.04.05	电子、冶金机械、生物医药
36	南京高新技术产业开发区洪泽工业园	2012.04.05	机械、电子、新材料、纺织
37	武进经济开发区射阳工业园	2012.04.05	机械电子、新材料制造、高端纺织
38	锡山经济技术开发区兴化工业园（泰州）	2014.02	品牌食品、高端机械、电子电器、新能源和高科技产业
39	江阴高新技术产业开发区黄桥工业园（泰州）	2014.04.28	精密制造、节能空冷、汽车零部件等
40	昆山高新区姜堰工业园（泰州）	2014.10	智能电网产业
41	常熟高新区（海安）工业园（南通）	2015.06	纺织产业
42	上海莘庄工业区宝应工业园（扬州）	2016.02	新材料、信息技术等
43	波司登（高邮）工业园（扬州）	2016.01	服装等

2. 上海在市外合作共建异地工业园

江苏省的南北共建产业园的效果显著，既带动了苏北经济发展，又为苏南地区“腾笼换鸟”创造了条件。因此，长三角其他地区也开始效仿江苏省积极推进园区共建。受江苏省南北共建产业园区政策的带动（因为江苏省已经将上海纳入南北共建产业园区的合作范畴），近年来，上海在江浙皖三地建立的异地工业园也犹如雨后春笋般出现，截至2011年底，上海已经在江苏、浙江、安徽等地合作建立了20多个异地工业园和开发区分区，其中落户江苏的最多，有11个；截至2015年底，上海与周边地区共建异地工业园区已经有

30多家，进一步加快了长三角一体化进程。[1] 部分共建园区名录见表7-1-2。比如，上海在江苏合作共建的产业园区已经吸引了上海纺织（控股）集团、上海光明食品集团、上海电气集团、上海中油、上海电力等众多知名企业陆续在苏北的盐城市投资兴业。

表7-1-2　上海在市外共建的部分“异地工业园”

序号	上海在市外建立的异地工业园	主要产业
1	上海外高桥集团（启东）产业园	以外向型生产加工业为主，物流、贸易产业为辅，生产、办公、生活设施完备的综合性大型产业园
2	漕河泾开发区海宁工业园	泵阀机械、高新技术、新型材料等
3	漕河泾开发区盐城工业园	新能源汽车及零部件、新能源、装备制造
4	上海光明食品大丰工业园	以食品深加工和现代制造业为主导产业
5	上海杨浦海安工业园	机电设备、医疗用品、石油润滑等领域
6	上海奉贤海安工业园	主要接受奉贤区转移的企业
7	上海杨浦大丰工业园	主要接受杨浦区转移的企业
8	宝钢集团南通产业园	钢铁加工等
9	宝钢集团海门产业园	钢铁加工等
10	昆山浦东软件园	建成一个以软件研发、软件外包、孵化与出口、加工为主导，集教育、培训、展示、旅游、综合服务为一体的国家级精品生态软件园
11	漕河泾松江高科技园	园区由通用厂房区、研发区和现代服务业集聚区三大功能区块组成
12	漕河泾闵行高科技园	主要吸纳信息技术、生物医药、新材料等三大领域的高科技企业

〔1〕参见“上海与周边地区积极共建异地工业园区30多家，创合作新模式——产业‘走出去’促长三角一体化”，载http://www.wokeji.com/lvse/hb/201501/t20150115_935774.shtml，最后访问时间：2016年1月7日。

续表

序号	上海在市外建立的异地工业园	主要产业
13	上海长宁集团浙江湖州多媒体产业园	发展现代服务业和创意产业
14	上海长宁集团盐城临空经济园	承接上海的产业转移
15	山东济阳上海工业园	承接上海的产业转移
16	上海张江海门高科技园	直接接轨上海，打造科技创新的示范高地
17	上海通用汽车安徽广德研发中心	汽车研发
18	上海华谊集团安徽皖江化工基地	化工产业
19	江海产业经济园（上海城投和启东市）	产业高地，生态新区
20	上海纺织集团盐城大丰产业园	纺织产业
21	上海闵行盐都工业园	通讯电子产业
22	嘉定工业区建湖科技工业园	机械产业、绿色照明产业
23	张江南通数字产业园	数字产业
24	市北高新南通科技城	科技城科技领先、生态领先、产业社区的发展理念
25	上海莘庄工业区宝应工业园（扬州）	新材料、信息技术等
26	上海西郊工业园区东台工业园	机械制造、电子电气、新材料
27	上海南汇工业园区响水工业园	电子信息、纺织服装、机械加工
28	上海嘉定汽车产业园区亭湖工业园	汽车零部件、光伏新能源、电子、通讯

3. 浙江省积极参与园区共建

2002年，为促进浙江省内均衡发展，浙江省提出促进沿海地区产业向浙西南山区、海岛等欠发达地区梯度转移，详见表7-1-3。除了到安徽、江西等地建立“异地园区”，引导低端产业有序退出外，嘉兴还与上海、杭州等市开展区域合作，如规划建设海宁连杭经济区、平湖临沪产业园等。另外，浙江还采用镇镇合作模式，如海盐县沈荡镇与上海市桃浦镇合作，在沈荡镇设立“上海示范产业园”，承接和吸纳桃浦镇因产业调整转移的企业。[1] 从上海漕河泾新兴技术开发区海宁分区作为浙江首个跨省合作共建开发区开始，浙江省一直在积极探索与外地的园区共建，积极探索推进发达地区的产业向欠发达地区梯度转移，但总体上来说，进展缓慢。

表7-1-3 浙江省参与长三角的“园区共建”项目

序号	共建的园区	参与共建的城市	主要产业
1	上海漕河泾新兴技术开发区海宁分区	上海漕河泾新兴技术开发区、浙江海宁市	电子信息、新能源、新材料、机械装备、汽车零部件等先进制造业和现代服务业
2	张江杭州湾科技园	上海金山区、上海张江科技园发展有限公司、浙江平湖市	国际化生态智慧型科技新城
3	上海张江平湖科技园	平湖市政府、上海张江高新技术产业开发区	制造业、现代服务业、现代农业

4. 安徽省积极参与园区共建

安徽省的园区共建项目主要分为两类：一类是安徽省承接长三角产业转移的园区共建项目，一类是安徽省内南北合作共建产业园区项目。截至2011年9月，皖江示范区10个市在建、签约和洽谈的各类合作共建园区就达到84个，涉及土地面积约44万亩，总投资2 600亿元以上。[2] 截至2014年底，安

[1] 参见安徽省商务厅：“园区合作共建的模式和现状”，载 http://www.ahbofcom.gov.cn/XXGK/TitleView.aspx? Id=135565，最后访问时间：2016年3月16日。

[2] 参见安徽省合作交流办公室：“浙江省政府经济合作交流办公室来皖开展合作共建园区专题调研”，载 http://www.ahpc.gov.cn/pub/webcontent.jsp? newsId = 2E300FC6 - DEDA - 46F1 - AA4B - 371AB 491B787，最后访问时间：2016年2月2日。

徽省的园区共建项目共有 111 家，其中已建成 67 家，签约 44 家。[1]宣城、滁州等市已经开展了“园中园”“托管园”“共建园”等有效合作方式。

安徽省在国务院批准设立“皖江城市带承接产业转移示范区”后，主动承接长三角区域的产业转移，融入泛长三角大区域内。近年来，围绕推进皖江城市带承接产业转移示范区建设，安徽省联合长三角地区共建园区及“飞地经济”开展得有声有色，详见表 7-1-4。江苏与安徽、浙江与安徽的合作共建也成为安徽融入长三角吸引产业梯度转移的重要载体，此类共建多为先发地区与后发地区合作，较为典型的有苏州工业园与安徽滁州共建的中新苏滁现代产业园。[2]

表 7-1-4　安徽省参与长三角的“园区共建”项目

序号	园区共建项目	参与共建的城市及园区	主要产业
1	中新苏滁现代产业园	苏州工业园、安徽滁州市	电子信息、新材料、生物医药、工业设计、IT 软件、动漫
2	合肥创新创业园	合肥经济技术开发区、上海漕河泾高新技术开发区	新兴科技产业、服务外包
3	上海徐汇（国家级）软件基地马鞍山软件园	马鞍山花山经济开发区、上海徐汇国家级软件基地	电子信息、三网融合、生物医药镜像检测、动漫及衍生产品
4	泗海工业园	安徽泗县、浙江海盐县	纺织服装、粮食
5	池州市长宁产业园	安徽滁州市、上海长宁区	现代制造业
6	白茅岭飞地经济园区	安徽广德县、上海市	机械电子配套
7	浙江金巢工业园	巢湖市政府、皖中浙商工业园有限责任公司	机械配件、化工、食品加工、休闲食品

〔1〕参见何苗：“200 个共建产业园梳理：长三角合作共建机制现状”，载 http://business.sohu.com/20140918/n404408985.shtml，最后访问时间：2016 年 1 月 7 日。

〔2〕参见何苗：“200 个共建产业园梳理：长三角合作共建机制现状”，载 http://business.sohu.com/20140918/n404408985.shtml，最后访问时间：2016 年 1 月 7 日。

续表

序号	园区共建项目	参与共建的城市及园区	主要产业
8	望江桥港经济开发区	安徽望江桥港经济开发区、浙江绍兴县湖塘街道	纺织、建材、农产品加工、机械
9	南谯川沙工业园	滁州南谯工业园、上海川沙功能区	机械加工
10	滁州承接产业转移无锡合作共建园	滁州琅琊经济开发区、无锡惠山区	机械加工
11	上安铜由工业园	安徽含山县铜闸镇工业园、上海奉贤区南桥镇光明 A3 工业园	机械加工、纺织
12	宁滁合作产业园	滁州经济技术开发区、南京高新技术开发区	家电
13	定远绍兴合作工业园	安徽定远县工业园、浙江绍兴滨海工业园	轻工业、纺织
14	安徽六安温州滨海科技工业园	六安市金安城北经济开发区、温州经济开发区	物流
15	郎溪开发区无锡工业园	安徽省质量技术监督局、无锡市机械制造类企业	特种设备制造

除此之外，从 2011 年开始，安徽省也积极学习江苏省的经验，开始了皖南皖北合作共建的探索，共建了 7 个共建园区，详见表 7-1-5。[1]

表 7-1-5　安徽省南北合作共建的产业园区

序号	园区名称	参与共建的城市	主要产业
1	阜阳合肥现代产业园区	合肥市、阜阳市	家电、机械制造、食品及农产品加工

〔1〕 参见何苗：“200 个共建产业园梳理：长三角合作共建机制现状”，载 http://business.sohu.com/20140918/n404408985.shtml，最后访问时间：2016 年 1 月 7 日。

续表

序号	园区名称	参与共建的城市	主要产业
2	蚌埠铜陵现代产业园区	铜陵市、蚌埠市	农业、医药、精细化工、精密铸造、农副产品精深加工、机械加工、服装纺织及现代服务业
3	濉溪芜湖现代产业园区	安徽濉溪县、安徽芜湖县	机械及装备制造、电子电器、新材料、轻纺家具以及现代服务业
4	亳州芜湖现代产业园区	亳州市、芜湖市	高端装备制造、节能环保、电子信息、生物医药、食品深加工
5	宿州马鞍山现代产业园区	宿州市、马鞍山市	食品及农产品深加工、信息和光电材料、制造业、服务业等相关产业
6	寿县蜀山现代产业园区	六安市寿县、合肥市蜀山区	先进制造业、现代服务业
7	凤阳宁国现代产业园区	安徽凤阳县、宁国市	硅产业和现代物流业

（二）搭台阶段：长三角园区共建联盟的成立

长三角的园区共建近年来虽然一直在积极推进，但是为园区共建提供公共服务的平台很少。园区合作面临着一定的瓶颈和困惑，合作政策不够稳定，合作的实质性进展较慢，园区合作缺少一个有效的沟通交流平台——有合作意向的园区找不到合适的合作伙伴，没有渠道“宣传”自己的合作意愿。这种信息不对称性，使得一些很好的合作项目最终“流产”。因此，园区合作亟待政府搭台引导，帮助园区和企业更好地了解各地的投资环境。在这样一种背景下，长三角园区共建联盟于 2010 年 11 月成立，目的是针对长三角园区合作过程中出现的信息不对称性问题，建立一个平台，进一步优化园区及企业在长三角的社会资本网络，通过“园区共建”加强区域经济合作，实现产业梯度转移和产业布局的优化。

1. 上海牵头成立长三角园区共建联盟专门小组

长三角园区共建合作专题，是2010年3月26日长三角城市经济协调会第10次市长联席会议上确定的2010年长三角城市合作专题之一，希望进一步促进长三角地区的园区合作。随后的2010年5月24日，国务院正式批准实施《区域规划》。2010年8月，由上海市人民政府发展研究中心、上海市经济和信息化委员会、上海市人民政府合作交流办公室牵头，长三角园区共建合作专题组成立。此后不久，长三角园区共建联盟秘书处成立。2010年11月，长三角园区共建合作专题推进工作会在安徽合肥召开，与会园区共同签署《长三角园区共建联盟合作框架协议》，长三角园区共建联盟正式成立，确定首批盟员有上海漕河泾开发区、上海虹桥经济技术开发区、上海张江高科技园区、苏州工业园区、无锡国家高新区、合肥高新技术产业开发区及宝钢集团、上海电气集团、华谊集团等40家。[1] 2011年3月，联盟对首批40家长三角园区共建联盟盟员颁发证书，对8家品牌园区、8家示范园区和4家试点园区进行授牌。[2] 2015年10月，长三角地区合作与发展联席会议在马鞍山召开，提出要推进产业转型，继续开展园区合作共建，共同推进创新驱动发展，不断提升合作层次，在融合中分享机遇，在互动中借力发展，努力开创互惠互利、合作共赢的新局面。[3]“长三角园区共建联盟”成立的目的是在长三角地区搭建以园区为载体的产业合作平台，促进长三角地区的产业梯度转移和产业布局优化。

2. 首批4家试点园区签约

2011年3月24日，首批4家长三角园区共建联盟试点园区签署了合作协议。上海市城市建设投资开发有限公司与启东市人民政府、上海市北高新（集团）有限公司与南通市港闸区人民政府、上海光明集团与大丰市人民政府、上海漕河泾新兴技术开发区与松江区人民政府之间分别签署合作框架协议。其中，上海市北高新园区成为首批长三角园区共建联盟品牌园区。上海

---

〔1〕 参见“长三角园区共建联盟成立”，载 http://www.mofcom.gov.cn/aarticle/resume/dybg/201011/20101107258581.html，最后访问时间：2016年3月17日。

〔2〕 参见“长三角园区共建联盟推进园区品牌联动发展”，载 http://unn.people.com.cn/GB/14748/14230764.html，最后访问时间：2016年3月19日。

〔3〕 参见“2015年长三角地区合作与发展联席会议在马鞍山召开”，载 http://ah.people.com.cn/n/2015/1010/c358342-26725765.html，最后访问时间：2016年3月17日。

市北高新（集团）有限公司与南通市港闸区人民政府合作开发了5.24平方公里的上海市北高新（南通）科技城，总投资约为350亿元。合作方式是当地政府出让土地，完全交由市北高新来运营，科技城将承担一部分产业转移的承接功能，为此，市北高新专门派出了一个10多人的管理团队到南通，既能打消市北新高新园区企业向南通转移的社会资本嵌入性约束的顾虑，也能够继续为企业提供优质服务。[1]

3. 开通官方网站，畅通园区信息交流

"长三角园区共建联盟"成立后，如何畅通园区的信息交流呢？2011年3月，长三角园区共建联盟官方网站（www.jointpark.org）开通。网站的开通改变了以往园区之间信息不对称的现状，也为长三角的园区共建提供了新的社会关系网络平台。联盟秘书处每半个月发表园区共建动态，定期公布长三角22个城市经济发展状况、当地政府扶持共建园区发展的新政策、各地园区发展的新动向及项目合作信息等，并免费将这些信息印制成册，向22个城市的政府机关、重点园区管委员、企业集团管理层、社会服务机构等发放。

（三）溢出阶段：长三角园区合作已经溢出长三角

随着长三角园区共建联盟的良好口碑的树立，越来越多的园区申请加入联盟。在"长三角园区共建联盟"的推动下，安徽等地积极加入长三角合作联盟。截至2012年2月，长三角在全国范围内的园区合作项目约79个，其中长三角园区之间的合作项目达60多个，长三角之外的园区20多个，区域内产业转移效果显著，溢出效应也非常明显。[2]联盟也吸引了非长三角地区的辽宁、山东、河南等省的20多家重点园区申请加入。据21世纪宏观研究院对各地发改委发布的数据，截至2014年9月，长三角地区上海、江苏、浙江、安徽四省市合作共建的园区已逾200个。其中，江苏、安徽数量最多，跨省域共建中，江苏、浙江多与上海合作，安徽在皖江城市带承接产业转移示范区获批后，与江浙沪三地共建园区较多。[3]

---

〔1〕参见"长三角定位共建园区联盟，首批4家试点园区签约"，载http://miit.ccidnet.com/art/32559/20110325/2345011_1.html，最后访问时间：2016年2月2日。

〔2〕参见"长三角园区共建联盟盟员已达79家"，载http://tv.people.com.cn/GB/60604/17214073.html，最后访问时间：2016年2月2日。

〔3〕参见何苗："200个共建产业园梳理：长三角合作共建机制现状"，载http://business.sohu.com/20140918/n404408985.shtml，最后访问时间：2016年1月7日。

表 7-1-6　长三角园区共建联盟品牌园区、示范园区、试点园区名单

品牌园区	示范园区	试点园区
一、首批品牌园区（8家） 1. 上海市市北高新技术服务业园区 2. 上海漕河泾新兴技术开发区 3. 张江高科技园区 4. 苏州工业园区 5. 南京江宁经济技术开发区 6. 无锡国家高新技术开发区 7. 杭州经济技术开发区 8. 合肥经济技术开发区 二、第二批品牌园区（5家） 1. 上海虹桥经济技术开发区 2. 上海临港产业区 3. 盐城经济技术开发区 4. 杭州钱江经济开发区 5. 合肥高新技术产业开发区	一、首批示范园区（8家） 1. 上海漕河泾新兴技术开发区海宁分区 2. 上海漕河泾开发区松江高科技园 3. 宝钢集团海宝产业园 4. 华谊集团安徽基地 5. 上海西郊经济技术开发区东台工业园 6. 上海嘉定工业区（建湖）科技工业园 7. 绍兴滨海新城 8. 马鞍山承接产业转移示范区 二、第二批示范园区（5家） 1. 中国江海产业经济园 2. 上海漕河泾新兴技术开发区盐城分区 3. 上海工业综合开发区滨海工业园 4. 嘉兴秀洲工业园区 5. 马鞍山经济技术开发区	一、首批试点园区（4家） 1. 中国江海产业经济园 2. 江苏泰州海陵工业园区 3. 常州高新区大丰工业园 4. 嘉善经济技术开发区 二、第二批试点园区（5家） 1. 上海南汇工业园区 2. 上海闵行（盐都）工业园 3. 湖州多媒体产业园区 4. 安徽当涂经济开发区 5. 江苏射阳经济开发区

二、园区共建模式

长三角地区现行的园区共建模式主要有：园区之间、政府与政府、园区与企业、园区与高校合作。从省内合作来看，先发市和后发市之间合作共建也较常见，如苏皖两省的南北合作；从市内合作来看，市域开发区与郊县合作共建效果较好，如合肥柏堰科技园。

（一）双方园区合作共建产业园

此模式一般采取股份合作制设立共建园，交由合作双方成立的合资股份公司管理，收益按照双方股本比例分成，一般是发达地区控股，拥有产业园区的开发决策权。如南通的苏通科技产业园，其开发公司由中新苏州工业园区开发股份有限公司控股（占 51%）、南通经济技术开发区有限公司（占

39%）和江苏农垦集团有限公司（占10%）参股。上海外高桥集团（启东）产业园有限公司由上海外高桥保税区联合发展有限公司（占60%）和南通市的启东滨海工业园开发有限公司（占40%）按比例出资组建。

（二）双方政府合作共建产业园

由双方政府牵头共建产业园，以国有投资公司作为投资主体。锡通科技产业园的投资发展有限公司是无锡方（占51%）和南通通州方（占49%）以国有投资公司为主体合资成立，由无锡市政府和南通市政府签订合作协议，双方各自成立锡通产业园建设协调小组，两市协调小组建立联席会议制度，定期研究、协调推进锡通产业园的共建工作。上海和江苏两地的市、县、区政府合作建立的产业园区，如上海杨浦（海安）工业园由南通市海安县与上海杨浦区政府合作共建，园区规划面积5平方公里，杨浦区负责引导区内科技含量高、市场前景广、成长性好的外迁企业落户园区，海安经济开发区则做好企业对接、园区建设、项目服务等工作。

（三）企业与园区合作共建产业园区

通常是企业在迁入地的既有开发区内设立“区中园”，由企业和开发区共同开发管理。此种模式主要是大企业集团在异地建设生产基地，园区合作采取“总部经济、异地生产、统一经营”的方式，生产基地转移至异地工业园区。如上海宝钢集团公司与江苏南通的海门市政府签订《宝钢海门合作开发协议》，合作开发海宝金属工业园，重点发展钢材延伸加工、钢材加工配送服务和现代物流基地等相关项目。园区的项目开发由双方组建的联合工作组展开，宝钢制定园区开发方案，海门市负责具体项目的审批手续和相关配套等。

（四）高校与园区合作共建产业园

上海复旦大学控股的大陆第一家高校上市公司复旦复华科技股份有限公司，在南通市的海门开发区建立上海复华高新技术园。复华公司发挥其雄厚的资金支撑和强大的人才保障，在海门重点发展电子信息、新材料、环保科技、生物工程等产业的科技研发和教育培训，协助引进与产业定位相关的国家重点实验基地和研究中心。

三、园区共建的效果

2008年金融危机后，长三角发达地区的产业以园区共建的形式加速了梯度转移的步伐，得天时地利的后发地区如苏北、安徽等自然成为园区共建的产业承接首选地。因此，长三角园区共建主要以长三角发达地区与苏北、安徽等后发地区的共建为主。从产业结构看，共建园区多数以纺织服装、机械制造、电子器械、化工医药、食品等加工制造业为主，而上海多依托自身产业和园区优势，开发新能源、电子信息等高新技术产业。长三角园区共建加速了长三角地区的产业结构调整，加快了苏北、安徽等欠发达地区的经济发展，加快了泛长三角地区的区域经济一体化进程，但向中西部地区转移的步伐仍然较慢。应该说，园区共建对泛长三角欠发达地区的经济带动作用很大。但是，从更深层次来看，长三角各地的园区共建良莠不齐，园区共建的经济产出地域差异也十分明显。各地共建园区的产业规划的交叉和重复性较大，同质化程度偏高，地域优势无法体现。多数园区的合作项目主要是传统制造业，发达地区和欠发达地区区域之间的发展仍然不均衡，园区合作机制有待进一步完善。

相比较而言，起步较早的苏南苏北合作共建园区的效果较好，这一模式直接带动了苏北盐城、宿迁等地的经济增长与发展。自2006年7月设立首批10个试点园区以来，从2010年起苏北地区多项经济指标连续多年高于江苏全省，2011年苏北5市GDP总量首次突破1万亿元大关，2015年苏北5市GDP总量达16 564.3亿元，各市的GDP增长速度均高出全国平均水平（2015年全国GDP增速6.9%），大多数城市也超过江苏省的平均水平（2015年江苏省GDP增速8.5%）。2018年苏北5市完成GDP21 365.98亿元，超过苏州市的18 597.47亿元。苏北5市成为承接苏南和上海等长三角地区产业转移的重点区域。

与江苏相比，安徽自2011年始的南北合作共建则仍处于探索过程中。安徽省发改委信息中心最近的一次调研指出，安徽全部各类共建园区中近50%的园区还没有形成明显的经济产出，仅省会合肥的4家共建园区工业总产值就占到全省共建园区的67.2%，而皖东的滁州有27家共建园区，工业产值才占全省的6.0%。[1]

---

〔1〕 参见何苗："200个共建产业园梳理：长三角合作共建机制现状"，载http://business.sohu.com/20140918/n404408985.shtml，最后访问时间：2016年1月7日。

案例二：长三角园区共建的运营模式——“政府导向、市场化运作”

在区域经济一体化的背景下，长三角地区从2006年开始通过“共建产业园”的模式，有序地推动着产业转移，成效显著。为什么呢？主要是他们对共建的产业园区采取“政府导向、市场化运作”的运营模式，有效地调动了长三角地区园区的积极性。

一、国家、社会和市场的关系

在产业转移的过程中，国家、市场和社会三方都可以作为行动主体推动产业转移，但是哪方作为行动主体更有效率呢？我们首先来探讨一下中国经济发展过程中国家、市场和社会的关系。学者对中国经济增长有3种解释：国家中心论、市场中心论和社会中心论（徐建牛，2007）。[1]国家中心论强调地方政府是推动中国经济发展的主力，学者观点有“地方性市场社会主义”（Lin Nan，1995）[2]、“地方政府公司化”（Jean，1992、1995、1998、1999）[3][4][5][6]、“地方政府即厂商”（Walder，1995、1998）[7][8]、“地方

〔1〕 参见徐建牛：“后地方法团主义——市场转型过程中乡镇政府经济行为的制度分析”，中山大学2007年博士学位论文。

〔2〕 See Lin Nan, “Local Market Socialism: Local Corporation in Action in Rural China”, *Theory and Society*, Vol. 24, 1995, pp. 301-354.

〔3〕 See Jean C. Oi, “Fiscal Reform and the Economic Foundation of Local State Corporatism in China”, *World Politics*, Vol. 45, 1992, pp. 99-126.

〔4〕 See Jean C. Oi, “The Role of the Local State in China's Transitional Economy”, *China Quarterly*, Vol. 144, 1995, pp. 1132-1149.

〔5〕 See Jean C. Oi, “The Evolution of Local State Corporatism”, in Andrew Walder eds., *Zouping in Transition: The Process of Reform in Rural North China*, Harvard University Press, 1998.

〔6〕 See Jean C. Oi, “Local State Corporatism”, in Jean C. Oi, eds., *Rural China Takes Off: Institutional Foundations of Economic Reform*, University of California Press, 1999.

〔7〕 See Andrew Walder, “Local Governments as Industrial Firms”, *American Journal of Sociology*, Vol. 101, 1995, pp. 263-301.

〔8〕 See Andrew Walder, “The State as an Ensemble of Economic Actors: Some Inferences from China's Trajectory of Change”, 1998.

威权主义”（邱泽奇，1999）[1]、“村镇政府即公司”（Peng，2001）[2]、“谋利型政权经营者”（杨善华、苏红，2002）[3]等，基本观点是地方政府扮演成“企业家”角色，直接干预着企业的生产经营活动（徐建牛，2007）。[4]市场中心论试图在经济学的产权理论框架下解释中国经济的快速发展，学者的观点有模糊产权的非正式私有化（Nan Lin，1995；李稻葵，1995）[5][6]、混合组织形式的非正式私有化（Victor，1992）[7]、市场监督论（Lin，Cai and Li，1998、1999）[8][9]等，强调从资源的市场配置、产权改革对企业经理的激励来解释中国经济的增长。市场中心论强调市场监督而不是政府监督是中国经济发展的主要原因，比如乡镇企业所实行的承包制就是一种相对有效、激励兼容的制度安排，是一种按照市场规则运作的制度安排。社会中心论强调社会关系、社会网络、社会第三方组织等社会因素在中国经济发展过程中的作用。这些基于信任的社会因素已经被很多学者证实对亚洲四小龙国家的经济发展做出了重大贡献，对中国乡镇企业及民营企业的发展也做出了重要贡献（Weitzman and Xu，1994）。[10]总之，国家中心论强调财政体制改革对地方官员发展地方经济的激励，把中国经济的增长看作是国家对地方官员激励的结果；而市场中心论强调改革开放以后的市场化和私有化改革对中国经济增长的关键作用；社会中心论强调社会、文化、信任等因素对经济增

---

[1] 参见邱泽奇：“乡镇企业改制与地方威权主义的终结”，载《社会学研究》1999年第3期。

[2] See Yusheng Peng，“Chinese Villages and Townships as Industrial Corporations：Ownership，Governance，and Market Discipline”，*American Journal of Sociology*，Vol. 106，2001，pp. 1338-1370.

[3] 参见杨善华、苏红：“从‘代理型政权经营者’到‘谋利型政权经营者’——向市场经济转型背景下的乡镇政权”，载《社会学研究》2002年第1期。

[4] 参见徐建牛：“后地方法团主义——市场转型过程中乡镇政府经济行为的制度分析”，中山大学2007年博士学位论文。

[5] See Nan Lin，“Local Market Socialism：Local Corporation in Action in Rural China”，*Theory and Society*，Vol. 24，1995，pp. 301-354.

[6] 参见李稻葵：“转型经济中的模糊产权理论”，载《经济研究》1995年第4期。

[7] See Victor Nee，“Organizational Dynamics of Market Transition：Hybrid Forms，Property Rights，and Mixed Economy in China”，*Administrative Science Quarterly*，Vol. 37，1992，pp. 1-27.

[8] See Lin Justin Yifu，Fang Cai，Zhou Li，“Competition，Policy Burdens，and State-Owned Enterprise Reform”，*American Economic Review*，Vol. 88，1998，pp. 422-427.

[9] See Lin Justin Yifu，Fang Cai，Zhou Li，*Zhongguo Guoyou Qiye Gaige*（*The reform of China's State-owned enterprises*），Hongkong：Chinese University Press，1999.

[10] See Martin L. Weitzman，Gangxu Cheng，“Chinese Township - Village Enterprises as Vaguely Defined Cooperatives”，*Journal of Comparative Economics*，Vol. 18，1994，pp. 121-145.

长的关键作用。

“国家-市场-社会”三分法显然有其不足之处。中国经济增长是制度变迁的过程，国家的制度创新为经济增长提供了强大动力；但是，经济增长也是市场转型的结果的观点也不容置疑；在国家制度和市场转型过程，社会的信任机制是经济发展的润滑剂，没有信任的保障，制度的执行成本将成倍增加。具体到产业转移中，国家、市场和社会均发挥着重要作用，见图 7-2-1。首先是地方政府积极为产业转移助力。比如，广东省的促进产业转型升级和省内经济均衡发展的“双转移”战略，江苏省的南北挂钩共建产业园区，浙江省的园区合作，安徽省设立“皖江城市带承接产业转移示范区”积极承接长三角地区产业转移策略等。但是，在产业转移过程中，如果企业没有转移意愿，政府使出浑身解数也没有用；如果企业对中西部地区政府缺乏信任，企业的社会关系和社会网络主要在转出地，企业也不会贸然行事。因此，产业转移不是国家、市场和社会中的哪一方面单独行动的结果，而是三方面相互作用的结果。

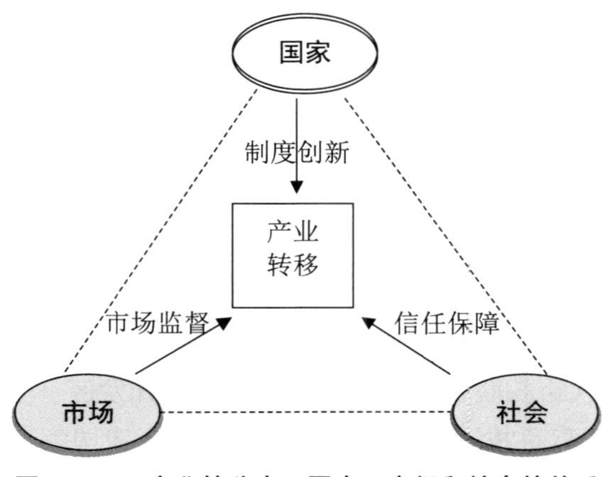

图 7-2-1　产业转移中，国家、市场和社会的关系

既然国家、市场和社会三方在产业转移过程中均发挥着重要作用，那么，国家、市场和社会三方是否都可以作为产业转移的行动主体呢？我们通过长三角产业转移的实践经验来寻找答案。

二、长三角“园区共建”的运营模式

（一）区域经济一体化背景下的共建产业园模式：政府导向

长三角地区内部一直是一个比较典型的以产业转移为载体的经济发展过程，表现为以上海为核心的中心区域的向外扩张。经过20世纪80年代、90年代中期的上海产业政策调整，上海、苏南和浙北地区经济快速发展，相比较而言，苏北地区的发展一直比较滞后。因此，近年来，在上海及苏南地区企业已经有外迁势头的情况下，江苏省委省政府充分利用上海跨国公司总部与国家级产业基地两翼齐飞的“总部经济”产业结构调整策略和长三角区域经济一体化的契机，积极参与到上海及苏南地区的产业转移进程中去，成立苏北发展协调小组，每年召开一次会议，突出一个发展重点带动苏北经济发展。2001年重点加快基础设施建设。2002年发展县域经济，推进产业、财政、科技、劳动力“四项转移”。2005年出台了《加快苏北振兴的意见》，提出对苏北地区坚持多予、少取、放活，从以扶持输血为主转为激活内生造血机制为主。2006年提出“苏南苏北挂钩合作共建产业园区”的措施，推进苏南地区的传统产业向苏北地区转移，至此，苏南苏北挂钩合作共建产业园开始了新篇章。2008年，在《国务院关于进一步推进长江三角洲地区改革开放和经济社会发展的指导意见》政策引导下，共建园区更是得到了地方政府的高度重视，并将上海也纳入“苏南苏北挂钩合作共建产业园区”的范围之内。2009年，江苏省出台了《进一步加强苏南苏北共建园区建设的政策措施》，苏北地区全面进入工业化和城市化加速发展新阶段。2010年，在长三角城市经济协调会第10次市长联席会议上，上海漕河泾开发区、上海虹桥经济技术开发区、上海张江高科技园区、苏州工业园区、无锡国家高新区、合肥高新技术产业开发区及宝钢集团等30多家园区和大型企业集团发起成立了“长三角园区共建联盟”，共建产业园模式进入了新时代。截至2014年底，上海已建立30多个异地合作园区和开发区分区。截至2018年底，江苏省南北挂钩共建的苏北开发区共45个。

（二）共建产业园的运营模式：市场化运作

通过“走出去”策略，由经济发达地区（上海、苏南等长三角“先发地带”）主要在“一小时经济圈”内选择有较强合作意向的经济欠发达地区（苏北、浙西等长三角“后发地带”），共同筹建“园中园”“共建园”等异地工业园，组织经济发达地区企业向外迁移，成为长三角地区产业转移合作模式的一种新趋势。走出去，是区域经济一体化发展的新亮点。特别是上海、苏南的制造产业，正面临着产业链和产业布局重整的关键时期，“异地共建产业园”超出了简单的产业转移范畴，是在“优势互补、利益共享、形式多样”原则指导下的一个有效的共赢途径。那么，什么样的运营模式才能使共建园区发挥更大效用呢？长三角地区的园区共建选择了按照市场化运作的模式，见图 7-2-1。

1. 共建园区的合作类型

异地共建产业园，绝不是简单地把不适合某地发展的企业搬到另一地，而是从“整体产业链的互动”层面实施的产业优化。这主要是由上海及苏南地区的政府机构与园区所在地方政府按照双方合作开发协议，联手推进产业转移，在异地批准设立开发区、工业园区、高新技术产业开发区，或者在土地利用总体规划的建设用地中，整体或部分划出一定面积的土地用于上海及苏南地区外迁企业的成群成片成链式发展。这些异地工业园区可以分为混合型、专业型和单一型 3 种类型。混合型产业转移工业园是指对入园产业类型没有特别要求，只要符合园区环保要求的产业，基本上都可以入园发展的产业园区；专业型产业转移园区是指以某一类型产业为主导发展的产业园区，其入园产业一般为同一类型的产业或关联性较强的上下游产业，大多是在政府及行业协会的引导下，集中迁入园区发展；单一型产业转移工业园是指以单个或几个龙头企业为主导发展的工业园区。

异地共建产业园的“联动类型”也是多种多样的，主要有 3 个类型（李荣，2011[1]）：一是上海及苏南的市属企业或者央企，与欠发达地区开发区共建园区。具有代表性的是，宝钢与海门共建的宝钢海门产业园；华谊集团在安徽无为县建设的煤化工项目、上海纺织集团与盐城大丰市共建的纺织产业园。二是上海及苏南的开发区与欠发达地区开发区共建园区，探索较早的是苏州工业园与宿迁共建的苏州（宿迁）工业园、上海漕河泾开发区与嘉兴

〔1〕 参见李荣：“异地共建产业合作区，上海加快‘对内走出去’”，载 http://news.xinhuanet.com/fortune/2011-09/27/c_ 131162976_ 2.htm，最后访问时间：2016 年 2 月 2 日。

共建的漕河泾开发区海宁分区、上海外高桥保税区与启东海滨工业园共建的外高桥（启东）产业园等。三是发达地区的区县政府在市外合作共建园区，较为成功的是上海杨浦区在盐城建设的开发区。

2. 共建园区的合作模式：股份制合作

在合作模式上，一般是由上海及苏南地区政府与园区所在地政府发挥各自优势，上海及苏南地区出资金入股，园区所在地政府出土地入股，通过土地优惠、税收优惠等特殊制度安排与上海及苏南政府形成“合作共赢”。双方合作共建股份制园区开发公司，进行合资经营，并负责园区具体的规划、开发、建设、经营管理工作。从公司股权结构看，上海及苏南方面一般占据控股地位，持有50%以上股份，并选派人员担任合资公司的总经理，兼任园区管委会副主任等职务，具有决策权。在管理方面，建立高层协调机制，即在管委会上面由上海、苏南及所在地主要领导或部门牵头，建立协调理事会或联席会议制度，定期或不定期举行联席会议解决园区内的重大问题和决策。这种模式由于引入了股份合作制，运作规范，共建双方积极性都很高。但这种模式主要适合资金实力雄厚、园区开发经验丰富的发达地区政府、园区或大企业与具有较强合作意愿的欠发达地区合作。以外高桥（启东）产业园的股份合作模式为例。双方在现有启东的滨江开发区中设立共建园，交由合作双方成立的合资股份公司管理，公司负责园区规划、投资开发、招商引资和经营管理等工作，收益按照双方股本比例分成。上海外高桥保税区联合发展有限公司和启东滨海工业园开发有限公司双方共同成立合资公司，注册资本3.2亿元，上海、启东各占股本60%和40%，税收等收益按照6:4分成。[1]

3. 共建园区的运营模式：市场化运作

总体来看，长三角地区异地共建的产业园，主要采取公司主导的市场化运作模式。在市场化运作中多以沪方及苏南方为主导，即股权、人事、决策完全由上海及苏南方面主导，但利益双方共享。具体的运营模式有以下3种：第一种是以双方政府机构出面设立管委会，同时设立合资的开发公司，管委会和开发公司实行两块牌子、两套班子的“政企分离型”的市场化运作模式，比如外高桥（启东）产业园。第二种是成立有多方主体的园区运作公司，按

〔1〕 参见“关于上海在其周边地区建设跨区域合作园区的思考”，载 http://www.ahbofcom.gov.cn/XXGK/TitleView.aspx? Id=135543，最后访问时间：2016年3月17日。

照市场化运作。比如，苏州（宿迁）工业园区，注册资本 6 亿元人民币，成立“江苏省苏宿工业园区开发有限公司”，由江苏省、苏州市、宿迁市、苏州工业园区分别按照 1:0.5:0.5:4 的比例共同出资组建，决策权掌握在苏州工业园手中（杨玲丽，2010）。[1]第三种是完全的商业化运营模式，如上海漕河泾新兴技术开发区在浙江海宁的“公司型”运营模式，由上海漕河泾新兴技术开发区和海宁经济开发区双方共同成立合资公司，作为园区唯一的开发、经营主体，负责园区的开发、建设、经营和管理。

4. 共建园区的盈利模式：利益共享的双赢格局

在产业转移合作模式中，建立利益共享的双赢格局非常重要。

共建产业园对接收地的经济带动作用是显而易见的，因此接收地的积极性较高。因为“异地工业园”的建立不仅引进了上海及苏南地区的成熟企业，同时还由于产业集聚效应和“一线城市”品牌效应能够吸引更多的外资企业入驻，大大推进了当地的招商引资；同时由于共建双方对“异地工业园”进行共同管理，无疑会带来发达地区的先进的园区管理经验和管理理念，提高欠发达地区的园区管理水平。

产业转移对转出方来说，可以缓解发展所面临的土地紧张、环保压力大、劳动力不足等突出问题，让部分传统制造业转移出去以实现“腾笼换鸟”和“扩笼壮鸟”；也可以帮助部分需要做强做大的企业在异地增产扩产，提升产能。但同时，转出方担心产业转移导致产业空心化，出现税收减少、产业竞争力下降、就业不足等问题。因此，转出方的动力不足，积极性往往不高。而长三角的区域间利益共享的“共建产业园”合作模式中，双方共建的“异地工业园”与转出方之间存在着千丝万缕的联系，可以被看作是转出方产业园在异地的延伸，在管理、决策、税收、收益分成等方面转出方都占优势，可以获得长期收益，因此转出方的积极性相对较高。

---

[1] 参见杨玲丽：“区域产业转移中的地方政府行为：效率机制与合法性机制的博弈”，载《科技管理研究》2010 年第 17 期。

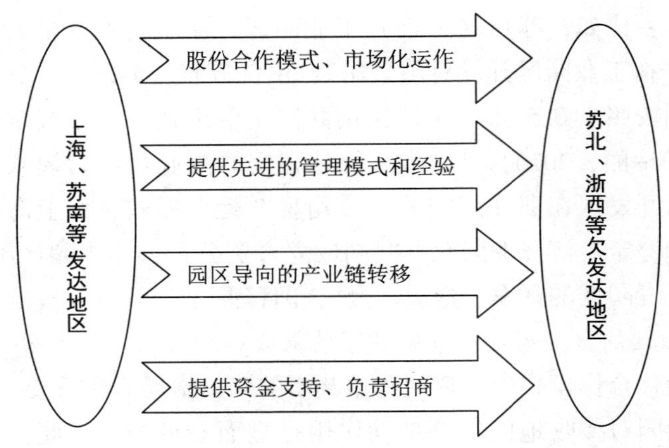

图 7-2-2 长三角“共建产业园”运营模式

三、“市场化运作”是长三角园区共建成功运营的关键

从世界经济的发展经验来看，产业转移的趋势难以逆转，今后我国产业转移的规模将越来越大，产业转移的层次将越来越高。长三角产业转移的经验告诉我们：推动产业转移的关键是政府充分授权，共建产业园区，并按照“市场化”运作，见图 7-2-3。在产业转移的过程中，国家、市场和社会三方都可以作为行动主体推动产业转移，但是哪方作为行动主体更有效率呢？如果以政府作为产业转移的行动主体，负责产业转移的政府官员可能以前没有园区管理的经验，也对企业的情况不了解，不熟悉企业的运作，很难真正劝服发达地区的企业转移到欠发达地区。如果依靠社会力量作为产业转移的行动主体，产业转移中的社会力量主要是行业协会和商会，而在中国目前的情况下，行业协会和商会的发展还不太成熟，他们的动员能力有限，很难大规模地说服企业转移。如果纯粹依靠市场规律引导产业转移，上海及苏南的企业不一定转移到苏北、浙西或者长三角其他经济欠发达地区，可能会转移到内地去，这将违背长三角区域经济一体化的战略思想。因此，长三角的主要做法是成立有政府背景的园区运作公司，在政府政策指导下，由园区开发公司按照市场化运作。这种有政府背景的公司比政府直接推动产业转移更加有效率，因为政府导向的共建产业园模式是以产业的内在需求为主导，按照市

场化运作。政府可以搭建区域内“对内走出去”的服务平台、政策指引，但是产业转移到底能够“走到哪一步”，这得由区域经济的内在规律——市场“说了算”。只有企业在市场导向、成本导向、资源导向、产能扩张等方面“确实有内在需求”的情况下，相关产业的异地联动才会顺利“走出去”。如果条件不成熟，企业内在的调整愿望不迫切，企业“走出去”的积极性就不会很高。因此，区域一体化背景下的产业异地联动，绝不能搞成“政府直接干预”的“强制配对”，而是要尊重市场规律和经济规律，“有耐心、有引导、善等待”，在其内在动力的推进下，政府再提供政策导向，“自然而然，水到渠成”。

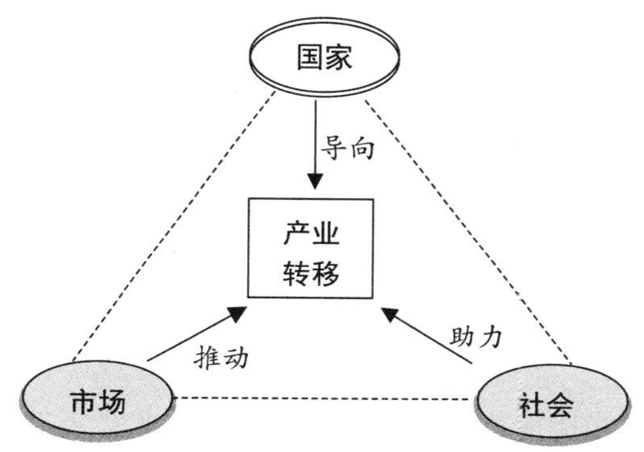

图 7-2-3　国家、市场和社会在产业转移中的作用

案例三：江苏省南北挂钩共建产业园区突破产业转移的嵌入性约束

一、江苏省南北挂钩共建产业园区介绍

改革开放以后，江苏省经济持续快速增长，综合经济实力不断增强，但苏南、苏北区域间发展不平衡现象日趋突出，苏北成为制约江苏经济高速发展的“瓶颈”。2003 年，苏北地区人均 GDP 为 8500 元，仅为苏南地区人均 GDP 的 1/4，也低于同期全国的平均水平。2005 年开始，省委省政府做出了大力发展苏北的决策。2006 年，提出了支持南北挂钩、共建苏北开发区的策

略，鼓励苏南重大产业转移项目落户苏北，开始了南北对口支援、促进江苏区域经济协调发展的探索[1]。

江苏省南北挂钩共建开发区的做法是：苏南的南京、苏州、无锡、常州、镇江5市与苏北的淮安、宿迁、徐州、盐城、连云港5市实行一对一挂钩合作，由苏北在本地设立的省级以上开发区中，划出一定面积的土地作为区中园。区中园由苏南和苏北共同管理，苏南地区负责园区的规划、投资开发、招商引资和经营管理等工作，苏北地区负责拆迁安置、基础设施配套、社会管理等工作。在领导管理体制上，区中园通常有3个层级，即南北双方政府联席会议、园区管委会、园区投资开发公司。园区的运作主要由园区投资开发公司按照市场化运作。园区开发公司以股份制合作为主，一般是苏南占60%以上的股份，因此具有决策权。

实践证明，南北共建产业园区已经成为推动苏南产业转型升级、苏北产业跨越发展的强大引擎。多年来，省委省政府对南北挂钩共建产业园区给予了大力支持，共建园区对苏北经济的带动作用明显。但是，从20世纪90年代起，江苏省就已经开始重视南北经济协调发展，先后建立了“五方挂钩”的帮扶制度和财政、产业、科技、劳动力“四项转移”制度。新世纪之初，又提出了“苏南提升、苏中崛起、苏北振兴”的区域协调发展战略。为什么直到2006年后，南北挂钩共建产业园区策略对苏北经济的带动作用才开始如此显著呢？因为江苏省南北挂钩共建产业园区的做法，成功地突破了企业高度嵌入在转出地的社会资本约束障碍，推动了产业顺利转移。

二、江苏省南北挂钩共建产业园区突破产业转移过程中的“嵌入性”约束

受苏南地区越来越高的生产成本的制约，苏南地区的企业多数有转移的意愿，而苏北也有接受企业转移过来的意愿。为什么企业迟迟不愿意转移？是因为企业“高度嵌入”苏南地区，如果单个企业转移出去以后，将失去企

[1] 2006年9月和2009年12月，江苏省政府分别下发了《省政府关于支持南北挂钩共建苏北开发区政策措施的通知》（苏政发〔2006〕119号）和《省政府印发关于进一步加强共建园区建设政策措施的通知》（苏政发〔2009〕147号）两份文件，对苏北地区南北共建园建设进行政策优惠和资金支持。

业嵌入在原有地中的社会资本，难以维系企业的正常生产经营。江苏省南北共建的产业园区则为企业提供了从苏南地区“脱嵌”和“双嵌入”苏南和苏北地区的平台。苏南地区的企业通过转入共建的产业园区，成功地消除了阻碍企业“脱嵌”的社会资本约束因素，也为企业“重新嵌入”苏北地区提供了有利条件。南北共建的产业园区怎么样帮助“高度嵌入”苏南地区的企业“脱嵌”苏南、“双嵌入”苏南和苏北，详见图 7-3-1。

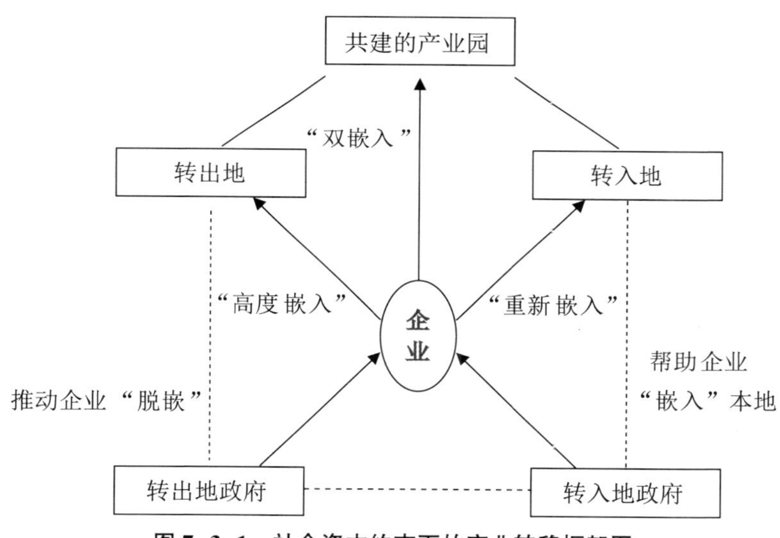

图 7-3-1　社会资本约束下的产业转移框架图

（一）企业的社会资本“高度嵌入”苏南地区，而不愿意转移

经过多年发展，苏北的交通运输状况、基础设施等有了较大改善；投资软环境在各级政府的大力支持下也有了明显改善。而随着苏南的土地资源越来越紧张，环境压力越来越大，企业在苏南的生产成本越来越高。但是，企业仍然愿意在苏南忍受高成本的压力，向苏北转移或扩张的积极性不高。原因是企业的社会资本“高度嵌入”苏南地区，无法“脱嵌”。企业的生产网络、服务网络、制度网络、社会网络等都“高度嵌入”转出地，一旦离开，企业将失去其嵌入在转出地网络中的资源动员能力。

1. 制度性嵌入

指企业与当地政府部门的联系。企业已经与生产地区的制度化的机构

（例如地方政府、政府服务机构）等建立起了密切联系，从政策支持中能够获取经济资源。中国是一个政府导向型的经济发展模式，地方政府手中掌握着大量的资源，企业领导人通过与地方政府建立密切联系，能够获得有利于企业发展的更多经济资源。

2. 社会性嵌入

指企业领导人的人际关系网络。许多社会学家已经证明企业的绩效与人际关系网络密切相关。企业在生产过程中，为了应对信息不对称性和不确定性，主要通过人际交往获取订单信息、市场信息、招聘信息等，遵守合同，诚实守信地合作。诚信的社会交往是企业成功的基石。在中国，企业遇到的很多问题是靠关系解决的，而非法律解决的。

3. 生产性嵌入

指企业在生产环节中，与生产链上的其他配套企业的联系。这种嵌入能够在协力合作的基础上，促进企业改善产品性能，提高企业的创新能力。当企业遇到生产或者资金困难时，还可以帮助企业渡过难关。

4. 服务性嵌入

指企业与当地生产服务性机构的联系，包括研发机构、行业协会、培训机构、招聘机构、银行等。如果没有多元化的服务性机构，企业生产过程中遇到的许多问题将无法解决。服务性网络也有利于提高企业的创新意识和创新能力。

（二）企业从苏南地区“脱嵌”，转移到南北挂钩共建的产业园

1. “脱嵌”：产业转移势不可挡

（1）苏南园区需要“腾笼换鸟”式产业升级

江苏省苏南地区的工业园区发展到一定阶段，土地资源、环境承载力、劳动力成本与经济发展的矛盾越来越突出，产业优化升级已经到了十分关键的时期。因此，园区需要腾出新的空间发展高科技产业。另外，园区内的多数企业也面临着无地扩产的压力。因此，企业从苏南园区“脱嵌”，产业转移势不可挡。南北挂钩共建园区既有利于苏北“筑巢引凤”，也有利于苏南“腾笼换鸟”式产业升级。

比如，苏州工业园区由我国和新加坡两国政府于 1994 年合作共建，由苏州市开发公司与新加坡财团组建的合资开发公司负责运营。合作之初，中、

新双方在合资公司中所占股份分别为35%和65%，中方全权负责园区的行政管理工作，开发公司负责园区开发和对外招商引资。建设初期，园区也经历了“资源招商”阶段，即以相对低廉的土地成本、劳动力成本及优惠政策，吸引了众多跨国企业劳动密集型生产基地的落户。从2001年1月1日起，中、新双方在合资开发公司的股份调整为65%和35%，中方成为大股东并承担管理权，苏州工业园步入了由“外引”到“内生”的升华期，新加坡经验在苏州得到了本土化实践。如今，苏州工业园区的发展也到了产业升级和土地紧张的阶段，园区迫切需要开辟一块新天地，既转移苏州工业园区内需要扩产的企业，也转移需要落户苏州工业园区的新外资企业。于是，苏州工业园区开始了园区管理经验的“消化再输出”，通过在苏北宿迁、南通建立“飞地经济”形式的产业园，既可以解决苏州工业园区发展的土地紧张压力，也可以带动苏北经济的发展。

（2）企业需要降低成本、扩大规模

从企业视角来看，苏南的企业发展到一定阶段，受劳动力成本、环境压力等影响，必然面临着生产要素成本越来越高的煎熬；而且，苏南地区土地资源越来越紧张，也导致企业无法扩大生产规模。因此，企业迫切需要转移到新的地方降低生产成本，扩大生产规模。

比如，波司登集团地处苏州常熟市，由于服装行业的用工量非常大，随着近年来人工成本的上升，动辄千计的熟练工在苏南既不好招，也难留住，因此用工问题一直困扰着企业。2007年，波司登北上泗洪建生产基地，投产前一个月就顺利招到3 000名熟练工。[1] 现在波司登生产基地已经大多放到苏北，常熟总部主抓研发、设计、营销，成为服装研发基地与品牌基地。

再如，可成科技是台湾知名上市企业，长期为苹果、戴尔等IT巨头做产品外观配套，是镁合金压铸领域的领导厂商，2001年起在苏州工业园区先后投资建设了可成科技、可胜科技、可利科技等多家公司，在苏州工业园区的这块投资热土可谓如鱼得水、蒸蒸日上。但是，随着企业产能不断增长，土地、环境等瓶颈压力相继产生，企业很难在苏州工业园区扩大生产规模。2008年年中，可成科技携6亿美元的总投资，从苏州工业园区挥师北上，签

〔1〕 参见“苏南的难题苏北的呼唤 南企北上在位移中‘质变’”，载http://www.js.xinhuanet.com/xin_wen_zhong_xin/2009-08/09/content_17343248.htm，最后访问时间：2016年3月9日。

约落户苏宿园区，成为宿迁市迄今单体投资最大的外资项目。[1]

2. “脱嵌”策略：转移到南北挂钩共建的产业园区

苏南的企业有很强的转移意愿，但是又不愿意转移，主要是企业的社会资本“高度嵌入”苏南地区，转移出去后，企业将失去原有的社会资本，生产活动将受到影响。在所有的社会资本当中，比较重要的是企业与当地政府官员所建立起来的关系网络，这种关系网络可以消除企业生产过程中的制度性障碍。很多企业不愿意转移的原因，就是担心转出以后，与中西部地区的政府官员不好打交道，怕企业遇到经济学上所谓的“敲竹杠”行为。

而南北共建的产业转移园则是一种苏南产业园在苏北的延伸，相当于苏南产业园在苏北的“飞地”。共建园区的很多管理人员均是苏南派出的干部，而且苏南派出的干部担任共建园区管委会主任，掌握着决策权。这种共建园区使得企业虽然在空间上转移到异地，但仍然像身处苏南一样，打消了其担心“敲竹杠”的后顾之忧。用企业家的语言来描述就是“我们企业虽然身处苏北，但是还是跟苏南的官员打交道，感觉仍然在苏南一样”。这种共建园区，同时转移了企业的部分社会资本，使得企业愿意从苏南“脱嵌”出来，重新“嵌入”到共建园区中。截止到2018年底，苏南苏北共建园区总数达45个。

3. “脱嵌”方式：消除产业转移的社会资本约束

（1）大企业带动产业转移

虽然南北挂钩共建的产业园像是苏南园区在苏北的“飞地”，苏南企业转移到共建园区后，像是身处苏南一样，仍然是和苏南的政府官员打交道，但是，如果仅仅是一两家企业转移，企业就像孤岛上的鲁滨逊一样，将无法生存。那么，如何才能带动更多的企业转移呢？大企业的带动将起到很好的示范效应。在大企业的带动下，其产业链上的配套企业将会跟着大企业一起转移，也必将带动着企业的社会资本一起跟随企业转移。

比如，入选2010年全国500强企业的49家江苏企业中，除去4家苏北企业，苏南的红豆集团、恒力集团、波司登集团、梦兰集团、沙钢集团、南京钢铁集团、亚邦集团、华西集团等20家企业均已经在苏北的共建园区投资，到位资金223.8亿元，投资领域主要有纺织服装、冶金、化工、物流等。仅

[1] 参见“‘走出去’打造园区竞争力”，载http://www.sipac.gov.cn/sipnews/siptoday/20120706/C1226/201207/t20120706_161258.htm，最后访问时间：2016年3月9日。

纺织产业，就有2006年开工建设的红豆淮安工业园，2007年8月开工的波司登泗洪工业园、恒力集团宿迁工业园、梦兰集团（泗洪）家纺工业园等，这4家纺织服装企业在苏北计划总投资达120亿元。[1] 大企业大集团大项目落户苏北的共建园区，有力地带动其他中小企业向苏北转移，同时也带动产业链上的配套企业向苏北转移，保证了企业生产所需的配套网络。

再如，已有4家上市公司落户其中的长电科技，其半导体中大功率器件封装项目总投资15亿元，占地126亩，是苏北亩均投资强度最高的国家级重点高新技术企业项目。在大企业的带动下，截止到2018年底，苏宿工业园区已累计投入开发建设资金146.36亿元，为宿迁引进了首家期货项目等30多项“第一、唯一”，实际到账外资占宿迁全市份额第一，连续10年在全省工业园区考核中名列第1，成为全省南北合作、区域协调发展的楷模。[2]

（2）把产业链搬到苏北去

即使是大企业带动产业转移，孤立的或几个大企业的转移，无论对园区发展，还是对当地经济的带动，都是没有价值的。因此，产业链转移将很有必要。其实，大企业转移必然会带动产业链转移。但是，园区的产业规划对产业链转移同样重要。江苏省南北共建产业转移园的做法是，成熟的园区根据其地方经济发展规划和园区规划，挑选主导型产业，引导其产业链、产业集群整体搬迁，具体表现为如今不同类型的园区，如医药园区、风电园区等。

比如，江苏南京形形色色广告传媒有限公司董事长卢长银和经济导报记者打趣道：“较真起来的话，我们的广告公司也算是若干个产业链上的一环吧。”这家在江苏小有名气的广告公司，有着10多年的发展史，见证了江苏经济南北合作的过程。这家公司目前最大的客户是位于苏北连云港、在国内太阳能产业界声名显赫的太阳雨太阳能有限公司。近几年，他们伴随苏南诸多产业链的北移向北拓展业务，在徐州、盐城、淮安、宿迁等地获得了更多的合作伙伴。[3]

---

〔1〕 参见江苏省经济和信息化委员会：“江苏省南北联动推动产业转型升级的经验”，载http://www.miit.gov.cn/n11293472/n11293877/n13504312/n13504359/13506408.html，最后访问时间：2016年3月9日。

〔2〕 参见“苏州宿迁工业园区网站”，http://www.ssipac.gov.cn/，最后访问时间：2019年10月12日。

〔3〕 参见姜旺、牟德鸿：“江苏：南北共建突破经济洼地”，载http://paper.dzwww.com/jjdb/data/20121203/html/4/content_3.html，最后访问时间：2016年2月2日。

(3) 组团式外迁

对大企业来说，外迁必然会带动产业链上的企业转移。但是，对大部分中小企业来说，外迁对产业链上的企业的外迁意愿影响较弱，因此，没有外力协助，中小企业很难实现自愿外迁。如果将苏南园区的中小企业及其产业链、产业集群整体搬迁到共建园区中，固然很好，但是，整体搬迁的操作难度很大，实际上很多园区很难做到整体搬迁。于是，比整体搬迁更容易操作的“组团式外迁”将更适合目前的产业转移形势，消除企业在转移过程中对产业链断裂的担心。因为苏南地区企业生产成本和污染控制成本太高，必然导致企业阶梯式搬迁到成本较低的地区，比如纺织服装、机械电子、部分劳动密集型的高新技术企业（如富士康等）。但是，企业很难自发地组团式外迁，这就需要政府、园区管委会、行业协会等的努力，帮助这些劳动密集型企业组团式外迁。

比如，国务院于1990年批准设立的上海外高桥保税区，经过多年的快速发展，打算入驻保税区的企业越来越多，可是保税区已经没有多少多余的土地。而且，随着上海的土地成本和人力成本的上升和环境压力等，早期一些入驻保税区的处于产业链低端的劳动密集型加工企业也有外迁打算。于是，外高桥集团通过在启东建立共建园区，“组团式”将产业链低端的企业转移到启东，在外高桥发展产业链高端企业，实现“腾笼换鸟”。另外，保税区内的汽车零配件企业（伊顿、德尔福等）、IT加工制造企业（联想、IBM、HP、INTEL等）等高新技术企业受外高桥土地瓶颈的制约，也都有在外地扩产扩能的需要。但是，这些企业又难以自发组织起来。这时候，上海外高桥保税区管委会通过“组团式”将这些企业的生产环节外迁到外高桥（启东）产业园，将研发、销售等部门留在外高桥发展总部经济，既破解了企业发展的瓶颈制约，又创造了“飞地经济”的成功范例。

（三）“双嵌入”：转移到共建园区的企业“双嵌入”苏南和苏北

企业从苏南转移到苏北的共建产业园，从地域上看，企业“脱嵌”于苏南。但实际上，共建产业园受苏南和苏北共同管理，而且决策权在于苏南，企业并没有从苏南地区“完全脱嵌”出来，而是仍然“嵌入”苏南。同时，由于也受苏北的管理，同时地处苏北，企业也“嵌入”苏北。因此，企业实现了“双嵌入”苏南和苏北，既可以享用在苏南积累的社会资本，也可以享用在苏北建立起来的社会资本。

1. 企业"嵌入"苏南：南北合作共建的产业园，决策权在于苏南

南北挂钩共建的产业园相当于苏南在苏北地区所建立的"飞地"，虽然地处苏北，理论上应该接受苏北的管理。但是，在这些共建园区中，企业可以找到大量他们所熟悉的苏南符号。首先，共建园区虽然由苏南、苏北派出的干部共同管理，但是以苏南地区的干部为主体，共建园区的管委会主任均由苏南派出的干部担任，苏北干部任副主任。其次，共建园区按照"政府引导、市场运作"的原则，组建了股份制开发公司，但是，苏南方占主要股份，最多的达到 90%，最小也有 60%，因此决策权仍然在于苏南。当企业地处这种"苏南姓"的苏北产业园中时，既嵌入在苏南的政府关系网络中，也嵌入在苏北的政府关系网络中。这种"苏南姓"的苏北开发区主打苏南开发区的品牌，有苏南开发区的信誉和资金保证，对苏北的招商引资也有独特的吸引力。再次，苏南地区选派出了大批优秀干部到共建园区工作，切实提高了转移到苏北企业的服务质量，增强企业家的人脉"认同感"，让他们认识到企业虽然转移到苏北，但是服务上可以得到更充分的保障。这种口碑相传的"认同感"吸引着更多的企业转移到苏北。"十一五"期间，苏南累计向苏北派遣任职干部 173 名，这些干部本着融入苏北、有所作为的思想，把苏南成功的发展理念、发展思路与管理经验与苏北实际相结合，既服务好从苏南转移到苏北的企业，也为苏北经济社会发展做出了贡献。[1]

从企业角度来看，共建园区的决策权在于苏南，给企业吃了一颗"定心丸"。落户苏宿工业园的台湾知名上市公司——可成科技（宿迁）有限公司管理部主管黄雄彬谈起公司的"北上"战略，体会很深。"公司来宿迁，最初的动力就是对苏州工业园区开明运作模式的信任。""我们在这里虽然远一点，但是我们已经习惯了和苏州工业园区的管理团队打交道。""在苏宿工业园区，行政、招商部门的服务标准和执行力与苏州工业园区一模一样，我们仍然像身处苏州工业园区一样。"

2. 企业能否"嵌入"苏北？

难道南北共建的产业园要永远作为苏南的"飞地经济"吗？如果企业不

[1] 参见"新'飞地经济'领舞江苏产业转移"，载 http://paper.dzwww.com/jjdb/data/20121203/html/4/content_3.html，最后访问时间：2016 年 2 月 2 日。

嵌入苏北，那么将无法积累其在苏北的社会资本，对苏北经济的带动作用也将非常有限。但是，企业能不能“嵌入”苏北，取决于苏北投资软环境是否可以改善。苏南的入驻，已经加速了苏北投资软环境的改善。但是，苏北也需要汲取苏州工业园区把新加坡经验从“外引”到“内生”的本土化实践，实现苏南工业园区经验在苏北从“外引”到“内生”的本土化实践。

（1）切实发挥干部的桥梁纽带作用

企业愿不愿意嵌入苏北，共建园区苏北干部的管理经验与能力是重点，这取决于干部能不能为工业园区的企业提供优质的服务。首先，苏南派干部到苏北任职是苏北干部在实践中向其学习的很好机会。“十一五”期间，苏南累计向苏北派任职干部173名，这些干部将苏南产业园区的管理经验带到苏北去，苏北干部在和他们一起共事的过程中学习。其次，共建园区实行南北互派挂职干部制度，少则3年，多则5年，10年累计互派干部近千名，进一步提升了苏北干部的管理水平。再次，苏南在派干部到苏北任职过程中，要变“输血”为“造血”，努力培养苏北本地的优秀的干部管理队伍。[1]

（2）建设高效诚信的政府服务队伍

企业为什么不愿意离开苏南地区？主要是他们相信苏南政府的服务水平和服务能力。因此，苏北地区应当通过干部互派学习，逐步提升园区基层政府的服务能力和服务水平，建设廉洁、公正、高效的行政服务体系，选用实干型、创新型、年富力强的基层领导，增强基层政府的执行力，培育用心谋事、真心干事、耐心处事的基层作风，建立起一支让企业信任的政府服务队伍。

（3）大规模、高标准地改善和提高基础设施

从公路体系和公路建设标准来看，苏北丝毫不落后于苏南，能够满足苏北地区未来10年发展的需要，限制苏北地区发展的交通瓶颈已经消除。但是，园区基础设施的建设仍需加强和完善。苏州工业园区的成功，“规划先行”的理念功不可没。高标准、高起点的园区规划布局既为招商引资创造了条件，也成为打动投资商的关键因素。

三、经验借鉴：“双嵌入”才能“双赢”

共建产业园并不是江苏首创，也不是江苏独有。伴随着沿海经济的梯度

[1] 根据调研资料整理而成。

转移，诸多地方开始了产业园区共建。但是，为什么江苏省南北挂钩共建产业园对苏北经济的带动作用如此明显？因为江苏省在南北挂钩共建产业园区的过程中，采取诸多措施，以南北共建园区为桥梁，让企业真正实现了“双嵌入”（既嵌入苏南，又嵌入苏北），既转移了企业在苏南地区所积累的社会资本，又为企业在苏北地区拓展新的社会资本提供了条件。这种措施既有利于苏南的产业转型升级，又有利于苏北的经济发展，搭建起了一个“双赢”的平台。

首先，南北共建园区使得苏南开发区在“腾笼换鸟”中赢得了新的发展空间。既可以通过在异地建立“飞地经济”，增加本地的 GDP 和财税收入；又可以通过转移劳动密集型产业，为本地产业转型升级腾出发展空间，吸引“微笑曲线”两端的企业进驻苏南产业园。

其次，产业转移的加速，提升了苏北的工业化程度，通过产业转移在本区域的粘连性，苏北的综合经济实力显著增强，城乡居民收入连续 10 年保持两位数增长。共建园区策略实施之前的 2005 年苏北地区人均 GDP 只有 12 009 元，2009 年增长到 23 835 元，2011 年达到 36 040 元（首次高于全国平均水平，实现了历史性跨越），2015 年达到 55 127 元[1]，2018 年达到 69 304 元，产业结构调整步伐也在加快，创新能力不断增强。

案例四：嵌入性约束下，江苏省南北挂钩共建产业园区的制度安排

一、研究问题的提出

一个组织如何行动，可以有两类解释：经济学的效率机制和社会学的合法性机制。经济学的效率机制强调组织的经济属性，认为在市场的调节下，组织只要在理性选择的原则下追求自己私利的最大化，市场运行就可以达到帕雷托效率。经济学的效率机制理论上无懈可击。但是，现实中果真如此吗？国有企业的运营符合效率机制吗？学校的架构设计符合效率机制吗？企业的行为处处遵循效率机制吗？未必如此，组织的行为并不完全是功利计算的结

〔1〕 参见“苏北经济增速连续 10 年高于全国全省平均水平”，载 http://www.jsdpc.gov.cn/gongkai/jjfz_1/201602/t20160222_416322.html，最后访问时间：2016 年 3 月 17 日。

果，企业常常会设计一些无效率的部门，比如工会等；做一些无效率的行为，比如慈善等。因此，社会学认为研究组织行为要考虑其所处的制度环境，强调组织的社会属性。组织的行为是一个不断采纳外界公认的、赞许的形式或做法的过程，即组织也是制度化的组织。但是，组织行为是否只考虑制度环境呢？明显也不是。现实中，两种机制是交织在一起的。一个组织的行为既要考虑到效率机制，也要考虑到合法性机制，因为组织既要实现自己的私利最大化，又要在其所处的制度环境中生存。而一个制度的设计，也必须考虑到效率与合法性，平衡二者之间的冲突，这种制度才可以长久产生激励作用，真正起到对市场失灵的弥补作用，否则很可能会导致制度设计的失败，导致市场更加无序。

制度设计在组织行为决策中的作用毋庸置疑。具体到产业转移，当经济发达地区想实现“腾笼换凤”式产业升级时，劳动密集型企业却因为社会关系网络的“嵌入性”约束困境而不愿意向外转移，此时，政府的介入恰逢其时。政府在合法性机制作用下，通过巧妙的制度设计，使得下级政府参与其中，动员企业向外转移；而当企业转移出去以后，如果再由政府管理企业必然会出现低效率的情况，此时，政府适时退出，让市场的效率机制充分发挥作用。本章节以江苏省南北挂钩共建产业园区为例，阐述地方政府如何通过有效的制度安排解决劳动密集型产业转移过程中遇到的社会关系网络“嵌入性”问题，同时又如何解决在制度设计过程中的效率机制与合法性机制的冲突问题。

二、文献综述：效率机制与合法性机制

效率机制和合法性机制是现代社会组织运行的两种主要机制。经济学重视效率机制，社会学则热衷于合法性机制。效率机制强调的是“无形的手”（市场）的作用，而有时候，“有形的手”（政府）也能够起到不可忽视的作用。具体到产业转移，企业是选择转移出去生产还是留在原地，是由效率机制决定的，是企业在考虑交易成本最小化基础上的最优选择。但实际上，有效率的事情在现实中未必如愿发生，因为市场也会失灵，这就需要政府在“合法性机制”的激励下发挥“有形的手”的作用。下面分别介绍效率机制与合法性机制。

（一）效率机制

效率是测量资源分配有效性的一个标准，如果某种资源分配方案是自愿参与的各方都愿意接受而没有人愿意改变的话，那么这种方案就是最有效率的，即帕雷托最优。新古典经济学把企业的行为看作是受追逐私利的动力驱使，而达到这一目的的最佳途径就是提高效率，即用最少的投入获得最大的产出（Varian, et al., 2010）。[1]在新古典经济学家眼中，企业是一个“黑匣子”，即在供给和需求相互作用的市场过程中，双方的行为通过价格加以协调（萨缪尔森、诺德豪斯，2009）。[2]人们只要在理性选择的原则下追求自己私利最大化，市场运行就可以达到帕雷托效率，即实现资源最优化配置。但是，新古典经济学关于市场的理论是建筑在“一组非常特定的假设”之上，这些假设包括充分的、对称的信息和人们行为的理性选择等（周雪光，2003）。[3]因而，新古典经济学中的市场关系是一种典型的“非社会性”关系，即完全拔除了社会性关系的影响。

现实中，市场在按照效率机制运行的时候，存在很多障碍，比如有限理性，即人们的信息加工能力是有限的，人们试图按照理性行事，但是达到理性选择的能力是有限的（Simon，1965）。[4]比如市场交易的不确定性和复杂性（Williamson，1985）。[5]这些障碍会导致信息阻滞或者信息不对称，从而出现人们的投机性行为和“小数现象”，很难通过市场机制加以治理，从而导致市场失灵。

在效率机制下，市场关系是一种非社会化的经济关系，交易双方无需知道对方的身份，他们在市场交易中需要签订合同，他们之间的关系也会随着买卖关系的结束而结束（Coase，1937）。[6]但是，现实中我们发现并非如此，

---

〔1〕 See Varian H. R., *Intermediate Microeconomics: A Modern Approach*, W. W. Norton & Company, 2010.

〔2〕 参见［美］保罗·萨缪尔森、威廉·诺德豪斯：《经济学》，萧琛主译，人民邮电出版社2008年版。

〔3〕 参见周雪光：《组织社会学十讲》，社会科学文献出版社2003年版。

〔4〕 See Simon H. A., *Administrative Behavior: A Study of Decision-Makrng Process in Adminntstrat ive Organizations*, Free Press, 1965.

〔5〕 See Williamson O. E., *The Economic Institutions of Capitalism*, Free Press, 1985.

〔6〕 See Coase R. H., “The Nature of the Firm”, *Economica*, Vol. 4, 1937, pp. 386-405.

交易双方的关系往往不会随着买卖双方关系的结束而结束，而且合同中也不可能包括所有可能发生的意外，因此在合同的执行过程中，常常会产生经济关系之外的社会关系，即关系合同（在签合同时，合同上并没有把应该做的事情一一规定清楚，遇到突发事件时灵活处理）（刘世定，1999）、[1]隐性合同（一种广为接受的社会期待，即按照行业规范处理紧急事件）(周雪光，2003)。[2]当企业在生产过程中需要社会关系发挥作用的时候，市场就失灵了，就需要外界力量的干预。本文主要谈及政府的干预，并谈及政府干预过程中的合法性机制。

（二）合法性机制

社会学的制度学派的合法性机制强调在社会认可的基础上建立一种权威，胁迫或诱使组织采用在外部环境中具有合法性的做法的一种制度力量，即社会承认的逻辑或者合乎情理的逻辑。概括来讲，合法性机制的基本思想是：社会的法律制度、文化、观念、习俗、社会期待等成为人们广为接受的社会事实，具有强大的约束力，规范着人们的行为（周雪光，2003）。[3]

政治学中的“合法性机制”重点强调法律制度的作用（胡伟，1996；高丙中，2000），[4][5]而社会学的“合法性机制”不仅强调法律制度的作用，而且强调文化制度、观念制度、社会期待等制度环境对组织行为的影响（Meyer and Rowen，1977；DiMaggio and Powell，1983；Douglas，1986）[6][7][8]。合法性机制迫使组织不得不接受制度环境建构起来的具有合法性的形式和做法，这种做法可以帮助组织提高社会地位，得到社会认可，从而促进组织间的资源交流（周雪光，2003）。[9]相同类型的组织所面临的制度环境大体相

[1] 参见刘世定：“嵌入性与关系合同”，载《社会学研究》1999 年第 4 期。

[2] 参见周雪光：《组织社会学十讲》，社会科学文献出版社 2003 年版。

[3] 参见周雪光：《组织社会学十讲》，社会科学文献出版社 2003 年版。

[4] 参见胡伟：“合法性问题研究：政治学研究的新视角”，载《政治学研究》1996 年第 1 期。

[5] 参见高丙中：“社会团体的合法性问题”，载《中国社会科学》2000 年第 2 期。

[6] See John W. Meyer, Brian Rowen, “Institutionalized Organizations: Formal Structure as Myth and Ceremony”, *American Journal of Sociology*, Vol. 83, 1977, pp. 340-363.

[7] See DiMaggio Paul, Walter W. Powell, “The Iron Cage Revisited: Institutional Isomorphism and Collective Rationality in Organizational Fields”, *American Sociological Review*, Vol. 48, 1983, pp. 147-160.

[8] See Mary Douglas, *How Institutions Think*, Syracuse University Press, 1986.

[9] 参见周雪光：《组织社会学十讲》，社会科学文献出版社 2003 年版。

同，因此最终会导致组织的趋同性，即在组织的行为和形式上越来越像（Meyer and Rowen，1977；DiMaggio and Powell，1983）[1][2]。

合法性机制通过强合法性和弱合法性两个层面影响人们的行为（周雪光，2003）[3]。强合法性指制度塑造人们的思维，因为人是制度的载体，没有主观能动性和自主选择性（Meyer and Rowen，1977；Douglas，1986）；[4]弱合法性强调制度通过影响资源分配或者激励方式影响人们的行为选择，此时，人具有了能动的空间，人们可以自由选择制度（DiMaggio and Powell，1983）。[5]一个具有合法性的组织更容易提高知名度，更容易得到政府的支持和承认，这就诱使组织采纳那些具有合法性的行为，因为组织意识到如果这样做，对组织的发展是有好处的（Douglas，1986）。[6]因此，合法性机制会产生激励作用，诱使组织去接受、采纳普遍认可的做法和形式。

（三）两种机制的矛盾与破解

合法性机制与效率机制可能是对立的，即有效率的不一定会满足合法性，而满足合法性的不一定有效率。因为组织同时面对两种不同的环境：技术环境和制度环境，这两种环境对组织的要求常常是相互矛盾的（Meyer and Rowen，1977）。[7]技术环境要求组织有效率，即按照经济学所谓的效率最大化原则组织生产；而制度环境则要求组织不断地接受和采纳外界公认、赞许的形式和做法，如果组织的行为有悖于这些社会事实，就会出现社会学所谓的"合法性"危机（Meyer and Rowen，1977）。[8]

---

〔1〕 See John W. Meyer，Brian Rowen，"Institutionalized Organizations：Formal Structure as Myth and Ceremony"，*American Journal of Sociology*，Vol. 83，1977，pp. 340-363.

〔2〕 See DiMaggio Paul，Walter W. Powell，"The Iron Cage Revisited：Institutional Isomorphism and Collective Rationality in Organizational Fields"，*American Sociological Review*，Vol. 48，1983，pp. 147-160.

〔3〕 参见周雪光：《组织社会学十讲》，社会科学文献出版社 2003 年版。

〔4〕 See John W. Meyer，Brian Rowen，"Institutionalized Organizations：Formal Structure as Myth and Ceremony"，*American Journal of Sociology*，Vol. 83，1977，pp. 340-363.

〔5〕 See DiMaggio Paul，Walter W. Powell，"The Iron Cage Revisited：Institutional Isomorphism and Collective Rationality"，*American Sociological Review*，Vol. 48，1983，pp. 147-160.

〔6〕 See Mary Douglas，*How Institutions Think*，Syracuse University Press，1986.

〔7〕 See John W. Meyer，Brian Rowen，"Institutionalized Organizations：Formal Structure as Myth and Ceremony"，*American Journal of Sociology*，Vol. 83，1977，pp. 340-363.

〔8〕 See John W. Meyer，Brian Rowen，"Institutionalized Organizations：Formal Structure as Myth and Ceremony"，*American Journal of Sociology*，Vol. 83，1977，pp. 340-363.

既然合法性机制与效率机制是相互矛盾的，那么组织是怎么应对的呢？一个重要的对策是把组织内部运作与组织结构分离开来（Meyer and Rowen，1977）。[1]以江苏省区域内产业转移为例，制度环境要求苏南与苏北共建产业园，但是，园区运作成功的秘诀却在于，在制度环境下共建的产业园区按照市场化运作，即在合法性机制约束下建立起来的园区脱离政府的直接管理，按照市场的效率机制运作。

三、产业转移的“嵌入性”约束困境

产业转移是企业顺应区域比较优势变化，从经济发达地区向经济欠发达地区转移的一种必然趋势。但是现实情况却是，企业宁愿待在发达地区忍受高成本的煎熬，也不愿意转移到要素成本较低的欠发达地区（刘红光等，2011），[2]原因主要是欠发达地区缺乏企业运营的各种社会关系网络（杨玲丽，2012）。[3]而企业的运营则是深深“嵌入”在社会关系网络中（边燕杰、丘海雄，2000），[4]比如企业领导人与当地政府官员的社会关系网络、企业领导人与当地企业家的社会关系网络、企业与当地产业链上企业的社会关系网络、企业与当地生产服务性机构的社会关系网络等。当企业嵌入在这些社会关系网络中时，网络中成员之间更容易互惠信任并降低声誉的不确定性和违约的风险（Coleman，1990），[5]网络中的信任与规范机制更容易约束企业的机会主义行为（蔡铂、聂鸣，2003）。[6]更何况，在中国，企业的经营更多的是靠无形规范的约束，用企业家的一句话说“当两个企业走上法庭的时候，不仅两个企业之间的生意没得做了，以后别的企业也不会再跟这家企业做生意了”。而这种无形规范和信任均嵌入在当地的社会关系网络中，如果企业

---

〔1〕 See John W. Meyer, Brian Rowen, “Institutionalized Organizations: Formal Structure as Myth and Ceremony”, *American Journal of Sociology*, Vol. 83, 1977, pp. 340-363.

〔2〕 参见刘红光、刘卫东、刘志高：“区域间产业转移定量测度研究——基于区域间投入产出表分析”，载《中国工业经济》2011 年第 6 期。

〔3〕 参见杨玲丽：“‘组团式’外迁：社会资本约束下的产业转移模式——上海外高桥（启东）产业园的案例研究”，载《华东经济管理》2012 年第 7 期。

〔4〕 参见边燕杰、丘海雄：“企业的社会资本及其功效”，载《中国社会科学》2000 年第 2 期。

〔5〕 See Coleman J. S., *Foundations of Social Theory*, The Belknap Press, 1990.

〔6〕 参见蔡铂、聂鸣：“社会网络对产业集群技术创新的影响”，载《科学学与科学技术管理》2003 年第 7 期。

“脱嵌”后转移出去生产，企业将失去这种无形规范和信任的约束，这将影响到企业的正常生产经营。

但是，在发达地区日益面临着土地短缺、劳动力成本上升、环境治理压力上升等问题的情况下，劳动密集型企业从发达地区向欠发达地区转移将是大势所趋（叶琪，2014）。[1]而且，如果劳动密集型企业不转出，发达地区也很难进行“腾笼换凤”式的产业升级。因此，产业转移迫在眉睫。而且，推动传统制造业从沿海发达地区向内陆欠发达地区转移也是我国推进产业结构调整，实现区域协调发展的重要战略。但是现实情况却是，受社会关系网络的嵌入性约束，单凭市场导向很难引导企业大规模地向外转移。那么，谁来承担起推动者及组织者的角色呢？行业协会和政府均可以担当此任，但是在中国行业协会发展缓慢并且具有半政府化的背景下，此重任自然而然落到政府头上。因此，由政府推动的产业转移应运而生。江苏省“南北挂钩共建产业园区”正是地方政府推动区域产业转移的制度安排。

四、制度安排突破产业转移的“嵌入性”约束

（一）江苏省“南北挂钩共建产业园区”制度安排

江苏省一直是我国的经济大省，但是随着改革的深化，省内区域经济发展的梯级差异日趋明显。苏北地区成为制约区域经济均衡发展的“瓶颈”。因此，苏南带动苏北经济发展成为必然。而且，在苏南经济快速腾飞的同时，土地资源、环境承载力、劳动力成本等矛盾日益突出，而苏北的优势却明显凸显。从21世纪初，江苏省委及省政府就开始了“南北挂钩合作”的尝试，2005年开始支持“南北挂钩共建苏北开发区”，鼓励苏南的劳动密集型企业向苏北转移。2013年，在推进新一轮南北挂钩合作工作中，省委省政府进一步完善了制度化安排，强调着力做好“五个一”：编制一个规划（产业转移）、打造一个平台（共建园区）、形成一套政策（扶持政策）、建立一项机制（利益共享）、培养一支队伍（干部队伍），加大了产业区域内转移的力度，以便进一步推动区域经济均衡发展，如图7-4-1。截至2018年底，苏南五市与苏北五市挂钩共建了45个产业园区。这些共建的产业园区，促进了产

---

〔1〕参见叶琪：“我国区域产业转移的态势与承接的竞争格局”，载《经济地理》2014年第3期。

业转移、劳动力转移、科技转移，对苏北经济的带动效果显著。

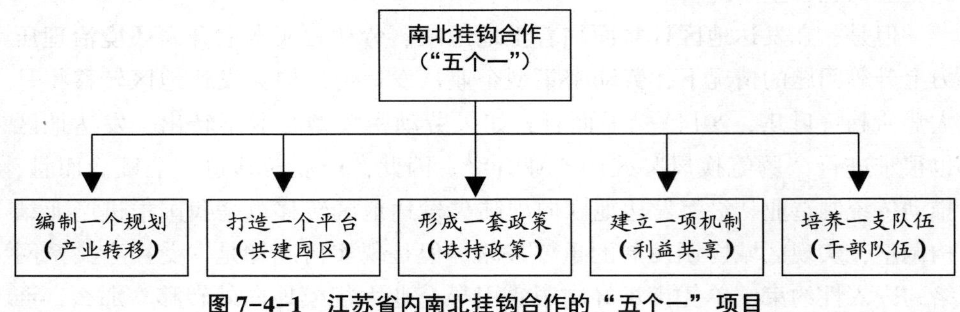

图 7-4-1　江苏省内南北挂钩合作的“五个一”项目

“南北挂钩共建产业园区”的制度安排为苏南苏北的合作搭起一座桥。以此为平台，可以将苏南的劳动密集型企业通过组团式迁移、大企业带动迁移、产业链迁移等方式转移到苏北，同时主要让苏南的政府官员、园区管理人员等管理共建园区，既保留了企业领导人与苏南政府官员、园区管理人员的社会关系网络，也保留了企业与部分生产链上企业的社会关系网络。诸多策略，使得苏南的企业虽然迁入苏北，但仍然像身处苏南一样，主要与苏南的领导人打交道，主要与苏南的企业家打交道，有效地保留了企业嵌入在苏南社会关系网络中的部分社会资本，打消了企业对于社会关系网络断裂的担忧，企业纷纷愿意从苏南迁入苏北。

（二）制度实施过程中“合法性机制”与“效率机制”的耦合

当政府审时度势地承担起了产业转移的推动者角色时，省级政府怎么样动员下级地方政府参与其中，引导劳动密集型产业有序转移，却不违背市场规律呢？江苏省的做法是，在“合法性机制”的作用下，激励转出地政府（苏南）与中西部地区政府（苏北）合作，推动双方在欠发达地区（苏北）共建产业园，然后让政府导向的共建园区以股份制的形式，按照市场化运作，让“效率机制”在共建园区的运作过程中发挥主导作用，弥补政府失灵的缺陷，如图 7-4-2。

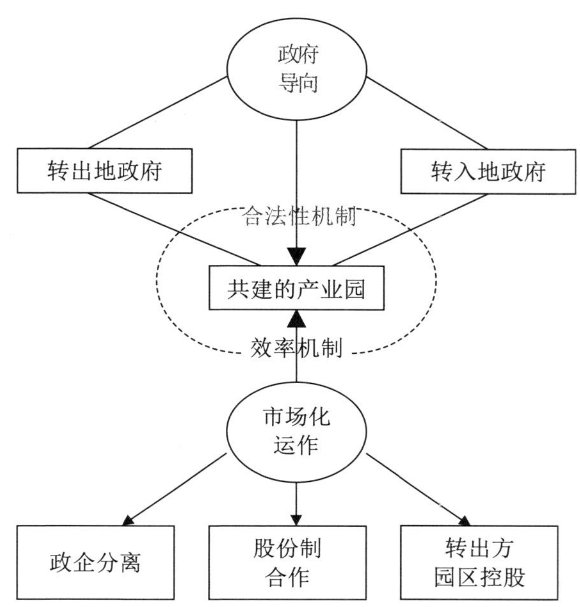

图 7-4-2　“合法性机制”与“效率机制”在产业转移中的作用机理

1. 政府导向：合法性机制

产业转移对苏北是极大利好，但是，苏南政府为什么会愿意参与到区域间的有序产业转移中去呢？“合法性机制”给我们提供了解释的视角。那么，合法性机制如何发挥作用呢？主要是通过激励机制、模仿机制、社会规范机制发挥作用。

（1）激励机制

江苏省南北经济发展的差距、区域经济的非协调发展严重影响了江苏省委省政府官员的政绩。为此，政府官员可以通过出台政策的“强合法性机制”迫使苏南与苏北合作共建产业园区。在这种“强合法性机制”约束下，下级政府没有自主选择权，只能依照省级政府的意愿行事，如果他们不按照省政府的意愿行事，可能会受到批评或者惩罚（Douglas，1986）。[1]但是，在这种“强合法性机制”约束下，下级政府也有应对策略，他们可能会表面上应

〔1〕 See Mary Douglas, *How Institutions Think*, Syracuse University Press, 1986.

付上级政府，而不付之于实施（Meyer and Rowen，1977）。[1]即，虽然共建了产业转移园，但是并不花大功夫去推动企业转移到共建园区，因此制度的约束力将会失效。那么，制度如何影响下级政府的行为选择呢？主要靠“弱合法性机制”的“激励作用”（DiMaggio and Powell，1983）[2]——通过资源分配和利益分配产生激励，鼓励下级政府去采纳那些上级政府认可的做法。一方面，在中国官场的政绩竞赛制度下，下级政府只有取悦上级政府，获得他们的信任和支持，才能获得上级政府的合法性认同，从而获得连任和升官的机会。另一方面，上级政府手中掌握着大量的资源，他们根据下级政府的表现来分配资源，激励下级政府按照上级政府的期待行事。通过资源分配和政绩评价，省政府就能够激励下级政府（特别是苏南地方政府）按照他们的意愿推动产业在省内有序转移。

自2004年起，江苏省就陆续出台了《关于促进苏北地区加快发展的若干政策意见》《关于加快南北产业转移的意见》《关于鼓励苏南产业向苏北转移奖励政策有关实施办法》等政策文件，明确重大项目优先在苏北布点、土地指标优先用于产业转移项目、省级各类专项资金优先奖励到苏北的投资者。特别是2006年江苏省政府出台了《关于支持南北挂钩共建苏北开发区政策措施的通知》，确定了苏南五市（南京、无锡、常州、苏州、镇江）与苏北五市（徐州、连云港、淮安、盐城、宿迁）合作共建工业园区的工作任务，明确对共建园区给予财政资金支持、税收返还优惠、用地计划倾斜、金融信贷扶持等相关政策措施。江苏省围绕实施促进区域协调发展，相继出台了30多个配套文件。实施“梯度推进（苏南、苏中、苏北）”与深化“四沿联动（沿沪宁、沿江、沿海、沿东陇海）”，并陆续出台了一系列文件，集中力量加大对苏北的扶持力度。财政资金对南北合作共建园区的投放采取“公司持股投放”的方式，由省政府投向省融资平台公司，作为出资本金，再由平台公司投向园区开发公司，变成股份持有。而且，在政策创新的实践方面，江苏省委省政府鼓励苏南重大产业转移项目落户苏北，对转移到苏北符合国家产业政策的重大产业项目，适当降低建设用地门槛（一般比苏南地区降低10%），并且

---

〔1〕 See John W. Meyer, Brian Rowen, “Institutionalized Organizations: Formal Structure as Myth and Ceremony”, *American Journal of Sociology*, Vol. 83, 1977, pp. 340-363.

〔2〕 See DiMaggio Paul, Walter W. Powell, “The Iron Cage Revisited: Institutional Isomorphism and Collective Rationality”, *American Sociological Review*, Vol. 48, 1983, pp. 147-160.

在税费、规费和地方分成等方面提出了指导性建议；对符合产业政策、环境保护要求的产业转移项目，如当年实际到账外资或出口额、业务总收入、入库税收收入等指标达到全省平均增幅的省级以上重点开发区，可享受每年给予 1 000万元/市、500 万元/县的平台提升专项奖励；“十一五”期间（2006 年~2010 年）园内新增增值税、所得税省市县留成部分，全部由省、市、县财政补贴给园区滚动发展；苏南派驻苏北共建开发区工作满 2 年以上人员，享受派出地区扶贫工作待遇等等（毛广雄，2010）。[1]为了在更广阔的领域整合资源，2009 年底，省政府一份红头文件将跨省共建也纳入苏南苏北共建范围，原则上对苏北每个县（市）扶持一个共建园区或企业自建园区。一年以后，多个外省市开发区、大企业竞相抢搭新政背景下园区共建的头班车，江苏的园区共建迎来了新的“泛区域”时期。江苏省政府指出，自 2010 年起，依据考核评价结果，对共建工业园区兑付“以奖代补”资金，主要用于工业园区的环境基础设施建设等的贷款贴息及奖励。新批工业园区自批准之年起连续 3 年内，经年度考核合格后，每年给予 1 500 万元“以奖代补”资金；2009 年底前已执行江苏省“以奖代补”政策满 3 年的共建工业园区，自第 4 年起连续 3 年内，经年度考核评价合格的，每年奖励 500 万元；正在执行江苏省“以奖代补”政策的工业园区，经考核评价合格后，每年给予“以奖代补”资金 1 000 万元，执行政策满 3 年后，自第 4 年起连续 3 年内，经年度考核评价合格的，每年奖励 500 万元。奖励资金由省财政拨付工业园区所在地财政。2010 年~2015 年，对共建园区年度考核排名在前 1/2 的 22 个园区，给予财政奖励资金，其中，前 10 名园区奖励 1 000万元/个，第 11 名至 22 名园区奖励 600 万元/个。[2]这些措施均是省级政府利用他们手中掌握的政策资源激励下级政府推动产业转移，引导苏南劳动密集型企业向苏北转移。因为共建园区是由苏南方负责运营，所以这些激励措施的最大受益者仍然是苏南方政府官员，他们在共建园区的运营过程中，既享受到了政策优惠，又获得了上级政府的政绩认可，因此苏南方的积极性较高。

---

〔1〕 参见毛广雄：“基于社会资本理论的产业转移研究：江苏南北共建开发区模式解析”，载《人文地理》2010 年第 4 期。

〔2〕 参见“全省 43 个南北共建园区 2014 年度考核 宿迁 6 个共建园区占据全省‘第一方阵’”，载 http://jsnews.jschina.com.cn/system/2015/09/30/026484296.shtml，最后访问时间：2016 年 1 月 9 日。

除了直接给予政策支持外，江苏省政府还以省级财政投入为主，加快苏北地区交通基础设施建设。从2005年起，江苏就明确提出高速公路战略投资由市县政府转向省级政府。高速公路建设以省为主。省管建设的高速公路项目的资金筹集以省为主，出资40%，市级地方出资在2006年以来经历了三个发展阶段：第一个阶段，苏北出资10%、苏中20%、苏南30%；第二个阶段，苏北不出资，苏南、苏中不变；第三个阶段，苏北地区出资比例调整为20%，其目的是为了抑制苏北的过度投资需求。[1] 三个阶段均是以省级出资为主，苏南出资为其次。这种战略决策拉近了苏南与苏北的空间距离，方便了转移到苏北的生产工厂与苏南的总部之间的往返。

除了省级政府的政策激励外，在南北共建园区中，苏北也摒弃了地域观念，提供大力支持。比如，给合作园区最好的土地、给苏南的派驻干部晋升指标、给宽松政策、让当地党政不干预园区的日常工作、10年封闭运营、把地方收益全部留给园区。以苏州与宿迁合作共建的“南北转移园区”为例，园区一把手为苏州派出干部，宿迁干部任副职，甚至连行政运作的2套公章都交由园区工委和管委会保管使用。

（2）模仿机制

在省政府的激励下，苏南市级政府开始推动苏南的产业园在苏北建立“飞地经济”的产业园区。但是，按照效率机制来讲，就算苏南的产业园区需要“腾笼换凤”，他们也不一定要与苏北共建产业园区，他们可以选择成本更低的省外地区，比如安徽的皖江地带。这时候，激励机制在市级层面同样发挥作用。省级政府通过提供政策支持、财政支持等“利诱”苏南的某些园区接受其政策导向，与苏北共建产业园区。当其他苏南园区看到共建园区可以获得较多省级政府的政策和财政支持时，纷纷效仿，开始申请与苏北共建产业园区。此模仿机制是苏南园区在适应同一制度环境下表现出来的相同行为。因为，任何一个组织必须适应制度环境才能够生存，当制度环境不确定，组织不知道怎么样做才是最佳方案的时候，通过模仿那些已经成功的组织的做法，可以减少不确定性，进而扎根在制度环境中，得到合法性认同，不容易受环境

---

〔1〕 参见“江苏参照系”，载 http://news.sina.com.cn/o/2013-08-02/041827839248.shtml，最后访问时间：2016年3月17日。.

的冲击（Meyer and Rowen，1977；DiMaggio and Powell，1983）。[1][2]而且，一个组织如果不采纳制度化的形式或做法的话，可能会受到很多压力，丧失很多有利的政府支持和资源（DiMaggio and Powell，1983）。[3]

具体来讲，模仿机制如何在园区共建中发挥作用呢？首先，省政府投入了大量的资源、政策、财政等扶持苏南苏北最早共建的一批园区，[4]如苏州宿迁工业园区是省政府扶持力度较大、苏州最早“走出去”、目前比较成熟的一个共建园区，已经投入各类建设资金 27.8 亿元，完成了 12 平方公里“八通一平”高标准的投资环境建设。该共建园区以苏州“出资金建园区、派团队送理念、做项目带招商”的共建模式，在宿迁打造了一块苏南标准的“经济飞地”，成为园区共建的模板。该园区已经引入台湾可成科技、日本尼吉康电子、江阴长电科技等多家知名企业，初步形成了电子电气、精密机械、新材料和新能源等相互关联、相互促进的较高层次产业聚集，取得了苏北、宿迁范围内 30 多项“第一、唯一”业绩，在全省 45 家南北共建园区中连续 10 年考核第一，并首家获批省级开发区，首家获准创建“省级生态工业园区”，获评宿迁唯一一家“省先进开发区”“省电子信息产业特色基地”“省模范劳动关系和谐园区”等称号。[5]其次，在苏宿工业园区的示范效应下，当其他苏南园区发现共建园区可以获得更多有利的政策资源时，纷纷效仿，越来越多的共建园区开始投入运营，比如上海的产业园区也开始在苏北共建产业园区，并被江苏省纳入“南北挂钩共建产业园区”的政策扶持范围内，截至 2018 年底南北挂钩共建的产业园区达到 45 个，有序地推动了区域内的产业转移。再次，当越来越多的苏南园区想在苏北共建产业园区时，信息不对称现

---

〔1〕 See John W. Meyer, Brian Rowen, “Institutionalized Organizations: Formal Structure as Myth and Ceremony”, *American Journal of Sociology*, Vol. 83, 1977, pp. 340-363.

〔2〕 See DiMaggio Paul, Walter W. Powell, “The Iron Cage Revisited: Institutional Isomorphism and Collective Rationality”, *American Sociological Review*, Vol. 48, 1983, pp. 147-160.

〔3〕 See DiMaggio, Walter W. Powell, “The Iron Cage Revisited: Institutional Isomorphism and Collective Rationality”, *American Sociological Review*, Vol. 48, 1983, pp. 147-160.

〔4〕 江苏省南北挂钩最早共建的一批园区包括：苏州宿迁工业园、张家港经济开发区宿豫工业园、无锡-新沂工业园、无锡锡山-丰县工业园、常州高新区大丰工业园、武进高新区阜宁工业园、南京经济技术开发区涟水工业园、江宁经济开发区淮阴工业园、昆山经济技术开发区连云港工业园、镇江经济开发区东海工业园等。

〔5〕 根据苏州宿迁产业园区网站资料整理而成，载 http://www.ssipac.gov.cn/，最后访问时间：2016 年 3 月 17 日。

象随即出现，即缺少一个有效的沟通交流平台——有合作意向的园区找不到合适的合作伙伴，没有渠道“宣传”自己的合作意愿。这种信息不对称性，使得一些很好的合作项目最终“流产”。因此，园区合作又亟待政府搭台引导，帮助园区和企业更好地了解各地的投资环境。在这样一种背景下，长三角园区共建联盟于2010年11月成立，目的是针对长三角园区合作过程中出现的信息不对称问题，建立一个平台，进一步优化园区及企业在长三角的社会资本网络，通过“园区共建”加强区域经济合作，实现产业梯度转移和产业布局的优化。

(3) 社会规范机制

根据制度学派的观点，组织当前的策略选择是由过去发展而来的，受过去环境的制约，具有路径依赖性（North，1981）。[1]当组织一旦走上某条制度路径，它的既定方向会在以后的发展过程中不断得到强化，即过去的制度策略选择制约着现在和未来的制度策略选择（North，1981）。[2]这种制度策略选择使得共享观念和共享的思维模式成为一种社会规范，潜移默化地影响着人们的行为，最终产生趋同性（DiMaggio and Powell，1983）。[3]苏南园区从选择与苏北共建产业园区的那一刻开始，合法性机制就迫使共建园区不断地接受制度环境所建构起来的具有合法性的形式和做法，而且这种形式和做法就像一种规范，不断地影响着其他园区的策略选择。最终，这种共享观念、共享的思维方式成为一种规范，有效地约束着园区共建过程中的各种行为规范，比如园区的合作模式、运营模式、管理模式、人才培养模式等，最终导致了园区共建的趋同性。

在苏南苏北挂钩共建产业园区的策略选择中，苏州宿迁工业园一直是典范。它的园区基础设施规划先行的理念，“政府导向、市场化运作”模式，苏南方控股的合作模式，苏南方投资金、投技术、投管理经验、投招商经验、十年内不分红、派干部长驻苏北以培训苏北干部的合作模式成为一种隐形的规范，影响着其他共建园区的合作模式选择。而且，当省级政府发现苏州宿迁工业园区的“政府导向、市场化运作”模式取得可喜成绩时，开始将此模

〔1〕 See North D. C., *Structure and Change in Economic History*, W. W. Norton and Company, 1982.

〔2〕 See North D. C., *Structure and Change in Economic History*, W. W. Norton and Company, 1982.

〔3〕 See DiMaggio Paul, Walter W. Powell, “The Iron Cage Revisited: Institutional Isomorphism and Collective Rationality”, *American Sociological Review*, Vol. 48, 1983, pp. 147-160.

式作为一种制度策略，以政策文件的形式印发给下级政府，使其像社会规范一样影响着其他产业园区的制度策略选择。

2. 市场化运作：效率机制

由省级政府推动南北共建产业园区之后，政府如何脱手以发挥效率机制的作用，让共建园区按照市场化运作呢？

（1）政企分离，企业模式运作

虽然苏南苏北共建的园区是在地方政府的推动下筹建的，但是，政府运营共建园区会出现低效率的情况。因此，政企分离将是共建园区运营的最优选择。虽然苏南苏北园区共建的模式多种多样，有“双方园区合作共建产业园”，如苏州宿迁工业园、苏通科技产业园等；有“双方政府合作共建产业园”，如锡通科技产业园、上海杨浦（海安）工业园等；有“高校与地方合作共建产业园”，如上海复旦大学控股的大陆第一家高校上市公司复旦复华科技股份有限公司在南通市海门开发区建立的上海复华高新技术园；有“企业与地方合作共建产业园区”，如上海宝钢集团公司与江苏南通海门市政府签订《宝钢海门合作开发协议》合作开发的海宝金属工业园等。但是，大多数共建园区选择了政企分离的运营模式，即政府仅搭桥牵线和提供政策及财政支持，在推动共建园区合作成功后，成立公司运营共建园区，并让共建园区按照企业化运作，政府不再插手园区的运营，给予园区经营充分的自主权与决策权。比如，在苏州市政府和宿迁市政府推动下建立起来的苏宿工业园区，就得到了苏州市和宿迁市的充分授权，如宿迁市政府给予苏宿工业园区副市级建制，授权园区管委会在园区范围内行使宿迁市一级的相应管理权限。虽然园区是在市级的级别上建立起来的，但是园区管委会设立哪些部门、园区内副处级以下干部的任免权等都归园区管辖，当然园区的运营也是园区自己的管理人员说了算，政府不再参与到园区的运营过程中去，让园区完全按照企业模式运作，让效率机制在园区运作过程中充分发挥作用。比如，江苏江阴-靖江工业园区在两地政府推动跨江联动之后，成立了以江阴为主、靖江参加的园区管委会，负责园区的投资、建设、管理和招商，按照企业化运作；两地政府大力创新政府管理、园区财政管理体制，赋予园区更大的行政管理和资源配置权限，出台有利于园区经济发展的政策措施，实行园区一级财政，加大税收返还，规费除了省级费用一律不收，留给园区滚动发展。

(2) 股份制合作，市场化运营

如何让共建园区按照企业化运作呢？共建园区主要是在“政府导向、市场化运作”的策略选择下，组建股份制形式的开发公司，调动双方的积极性。一般来说，由资金雄厚的苏南园区以现金入股，并占据开发公司的主要股份，最多的可以占到90%，最少的也在60%；而经济欠发达的苏北园区则以土地入股50%以下；税收等收益也按照双方所占股份分成。双方成立的合资股份公司独立运营，不受政府的牵制，并按照市场化运作。股份公司负责园区的规划、前期开发、招商引资、日常管理和经营管理工作。政府不再参与股份公司的管理和运营。这种股份合作制模式，运作规范，而且不受政府的行政干预，调动了苏南园区的积极性，非常适合资金实力雄厚、园区开发经验丰富的发达地区园区或大企业与苏北园区开展合作。

比如，苏州宿迁工业园区由苏州市政府、苏州工业园区管委会、江苏省国信集团（省属企业）和宿迁市政府四方按照0.5∶1∶1∶0.5的比例共同出资3亿元成立股份制的“江苏省苏宿工业园区开发有限公司”，脱离政府的直接管理，按照企业化运作。比如，苏通科技产业园由中新苏州工业园区开发股份有限公司、南通经济技术开发区有限公司和江苏农垦集团有限公司以0.51∶0.39∶0.1的比例出资成立股份制公司来运营。

(3) 转出方园区控股，调动苏南方的积极性

共建园区可以带动欠发达地区的经济发展，因此欠发达地区的积极性较高。但是，对于发达地区来说，共建园区意味着要将自己的企业转移出去，等同于自己亲手把自己的孩子送给别人，这对谁来说，积极性都不会太高。那么，如何调动苏南地区政府及园区的积极性呢？首先，转出方园区控股充分调动了其积极性。苏南苏北共建的产业园区，苏南方所占的股份均在50%以上，有的甚至达到90%。因此，共建园区的主导方是苏南，苏北方充分授权，苏南方掌握园区的运营决策权，并负责共建园区的开发建设和招商引资，这使得苏南工业园区先进的运作理念、发展规划、招商引资、开发管理、运营经验等能够迅速移植到苏北园区，也在苏北大地创造出了一个个苏南工业园区的克隆版。因此在目前阶段，共建园区姓的是苏南的“姓”，苏北处于从属地位。这种苏南主导的模式给苏南的企业吃了一颗定心丸，拉近了苏南的企业与苏北的距离，在苏南领导的动员下，企业更容易转移到苏北去，而且市场化运营模式也让企业充分相信共建园区能够如苏南般运营规范。其次，

共建园区虽然是由苏南、苏北派出的干部共同管理，但是共建园区的管委会由苏南干部担任一把手，苏北干部任副职，苏南干部有充分的决策权。再次，税收分成也是按照股份分成，相当于苏南园区在苏北的“飞地经济”，政绩和财政收入等也按照股份比例主要记入苏南方。这种让苏南园区有利可图的策略充分调动了苏南园区的积极性。

五、经验借鉴：“合法性机制”与“效率机制”的耦合效应

经济学的效率机制告诉我们，企业向外转移属于市场行为，策略应该是不同的，但是现实中，却出现了企业的趋同现象，即企业看到自己周边的企业向哪里转移，也会跟着向哪里转移。原因是企业的决策并非纯理性模式，会受外界环境特别是制度环境的影响，会超越所谓的效率。而且，企业向外转移，不仅仅只考虑要素成本的差异，还会考虑所嵌入其中的社会关系网络是否能够跟着一起转移，而这种社会关系网络的润滑剂作用是经营企业不可或缺的。那么，如何既能保留迁移企业的社会关系网络，又能让产业转移遵循市场规律？政府导向下按照市场化运作的“共建产业园区”不失为一最优选择。因为共建的园区相当于苏南园区在苏北的“飞地经济”，由苏南干部经营管理，苏南干部有动力说服企业组团式外迁，让苏南企业在向外迁移时能够同时转移企业嵌入在苏南地区的社会关系网络，打消了企业对于社会资本丢失的顾虑，企业才愿意从苏南迁移到苏北去。而在政府推动下建成共建园区后，政府再退出园区的管理工作，给予园区管委会充分的经营权，让其按照市场化运作，让效率机制充分发挥作用，既避免了政府运作园区的低效率，又克服了合法性机制与效率机制在园区共建中的矛盾。

而且，在区域产业转移的过程中，如果引入“行动者”和“能动性”概念，“合法性机制”与“效率机制”是可以不矛盾的。合法性机制能够让政府以“行动者”的角色确立起产业转移的某种制度——共建产业园区，让苏南和苏北的园区行动起来，既为苏南园区产业升级“腾笼换凤”，又带动苏北的经济发展；效率机制则让园区管委会在共建园区的运营过程中充分发挥能动作用，引导园区的经营者按照市场化运营园区，避免政府干预的低效率。这两种机制的耦合，既破解了企业转移出去后对于社会关系网络断裂的担忧，也能够避免政府失灵，让共建园区按照效率机制真正运转起来。

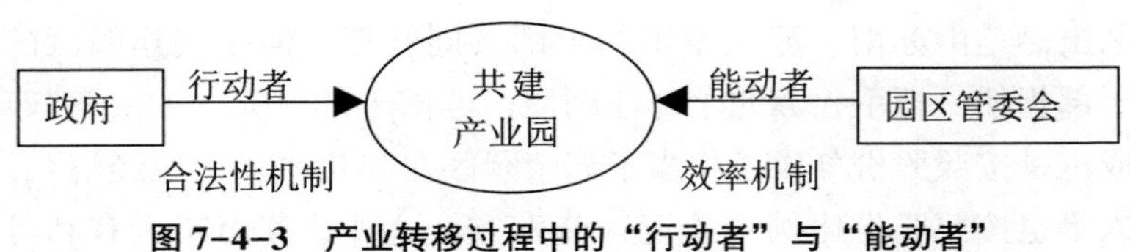

图 7-4-3　产业转移过程中的"行动者"与"能动者"

案例五：嵌入性约束下，苏州与宿迁合作共建产业园区的制度创新

一、研究问题的提出

遵循经济学逻辑，不同区域之间的生产要素价格差异较大时，受市场信号指挥的企业就会自发采取适应性行动——向要素成本较低的区域梯度转移（Lewis，1954；Akamatsu，1961；Vernon，1966；小岛清，1987）。[1][2][3][4]而新经济地理学理论也提出，当沿海地区产业集聚达到一定程度之后，拥挤效应会推高沿海地区的要素成本，最终驱动产业向要素成本更低的欠发达地区转移（藤田昌久等，2005）。[5]现实情况却是，虽然产业转移确实出现，可其规模却大大滞后于理论预期。以 2005 年沿海地区用工荒为标志，东部沿海地区的劳动力成本以每年 5%~10%的速度持续攀升，与之几乎同时出现的是东部地区建设用地资源基本耗尽，但迄今为止，传统制造业在东部集聚的空间格局并没有发生根本性变化（叶嘉国，2013；白彦、吴言林，2010）。[6][7]那

〔1〕 See William Arthur Lewis，"Economic Development with Unlimited Supplies of Labour"，*The Manchester School*，Vol. 22，1954，pp. 139-191.

〔2〕 See Kaname Akamatsu，"A Theory of Unbalanced Growth in the World Economy"，*Weltwirtschaftliches Archiv*，Vol. 86，1961，pp. 196-217.

〔3〕 See Raymond Vernon.，"International Investment and International Trade in the Product Cycle"，*The Quaterly Journal of Economics*，Vol. 80，1966，pp. 190-207.

〔4〕 参见［日］小岛清：《对外贸易论》，周宝廉译，南开大学出版社 1987 年版。

〔5〕 参见［日］藤田昌久、［美］保罗·克鲁格曼、［美］安东尼·J·维纳布尔斯：《空间经济学——城市、区域与国际贸易》，梁琦主译，中国人民大学出版社 2005 年版。

〔6〕 参见叶嘉国："珠三角产业转移趋势及承接地应对之策"，载《宏观经济管理》2013 年第 1 期。

〔7〕 参见白彦、吴言林："人力资本的双重外部效应对产业转移的影响分析——为什么大规模产业转移没有出现"，载《江淮论坛》2010 年第 6 期。

么究竟是什么原因抑制了产业转移呢？经济学家主要从产业配套水平的角度来解释，认为原因在于欠发达地区缺乏完整的产业链条为产业转移提供配套（何龙斌，2009；谯薇，2008）。[1][2]这种解释的欠缺在于大规模的产业转移本质上就是一种大企业带动小企业、核心环节带动配套环节的产业链条迁移（例如香港和台湾制造业对珠三角和长三角的产业转移），因此这种解释只是描述了中国产业转移滞后的客观事实，并没有从理论上解释中国产业转移滞后的原因。

鉴于经济学和新经济地理学理论难以解释中国产业转移滞后的原因，我们从社会学视角给出合理的解释。从社会学视角来看，导致中国产业转移滞后的核心原因是本地化的社会关系网络阻碍了企业的转移决策。良好的政企关系在中国企业经营中往往扮演了不可或缺的角色（罗党论、应千伟，2012）[3]，而这是需要支付时间和成本来建立的。因此，当一个企业在进行迁移决策的时候，他必然会考虑在迁入地重新构建社会关系网络的成本。而且，很多情况下，能否重新构建社会关系网络是难以预期的，所支付的成本也是非常不确定的，这使得企业为了避免脱离已经建立起来的社会关系网络而更倾向于留在本地。本章节将这种阻碍产业转移的社会关系网络约束机制称为产业转移的嵌入性约束机制，并探讨苏州与宿迁两市政府如何通过制度创新解决产业转移过程中的“嵌入性”约束机制。

二、产业转移的“嵌入性”约束机制

从社会学视角来看，任何经济行为都是在社会化大背景中做出的。经济行为不仅嵌入在行为主体所在的社会关系网络中（关系嵌入），而且嵌入在其所在的社会结构中，受地区的文化、价值观等的影响（结构嵌入）（Granovetter，1985）。[4]经济行动也是社会行动的一种，因此会被社会建构（Swedberg and

[1] 参见何龙斌：“我国区际产业转移的特点、问题与对策”，载《经济纵横》2009年第9期。

[2] 参见谯薇：“西部地区承接产业转移问题的思考”，载《经济体制改革》2008年第4期。

[3] 参见罗党论、应千伟：“政企关系、官员视察与企业绩效：来自中国制造业上市企业的经验证据”，载《南开管理评论》2012年第5期。

[4] See Mark Granovetter，“Economic Action and Social Structure：the Problem of Embeddedness”，*The American Journal of Sociology*，Vol. 91，1985，pp. 481-510.

Granovetter，1992)，[1]经济行为人在做决策时，必然受其所处的社会价值观、社会规范、社会文化等因素的影响。从产业转移的视角来看，既然企业处在社会化大背景中，那么企业的运营必然“嵌入”在社会关系网络（边燕杰、丘海雄，2000)，[2]比如企业领导人与当地企业家、当地产业链上的企业家、当地生产服务性机构的领导人、当地政府官员等的社会关系网络（杨玲丽，2010)。[3]嵌入在这些社会关系网络中的企业之间更容易互惠信任并降低声誉的不确定性和违约的风险（Coleman，1990)，[4]网络中的无形规范也更容易约束企业的机会主义行为（蔡铂、聂鸣，2003)。[5]更重要的是，在地方政府主导中国经济发展（Lin Nan，1995；Walder，1995)[6][7]的背景下，企业领导人与政府官员所形成的社会关系网络更容易给企业带来有利的政策资源(罗党论、应千伟，2012)。[8]这些对企业发展有利的互惠信任、无形规范、政策资源等均嵌入在当地的社会关系网络中，当企业脱嵌后转移出去生产，将失去互惠信任和无形规范的约束，失去有利的政府政策资源，使得企业的经营成本可能不降反升。

经济制度也是嵌入在社会结构当中的。经济制度是为解决经济问题而客观存在的，是经济行动者之间稳定、持续的网络互动的结果，具有较强的路径依赖性；经济行为主体嵌入在其所在地的经济制度中，当离开此网络时，所遇到的问题可能无法像以前一样顺利通过经济制度解决，因此一个经济行为主体一旦进入某一制度路径，也会对这种路径产生依赖；经济制度的演变也具有较强的路径依赖性，一个地区的经济制度的变迁可能进入良性循环的

---

[1] See Swedberg R.，Mark Granovetter，“Introduction”，*The Sociology of Economic Life*，Westview Press，1992.

[2] 参见边燕杰、丘海雄：“企业的社会资本及其功效”，载《中国社会科学》2000 年第 2 期。

[3] 参见杨玲丽：“共生或竞争：论社会资本约束下的产业转移——苏州和宿迁两市合作经验的归纳与借鉴”，载《现代经济探讨》2010 年第 9 期。

[4] See Coleman J. S.，*The Foundations of Social Theory*，Belknap Press，1990.

[5] 参见蔡铂、聂鸣：“社会网络对产业集群技术创新的影响”，载《科学学与科学技术管理》2003 年第 7 期。

[6] See Lin Nan，“Local Market Socialism：Local Corporation in Action in Rural China”，*Theory and Society*，Vol. 24，1995，pp. 301-354.

[7] See Andrew G. Walder，“Local Governments as Industrial Firms”，*The American Journal of Sociology*，Vol. 101，1995，pp. 263-301.

[8] 参见罗党论、应千伟：“政企关系、官员视察与企业绩效：来自中国制造业上市企业的经验证据”，载《南开管理评论》2012 年第 5 期。

轨道，迅速优化；也可能顺着原来的错误道路往下滑，最终被锁定在某种无效率的状态之下，而经济行为主体一旦进入锁定状态，要脱身而出就会变得十分困难，往往需要借助外部效应，比如依靠政府或者强大外力的推动，才能实现对原有方向的扭转（North，1981）。[1]从产业转移的视角来看，发达地区经过多年发展，形成完善的经济制度保障企业的正常运营，而企业如果从发达地区迁出以后，将失去这种经济制度的保障；迁入到欠发达地区以后，也可能存在政府的制度执行能力欠缺、企业管理能力欠缺、政府后期的“敲竹杠”行为等，导致企业对当地经济制度的“水土不服”，从而使企业在向外转移面前望而生畏。

三、突破产业转移“嵌入性”约束的宏观制度创新

受制于产业转移的“嵌入性”约束，企业缺乏从发达地区向欠发达地区转移的动力。而发达地区“腾笼换凤”又迫在眉睫。此时，就需要其他外力的推动。在中国，政府和行业协会均可以担当起此角色，但是在行业协会发展缓慢和半政府化的背景下，此重任自然而然落到了政府头上。因此，大规模的产业有序转移必然建立在地方政府帮助企业解决“嵌入性”约束的制度创新上。广东省政府最早开始推动产业在省内转移的制度创新，但是效果一般；而江苏省政府推动省内产业转移虽然起步较晚，但是效果却较好。下面分别阐述两地政府推动产业转移的“嵌入性”约束机制的制度创新点。

（一）旧制度（广东省）：政府作为产业转移的制度创新主体和推动主体

从中国的现实国情来看，政府介入产业转移的例子很多，但是成功的并不多。以广东省为例，当政府发现珠三角地区与粤东西北地区的经济发展差距越来越大，严重影响区域经济协调发展时，推出了“广东省山区及东西两翼与珠江三角洲联手推进产业转移”的制度安排，鼓励珠三角城市与欠发达城市共建产业转移园区。此共建园区前期是市与市之间的对接，后来又具体到区与区之间的对接。但是，在此制度安排中，政府一直既是产业转移的制度创新主体，也是产业转移的推动主体，见图 7-5-1。当政府作为产业转移

[1] See North D. C., *Structure and Change in Economic History*, W. W. Norton and Company, 1981.

的推动主体时，由于政府缺乏对市场的准确判断和政府干预市场的低效率，广东省大规模的产业转移并不是很顺利，很多产业转移并没有按照省政府的预期进行，比如广东省从化市的生产牛仔服装的企业转移到了劳动力来源地湖南；再如较成功的中山（河源）产业转移园，转移过来的几家有代表性的企业均是从深圳、东莞而非中山转移出来的；又如珠海，当年产业发展的起点定位就比较高，珠海本地企业还正处在发展阶段，目前还没有进入到转移阶段，所以珠海政府推动企业向外转移的积极性也不高。

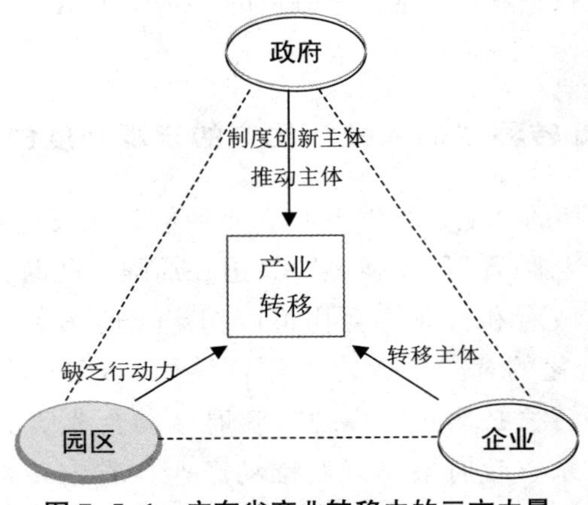

图 7-5-1　广东省产业转移中的三方力量

（二）新制度（江苏省）：政府作为产业转移的制度创新主体，园区作为推动主体

同样是通过共建产业转移园推动省内产业转移，江苏省的做法则是，政府作为产业转移的制度创新主体，通过制度安排迫使园区成为产业转移的推动主体，让发达地区园区与欠发达地区园区合作共建产业转移园，让共建的产业转移园区成为发达地区园区在异地的“飞地经济”，充分调动了发达地区园区管理人员说服企业向外转移的积极性，效果较好，见图 7-5-2。此制度创新的优势在于发达地区园区作为产业转移的推动主体，充分调动了发达地区的积极性，因此已经被上海、浙江等地借鉴。苏州、宿迁两市合作共建产业园区的制度创新则是江苏省级政府宏观制度创新下的市级政府的微观制度创新。

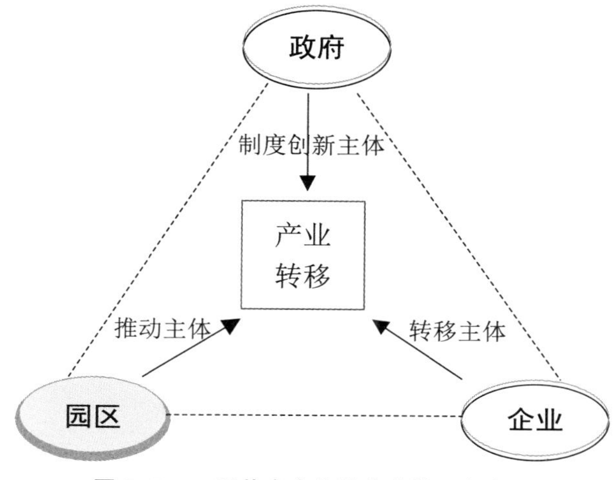

图 7-5-2 江苏省产业转移中的三方力量

四、突破产业转移"嵌入性"约束的微观制度创新

（一）微观制度创新载体：苏州、宿迁两市合作共建产业园区

随着改革的不断深入，江苏省的苏南、苏中、苏北的区域经济梯度差距日趋明显，区域经济发展严重不平衡。2005 年，苏州的 GDP 总量是宿迁的 11 倍，人均 GDP 是宿迁的 7 倍，宿迁已经成为江苏省经济高速发展的短板。2006 年，在江苏省委及省政府的"南北挂钩共建产业园区"的宏观制度创新安排下，江苏省实力最强的苏州与实力最弱的宿迁合作共建产业园区，共同推进宿迁的经济发展。苏州与宿迁两市合作共建了 6 个产业园区，如表 7-5-1。根据全省南北共建园区 2018 年度考核结果，宿迁市的 6 个共建园区全部进入前 7 名，其中，苏宿工业园区连续 10 年综合排名第一。

表 7-5-1 苏州与宿迁两市合作共建的产业园区

序号	共建园区名称	批准时间	主要产业
1	苏州宿迁工业园区	2007. 06. 06	电子机械、新材料、轻工食品、纺织服装

续表

序号	共建园区名称	批准时间	主要产业
2	张家港经济开发区宿豫工业园	2007. 05. 23	高科技、高附加值产业（机械、汽配加工等）
3	昆山高新区沭阳工业园	2008. 04. 06	纺织、服装、电子、机械加工
4	吴江经济开发区泗阳工业园	2008. 07. 08	纺织服装、电器照明、木材加工等
5	常熟东南经济开发区泗洪工业园	2008. 07. 08	纺织服装、轻工食品、电子和机械制造业
6	吴中经济开发区宿城工业园	2008. 09. 12	纺织服装、机械电子

（二）苏州、宿迁市级政府推动产业转移的微观制度创新

苏州、宿迁合作共建产业园区是市级政府应对省级政府的宏观制度创新的微观制度选择。省级政府从区域经济协调发展的全局考虑，提出南北挂钩共建产业园区，推动苏北经济快速发展的宏观制度创新举措。而苏州市级政府作为宏观制度创新的执行者，开始了其“强制配对”的历程——推动苏州的产业园区与宿迁共建产业转移园区。但是，政府的“强制配对”只能管一阵子，不能管一辈子，合作共建产业园区一定要有市级层面的微观制度创新，要为苏州的园区提供源动力，调动其积极性，保障共建园区的可持续合作与发展。下文即分析了苏州与宿迁市级政府是如何通过微观制度创新推动共建园区的发展，并取得可喜成绩的。

1. 制度顶层设计：两市签署南北挂钩合作协议

苏州与宿迁两市每年由政府签署两市南北挂钩合作协议，从制度顶层设计层面确保共建园区的合作机制、产业转移、人才培训、金融科技等方面的合作。以 2014 年合作协议为例，制度顶层设计主要体现在：一是积极探讨共建园区的合作机制，完善联合协调理事会制度等；二是在产业转移方面，双方进一步整合资源，继续推动和引导苏州市国有、民营、外商投资等各类企业到宿迁市投资兴业；三是在干部培训和交流方面，苏州市继续帮助宿迁市

做好基层干部（含共建园区干部）的培训工作；四是在金融合作方面，两市协调推进苏州各金融机构在宿迁市设立分支机构，鼓励加大对宿迁市经济发展的支持力度，扩大贷款投放额度；五是在科技合作方面，苏州市科技部门积极指导宿迁市科技园区、产业研究院等创新平台和载体建设。[1] 近年来，两市对口合作协议顶层设计目标基本全面完成。

2. “制度保障”设计：契约先行

契约先行是两市合作共建园区的基本保证。因为苏州与宿迁两市的前期合作要 10 年，后期会更长久，这期间不可避免地会产生很多矛盾，遇到很多新情况，而在发生分歧的时候，如果没有契约，没有法律明确规定的权利和义务，合作将很难持续。为了避免共建园区在运行过程中，出现因为由苏州主导“出人、出钱、招商、管理”，宿迁干部“不配合、不服气”的情况，两市从一开始合作就签订了协议细则，详细规定遇到问题怎么解决，万一做不好风险如何分担等。比如组织架构，哪些职务归苏州推荐，哪些归宿迁推荐；宿迁的权利义务，苏州的权利义务等。如果出现分歧，制度在先，法律在先，按照协议办事，避免不必要的纠纷。这也是借鉴 1994 年新加坡到中国建设苏州工业园区的经验。比如，苏州宿迁工业园区开发建设用地，协议明确宿迁市政府要每年给予土地指标，但是后来宿迁成为江苏省开展地票交易的试点，地票要到交易所买卖，1 亩地卖到 25 万，如果苏州宿迁工业园区到交易所去买土地，开发成本将会增加很多，于是园区负责人就跟市长汇报“协议明确是要给园区 1 年大概供应 1 000 亩土地，也就是 2. 5 亿资金”，但当时签协议的市长已经离开宿迁了，于是新市长就召开一个市政府常务会议，最后决定由财政局每年给园区 2 个亿“空转”，拿去交易所买卖土地。这就是契约的力量。[2]

3. “合作利益机制”设计：可持续发展策略

为了共建园区的可持续发展，两市政府协商从制度层面规划了共建园区的利益机制：①在财政政策方面，合作两市不通过财政体制集中开发区的财

---

[1] 参见“苏州和宿迁签署 2014 年南北挂钩合作协议”，载 http://www. suqian. gov. cn/sfgw/jjhz/201512/b9b01424ea58446a866abae705373751. shtml，最后访问时间：2016 年 1 月 13 日。

[2] 参见“江苏省宿迁市副市长顾玉坤接受南方都市报专访，畅谈工业园区建设：苏州宿迁共建工业园如何做到你情我愿”，载 http://fgw. sugian. gov. cn/sfgw/zhzx/201405/3feaa019fdfb488d97249f67af5d0c7e. shtml，最后访问时间：2016 年 1 月 13 日。

政收入，即双方在10年内不拿走园区一分钱，全部用于滚动发展，10年后再协商分成。②在税务留成方面，各项政府性基金和收费免于上缴，全力保障园区发展建设。③在经营收益方面，共建的园区开发有限公司10年内的经营收益全部留在公司，股东不分红，用于滚动发展、做大园区，10年后再召开理事会讨论分成事宜（苏州占主要股份）。④在土地政策方面，园区所在地政府保证合作开发园区对年度建设用地计划的需求。园区商住经营性用地的招标、拍卖、挂牌纳入合作开发园区所在地政府年度计划，涉及土地的出让、划拨和按规定必须进行的招标、拍卖、挂牌等土地公开市场管理，土地价格则由两市政府协商后在两市签订的正式合作开发协议及商务协议中予以具体明确。⑤合作开发园区享受园区所在地政府给予其他园区的各项优惠政策。[1]

4. “合作形式”制度创新：园区与园区对接，园区作为产业转移的推动主体

在省内产业转移的过程中，有多个推动者主体，即省级政府、发达地区和欠发达地区市级政府、发达地区和欠发达地区园区等。因此，相同的宏观制度安排可能会产生不同的效果。广东省和江苏省均提出了“发达地区与欠发达地区合作共建产业园区”的宏观制度创新实践，但是相比较而言，江苏省比广东省的产业转移进展更为顺利，原因是什么呢？在于两地帮扶结对子的关键制度点不同，即微观层面的制度安排不同。广东省的有效制度点是省级政府作为产业转移园区的推动者，推动市与市、区与区之间的帮扶。但是省级政府作为产业转移的推动主体，“强制配对”只能管一时，管不了一生；而市级政府作为省级政府的政策执行者，一方面缺乏积极性，另一方面行政力量的作用也非常有限，企业未必愿意听从发达地区市级政府的制度安排而向外转移。而江苏省的有效制度点是园区与园区的对接，发达地区园区作为产业转移的推动者，既便于说服发达地区园区内的企业向外转移，也能够实现点对点的挂钩，更有利于园区的发展与规划。以苏州与宿迁的合作为例，苏州的工业园区作为产业转移的推动主体，产业转移园相当于苏州的工业园

[1] 参见“江苏省南北共建工业园区的合作机制研究——以苏州市与苏北共建工业园区为例”，载 http://www.jxdpc.gov.cn/rdzt/jjyjkf/dybg/201204/t20120418_72316.htm，最后访问时间：2016年1月13日。

区在宿迁的“飞地经济”，有效地调动起了工业园区的积极性，苏州的工业园区的领导有动力说服企业向外转移。

5. “激励机制”制度创新：充分调动发达地区的积极性

结对子帮扶是我国一直存在的传统，但是仅仅起到短期的点对点的扶贫，而不是真正意义上的合作，也没有真正带动欠发达地区的经济增长，主要是没有考虑发达地区的利益。因此，省级政府制度安排下的市级政府的制度创新重点是要考虑发达地区的利益。让发达地区有利可图的制度安排将会激励发达地区政府官员的热情。苏州与宿迁两市合作的策略是，由苏州与宿迁合作共建产业园区，但是由苏州的园区控股并经营共建园区，让共建园区变成苏州园区在宿迁的“飞地经济”，在共建园区运营过程中，苏州方掌握绝对的决策权，此制度创新让发达地区有利可图，充分调动了苏州园区的积极性。具体来讲，合作怎么样为苏州带来好处呢？首先，共建园区开发公司的利润分成主要归苏州。以苏州宿迁园区开发有限公司为例，苏州工业园区占主要股份，因此公司的利润分红也主要归苏州工业园区。其次，将企业的研发中心和公司总部放在苏州，制造业环节安在宿迁，实现总部经济效应。比如，台湾的上市公司可成科技想入驻苏州工业园区，但是苏州没有地，苏州就给他准备了一块“飞地”，让可成科技在苏州宿迁工业园区建厂，但是享受的园区管理理念还是跟苏州工业园区相同的，打交道的人主要还是苏州人，于是可成科技在苏州宿迁工业园区投资 6 亿美金建厂，招收工人 2 万，但是可成科技还需要建立研发中心，于是就将研发中心建在苏州工业园区。再如，赛力菲陶瓷是做航天材料的高科技企业，签约到宿迁盖工厂、生产产品，带来了6 000万的制造业，同时也和苏州工业园区签订了一个研发机构项目，现在已经是江苏省重点工程实验室，正在申报全国第一个同类产品的重点实验室。这就是“飞地经济”的力量，因为如果公司总部和研发中心放在宿迁，宿迁缺乏高科技人才和优秀的企业高层管理人才，苏州的高科技人才和企业高层管理人才也不愿意去宿迁。再次，苏州由此可将地方腾出以实现纳米、云技术、金融等新企业的入驻，从而以“退二进三”的策略打造苏州转型升级新基地。以苏州工业园区为例，因为其一流的客商服务理念，现在很多“鸟”等着排队进苏州工业园区。

6. “园区管理”制度创新：双方协商，发达地区掌握主导权

共建园区是苏州与宿迁合作的产物，因此，园区的管理理所当然是两市

共同管理，但是在具体的管理细节上，两市的分工有所侧重：①园区总体规划由双方政府协商确定。园区名称、规模和选址以及园区的发展目标、建设标准和产业定位由苏州和宿迁双方政府协商确定。②重大问题双方协商解决。一是由省政府、苏州市和宿迁市的主要领导成立联合协调理事会，作为工业园合作建设的最高领导与协调机构，协调解决开发建设过程中的重大问题。二是成立工业园双边工作委员会，由苏州市和宿迁市政府分管领导和苏州工业园区管委会主要领导总牵头，负责协调处理合作建设中的重要问题。③园区开发建设以苏州为主，主要由园区管委会运作。合作项目的开发建设和管理机构方面，以苏州为主组建，充分发挥苏州的工业园区开发建设的先进理念与成功做法，并将苏州的工业园区的新理念、新体制、新机制借鉴应用到合作园区的开发建设之中。④园区基础设施建设以苏州为主，主要由园区开发公司运作。共建园区范围内的电力、供水、污水、燃气、通讯和有线电视等城市公用事业基础设施专业规划由园区管委会委托园区开发公司承建。园区开发公司是一级土地开发商，负责把园区内的桥、路、污水管、雨水管等基础设施建设好。[1]⑤宿迁主要负责拆迁安置、公共基础设施配套、社会管理等工作。这种双方协商、发达地区掌握园区管理主导权的园区管理制度创新，充分明确了双方的权利和义务，也充分调动了发达地区的积极性。

7. “园区运营”制度创新：充分授权，市场化运作

苏州和宿迁两市合作共建产业园区成功的秘诀在于市级政府推动两个园区合作共建产业园区后，政府不去干涉产业转移园的运营，而是充分授权，由苏州和宿迁共同出资成立股份公司，按照市场化来运营园区。以张家港经济开发区宿豫工业园为例，2006 年 11 月 1 日，张家港市和宿豫区在连云港签订《共建张家港宿豫工业园区协议书》。然后，两市为园区充分授权，允许园区享受宿迁市一级财政。在园区建设方面，宿迁市的国土、规划、财政等管理部门在开发园区设立分支机构，成立相应的土地储备中心，实行园区所在地政府属地管理，授权行使省辖市管理权限。合作开发园区建立一级财政、一级预算，在宿迁市设立独立财政金库，自主负责区内的财政预决算管理，

[1] 参见“江苏省南北共建工业园区的合作机制研究——以苏州市与苏北共建工业园区为例”，载 http://www.jxdpc.gov.cn/rdzt/jjyjkf/dybg/201204/t20120418_72316.htm，最后访问时间：2016 年 1 月 13 日。

并在宿迁市政府的年度财政预决算中单独表述，统计指标属地管理。另外，园区开发公司与园区管委会分开运作，并按照市场化运作。2007 年 1 月，园区开发公司注册成立“宿迁市张家港开发区投资开发建设有限公司”，按照市场化运作，自主决策，独立运行，负责园区的基础设施等开发建设工作。2007 年 3 月，宿迁市委、市政府批复成立张家港宿豫工业园区党工委和管委会，给予管委会副处级建制，充分授权园区管委会按照市场化负责招商引资、合作项目的开发建设等工作。

8. “人才培养”制度创新：“干中学”和培训宿迁干部

园区服务和管理经验是宿迁干部所缺乏的软实力。投资者愿不愿意进驻宿迁的工业园区，园区工作人员的服务水平是关键。苏州主要通过两个方面提升宿迁干部的园区管理经验。一是“干中学”。苏州派出大批优秀干部去宿迁任职，宿迁干部在与苏州干部共事的过程中，可以通过“干中学”的方式，学习苏州干部成功的园区管理经验、客商服务理念等。一位宿迁的干部认真地说：“苏州派干部过来宿迁工作比给我们 1 个亿都强”。二是培训宿迁干部。以苏州宿迁工业园区为例，7 年时间里，该园区共派出 8 批次、160 多人次赴新加坡学习，已经实现赴新加坡干部培训 100%的覆盖率，学习培训内容涵盖经济发展、城市规划建设管理和公共行政管理三个层次多个专业。除了派干部去新加坡学习外，还定期组织干部赴苏州工业园区学习，提升他们的园区管理水平。如今，宿迁干部的“人才培养”机制使得亲商理念深深扎根于干部的头脑中，赢得了客商的信任和青睐。

9. “资金支持”制度创新：股本金只给一次，后期滚动发展资金市场化运作

前期开发资金由江苏省级政府、苏州和宿迁市级政府共同出资，苏州市级政府的出资所占比重较大。在南北挂钩共建产业园区的制度背景下，苏州和宿迁合作共建的产业园区的初期运行费用由江苏省级政府出资一定比例，苏州市和园区所在地政府按一定比例进行配套，其中苏州市政府配套所占比例较大。比如，苏州宿迁工业园区是由江苏省财政、苏州工业园区、苏州市、宿迁市分别出了 1 亿、1 亿、5 000 万、5 000 万作为股本金成立苏州宿迁工业园区开发有限公司，启动苏州宿迁工业园区的发展。

后期滚动发展资金按照市场化运作。苏州宿迁工业园区开发有限公司按照《中华人民共和国公司法》等法律法规规定，根据现代企业制度进行市场

化投资运作。因为园区开发公司股本金只给 1 次，不会年年给，所以后续的发展资金就需要融资。比如，苏州宿迁工业园区开发有限公司用完股本金以后，苏州工业园区又以股本金的形式注入了 3 亿元，后来又由苏州工业园区进行融资担保，从国开行贷款 6 亿元。这些都是股本金，不是直接给园区的财政拨款，是按照市场化来运作的。为什么以股本金的形式组建开发公司，而不是直接财政拨款呢？因为财政拨款是行政行为，而股本金是市场行为，资金采用市场化手段使用效率是最高的，而采用政府手段使用则往往是低效率的。

10. “亲商理念”制度创新：为投资者建造一个“家”

“亲商理念”能够为投资者建造一个“家”，一流的政府服务可以吸引投资者。尼吉康电子原总经理小崎良表示，选择宿迁的很重要的原因是在宿迁能够享受到和苏州工业园区一样的政府服务。[1] 苏州电瓷厂（宿迁）有限公司总经理张斌也说：“在宿迁感觉像在苏州一样，很亲切，特别是该园区的服务是一流的，很多事情都让我们很感动。”[2]以苏州宿迁工业园区为例，园区不仅有中国大陆和中国台湾的国内投资商，还有如德国、美国、日本、韩国等的国外投资商。面对如此多的外地客商，如何让他们选择在宿迁投资之后，能够安心地在这里生活、创业？苏州宿迁工业园区用“亲商理念”和优质服务轻松地化解了环境差异带来的隔阂，为投资者在宿迁营造了一个“家”。

如何为客商提供一流的服务呢？一是设立企业的专业帮办联络员。苏州宿迁工业园区自建成以来就秉承苏州工业园区的亲商理念，结合宿迁的项目帮办服务制度，成立了入驻企业帮办联络服务领导小组，为每个企业安排专业帮办联络员，联络员作为政府、企业相互沟通的主要桥梁和纽带，具体负责项目联络、协调和帮办工作，并实行“首问负责制”。而且，在企业筹备阶段，联络员要帮助企业做好项目立项、环评、工商注册、税务登记等各项手续；在企业建设阶段，要积极协助企业做好打桩定界、场地清理、规划建设、消防审查和排水、供电、通信等基础设施配套工作，协助完成施工单位招标、施工许可证办理等工作；在企业生产经营阶段，不但要积极帮办做好工人招

〔1〕 参见“苏州宿迁工业园区成立七周年系列报道”，载 http://www.zgjssw.gov.cn/shixianchuanzhen/suqian/201406/t1491770.shtml，最后访问时间：2016 年 1 月 13 日。

〔2〕 参见“‘飞地’成了投资‘宝地’”，载 http://epaper.sqdaily.com/sqwb/html/2014-06/12/content_464961.htm，最后访问时间：2016 年 1 月 13 日。

聘、税费奖励、企业融资等相关工作，还要将帮办服务向人才引进、企业管理、科研开发、市场开拓、战略研究等高层次服务推进，并真诚地为客商解决生活住宿、子女入学等问题。二是派园区需要的干部到宿迁工作。以苏州宿迁工业园区为例，苏州派了很多干部到宿迁工作，而且是派园区需要的干部，比如办公室主任、招商局长、财政局局长、规划建设局长等。现在，苏州宿迁工业园区的干部中，从苏州工业园区派出来的一共有36人，这些人每天都在宿迁工作。苏州宿迁工业园区管委会、开发公司里有1/3的干部是从苏州带过去的，而且都是骨干及各部门的一把手，具有当领导、做决策的经验。如何动员苏南干部去苏北工作呢？江苏有句俗语，"宁向南一丈，不向北一寸"，苏南的干部也会有这种心态，不愿意去苏北。而且因为路途遥远（4个多小时），苏南苏北的文化差异又大，气候生态也不一样，所以就需要制度保障"苏南干部下苏北"。制度保障包括发放生活补贴及提拔。从苏州去宿迁的所有干部都是提拔过去的，这也是苏州做得比较好的地方。比如苏州宿迁工业园区需要一个招商局长，就在苏州工业园区内网上下"英雄帖"，符合条件的人都可以报名，然后人事部组织进行考察，选一个人过来。对干部来说，他们多数愿意报名，因为立刻就可以提拔。考虑到地区差别、生活环境艰苦、家庭不能团聚，苏州工业园区也给派遣干部发放专项补贴——像苏州宿迁工业园区"一把手"一个月可以补贴3 000元，其他的局级干部至少2 000元。三是兑现客商的承诺。正是有了从苏州派遣过来的干部，才可以在从苏州招商时，对愿意从苏州搬迁到宿迁的客商承诺，如果他们迁到宿迁去，可以得到与苏州一样的服务。如果没有苏州干部，这个承诺可能就兑现不了，比如零收费，在苏州可以兑现，跟国际接轨，但是到了宿迁不行，欠发达地区发展阶段不一样，收费也不一样。但是苏州的干部就可以跟市里协商，按照协议里的"充分授权、封闭运作"的原则让苏州宿迁工业园区的客商也享受到跟苏州工业园区一样的待遇。

11. "保障机制"制度创新：基础设施，规划先行

科学超前、先进合理的规划，是促进资源整合、凝聚开发合力、保障开发水平、增强开发区持续竞争力的基础和前提。因此，7年来，苏州和宿迁合作共建的产业园区始终坚持高起点实施规划建设，打造一流的基础设施环境，这已经成为共建园区吸引投资者的重要砝码。长电科技（宿迁）有限公司副总经理对苏州宿迁工业园区完善的基础设施非常赞赏，他感慨道："我们

公司从开建到试生产仅用了1年时间，速度之快，得益于苏州宿迁工业园区地下管道和线路设施的良好配套，就像电源插座一样，接上去就可以用了。”

以苏州宿迁工业园区为例，“保障机制”制度创新主要体现在：首先，成立之初，苏州宿迁工业园区用了9个月的时间完成了比较完善的规划体系，然后动工建设，按照“八通一平”的标准打造高标准的基础设施。污水处理厂在工业企业投产之前实现通水运行，从根本上解决了开发建设的盲目性和随机性问题，打造了高端产业、规模企业聚集发展的良好投资环境。其次，在建设过程中，苏州宿迁工业园区充分借鉴吸收中新合作的苏州工业园区在规划建设方面的成功经验和先进理念，始终坚持“先做环境再做制造业”的理念，按照“三先三后”原则实施开发建设，即“先规划后建设、先地下后地上、先工业后商业”，形成了以通湖大道为界、向东3.8平方公里为商住区、向西9.8平方公里为工业区的“产城一体”现代城市格局，累计建成11纵5横的通车路网共48公里，形成了12.6平方公里“八通一平”的投资环境。再次，2014年苏州宿迁工业园区又启动了“新三年提升计划”，整个区域的开发建设在10年内完成，预计产出150亿元~200亿元的工业产值和25亿元~30亿元的工业增加值，主要经济指标年均增幅40%以上，力争成为宿迁市新的经济增长点。[1]

（三）制度创新绩效：嵌入性约束机制被打破，产业转移步伐加快

由于共建园区主要还是由苏州的领导管理，所以在省级政府和市级政府的制度创新安排下，苏州的劳动密集型企业转移到宿迁的共建园区以后，主要还是和苏州的领导人打交道，有效地保留了企业嵌入在政企社会关系网络中的社会资本，所以大规模的产业有序转移才得以出现，有效地带动了宿迁经济的快速增长。近年来，全市6个共建园区建设发展成效显著，基础设施建设、招商引资工作、企业生产经营等方面均呈现良好态势，共建园区继续保持又好又快的发展态势。截至2018年底，宿迁市6个共建园区累计投入基础设施等各类建设资金146.36亿元，共注册项目1022个，完成固定资产投资2796.49亿元，累计实际利用外资16.69亿美元，累计实现业务总收入1476.5

---

〔1〕 参见“‘飞地’成了投资‘宝地’”，载 http://epaper.sqdaily.com/sqwb/html/2014-06/12/content_464961.htm，最后访问时间：2016年1月13日。

亿元，公共财政预算收入 30.5 亿元，带动就业人口近 6 万人，已经成为宿迁市经济发展的重要载体和有力支撑。[1]

五、经验借鉴："制度创新" 突破产业转移的 "嵌入性" 约束机制

中国的改革开放本质上是一个逐步分权的过程，现行的财政分权和地方政府竞争推动着我国经济的持续高速增长。无论是早期的"财政包干"制度，还是 1994 年开始实施的分税制，都激励着地方政府追求当地经济利益最大化（周业安，2014）。[2]官员任期的时限，以及上级政府对下级政府采取的"GDP 主义"绩效考核制度，也激励着地方政府追求本地的经济利益（Li and Zhou，2005；周黎安，2007）。[3][4]这些都在客观上促进了地方政府对当地经济的深度介入。当地方政府发现省内企业有向外省迁移的意向时，自然要"肥水不流外人田"，通过制度创新激励省内发达地区的企业向省内欠发达地区转移，广东省和江苏省的发达地区与欠发达地区共建产业转移园策略就是省级政府在此背景下调节区域经济协调发展的宏观制度创新。但是，如何让宏观制度创新发挥较好的效果呢？这就需要市级政府之间合作的微观制度创新激励发达地区推动企业向欠发达地区转移。以苏州和宿迁的合作为例，关键在于要调动起苏州方的积极性，让苏州方有利可图，让苏州与宿迁的合作从短期利益变成长期合作。同时让苏州的园区作为产业转移的推动主体，苏州在宿迁共建的产业转移园就相当于苏州产业园在宿迁的延伸，是苏州产业园的"飞地经济"，苏州方占主要股份，拥有决策权和主要股份分红，此种举措提高了苏州方的积极性。而且共建园区主要由苏州方来管理，苏州派干部长驻宿迁，负责招商引资及园区建设等，消除了企业嵌入在政企社会关系网络中的社会资本对其产业转移的约束，从而使得企业有意愿从苏州迁往宿迁。

---

〔1〕 参见"宿迁市南北共建园区建设发展成效显著"，载 http://www.jiangsu.gov.cn/art/2019/9/26/art 33718 8727268.html，最后访问时间：2019 年 10 月 12 日。

〔2〕 参见周业安："地方政府治理：分权、竞争与转型"，载《人民论坛（学术前沿）》2014 年第 4 期。

〔3〕 See Hongbin Li，Lian Zhou，"Political Turnover and Economic Performance：The Incentive Role of Personnel Control in China"，*Journal of Public Economics*，Vol. 89，2005，pp. 1743-1762.

〔4〕 参见周黎安："中国地方官员的晋升锦标赛模式研究"，载《经济研究》2007 年第 7 期。

案例六：苏州工业园“飞地经济”超越嵌入性约束，促产业转移

一、苏州工业园“飞地经济”的发展

作为一直引领中国改革开放风气的江南重镇，苏州的发展一直备受瞩目。自2004年以来，苏州一直以逐年猛增的工业产值，占据全国第二大工业城市的位置，是仅次于上海的中国制造业中心。而苏州工业园区则是中国和新加坡两国政府的中外经济技术互利合作的典范，开发建设以来，苏州工业园区GDP比开发之初增长了100多倍，近年来平均每天到账外资超过500万美元，每天设立科技企业2家，常住人口人均GDP达3.5万美元，单位土地GDP产出达0.86亿美元/平方公里，基本达到或接近香港的水平。[1]苏州工业园区目前转型升级的目标是，紧紧抓住了国际产业大转移的机遇，把电子信息产业引进园区。但是，一些劳动密集型企业却宁愿待在苏州工业园区，而不愿意转移出去。苏州工业园区的发展，面临着严重的土地瓶颈问题。

在这种转型升级与土地瓶颈共存的大环境下，苏州工业园区探索出了一条“走出去”发展“飞地经济”[2]之路——通过在异地共建产业园区，有序地促进劳动密集型产业向异地转移，加快苏州工业园区的产业转型升级。经过几年的有序转移，现在园区产业电子信息占工业总产值的40%，近年来R&D（Research and Development，研究与开发）投入占GDP比重每年提高约0.2个百分点，达4.6%，园区内有26人入选国家“千人计划”、3人入选青年“千人计划”；还有，园区万元GDP的COD和二氧化硫排放量仅为全国平均水平的1/18和1/40，生态指标连续3年列居全国开发区首位。[3]目前，由德国卡尔斯鲁厄理工学院中国研究院主办的中德工业4.0技术展示创新中心在苏州工业园区揭牌成立，这有利于苏州工业园区制造业发展“提档升

[1] 参见陆旭升：“苏州工业园区：抓牢国际产业转移机遇”，载 http://epaper.jhnews.com.cn/site1/jhrb/html/2012-03/29/content_ 1408497.htm，最后访问时间：2016年3月9日。

[2] “飞地经济”是指发达地区与欠发达地区双方政府打破行政区划限制，把“飞出地”方的资金和项目放到行政上互不隶属的“飞入地”方的工业基地，通过规划、建设、管理和税收分配等合作机制，从而实现互利共赢的持续发展或者跨越式发展的经济模式。

[3] 参见陆旭升：“苏州工业园区：抓牢国际产业转移机遇”，载 http://epaper.jhnews.com.cn/site1/jhrb/html/2012-03/29/content_ 1408497.htm，最后访问时间：2016年3月9日。

级”。截至 2013 年底，88 家世界 500 强企业在园区内投资了 148 个项目，投资上亿美元项目达 133 个，在高端电子信息制造和机械制造业领域形成了较强竞争力；截至 2015 年底，91 家世界 500 强企业在园区内投资了 150 个项目，投资上亿美元项目 136 个，其中 10 亿美元以上项目 6 个。〔1〕截至 2018 年底，苏州工业园区共实现地区生产总值 2 570 亿元。〔2〕因此，在欧美“再工业化”战略的推动下，苏州工业园区正在加快转变经济发展方式，大力提升发展质效，向高端制造业挺进。

因此，对于正处在转型发展期的苏州工业园区来说，“走出去”发展“飞地经济”是经济发展的高级阶段，是在更广领域、更高层次统筹和利用外部资源，实现自身又好又快发展的重要途径。实施“走出去”发展“飞地经济”战略，是苏州工业园区融入全球分工与区域合作体系，加快实现产业结构调整的必经之路，是有效应对自身发展瓶颈的客观需要。通过实施“走出去”发展“飞地经济”战略，可以突破本地资源瓶颈制约，释放和摄取更多的要素资源，在新一轮产业结构调整中赢得先机。本章节就是探讨苏州工业园如何摸索出一条“走出去”发展“飞地经济”道路、有序促进产业转移和产业升级的。

二、苏州工业园“飞地经济”的合作模式

经过多年的发展，苏州工业园区在规划、管理、体制、自主创新等方面形成了独特的“园区经验”。园区拥有了一大批发展前景良好的中外企业，也有较多企业想进驻园区。但是，受土地瓶颈、“用工荒”等制约，企业的进驻和扩张均受到制约。在这种背景下，苏州工业园区开始借力“飞地经济”的发展模式，充分整合各类资源，利用其他地区的土地、劳动力优势，打开园区“走出去”的大门。从 2006 年首次“走出去”到宿迁，多年来，苏州工业园区已经“走出”了一片新天地：苏南苏北合作的苏宿工业园，成为跨区域合作的样本；苏南苏中携手的苏通科技产业园，成为园区域外商业性合作的阵地；苏滁现代产业园，是园区“城市整体开发运营”的尝试；新疆霍尔果

〔1〕 参见“苏州工业园区转型升级向工业 4.0 看齐向‘智能制造’变革”，载 http://news.163.com/15/1231/12/BC5QJ6Q000014AED.html，最后访问时间：2016 年 3 月 19 日。

〔2〕 载苏州工业园区管理委员会网站，最后访问时间：2019 年 10 月 12 日。

斯口岸项目，则树立了东西区域“手拉手”的典范；苏相合作区又是跨区联姻合作的新探索。

苏州工业园区对外走出去的过程，也是园区经验整体“打包”对外输出的过程。从当初借鉴新加坡经验，到如今向国内输出经验，这是对苏州工业园区借鉴新加坡经验内涵的又一次丰富和全新注释。“走出去”的这6年是“园区经验”异地实践和成功发展的历程，也是一个借鉴、吸收、运用园区成功经验，并与当地实际“圆融”和“双赢”的过程。近年来，苏州工业园区加快“走出去”步伐，逐步探索出“政府主导、企业主导、对口援建、本土合作”4种“飞地经济”模式，〔1〕如图7-6-1。

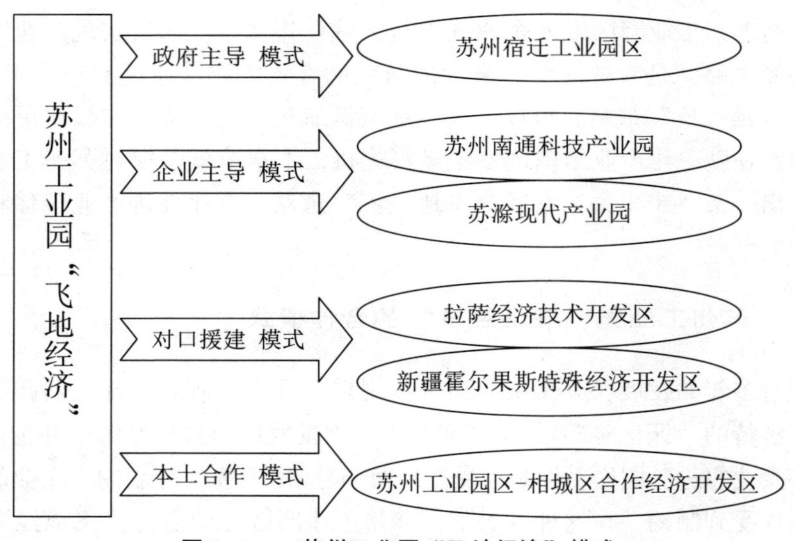

图7-6-1 苏州工业园“飞地经济”模式

（一）政府主导模式

苏州宿迁工业园区（共建）（以下简称“苏宿工业园”）发轫于政府主导，是苏州工业园区应省委、省政府实施“区域共同发展”“南北共建园区”

〔1〕说明：苏州工业园区的“飞地经济”模式相关资料，主要根据对苏州工业园区调研的相关资料整理而成，其次参考了苏州工业园网站的相关资料，载 http://www.sipac.gov.cn/，最后访问时间：2016年3月9日。

“加快苏北工业化”“实现宿迁更大突破”等一系列重大战略决策要求，与宿迁共建的产业园区。

2006年11月1日，苏州和宿迁两市正式签订了园区合作开发协议。2007年8月，苏宿工业园开发建设项目正式启动。园区发展目标是建成产业转移的集聚区、外向带动的先导区、机制创新的试验区和现代新城的示范区。园区规划总面积13.6平方公里，以通湖大道为界，以东为现代新城示范区，以西为工业区，规划人口8万人。目前已完成约9平方公里“八通一平”基础设施建设，吸引注册项目总投资超过120亿元。在全省南北共建园区考评中连续数年名列第1。

苏宿工业园是苏州工业园区开发建设以来的首次“软件”整体“打包”对外输出，最大特色是借鉴新加坡经验，转移中新合作的成果。因此，园区实施了“拷贝”苏州工业园区“不走样”策略。宿迁为园区发展注入了浓厚的“园区元素”，先规划后开发、先地下后地上、先生态后生产、高水平建设、高标准招商等，用的都是苏州工业园区在实践中积累的成功经验。其具体的合作模式和理念是：首先，苏宿工业园区建立起了联合协调理事会和双边工作委员会、园区党工委和管委会、园区开发有限公司等3个层次的管理机构和开发主体，这完全是借鉴了苏州工业园区的经验。其次，职能权限方面实行了“封闭运作、充分授权”。在这种合作模式下，很多已经从苏州工业园区转移到苏宿工业园区的企业都有这样的感受：虽然工厂在宿迁，但服务和在苏州一模一样，感觉还是在和苏州人打交道。

在苏宿工业园区的运营中，苏州方给予了其大力支持。相较于很多合作共建的园区只是单向的输血、送干部、给项目而言，苏州工业园区采用的是派团队、建项目、全面输出经验理念的新模式，这种模式带来了合作不竭的生命力。由此，苏宿工业园区实现了“双赢”：对宿迁而言，收益显著，一是引入了先进理念，二是创造了就业机会，增加了税收，推动了城市化、工业化；而对苏州而言，同样也是大有收获，最主要的就是为苏州工业园区转型发展提供了产业梯度转移的新基地，解决了援建方日益凸显的土地、成本、环境等发展瓶颈难题。苏州工业园区“走出去”了，一大批苏州工业园区的企业也转移到苏宿工业园区，获得了更大的发展空间，腾出了地块和人力资源岗位，加快了苏州工业园区产业转型升级的步伐，也为苏宿工业园区的发展创造了新机遇。如香港捷华新能源项目，研发中心放在苏州，制造业放在宿迁，占地231亩，总投资8亿元，苏州和宿迁实现双赢。赛力菲陶瓷工程实验室放在苏州，制造业放在宿迁，体现了“飞地经济”的价值，体现了跨区合作、优势互补的作用和效果，把南北产业布局、经济结构调整的时空距离变成了现实可用的优质资源，为苏州工业园区转型提供了更多的发展空间。[1]

（二）企业主导模式

苏州南通科技产业园、苏滁现代产业园是苏州工业园区企业主导模式的“并蒂莲”。在企业主导下，前者是苏州和南通呼应江苏“跨江联动”的代表性合作项目，后者则打算打造成安徽省产业转移示范区建设的样板。

1. 苏州南通科技产业园（共建）

苏州南通科技产业园（以下简称“苏通科技产业园”）位于南通经济技术开发区南部，与苏州隔江相望，处于上海1小时都市圈内，区位优越，岸线广阔，交通便捷。产业园规划面积50平方公里，一期开发面积9.5平方公里，于2009年5月正式揭牌启动。目前已完成首期基础设施建设。其发展目标是，借助中新合作苏州工业园区的成功经验、新加坡先进的规划开发理念和与国际接轨的管理体制机制，通过10年~15年的开发建设，建设成为融生产、生活、商贸、居住于一体的能容纳30万人的高科技、生态型、国际化、综合性的“江海生态城、国际创新园”，园区重点发展精密机电、电子信息、生物科技、新材料、环保及新能源、现代服务业等7大产业。

在企业已经有向南通转移意向的前提下，苏通科技产业园是省委省政府“江苏沿海发展战略”“跨江联动计划”的创新之举，目标是打造成全省经济转型升级示范区。开工建设3年来，苏通两地开发者们在“政府推动、市场运作、互利互惠、合作共赢”模式下精诚合作，各项工作取得突破性进展。首先是一条路践行“规划先行”的理念。2011年8月，一条连通产业园和南通市区的高架快速路打桩开建，道路全长17.8公里，总投资达30亿元，建成后将把目前产业园到主城区的行车时间缩短一半，只需20分钟。其次是一座桥构架起“双城生活”。如何聚集人气，是摆在产业园面前急需解决的问

〔1〕参见吕卫锋：“苏宿工业园：‘飞地经济’成就‘五高’园区——我市党政企代表团赴江苏考察系列报道之三”，载 http://www.mencius.gov.cn/news01/01/2013-10-08/31753.html，最后访问时间：2016年3月9日。

题。苏通大桥让苏州工业园区的很多优秀管理人才过上了悠然自得的“双城生活”：每天早晨7点30分左右，在苏州工业园区乘坐去往南通的公司班车，9点之前到达公司；17点30分后，再坐班车回苏州，在新闻联播前，就能赶到家吃上晚饭。这些“双城生活”的工作人员与苏州常驻南通的工作人员一起，为苏通科技产业园的发展做出了不可或缺的贡献。

2. 苏滁现代产业园（共建）

苏滁现代产业园是苏州工业园区“走出”江苏省、与省外城市联手“再造”一个苏州工业园的首个合作者，也是安徽省贯彻落实国家“长江经济带”战略，加快长三角一体化发展和皖江城市带承接产业转移示范区建设的重要成果。2011年12月27日，苏州与安徽滁州签订项目合作框架协议，2012年上半年项目正式启动，是滁州市迄今为止投资规模最大的招商项目，规划面积36平方公里。其发展目标是，通过复制中新合作苏州工业园区发展经验和体制优势，在未来8年~10年，将园区打造成为融产业、商贸、金融、居住于一体的生态示范区、高新产业集聚区和现代化商务新城区。

目前，苏滁现代产业园已经全面引进苏州工业园区的市场开发模式、地理信息智慧城市管理模式、邻里中心社区管理模式、城市物业市场化管理模式等4大管理品牌，已经成为名副其实的皖版苏州工业园区。

（三）对口援建模式

拉萨经济技术开发区和新疆霍尔果斯特殊经济开发区属于苏州工业园区“领养的孩子”，不属于共建模式，而是一种对口援建模式。这两个园区在“走出去”“请进来”的过程中，更多的是学习苏州工业园区的成功理念和企业运作经验，充分利用本区的先天资源优势吸引苏州工业园区的企业家们来拉萨和新疆投资。

1. 拉萨经济技术开发区（援建）

2002年援建工作启动，规划面积5.46平方公里。项目定位以地方特色为优势，引领西藏经济发展，开辟工业化发展新路径。开发区“五通一平”已基本建设完成，通信、道路、供水、供电已可满足建设需要。开发区已基本完成A区（2.51平方公里）招商引资。2010年被评为“国家新型工业化产业示范基地（高原绿色食品）”。开发区将坚持以工业项目、吸收外资、出口为主，致力于发展高新技术产业，积极改善投资环境，进一步完善综合服务功能。开发区发展产业方向是依托本地资源优势，以资源开发和加工为重点，生产具有竞争优势的藏药、医疗保健用品、食品、传统民族工艺产品、旅游产品和农牧产品深加工及高原农牧林产业化新技术的引进、开发、推广等；研究生物工程技术、节约能源开发技术和环境污染治理工程技术；积极鼓励发展电子信息、新能源和新材料等高新技术和文教卫生房地产等基础设施和服务贸易等配套服务产业。

2011 年 9 月，苏州工业园区组织 11 家民营企业董事长和总经理就特色产品的生产、加工、销售等与拉萨 18 家特色农产品生产加工企业进行了投资合作洽谈。其中，苏州天华超净科技股份有限公司、苏州禾盛新型材料股份有限公司与西藏新源制冷设备有限公司等进行洽谈，合约资金 1 000 多万元。在苏州工业园区的援建下，2013 年 7 月，拉萨经济技术开发区的企业已从 2007 年的 3 家上升至 1 000 多家。小餐馆、宾馆、办公楼、商品房、银行、商店等配套设施鳞次栉比，开发区渐渐有了现代城市气息。娃哈哈饮料、拉萨啤酒、天知药业、珂尔信息、青海油田 LNG 项目、远丰包装、藏药厂、卫星导航、梅邦虫草市场项目等相继竣工投产。截至 2014 年 6 月底，开发区注册企业 1600 余家，注册资金 340 多亿元。[1]

2. 新疆霍尔果斯经济开发区（援建）

新疆霍尔果斯特殊经济开发区由苏州市和连云港市共同对口援建，目标是建成我国向西开放的重要窗口、沿边开放的重要示范区和新疆经济新的增长点。2011 年 9 月国务院正式批准设立，规划面积 73 平方公里。目前总体发展规划已基本编制完成。其发展目标是，建成全国向西开放的桥头堡、新疆开发区建设的一颗明珠、伊犁州经济发展的重要增长极、苏新合作的标志性产物。

苏州工业园区在对口援建霍尔果斯项目过程中践行政府援建和企业援建“比翼双飞”的原则。首先，苏州工业园区分两批选派了 10 多名干部赴霍尔果斯经济开发区挂职，协助霍尔果斯做好开发区管理体制的研究、开发区各类发展规划的编制、开发区干部人才交流培训等政府层面的对口援建工作。其次，2011 年江苏省设立 4 000 万元专项资金用于霍尔果斯项目的各类规划编制、人员管理培训和对外招商引资，霍尔果斯近 200 多人次分别赴新加坡

---

〔1〕 参见“三年又三年，他把深爱献给了拉萨”，载 http://special.subaonet.com/2014/0829/1383518.shtml，最后访问时间：2016 年 2 月 2 日。

和江苏开展综合管理培训，初步建立了快捷高效的开发区管理体系。再次，注重发挥国资国企的示范带动作用，2011 年 5 月由苏州工业园区国资部门带头组建的霍尔果斯苏新置业有限公司，其投资管理的总建筑面积约 40 万平方米，总投资约 15 亿元的“苏新中心、东部产业转移园、东部产业转移园集宿区”三个重要项目已经竣工。目前，苏新置业已引进 4 家银行、近 20 家贸易公司、1 家能源类交易市场、近 10 家股权投资类企业、1 家纺织类生产企业入驻苏新载体。其中，中国银行、农业银行、工商银行、交通银行 4 家金融机构已于今年初开张营业，跨境人民币业务迅速展开；中免集团大型免税商店也在 8 月正式开张营业，单日营业额突破 70 万元。最后，招商引资已经全面启动。目前，投资 15 亿元的宇龙保税物流中心项目正式开工建设，投资 8 亿元的“苏尔斯国际贸易中心”已经签约落户，中哈霍尔果斯国际边境合作中心于 2012 年 4 月已正式运营。[1]

（四）本土合作模式

苏州工业园区-相城区合作经济开发区（共建）（以下简称“苏相合作区”）是苏州工业园区与苏州相城区合作经济开发区的本土合作，致力于高起点打造差异化“姊妹新城”。

该项目于 2012 年 1 月启动建设，位于苏州市相城区漕湖地区。以漕湖产业园为轴心，规划总面积 48 平方公里，相当于 5 个苏州古城区，其中包含了 9.07 平方公里的漕湖。其规划发展目标是，集两区合作的优势，打造成以先进制造业为主体，以生产性服务业为支撑，以居住和商业设施相配套的人流、物流、商流活跃的现代化、国际化、信息化经济开发区。按照“规划先行”理念，苏相合作区将建设工业片区、综合性生活居住片区、环湖现代生活商务片区三个功能区。

作为后起之秀，苏相合作区选择了差异化竞争道路。从合作区目前已签约的项目来看，其中大部分都是精密机械、电子设备零部件等先进制造业以及新材料、节能环保等新兴产业，项目投资方也大多处于行业的领先地位，具有较强的技术优势和较高的市场占有率。

---

〔1〕参见“走出去输出开发管理模式”，载 http://www.donews.com/dzh/201208/1431033.html，最后访问时间：2016 年 3 月 9 日。

三、苏州工业园"飞地经济"超越社会资本的嵌入性约束

走过18年的借鉴路，苏州工业园区已步入"外引"到"内生"的升华期。新加坡经验在苏州本土化实践后，开始通过园区"消化再输出"，拓展空间"走出去"已经成为必然。对于正处在转型发展期的苏州工业园区来说，"走出去"是社会经济发展的高级阶段，是在更广领域、更高层次统筹和利用外部资源，实现自身又好又快发展的重要途径。实施"走出去"战略，可以突破本地资源瓶颈制约，释放和摄取更多的要素资源，在新一轮产业结构调整中赢得先机。那么，苏州工业园区采取了哪些措施"走出去"，打造"飞地经济"的共建园区的竞争力呢？

（一）"规划先行"的理念让共建园区站在高起点，吸引企业"脱嵌"到共建园区

项目输出，理念先行。苏州工业园区在"走出去"项目实施中，首先重在输出"规划先行"理念。"规划先行"是苏州工业园区学习借鉴新加坡经验的精髓之一，也是园区18年来几乎没走弯路的"奥秘"所在。科学超前、先进合理的规划，是凝聚开发合力、保障开发水平的基础。园区充分借鉴新加坡经验，遵循"规划先行""规划即法"的理念，编制富有前瞻性和科学性的规划，依据"需求未到，基础设施先行"的做法，按照"先规划后建设，先地下后地上"的开发建设原则，适度超前建设重要的基础设施，严格按规划功能区域和控制指标整体推进开发，保证了开发建设的高强度与高水准。这一"规划先行"的理念如今已经被"嫁接"到苏州工业园区的"飞地经济"产业园中。

苏宿工业园于2007年8月正式启动，到2009年底，园区累计投入基础设施和配套设施的开发资金就达10.09亿元，其中，基础设施建设投入5.64亿元，配套设施投入4.45亿元，5.8平方公里范围内"八通一平"的投资环境基本形成，提前和超额完成合作协议确定的3年完成2平方公里启动区开发的目标。[1]这种"规划先行"的理念已经使得苏宿工业园区的经济发展由

〔1〕参见朱婷婷："从基础设施和产业协作配套建设，浅谈南北产业转移"，载http://www.sqmm.org/html/828.html，最后访问时间：2016年3月9日。

“投入期”进入“投入产出期”，已经有 4 家上市公司落户园区，并且吸引了宿迁的首家期货项目等 30 多个“第一、唯一”进驻园区。

苏通产业园从一开始就被视为苏州工业园区的“翻版”。这种翻版，不仅是“九通一平”的外观，更多的是开发理念的传承、演进。苏通产业园在“规划先行”的理念下，仅仅经过 1 年多时间的建设，首期基础设施建设已完成，并创造了很多当年苏州工业园区起步时都难实现的惊人速度。2011 年 8 月，一条连通产业园和南通市区的高架快速路打㭎开建，道路全长 17.8 公里，总投资达 30 亿元，建成后把产业园到主城区的行车时间缩短一半，只需 20 分钟。[1]但是在这之前，很多人对是否要建这条路还存在质疑，认为目前产业园还没成型，人气尚未起来，路建了利用率也不高，很浪费，没必要这么早就投入这么大的工程。但参与开发的中新股份（CSSD）力主先建路，后盖楼，认为有了这条快速通道，将大大缩短外界对产业园的距离感，不仅有利于将来的招商，而且将快速提升产业园及道路周边的地价，而这些“红利”日后将全部归于开发区。

苏滁现代产业园于 2012 年刚刚启动，到 2015 年就已完成了 9 平方公里产业片区基础设施建设，道路等基础设施实现“九通一平”，围绕产业项目入驻建成 10 万平方米苏滁工业坊（标准化厂房）、10 万平方米蓝白领公寓（企业高管和职工公寓），并配套建设食堂、超市等生活娱乐设施，实现了企业员工“拎包入住”。同时，紧锣密鼓地加快城市配套设施建设，一期 3 平方公里城市片区基础设施建设即将完成，启动建设国际商务中心、南京鼓楼医院苏滁分院、商务酒店、九年一贯制学校等重大配套工程，并引进了全国小学教育 10 强学校——南京市琅琊路小学合作开办分校，与苏州工业园区邻里中心有限公司合作，建设安徽省首家新加坡模式的邻里中心，拥有购物、金融、社区管理等 12 项功能，实现“一站式”服务。截至 2015 年，苏滁现代产业园区累计完成投资 90 亿元，共建设各类项目 105 个，竣工项目 65 个，其中：建设路网、河道超过 50 公里，完成投资 15 亿元；建设标准化厂房、蓝白领公寓、安置房、学校幼儿园等配套项目 24 个，房建工程累计建设面积达到 150 万平方米，完成投资 35 亿元；建设外联道路、供气、供水、供热、供电、污

[1] 参见唐晓雯：“江对面 一个园区‘副本’的崛起”，载 http://news.sipac.gov.cn/sipnews/yqzt/2012122811/zg/201112/t20111229_132716.htm，最后访问时间：2016 年 3 月 9 日。

水处理等工程 18 个。[1]

苏相合作区从 2012 年一启动，就超前考虑项目落户落地需求，加快产业与生活融为一体的城市化进程，按照集聚大项目、承载大产业的要求，高标准完成各项配套设施，在“九通一平”基本到位的同时，加快推进人才公寓、九年一贯制学校、苏相物流园、漕湖邻里中心的建设。目前，漕湖邻里中心投入运营，合景瑜翠园主体竣工，漕湖大道等道路改造完成初步方案设计，澄波路、繁华路等 5 条道路、任家浜等 3 条河道驳岸工程已完成设计。[2]

（二）“六项输出”突破产业转移的社会资本约束

苏州工业园区通过“六项输出”机制，突破产业转移过程中的社会资本的“嵌入性”约束，成功地转移了一些劳动密集型企业到“飞地经济”工业园区，如图 7-6-2。

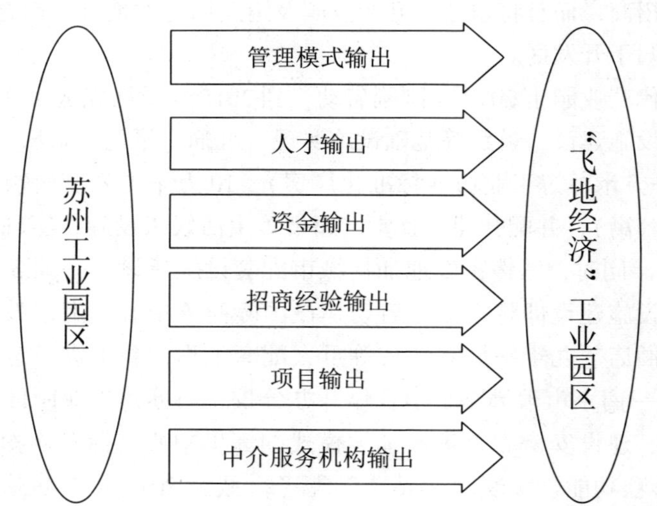

图 7-6-2　苏州工业园区突破社会资本约束的“六项输出”机制

---

〔1〕参见“苏滁现代产业园：携手共建打造皖版苏州工业园”，载 http://ah.people.com.cn/n/2015/0914/c358266-26367804.html，最后访问时间：2016 年 3 月 9 日。

〔2〕参见“94 个项目投资 116.5 亿 苏相合作区引领产业发展”，载 http://www.subaonet.com/2014/1209/1427418.shtml，最后访问时间：2016 年 3 月 9 日。

1. 管理模式输出

“充分授权”的管理模式确保“飞地经济”工业园区的开发主导权掌握在苏州工业园区手中。例如，苏宿工业园区由苏州工业园区占主要股份，园区党工委和管委会的主要领导也是苏州工业园区派遣过来的，管委会作为管理机构，实行充分授权、封闭运作的管理模式，代表宿迁市行使经济行政管理权、人事管理权、土地管理权，建立一级财政。

“市场化运作”的管理模式确保园区开发较少受行政干预，保持了园区开发的高效率。例如，苏宿工业园区开发有限公司作为开发机构，采用股份制融资、企业化管理、市场化运作的方式进行园区综合开发。

“严苛重典”的管理模式降低管理成本。在城市管理方面，新加坡算得上“严苛”，但取得了良好效果。在新加坡，随地吐痰，吐一次罚款500新币，相当于2 500元人民币；更让人难堪的是一个名为“劳作悔改令”的惩罚方法，“垃圾虫”是新加坡人对乱扔烟头、纸屑等破坏环境之人的特定称呼，“劳作悔改令”就是将“垃圾虫”分批集中起来，令其身穿特制的“劳作悔改令”的马甲在公共场所和街道上进行“劳改”，有关部门还会通知各新闻单位，让报社、电视台的记者在“劳改”现场把“垃圾虫”们摄入镜头，然后公布于众。苏州工业园前后共有2 000多人去新加坡接受过培训。每一位远赴新加坡学习的园区管理者都会有同样的震撼感受，那就是新加坡人细致严谨、既科学又人性的开发理念。苏州工业园区市政物业公司成立之初，总经理朱培等人就远赴新加坡学习，新加坡“严苛重典”的管理模式虽然不能直接照搬到园区，却给了朱培很多启发，促使他在园区也探索出了一条市政设施市场化的运作之路：利用建设工程有形市场和政府采购体系，将所有需发包的市政设施管理与维护推向市场。目前，园区所有市政管养项目都通过招投标形式对外发包，通过市场，既健全了约束机制，也培养了企业能力，培育了优秀养护作业队伍，提高了维护质量，降低了养护成本，收到了很好的实效。因此，有人把苏州工业园区比作“360度无死角的美丽姑娘”。

苏州工业园区管理者有效借鉴新加坡经济模式后本土化所积淀的管理理念和模式，将园区带到“飞地经济”中去。这种管理模式的输出，特别是“充分授权、市场化运作”的管理模式，从一开始就让投资商对园区的运营产生一种信任。这种信任，既是对“飞地经济”的信任，也是对苏州工业园区的信任，因为“飞地经济”是由苏州工业园区掌权，而苏州工业园的发展是大家有目共睹的。基于这种信任，投资商才愿意从转出地“脱嵌”出来，转入到“飞地经济”中去。

2. 人才输出

苏州工业园区启动的10多年来，园区共有100多批、2 000多人先后赴新加坡接受培训。如今，在苏州工业园区“走出去”的过程中，各个“飞地园区”也派了大批人员赴新加坡和苏州工业园区培训。多年来，全国各地赴园区参观学习者逾20万人次，2001年以来，平均每年赴园区实地参观学习的各类人员超过300批次。

（1）组成以苏州干部为主体的“飞地经济”共建园区的干部队伍。

为了使该“飞地经济”共建园区能够充分借鉴新加坡和苏州工业园区的成功经验，共建园区干部以苏州派出为主。苏宿工业园区成立之初，苏州工业园区就精心挑选了10多名经验丰富的干部进驻宿迁开展工作，这些干部在宿迁的任职期限一般为3年。目前，在苏宿工业园区管委会的56名正式干部中，苏州派遣的占60%。苏州市和苏州工业园区已经派往霍尔果斯经济开发区2批共11名工作人员。

（2）把“飞地经济”工业园区的干部培训纳入苏州工业园区和新加坡政府培训计划。

为了推动经验转移和观念对接，苏州工业园区把“飞地经济”共建园区的干部纳入其干部培训计划，使其享受中新合作培训的各项待遇。从2006年到2009年，苏宿工业园区就组织了5批干部培训，其中3批70人去新加坡，2批在苏州工业园区。霍尔果斯经济开发区已经组织200多人次专业管理人员分别赴新加坡和苏州工业园区参加培训。

这两项人才输出措施，有效地提升了“飞地经济”的软环境。宿迁当地干部说，苏州派人到宿迁工作，比给几个亿还要有价值。这种软实力的提升，是欠发达地区所欠缺的，也是他们在园区运作过程中亟待提升的。这种软实力的提升，有效提升了“飞地经济”工业园区对投资商的吸引力，使得更多的企业从转出地“脱嵌”出来，转入“飞地经济”工业园。

3. 资金输出

资金是欠发达园区所欠缺的，没有资金的保障，园区开发就是纸上谈兵。苏州工业园区对“飞地经济”共建园区从各方面提供资金支持，确保园区的运营与循序渐进发展，让投资商相信“飞地经济”未来也能发展成像“苏州工业园区”一样有信誉、有规模，如此才能促使其从转出地“脱嵌”到“飞地经济”。

（1）前期开发资金以苏州工业园区为主

“飞地经济”工业园区前期开发资金均由苏州工业园提供保障支持。由中新集团与江苏省、苏州市、宿迁市按照4∶1∶0.5∶0.5出资6亿元成立苏州（宿迁）工业园区开发公司。由中新集团、南通市经济技术开发区总公司、江苏省农垦集团有限公司按照51%、39%、10%的比例，出资成立苏通科技产业园开发公司。苏滁现代产业园由中新集团与滁州方面按照56%、44%的比例出资成立中新苏滁（滁州）开发有限公司。这些开发公司均以商业运作方式承担产业园管理机构授权或委托的开发任务，并通过市场运作方式从事其他经营范围内允许的、以盈利为目的的经营业务，实行独立核算、自负盈亏，在实现社会效益的同时，努力实现经济效益的最大化，保障了园区的市场化运营。

（2）融资担保以苏州工业园区为主

苏州工业园区以其多年的信誉和实力为担保，为“飞地经济”工业园区积极融资。例如，苏州工业园区借助自身的信誉和实力保障，成功地担保帮助苏宿工业园区向国家开发银行融资6亿元。

（3）行政经费以苏州工业园区为主

“飞地经济”工业园区的前期行政经费以苏州工业园区为主。例如，苏州工业园区承担了苏宿工业园区2007年~2009年4 600万元的行政经费，并逐年递增补贴行政经费，保证后续开发。

（4）园区财政收入不分红，用于滚动发展

首先，“飞地经济”工业园区开发初期实行园区财政收入不分红，用于滚动发展。例如，苏州和宿迁两市领导决定，10年内两市不分苏宿工业园区的财政收入，各股东10年内也不分红，园区的财政收入和经营收入全部留作园区的滚动发展资金。其次，苏州工业园区确保“飞地经济”的滚动开发机制循序渐进。遵循“一次规划、滚动开发”的原则，苏通科技产业园计划总投入约150亿元，分3期开发，开发周期约为5年~10年，一期基础设施建设全部完成，当年投资就已实现盈利。苏滁现代产业园项目开发周期约为8年到10年，基础设施投资约100亿元，带动区域总投资约1 300亿元。[1]中新

---

〔1〕参见“走出去输出开发管理模式”，载 http://www.donews.com/dzh/201208/1431033.html，最后访问时间：2016年3月9日。

集团则在其中发挥纽带作用和城市综合运营商优势，以土地一级开发为龙头，带动房产、公用事业、教育、多元化服务等各个业务板块共同参与共建，旗下中新公用、圆融集团、国际学校已陆续进入南通和滁州。

4. 招商经验输出

在招商方面，苏州工业园区不仅有经验，而且有品牌。因此，以苏州工业园区为主打的招商效果显著。实践也证明，很多投资商之所以愿意从转出地“脱嵌”后转移到“飞地经济”，主要是看中“苏州工业园区”的信誉，相信“苏州工业园区”的服务水平和服务能力。

（1）两地“联手招商”，但招商策略主打“苏州工业园区”牌子

经过 10 多年的发展，苏州工业园区的知名度很高，其管理能力和诚信度在国内外有口皆碑。因此，“飞地经济”工业园区的招商模式充分发挥苏州工业园区的品牌效应，由苏州工业园区主打招商。当一些客商打算到苏州工业园区投资时，即可以把一些不适合在苏州工业园区发展的项目推荐到“飞地经济”工业园区。

（2）充分发挥苏州的区位优势组织招商活动

“飞地经济”积极地利用苏州的区位优势，加大宣传力度，把苏州作为“飞地经济”的对外招商的基地。同时，邀请客商到“飞地经济”实地考察，使企业更加直接、全面、深入地了解“飞地经济”，促进企业向“飞地经济”转移和扩产。

（3）“以商招商”成为“飞地经济”招商的主要方式

苏州工业园区首先根据“飞地经济”规划，转移几个大项目，发挥龙头企业的带动作用，让大企业鼓励自己的产业链上的企业向“飞地经济”转移。同时，“筑巢引凤”的做法也可以使得投资商从进驻“飞地经济”的企业那里了解到关于园区的规划和运营的大量正面信息，从而增强投资者到“飞地经济”投资的信心。

5. 项目输出

即使苏州工业园区输出的东西再多，没有项目，对“飞地经济”来说，也无从发展。因此，近年来，苏州工业园区通过有步骤地“腾笼换鸟”，转移一部分劳动密集型产业到“飞地经济”发展，让附加值更高、土地消耗更少的现代服务业、高新科技产业更加得以在苏州工业园区集聚，提供更多的发展空间，反过来园区自身也在“走出去”的过程中得到提升和转型。因此，

苏州工业园区近年来的一项重要工作就是上门“收地”，即动员一部分“不适合在苏州工业园区发展”的企业到“飞地经济”工业园区发展。而当投资商问“那让我到哪里去发展”时，就会得到“到苏北去、到江北去、到安徽去，到苏州工业园区的‘园外园’去”的答案。从苏相合作区的转移情况来看，在揭牌当日，就有16个项目进行集中签约转移，累计总投资77亿元。苏相合作区管委会主任张昊道：“整个100多个项目里面，苏州工业园区给我们推荐的项目，大概在60%左右。”其中，海迪科光电、多尼照明、秉创科技、重建公司、邻里中心等6个项目已经于2012年8月集中开工。[1]

另外，对于新打算来苏州工业园区投资、但是与苏州工业园区发展目标不匹配的企业，则动员他们到“飞地经济”去投资，特别是转移一些大项目到“飞地经济”，从而使“飞地经济”的产业形成集聚发展的气候，进一步带动其产业链上的企业向“飞地经济”转移。实际上，很多投资商是很“挑剔”的。拿苏宿工业园区来说，由于宿迁离苏州有400多公里，很多投资商听到宿迁就不想去。但苏州工业园区的顾玉坤“有一招”：他带着投资商先到苏州工业园区金鸡湖畔走一趟，介绍苏州工业园区的发展和经验。对方都会对苏州工业园区产生浓厚的兴趣，进而想在苏州投资。但“对不起，苏州工业园区没那么大的土地了”，顾玉坤遂告诉对方“你可以在苏州工业园区设立公司总部，把研发机构和总部放在苏州工业园区，把一线生产车间都放到苏宿工业园区”，并承诺“在苏宿工业园区，你也可以得到在苏州工业园区一样的政府服务”，使这些投资商把“腾笼换鸟”“产业梯度转型”的目光聚焦在苏宿工业园区。迄今为止，苏州工业园区围绕电子电器、精密机械、新能源、新材料等主要产业向宿迁产业梯度转移的总投资已达到120亿元，外资投资比例达高49%，工业项目平均投资强度每亩超过300万元，在苏北遥遥领先。2008年年中，可成科技携6亿美元的总投资，从苏州工业园区挥师北上，签约落户苏宿园区，成为宿迁市迄今单体投资最大的外资项目，并带动了一大批配套企业跟随其北上。[2]

6. 中介服务机构的输出

企业的发展，离不开中介服务机构，比如招聘机构、技术检测中心、研

---

〔1〕 参见“苏州工业园区：‘走出去’舞出精彩”，载http://city.sina.com.cn/city/t/2012-10-11/140233069.html，最后访问时间：2016年3月19日。

〔2〕 参见唐晓雯：“‘走出去’打造园区竞争力”，载http://www.sipac.gov.cn/sipnews/siptoday/20120706/C1226/201207/t20120706_161258.htm，最后访问时间：2016年3月9日。

发机构、金融服务机构等。苏州工业园区也重视培育“飞地经济”的中介服务市场，积极地引入一些中介服务机构到“飞地经济”中去。比如，在苏州工业园区的协助下，西安交通大学在苏相合作区设立科技园。这是继西安交通大学在苏州工业园设立研究院之后在苏州的第二个研究院项目，主要是为了让西交大在苏州建立中外合作办学基地、教育培训基地、科学研究基地和科技成果转化基地，进而为入驻科技企业提供商务物业、人力资源、技术与金融支持、公共服务平台等增值服务。这也是西交大在华东地区最大的科技创新载体，投资5亿元，重点孵化创意设计、物联网、生物医药等特色新兴产业，先后引进各类科技孵化项目66个，成为整个区域发展的驱动器。该项目已孵化出“苏州西交漕湖科技园管理有限公司”，实施科技园管理运作。

（三）“飞地经济”带来集群投资效应，加快企业“重新嵌入”中西部地区

借助“苏州工业园区”的经验，“飞地经济”已经产生集群投资效应，越来越多的企业打算转移或者直接到“飞地经济”工业园投资。在苏州工业园区六项输出的保障下，“飞地经济”的集群投资效应，也促使企业逐渐愿意从苏州工业园区“脱嵌”出来，相信“飞地经济”的发展，相信能够在“飞地经济”重新建立起企业的社会资本网络，“重新嵌入”“飞地经济”及所在地，从而更进一步带动“飞地经济”所在地的工业发展。

自苏宿工业园区实行“新三年腾飞计划”以来，截至2015年底，苏州市共向宿迁市转移500万元以上项目734个，总投资1 160.2亿元，带动近20万人就业，经济社会效益十分明显。[1]截至2014年底，以台湾可成科技、日本尼吉康电子、江阴长电科技为代表的各类入园企业101家，总投资258亿元，其中外资项目总投资14亿美元，外资项目总投资占工业总投资的57%，平均投资强度达每亩378万元，逐步形成了电子信息、精密机械、新材料和新能源等相互关联、相互促进的较高产业层次。[2]

---

〔1〕参见周海豹：“苏州向宿迁转移项目734个”，载 http://news.163.com/15/1217/07/BB153PJ000014AED.html，最后访问时间：2016年3月9日。

〔2〕根据“苏州宿迁工业园区网站”相关资料整理而成，载 http://www.ssipac.gov.cn/InvestmentPlanning/InvestDetail.aspx? CategoryID = abfd06f9 - 9eac - 467f - ab24 - e821f2e7d7ed，最后访问时间：2016年3月9日。

苏通科技产业园已经形成“科技为先”的主线和现代服务业与战略性新兴产业“双轮驱动”的格局。到2012年，已累计落户企业148家，其中工业企业24家，已投产或开工企业8家；累计完成注册资本56.7亿元，其中注册外资近5亿美元，到账外资近2亿美元；累计注册总部经济企业121家，注册资金32亿元。[1]在引进的项目中，4人入选国家“千人计划”，1人申报国家青年拔尖人才支持计划，7人成功获批南通市江海英才计划。南通首家创投中心苏通科技产业园创新资本中心正式成立，成功吸纳创业投资类企业35家，注册资本18.5亿元。园区致力于打造智慧引领的新城，以苏中苏北最大的云计算中心为智慧应用物理载体，园区智慧政务、智慧企业、智慧民生业务即将全面启动，与IBM等专业机构共同开展实施的智慧园区规划也在实施之中，并且已成功引进中科院南通光电中心等大院大所分支机构入驻。[2]

截至2014年底，苏相经济开发区先后引进项目94个，注册资本37.42亿元，总投资116.5亿元，达产后预计新增产值249.91亿元，税收13.91亿元。其中，世界500强项目4个，工业项目36个，注册资本32.43亿元，总投资95.1亿元，达产后预计新增产值247.43亿元，税收12.38亿元。[3]世界500强泰连连接器、天合汽车零部件项目已经落户苏相合作区。目前，合作区竣工投产项目24个，包括科阳光电（硕贝德）、世迈常青等，已成为当前合作区新的经济增长点；在建项目17个，其中工业项目14个，服务业项目3个。申达汽车、成奕精机、楼氏电子、福沃克汽车、美的春花、长风药业等项目预计年内投产，华亚二期、群胜科技、和鑫电气、法泰电器扩建项目等也即将开工建设。[4]

截至2015年9月，苏滁现代产业园已经累计签约项目50个，协议引进资金超200多亿元，上市公司投资企业达到6家，注册成立企业38家，开工建设工业项目28个，竣工投产企业16家。其中，10亿元以上项目8个，包括

---

〔1〕 参见“苏通合力共建科技产业园”，载http://xh.xhby.net/mp2/html/2012-09/06/content_630225.htm，最后访问时间：2016年3月9日。

〔2〕 参见“园区介绍”，载http://www.stpac.gov.cn/Display.aspx? id=202，最后访问时间：2016年2月2日。

〔3〕 参见“94个项目投资116.5亿 苏相合作区引领产业发展”，载http://www.subaonet.com/2014/1209/1427418.shtml，最后访问时间：2016年3月9日。

〔4〕 参见“从相城经济开发区晋升国家级看苏相合作区的发展”，载http://www.szdushi.com.cn/news/201412/2014114960.shtml，最后访问时间：2016年2月2日。

南方黑芝麻保健食品、新盛诺光电、施耐德变压器、拉芳家化、九牧厨卫、胜华波汽配、嘉远电动汽车、中航三鑫显示屏等国内行业领军企业。除此之外，新加坡道益科技、新加坡欣阳科技、韩国宝辰新材料、美国派罗特克新材料、日本贵和新材料等外资项目也纷纷落户入驻。[1]

这种集聚效应，将产生集群的内驱力，使得“飞地经济”的比较优势越来越明显，吸引越来越多的企业转移到“飞地经济”并“重新嵌入”中西部地区，不仅带动苏州工业园区“飞地经济”的发展，也带动中西部地区经济的发展。比如，广告公司、金融服务、人力资源服务、检测机构等，虽然不一定入驻园区，但是可以为园区提供工业服务，增强园区企业与本地的“嵌入”粘性。

四、结论与讨论：从“飞地”到“嵌入”

“引进来”是改革开放40多年来苏州实现跨越式发展的创新和实践。但是，对于苏州工业园区来说，随着产业不断提升，光靠自身的平台终究无法满足不断成长的需求，需要有新的区域来承接，需要有新的发展空间来开拓。因此，“引进来”的同时，“走出去”与其他地区的“联动发展”也就顺势而生，这是园区人率先顺应了市场和自身发展的正确选择，也是区域经济实践的样本，是“腾笼换鸟”加速苏州工业园区的产业转型升级的必然选择。苏州工业园区有品牌，“飞地”有土地，双方合作就是双赢。

但是，如果企业仅仅是“脱嵌”出苏州工业园，而不“嵌入”中西部地区，那么苏州工业园的“飞地经济”对当地经济的带动作用将非常有限。因此，从苏州方来说，苏州工业园区在“走出去”过程中要注重管理理念、管理模式、开发机制的充分转移，在植入“飞地”后产生强的内生效应，从而带动本地经济的增长。从转入方来说，中西部地区政府要在合作的过程中，积极学习苏州工业园区和新加坡的成功经验，提升本地政府的园区管理经验，要通过制度创新，改善本地的软环境和硬环境，吸引企业真正从苏州工业园区“脱嵌”出来，“重新嵌入”本地，实现从“外引”到“内生”的升华，如图7-6-3。

---

〔1〕参见“苏滁现代产业园：携手共建 打造皖版苏州工业园”，载http://ah.people.com.cn/n/2015/0914/c358266-26367804.html，最后访问时间：2016年3月9日。

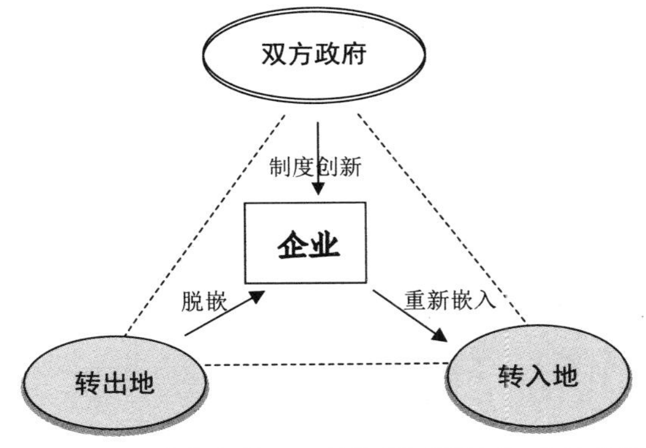

图 7-6-3　政府在从“飞地”到“嵌入”中的作用

案例七：苏州（宿迁）产业转移工业园的成功经验

一、苏州宿迁产业转移工业园介绍

苏州和宿迁分别代表着江苏经济发展的两个极端，江苏现代化程度看苏州，全面小康社会进程看宿迁。自 1987 年宿迁县改为县级市以来，宿迁经济一直排在江苏 13 个地市的末位。2001 年苏州的 GDP 已达 1 760 亿元，居全省之首，而居于末位的宿迁只有 223 亿元。为了尽快发展宿迁这块短板，江苏省委、省政府在 2001 年实施的“南北挂钩合作”重点项目中决定由全省经济发展最快、实力最强的苏州和实力最弱的宿迁合作。但是合作的效果一直不是很明显，于是，2006 年底，江苏省政府总结南北挂钩合作的经验，同时借鉴了广东省珠江三角洲和东西两翼、粤北地区共建产业转移工业园的成功经验后，开始实施“南北共建工业园区”的新策略，作为深化南北挂钩合作、推进产业转移的新战略举措。苏州、宿迁两市以“重点帮助宿迁实现更大突破”为目标，按照“政府推动、市场运作、优势互补、共同发展”的原则共建了 6 个工业园区：苏州宿迁工业园区、张家港（宿豫）工业园区、吴中（宿城）工业园区、昆山（沭阳）工业园区、吴江（泗阳）工业园、常熟（泗洪）工业园。其中，苏宿工业园区是两市在市级层面的合作载体。

苏宿工业园区规划总面积 10 平方公里，其中启动区面积 2 平方公里，规划总人口8万人。园区运作以苏州方为主，主要借鉴苏州工业园的建设理念，依托苏州工业园区组织实施开发、建设、管理，以高规格、高起点推进配套建设，重点瞄准电子、精密机械类项目。截至2009年12月底，园区累计投入基础设施和配套设施的资金10.09亿元，实现了“八通一平”的投资环境，工作重点已经从开发建设转向招商引资，经济发展由“投入期”转向“投入产出期”。2012年3月18日，园区在全省共建园区中首家获批省级开发区；6月，被省委、省政府表彰为“省先进开发区”；12月，获评省电子信息特色产业基地。2012年5月10日，宿迁市委、市政府召开全市“学习苏宿园区，推进提档升级”大会，在全市推广园区的先进理念和成功做法。2013年，广东省委省政府号召全省学习江苏省南北共建经验，深圳、珠海、东莞、梅州、阳江、清远、佛山等市党政考察团近18批250人次先后来到园区学习考察共建园区先进经验，苏宿工业园区已然走出江苏，成为江苏省共建工作的一块品牌。2014年初，园区启动实施了“新三年提升计划（2014年~2016年）”，新三年是园区大招商、大开发、大发展的三年，是全面完成首轮十年开发建设的冲刺阶段，也是园区加速提档升级，为下一个十年打基础、承上启下的关键阶段。2014年，园区全年完成业务总收入100.2亿元，同比增长48.4%；公共财政预算收入6.39亿元，同比增长144%；规模以上工业增加值完成55亿元，同比增长86%；全社会固定资产投资35.2亿元，同比增长43.1%；工业企业纳税10.5亿元，同比增长204%；净增实际利用外资1.5亿美元；进出口总额完成2.4亿美元，同比增长63.2%。宿迁市政府下达园区的12项主要经济指标均超额完成，公共财政预算收入、工业企业纳税两项指标均超过前6年总和，固定资产投资、规模以上工业增加值、规模以上工业主营业务收入、高新技术产业产值、公共财政预算收入、实际到账外资、进出口总额等7项列统指标增速全部位居全市第一。2015年以来，面对复杂严峻的宏观经济形势，苏宿工业园区紧紧围绕年初确定的各项目标任务，狠抓各项关键措施，全区经济保持了持续稳定的发展态势。总的来看，“新三年提升计划”各项经济指标全部顺利完成。截至2018年底，园区已经连续10年位列全省共建园区考核第一，以台湾可成科技、日本尼吉康电子、江阴长电科技为代表的各类入园企业101家，总投资280亿元，外资项目总投资占工业总投资的60%，平均投资强度达每亩378万元，逐步形成了电子信息、精密机械等相互关联、相互促进的较高产业层次。[1]

二、如何突破产业转移中社会资本的嵌入性约束？

虽然苏州的企业转移意愿较弱，但是，苏州工业园发展到一定程度，面临着土地紧张、环保容量有限、劳动力不足、市场局促等多个突出问题，需要一部分传统制造业转移出去以实现“腾笼换鸟”“扩笼壮鸟”；同时，为了扶持一部分制造业，使其做大做强，需要这些企业在异地进行增产扩产，提升产能，宿迁正好具备了承接产业转移的各种条件。但是，苏州的企业适应了苏州的产业环境，那里有一流的基础设施和配套设施、一流的行政管理和公共服务，这些都是企业嵌入于苏州本地的社会资本。如果宿迁缺乏这些社会资本，即使宿迁的要素优势再明显，也很难吸引苏州的企业转入，同时苏州也很难动员企业转出。为此，苏州和宿迁两市采取了在宿迁“复制”一个苏州工业园区、以“两个到位”和“四个以苏南为主”[2]的共建模式，把企业原有的社会资本转移过去，从而有效地解决了产业转出-转入过程中的嵌入性约束难题。

（一）两个到位

1. 组织保证落实到位

苏、宿两市借鉴苏州工业园区和新加坡的经验，成立了由两市市长领头的“联合协调理事会”，下设“双边工作委员会”，由两市分管副市长挂帅。苏州工业园区专门成立了以管委会主任为组长的“走出去领导小组”和“推进苏宿工业园区建设领导小组”。宿迁市专门成立了“推进苏宿工业园区建设领导小组”和“苏宿工业园区遗留问题工作小组”。两市领导和园区负责人经常实地指导工作，共同解决园区开发过程中遇到的各种问题。

2. 帮办服务落实到位

苏州工业园区细心帮办、全面扶持、无私服务苏宿工业园区。苏州工业园区工委、管委会出台了《关于对口支援苏宿工业园区发展的意见》，对到苏

---

〔1〕说明：苏州宿迁产业转移工业园区的介绍是根据“苏州宿迁工业园区网站”的相关资料整理而成，载 http://www.ssipac.gov.cn/ParkProfile/，最后访问时间：2019 年 10 月 12 日。

〔2〕“两个到位”和“四个以苏南为主”的资料参考广东省社会科学院培训中心编印的“产业转移和劳动力转移（内参）”（2010 年第 1 期）。

宿工业园区发展的不同类型的企业，分别在财政、税收、租金补贴、土地回购、购房优惠等方面给予富有吸引力的优惠和奖励。此外，在政策支持、融资担保、组织人事、干部培训等方面，也都不遗余力地给予支持。

这种以苏州工业园区管委会主任为组长的“走出去领导小组”使苏州的企业倍感亲切，好像自己仍然身处苏州，而苏州政府的以企业为核心、以为企业服务为宗旨的政府服务态度和精神，既可以影响宿迁政府的服务态度，也打消了企业对迁入宿迁后被政府“敲竹杠”的忧虑，企业嵌入在苏州的对政府的信任也同时转入了宿迁。这就使得企业在进行实体经济转移的同时，也将其嵌入在与苏州当地政府的关系网络中的社会资本进行了转移。

（二）四个以苏南为主

1. 园区人才队伍“以苏南为主”

人才是园区发展的关键。地处偏僻的苏北的宿迁缺乏先进的管理人才。而苏州工业园的管理人员学习了新加坡的先进管理经验，积累了多年管理苏州工业园的经验，他们被派往苏宿工业园，可以帮助苏宿工业园前期规划和建设快速走上正轨。苏宿工业园区的人才队伍采取以下策略：

（1）组成以苏州干部为主体的苏宿工业园区干部队伍

为了使该园区能充分理解、借鉴苏州工业园区和新加坡的成功经验，园区干部以苏州派出为主。2006 年底，即苏宿工业园区成立伊始，苏州工业园区工委、管委会精心选调了 10 名参加过本园区早期建设、实践经验丰富的干部进驻宿迁，组成苏宿工业园区管理团队。苏州工业园区管委会副主任被派往宿迁市，担任副市长兼苏宿工业园区工委书记、管委会主任。园区其他主要干部多数由苏州派去的干部担任。这些干部在宿迁的挂职时间一般为 3 年。在首批干部派往之后，苏州工业园区又陆续派出了项目投资、工程管理、测绘、人力资源服务等多支专业队伍。目前，由苏州工业园区管委会及下属各单位（如苏州工业园区开发公司）派到苏宿工业园区的各类人员有 33 人，约占苏宿工业园区管委会（含下属开发公司）正式干部职工总数（56 人）的 60%。这个干部团队有几个显著特点。一是均为苏州工业园区的现任干部，并且为成团派出，不是从苏州市各个部门临时抽调、拼凑起来的。二是把苏州工业园区的干部成团派往苏宿工业园区，有助于加强这个团队内部的配合、提高工作效率，也有助于苏宿工业园区与苏州各方面的沟通和合作，获得苏州各方面的支持。三是这个团队可使苏宿工业园区充分借鉴、运用苏州工业园区和新加坡的经验，同时可为宿迁培养、带出一批熟悉园区工作的宝贵人才。四是所有挂职干部的工资仍由苏州工业园区承担，从而减轻了苏宿工业园区的财政负担，并保证了挂职干部的工作积极性。

（2）把苏宿工业园区干部培训纳入苏州工业园区和新加坡政府培训计划

为了进一步推动苏州工业园区经验转移和观念对接，苏州工业园区把苏宿工业园区的干部培训纳入其干部培训计划，免费对口培训苏宿工业园区的干部，做到自主选择，随需随学。不仅如此，苏州工业园区还与新加坡方面协调，将苏宿工业园区也纳入新加坡政府培训计划，从而使苏宿工业园区的干部也能享受中新合作培训的各项待遇。2007 年~2009 年，苏宿工业园区共组织了 5 次综合培训，其中 3 批 70 人次在新加坡培训，2 批在苏州工业园区培训，均取得了很好的效果。目前，苏宿园区的干部享受中新合作培训的各项待遇，培训覆盖率 100%，已组织赴新加坡培训 8 批，赴苏州培训近 300 人次。

园区高水平的工作队伍是企业重要的社会资本。在中国经济的发展过程中，地方政府扮演着非常重要的作用。地方政府能从本地实际出发并更具有发展地区经济的责任感。中国“财政分灶吃饭”的模式也激励了地方政府发展地区经济的热情。1994 年苏州和新加坡合作建立苏州工业园区，是产业在国际转移的结果，苏州学习了新加坡先进的园区建设模式和管理模式。这些经验是宿迁当地的管理人员所缺乏的，也是一时很难学习到的，因此苏州工业园区成团选派干部到苏宿工业园区，构建了一个高效、专业、稳定的园区工作班子，使得企业嵌入在政府及管理人员之中的社会资本同时转移出去。

2. 园区开发资金“以苏南为主”

苏州市对苏宿工业园区建设资金给予了大力支持，园区开发资金和运作经费主要由苏州市提供。一是启动资金以苏州为主。园区成立之初，苏州市政府出资 5 000 万元、苏州工业园区管委会出资 1 亿元、宿迁市政府出资 5 000万元、江苏省国信集团（省属企业）出资 1 亿元，四方共注资 3 亿元成立了“江苏省苏宿工业园区开发有限公司”。各方注资均及时足额到位，确保园区开发顺利进行。二是融资担保以苏州为主。苏州工业园区发挥自身资金实力和信誉优势，在首轮 3 年开发期间，为苏宿工业园区开发公司向国家开发银行申请贷款，提供了总额为 6 亿元的融资担保，由该公司根据资金需要分年度贷款，去年又再次明确将对第二轮开发融资提供担保。三是行政经费以苏州为主。苏州工业园区全额承担了苏宿工业园区管委会连续3年共4 600万元的行政经费，平均每年1 500万元~1 600万元，并进一步明确今年的行政经费保持去年的水平不变、后3年逐年递减补贴的政策。四是园区财政收入不集中、不分红。为了保证苏宿工业园区分享财政收入，苏、宿两市决定，两市10年内不向苏宿工业园区分享财政收入，苏宿工业园区开发公司的各股东10年内也不分红，使园区管委会的财政收入和园区开发公司的经营收入全部留在园区。

这一措施使得苏宿工业园区就像当年的苏州工业园区的建设一样，有资金的保障，能够站在一个高的起步平台上，解决了园区的整体规划和前期基础建设的资金短缺问题，从而能够在宿迁“复制”一个苏州工业园。即使企业从苏州转移到宿迁，也会感觉像身处苏州一样，因此更多的企业愿意转移过去，进而形成产业链转移，将企业的生产网络转移，减少企业的交易成本。

3. 园区招商“以苏南为主”

对大多数产业转移承接方来说，由于地理位置优势不明显，招商成为一大难题。苏宿工业园借助转出方来招商，成功地实现了“高起点、高水平”招商，避免“来者不拒”而成为污染聚集地。具体的策略为：

（1）充分发挥苏州的区位优势组织招商活动

宿迁积极利用苏州的区位优势，加大宿迁外宣推介力度，把苏州作为苏宿工业园的对外招商的基地。2007年以来，两市在苏州共同组织举办了一系列大型招商活动。2007年4月，为期1个月的“南北挂钩招商月”在苏州举行，为宿迁引进各类项目262个，固定资产投资总额达273亿元。2008年5月，“苏州宿迁南北挂钩投资洽谈月”也在苏州举行，两市共邀请了近万名苏州客商到宿迁实地考察。苏、宿两市还通过双方企业互访、社团互访、参与“苏北光彩行”等活动，使苏州企业家更直接、更全面、更深入地了解宿迁，促使有转移意向的苏州企业投资考察首选宿迁，为苏州产业加快向宿迁转移明确了导向。

（2）招商策略主打“苏州工业园区”牌

苏州工业园区在国内外的知名度很高，其建设水平、管理服务水平、诚信度等有口皆碑。苏、宿两市充分发挥苏州工业园区的品牌效应，以苏州工业园区为主干力量，合作开展招商工作。苏州工业园区把支持苏宿工业园区招商纳入自己的招商工作范畴。一是鼓励园区企业到苏宿工业园区投资，把加工环节或增产、扩产部分转移到苏宿工业园区。二是有些外来客商要到苏州工业园区投资，苏州工业园区根据产业性质、类别，将当地不适合接受的项目推荐到苏宿工业园区。

(3)“以商招商”成为苏宿工业园区招商的主要方式

目前园区招商方式逐步从小分队上门“敲砖”、专业人员招商等转向“以商招商”为主。近年来，来自苏州的大项目加快落户苏宿工业园区及其他园区，有助于发挥龙头企业的带动作用，形成产业链招商局面，也即已落户宿迁的大企业鼓励自己的关联企业、协作企业转移到苏宿工业园区发展。另外，苏宿工业园区“筑巢引凤”的做法，也使得客商从已入园企业那里了解到关于园区的大量正面信息，从而增强到园区投资者的信心。这些招商措施使得产业转移不是零星的，而是网络化转移的，保障了企业嵌入在横向联系网络中的社会资本的转移。

4. 园区运行管理和服务“以苏南为主”

苏州工业园区向苏宿工业园区派驻了大批干部，使苏宿工业园区的建设和管理都以苏州方面的力量为主，并充分借鉴苏州工业园区的管理模式和服务模式。

(1) 市里充分授权，园区封闭运作

宿迁市给予苏宿工业园区副市级建制，授权园区工委、管委会在园区范围内行使宿迁市组织、人事、财政、劳动、科技、发改、规划、建设、国土、环保、经贸、外经贸、物价等部门相应管理权限，并同意园区管委会刻制、使用“宿迁市人事局（2）”“宿迁市财政局（2）”等12个印章（当地称“2号章”）。处级干部由苏州市提名、宿迁市任命。宿迁市委组织部把副处级干部的任免权下放到园区。管委会下设哪些局及每个局设几个处，都由园区工委、管委会决定。

(2) 园区实行“帮办制度”

在亲商理念的指引下，苏宿工业园区把实行“帮办制度”作为打造服务型政府、为企业提供一流服务的一种重要做法。宿迁市政府规定，对每一入园项目都成立一个“帮办”小组，都安排一位副局以上干部任帮办组长，专门、专人、专一服务。“帮办”小组指导企业把需要办理审批手续的各种资料全部整理好，然后由“帮办”小组替企业办理各种手续，并协调企业解决各种问题。这种照搬苏州工业园区运行管理的服务模式，使得企业的特殊的社会资本——企业与政府之间所建立的关系网络、服务网络和信任随着企业一同从苏州转移到宿迁。

三、苏、宿两市的合作经验对其他地区产业转移的借鉴

目前，不管是东部沿海还是中西部，各地都在兴建产业转移园区，但普遍存在不被看好、进展慢、产业集聚发展难、产业链招商难等问题，重要的一点是转出方的支持和重视力度不够，转出方不积极配合，导致企业的社会资本仍然留在原地，很难转移到承接地。转出方与承接方究竟是竞争还是共生关系呢？苏、宿两市合作的经验告诉我们：

1. 从转出方来看，转出方能否给予强有力支持，是产业转移园能否实现高起点、高水平建设和快速发展的关键

苏宿工业园区按照先规划后建设，以“集约精致、以人为本、科学合理、适度超前”的规划理念和比较先进完备的规划体系实现高水平、高起点的发展，顺应低碳经济时代的要求，在规划、建设、环保等方面先行一步，避免产业转移园成为污染集聚地的危险。这里的关键在于双方落实了“两个到位”和“四个以苏南为主”，主要取决于苏州市的高度重视和大力支持。目前，在产业转移的大浪潮之下，全国各地兴建了许多产业转移工业园，但多数承接地的地方财力薄弱，人才缺乏，客户不足，致使园区投资和招商力度有限。如果在园区发展的前期 5 年 ~ 10 年，转出方能够给予强有力的支持，帮助园区从根本上解决困难，提高园区规划建设水平和招商成效，加快园区的发展速度，将使转出方和承接方都能走出困境，既实现承接方的经济发展，又实现转出方的“腾笼换鸟”式产业升级，从而实现双赢。

2. 从承接方来看，改变观念，真正为企业服务，避免“敲竹杠”现象出现，是吸引企业进驻的最主要因素

首先，政府如果想要创造一个有利于产业转移的条件，不仅要从目前的交通等基础设施方面入手，还要改善制度环境，加强政府和企业的关系建立，搭建产业转移的平台，创造社会资本顺利转移的机会，消除企业的后顾之忧。其次，借鉴苏宿工业园区的亲商理念，建立精简、高效、统一的服务型政府，牢固树立“客商是开发区衣食父母、招商是开发区生命线”的核心价值观。

同时，吸收宿迁当地企业服务方面的一些好做法，成立“帮办”小组，对每一个落地项目都有一位副局级以上干部任帮办组长，专门、专人、专一服务。建立一套便捷高效透明的办事程序，创建一支亲商、便民、廉洁的管理服务团队。最后，配备、打造一支高水平的由政府官员、园区经营者等组成的园区工作队伍，这是产业转移工业园建设的重要保证。

3. 从双方合作角度来看，找到产业转移–承接的最佳结合点，是产业转移园区共建双方持久合作的基础

产业转移一般是承接方很积极，而转出方不重视，这是因为双方没有找到最佳结合点。如果双方在合作中能够找到最佳结合点，就能在推进产业转移方面形成强大合力。苏、宿两市最早的挂钩合作结合点是劳务合作，当时苏州劳动力短缺，而宿迁迫切需要输出劳动力；后来的结合点是苏州需要将一部分传统制造业转移出去以实现“腾笼换鸟”式产业升级，同时为了帮助部分制造企业在异地进行增产扩产、提升产能，而宿迁正好具备了产业转移的各种条件。但是，苏州的企业适应了苏州的产业环境，企业的社会资本主要在苏州，如果宿迁缺乏企业生产所需的社会资本，也很难吸引苏州企业转入。为此，双方在宿迁复制了一个“苏州工业园”，解决了企业担心社会资本丢失的难题。

区域经济的不协调发展是世界各国普遍面临的问题，我国的东、中、西部经济发展不平衡也是不争的事实。但是，即使在东部沿海省份，也存在省内区域经济发展不平衡问题，比如广东省、江苏省。如何协调省内各地区的经济发展、缩小差距已经日益成为产业转移大浪潮下各省地方政府关注的焦点。作为省级政府来说，希望省内经济发展较快的地区带动落后地区的经济发展，实现“肥水不流外人田”式的省内产业转移。但是，产业转移涉及转出方和承接方的双方利益，因此，双方在产业转移中是处于一种竞争状态还是共生合作状态？这是产业转移能否实现高起点、高水平发展的关键。苏州和宿迁在共生合作中的成功经验告诉我们：从长远角度看，转出方给予产业转移园大力支持，将不仅有利于承接地的经济发展，同时有利于转出方的经济实现可持续发展，亦即双方在产业转移中应是处于一种共生合作状态。

案例八：上海“服务型政府”在园区共建中的作用

上海一直是长三角地区推动产业转型升级的主战场。20 世纪 90 年代，上海主动调整产业结构，关停并转移了以纺织轻工为代表的一大批低技术含量、低附加值的传统工业企业，百余万产业工人因此分流到苏州、无锡、常州等长三角其他地区，间接地带动了长三角地区的经济发展。现如今，随着上海商务成本的节节攀升，新一轮产业转移浪潮又悄然而至，只是这次是企业被迫无奈的选择。此次产业转移已经从上海扩大到了长三角其他地区。近几年来，随着原材料涨价、工资上扬、排污支出增多，长三角的出口加工企业的生产成本已经翻了一倍，产业转移已经成为一种无奈的选择。以英特尔公司为例，该公司已经将其原来设在上海外高桥开发区的英特尔产品（上海）有限公司的生产环节搬迁至成都和大连，而其投资 2.7 亿美元的中国总部以及投资 3900 万美元的研发中心和贸易公司仍然设在上海。未来上海总部的经济投资将会继续增加，生产环节将会逐渐外迁。在 2008 年《国务院关于进一步推进长江三角洲地区改革开放和经济社会发展的指导意见》的影响下，上海产业转移促进中心揭牌运营，苏北各地纷纷出台政策承接上海及长三角地区的产业转移。但是调查显示，90%的受访企业不愿意离开上海转移到苏北或者内地去，最大的担忧是中西部地区缺乏如上海那样完整的配套产业，其次和当地政府不熟悉，对当地的人情和关系网络不了解。实际上，企业担忧的是转移后难以嵌入到转出地的社会关系网络中去。

对于在异地建立完善的社会关系网络，单凭单个企业，力不从心，因此需要地方政府的推动。中国经济建设的巨大成就本身就离不开地方政府的推动，一些学者将其称为地方政府主导的市场经济。但是，地方政府主导经济也带来了诸多弊端，不仅扭曲了正常的市场机制，而且还冲击了政府的公共服务本职。因此，从 20 世纪 90 年代末期开始，我国提出了政府职能转型的口号。政府转型并不抹杀地方政府推动经济发展的积极意义。相反，在现有的体制架构下，地方政府在很长一段时间内都是地方经济建设的实际执行者。但是，地方政府如何在做好服务型政府的同时，履行好经济建设职能呢？本章节以上海的产业转移升级为例，探讨在服务型政府的架构下，地方政府如何通过提供制度性和经济性公共服务，巧妙地发挥政策工具的市场杠杆效应，突破产业转移过程中社会关系网络的嵌入性约束，成功实现产业转移升级。

一、政府转型的背景

现代经济理论认为，市场机制是最有效的资源配置方式。因此，以英美为代表的斯密的守夜人政府理论一直将政府视为守夜人，认为政府与经济建设无关紧要，政府干预经济是无效率的。但是现实并不完全如此。与英美等西方发达国家一直奉行的自由市场经济不同的是，在东亚国家工业化的过程中，政府扮演着主导作用。比如，第二次世界大战以后，韩国和日本的强政府对金融系统和经济领域的干预，对该国从贫穷走向富裕起了关键作用。世界银行也强调了市场经济发展过程中政府导向的重要性，即“一个国家需要市场经济，同时也需要有能力的政府培育市场……特别是在后进发展中国家”（世界银行，1997）。[1]东亚30多年“政府主导型”的经济发展模式的成功，说明政府干预是有效率的。因此，格申克龙认为超越型国家的政府都在经济建设中扮演了积极的职能，提出了后发优势理论。

但是，20世纪90年代后期的东亚危机却证明政府干预会出现低效率，对政府干预经济的能力提出了更高的挑战，预示着政府职能的转变。我国地方政府一直在市场经济发展过程中扮演着主导作用。受财政分税制的利益驱动，地方政府一直是推动经济发展的主体，长期纯粹地追求GDP增长，过度投资拉动经济，扭曲了市场机制的基础性作用。而且，我国的强政府的背后是“小社会”，因此政府干预出现了低效率。只有在政府不断完善社会公共利益的前提下的强政府，即“强政府，大社会”才能更好地推动经济发展。否则，“小社会”将成为一国经济增长的障碍。我国的政府转型面临着前所未有的挑战。

20世纪90年代，政府转型研究开始进入我国学术界的主流话语圈，越来越多的学者加入到政府转型研究的行列，初步形成了以迟福林等知名学者为核心的研究队伍，取得了较为丰硕的研究成果。王仲田在1999年第6期《领导文萃》杂志上以“中国需要什么样的政府”的提问、约稿方式拉开了国内

---

〔1〕 参见世界银行编著：《1997年世界发展报告——变革世界中的政府》，蔡秋生等译，中国财政经济出版社1997年版。

学术界关于政府转型研究的序幕（王仲田，1999）。〔1〕新的历史时期，低碳经济对中国政府转型提出了新的要求，张丽曼主张中国政府要由全能型向效能型转变（张丽曼，2000）。〔2〕同时，她将改革开放以来中国政府转型之路归纳为从内部分权到职能转变，再到行为规范（张丽曼，2004）。〔3〕迟福林于2003年在中国（海南）改革发展研究院举办的“建设公共服务型政府——中国转型时期政府改革国际研讨会”上展开对“政府转型”的讨论，并认为我国已经进入以政府转型为核心的发展新阶段（迟福林，2004）。〔4〕从此，越来越多的学者加入政府转型研究行列。王悦荣主张现阶段我国推进政府转型必须以人为本，以民主的充分发展为基础，规范政府管理和依法行政，坚持人与经济、社会的可持续发展（王悦荣，2004）。〔5〕贺贵才和于永达强调，政府转型并不意味着政府退出，而是政府职能的转变，以实现经济的持续增长（贺贵才、于永达，2006）。〔6〕林尚立把新中国成立以后的政府职能归纳为“两次转变，三种形态”，而当前政府职能开始从“经济建设型政府”向“公共服务型政府”转变（林尚立，2006）。〔7〕陈健将政府转型看作经济转型的核心，主张政府要转向制定宏观经济政策和提供公共物品，矫正市场经济的某些失灵（陈健，2010）。〔8〕迟福林和方栓喜明确主张政府的经济性公共服务、制度性公共服务和社会性公共服务的三大核心职能（迟福林、方栓喜，2011）。〔9〕

梳理学者的观点后发现，在经济发展过程中，市场秩序的建立和完善离不开政府。但是，政府和市场的关系应该理顺。当市场能够发挥作用并取得

〔1〕参见王仲田：“中国需要什么样的政府”，载《领导文萃》1999年第6期。

〔2〕参见张丽曼：《从全能型政府到效能型政府——论社会主义政府管理模式的转型》，吉林人民出版社2000年版。

〔3〕参见张丽曼：“论中国政府管理模式的转型”，载《社会科学研究》2004年第6期。

〔4〕参见迟福林：“以政府转型为重点的结构性改革”，载《江苏社会科学》2004年第6期。

〔5〕参见王悦荣：“关于政府转型的人本思考”，载《广东行政学院学报》2004年第3期。

〔6〕参见贺贵才、于永达：“政府转型：实现经济持续增长的关键——从俄罗斯转轨看中国经济增长”，载《南方论丛》2006年第3期。

〔7〕参见林尚立：“民主的成长：从‘个体自主’到‘社会公平’——解读2005年中国政治发展的意义”，载《毛泽东邓小平理论研究》2006年第3期。

〔8〕参见陈健：“经济转型中的政府转型”，载《上海行政学院学报》2010年第3期。

〔9〕参见迟福林、方栓喜：“公共产品短缺时代的政府转型”，载《上海大学学报（社会科学版）》2011年第4期。

优势时，首先应该由市场去完成；当市场失灵时，政府对市场的监管将非常重要。因此，政府转型主要是指政府退出直接参与生产领域，从“经营型政府”“管理型政府”“生产型政府”“经济建设型政府”等向“服务型政府”转变。

但是，政府转型和地方经济建设目标如何兼容？换而言之，地方政府在转为服务型政府之后，是否还有足够的政策工具继续引导地方经济建设？答案是两目标可以兼容。转为服务型政府之后，地方政府从竞争性领域退出，不再大规模从事生产性投资。但是，地方政府通过提供公共服务，以公共服务和政策工具引导市场机制发挥作用。

本章节以上海地方政府在产业转移升级中的作用为例，探讨政府职能转型。借鉴迟福林和方栓喜的主张，本部分从制度性公共服务、经济性公共服务和社会性公共服务的三大核心职能转变展开对政府转型的研究（迟福林、方栓喜，2011）〔1〕。制度性公共服务，指政府要完善公共服务制度和公共财政制度，制定区域性产业结构调整方向、产业战略选择、产业转移升级等政策。经济性公共服务，指政府要从微观经济建设中脱身，提供产业转移升级的载体和经济服务组织，推动产业经济结构调整。社会性公共服务，是指政府要关注民生，提供公共卫生和基本医疗、基本养老保障、公共就业服务、义务教育和职业教育、基本住房保障等社会性公共服务，为经济结构转型升级创造良好的社会政策环境。本章节只涉及地方政府在经济建设中的作用，因此只谈及地方政府的经济性公共服务与制度性公共服务的角色扮演。

二、上海“服务型政府”在产业转移中的策略选择

在“十二五”时期经济发展方式转变的特定背景下，根据国家发改委2010年对长三角的区域规划，长三角将形成以上海为核心的“一核九带”〔2〕空间格局，避免长三角25个城市之间的恶性竞争，解决区域结构性矛盾。作为长三角“龙头”的上海，定位在跨国公司总部与国家级产业基地两翼齐飞

---

〔1〕 参见迟福林、方栓喜：“公共产品短缺时代的政府转型”，载《上海大学学报（社会科学版）》2011年第4期。

〔2〕“一核九带”，指以上海为核心，沿沪宁和沪杭甬线、沿江、沿湾、沿海、沿宁湖杭线、沿湖、沿东陇海线、沿运河、沿温丽金衢线为发展带的空间格局。

的"总部经济"发展模式，而长三角的其他主要城市都围绕在上海周围，支撑着上海大都市圈的形成和"总部经济"的发展。因此，近年来，上海的产业结构调整步伐加快，产业转移加速。但是，在政府职能转型的大背景下，上海地方政府如何发挥"服务型政府"的职能，促进产业顺利转移以实现产业调整升级呢？

（一）"经济性公共服务"的供给者

1. "异地工业园"成为政府支持产业转移的载体

近年来，上海市政府出台各种政策积极鼓励上海市各工业园区与周边地区合作共建"异地工业园"，帮助企业组团式迁移，降低转移风险。截至2015年底，上海落户异地的工业园区已经有30多个，其中落址江苏的最多，其次是安徽和浙江。[1] 其中，上海落户盐城的工业园区有11家，约占上海对外共建园区的1/3，[2] 这些共建园区除了能给盐城引来优质企业资源，更重要的是带给了盐城宝贵的园区开发管理经验。

从合作地的选择来看，上海的"异地工业园"的合作地选择是有条件的。按照市委市政府精神，从时间距离看，上海合作首选地是具有较强合作意向的"一小时经济圈"，包括苏北的南通、启东、盐城等地和皖江地区。从空间距离看，合作半径是300公里以内，比如昆山浦东软件园，距上海约80公里；上海外高桥（启东）产业园和漕河泾开发区海宁分区，距上海约100公里；上海通用汽车安徽广德研发试验基地，距上海约200公里；与上海合作建立工业园区最多的盐城，距上海不到300公里；嘉定工业园区建湖工业园、上海华谊集团无为国家级煤基地多联产精细化工循环经济示范基地、张江高科技园芜湖分区等，距上海约300公里。

从合作方式上看，主要采用股份合作模式。一般是由上海方面与园区所在地发挥各自优势，上海出资金和企业，园区所在地出土地，通过土地优惠、税收优惠等特殊制度安排与上海形成"合作共赢"。具体表现为，合作双方共

---

〔1〕 参见"上海与周边地区积极共建异地工业园区30多家，创合作新模式——产业'走出去'促长三角一体化"，载 http://www.wokeji.com/lvse/hb/201501/t20150115_935774.shtml，最后访问时间：2016年1月7日。

〔2〕 参见"上海创合作新模式产业'走出去'促长三角一体化"，载 http://news.eastday.com/eastday.13news/auto/news/csj/u7ai550973_k4.html，最后访问时间：2016年1月7日。

同成立股份制的园区开发公司，公司负责园区具体的规划、投资开发、建设、招商引资和经营管理等工作。从公司内部结构看，上海方面一般占控股地位，持有50%以上股份，并选派人员担任合资公司的总经理，兼任园区管委会副主任等职务。从收益来看，收益按照双方股本比例分成。例如，上海市北高新（集团）有限公司与南通市港闸区人民政府合作开发上海市北高新（南通）科技城，由上海市北高新（集团）有限公司现金出资90%，南通国有资产投资控股有限公司现金出资10%，共同成立了上海市北高新集团（南通）有限公司，以土地一级开发商的身份，参与规划总面积约5.24平方公里的园区建设。北高新（南通）科技城完全交由上海市北高新园区来开发，上海已经派出了一个数十人的管理团队常驻南通，承担一部分上海产业转移和承接的功能，南通方面则负责行政职能。在利益方面，双方将按股权比例分成。

从园区管理体制来看，主要分三类：第一类是双方政府机构出面设立管委会，同时设立合资的开发公司，管委会和开发公司实行两块牌子、一套班子的"政企合一型"模式，这种模式运作效率较低，所以采用这种模式的较少；第二类是管委会与开发公司实行两块牌子、两套班子，各自运作，类似于中新苏州工业园区的"政企分离型"模式；第三类是完全采用市场化的开发体制，如上海漕河泾新兴技术开发区在浙江海宁的"公司型"开发模式。从目前上海与外地合作共建的异地工业园区看，多数采取公司主导开发的模式，而且在公司治理中多以上海方为主导，即股权、人事、决策完全由上海方面主导，但利益双方共享。

2. "长三角园区共建联盟"成为政府推动产业转移的公共服务组织

上海各区县积极地在市外建立异地工业园和开发区分区，这是产业转移升级的一个有效途径。此模式将有转移意向的企业从原来的散点化和碎片化引导到集聚化和功能化的园区发展，既能实现产业转型和结构调整，又能够解决产业发展过程中的产业集聚化问题。比如，有些产业对江苏很好，但对上海就不利。有的产业用地量很大，在上海扩大规模很困难，但到苏北就有很好的发展空间。但是由于缺乏有效的沟通平台，各地区之间的信息不对称，一些园区和企业对跨省异地建园仍有困惑，因此跨区域的园区共建项目进展不快，制约了园区共建的深化。

针对上述问题，异地共建产业园急需政府搭台引导。2010年8月，由上海市政府发展研究中心、合作交流办公室、经济和信息化委员会3个机构牵头，成立了长三角园区共建合作专题组。11月，在安徽合肥召开了长三角园区共建合作专题推进会，由上海漕河泾开发区、上海虹桥经济技术开发区、上海张江高科技园区、苏州工业园区、无锡国家高新区、合肥高新技术产业开发区及宝钢集团、上海电气集团、华谊集团等40家园区和大型企业集团发起成立了“长三角园区共建联盟”，签署了《长三角园区共建联盟合作框架协议》。2011年3月，联盟对首批40家长三角园区共建联盟盟员颁发证书，对8家品牌园区、8家示范园区和4家试点园区进行授牌。[1]

“长三角园区共建联盟”成为政府搭台的以园区为载体的产业合作平台，进一步促进以上海为龙头的长三角地区产业梯度转移和产业结构优化。截至2011年6月，在“长三角园区共建联盟”的推动下，促成了77个园区合作项目，区域内产业梯度转移效果显著。截至2012年2月，有79家园区申请加入联盟，其中上海14家，长三角60多家，非长三角地区20家。[2]

“长三角园区共建联盟”自成立以来，致力于畅通园区信息交流。2011年3月，开通了官方网站（www. jointpark. org）。联盟秘书处定期公布长三角22个城市经济发展状况、当地政府扶持园区共建的新政策、新动向，以及园区项目合作信息等。会员均可登录网站了解上述信息。因此，联盟的成立，较好地解决了产业转移中的信息不对称问题，成为政府推动产业转移的公共服务平台。

（二）“制度性公共服务”的供给者

1. “总部经济”模式的发展战略选择加快产业转移

经过多年发展，上海已经到了从工业经济转向服务经济、从依靠投资驱动转向创新驱动、从外向经济增长转向枢纽型国际化大都市、从国内经济中心转向全球、从全面建设小康社会转向率先建设和谐社会的关键时期。随着上海国际经济、金融、贸易、航运“四个中心”建设的不断深化，上海正在加快产业结构调整与转型升级的步伐。表现为，一方面，上海迫切需要通过产业转移腾出更大的空间来发展高附加值、高技术含量产业；另一方面，上

---

〔1〕参见“长三角园区共建联盟推进园区品牌联动发展”，载 http://unn. people. com. cn/GB/14748/14230764. html，最后访问时间：2016年3月19日。

〔2〕参见“长三角园区共建联盟盟员已达79家”，载 http://tv. people. com. cn/GB/60604/17214073. html，最后访问时间：2016年2月2日。

海的企业需要积极地通过对外扩张、与周边地区的联动发展来发展总部经济，提升企业在全国乃至国际市场的竞争力。因此，现阶段，上海产业转移并不是简单地把劣势低耗能产业转出，而是通过制定“跨国公司总部”和“国家级产业基地”两翼齐飞的“总部经济”发展战略，成为上海产业结构优化升级的引擎、长三角强劲的经济增长点，通过在异地获取空间资源、扩大生产规模、降低生产成本、占领新市场等带动上海第三产业的壮大，从而优化产业结构。

上海市政府对于跨国公司总部与国家级产业基地两翼齐飞的“总部经济”模式给予了大力支持。上海市市长韩正对“总部经济”提出的明确的战略目标是“加快产业结构调整，促进生产型经济向服务型经济的转变。要结合上海的特点，大力发展‘总部经济’，吸引金融、研发、营销等机构入驻”。从实际效果看，全球十大国际集装箱公司、九大船舶公司均在上海设立了总部、区域总部或分支机构，1 000 多家国际海上运输和相关企业集聚上海。截至 2015 年 7 月底，外商在上海累计设立跨国公司地区总部 518 家，其中亚太区总部 35 家；投资性公司 305 家，研发中心 388 家。从投资国别看，以美、欧、日企业为主，欧洲企业总部增速加快。美国企业设立地区总部 148 家，占 28.8%；欧洲企业 139 家，占 27%；日本企业 116 家，占 22.6%。从行业分布看，上海的总部经济仍以制造业企业为主。制造业企业设立地区总部 384 家，占 74.7%，服务业企业 130 家，占 25.3%。同时，在沪 95%以上的跨国公司地区总部具有两种以上的功能，82%的地区总部具有投资决策功能、61%的地区总部具有资金管理功能、54%的地区总部具有研发功能、35%的地区总部具有采购销售功能。从落户区域看，浦东特别是自贸试验区对跨国公司地区总部吸引力较大。落户浦东的地区总部 231 家，占 55.7%，其中落户在自贸试验区的地区总部 181 家，其余主要分布在中心城区。[1]

世博会用地也成为上海政府发展总部经济的契机。世博园区 A 片区规划发展总部经济，将对所有企业开放，不设门槛，不论是央企总部、民企总部，还是外企、港澳台企业地区总部都可以进驻。B 片区将建设成为央企总部集聚区，规划用地面积 18.72 公顷，地上总建筑面积 60 万平方米。2011 年 7

---

〔1〕 参见“上海总部经济亮点不断”，载 http://news.sina.com.cn/o/2015-09-07/doc-ifxhqhun8440344.shtml，最后访问时间：2016 年 2 月 2 日。

月，宝钢集团、中国商用飞机公司、国家电网三家央企率先签约入驻 B 片区；2011 年 8 月 8 日，中国华能集团、中国华电集团、中国铝业公司、中国中化集团、中国建材集团、中国外运长航集团、中国黄金集团、中国国新控股有限公司、中国中信集团、招商局集团有限公司正式签约入驻 B 片区。这 13 家中央企业将在此建成 24 幢错落有致、低碳环保的国内知名企业总部集聚楼宇，发展总部经济。

2. 政策支持的“产业结构调整”式产业转移

按照经济学解释，企业是产业转移的主体。然而现实情况是，中国政府特别是地方政府一直在经济发展过程中扮演着重要角色。财政考核制度和税收改革迫使地方政府发展经济。因此，地方政府在产业转移过程中发挥着重要的导向作用。地方政府可以引导产业转移由无序的自发转移向着政府导向的有组织转移方向发展。上海地方政府有着积极推动产业转移的热情，希望通过将低端产业转移出去的方法，既实现本地的产业结构优化升级，加快上海的国际经济、金融、贸易和航运中心的建设，又将上海的产业园区延伸到异地。因此，近年来，地方政府导向的上海新一轮产业转移升级的规模和力度明显加大，市、区两级地方政府分别介入产业转移工作，积极为产业转移工作提供规划、政策、资金等全方位的支持。

“十一五”期间，上海市各级政府大力调整、淘汰劣势行业和企业（参见《上海市人民政府关于印发〈上海市节能减排工作实施方案〉的通知》），转移、撤并传统制造业企业近 5000 家，为产业结构优化升级腾出了空间资源；制定了《上海工业发展“十一五”规划》；出台了《关于加快本市产业结构调整盘活存量资源若干意见（沪府〔2006〕38 号）；建立了由分管副市长挂帅的工作联席会议制度，组建了专门的中介机构——上海产业合作服务中心和实体运作机构——长江经济联合发展集团；同时，各区县也成立了相应的产业结构调整工作领导小组；在资金上，市财政预算 16 亿元用于产业调整和转移专项补贴，分 3 年推进产业转移。2007 年 5 月，上海市经委与扬州市经贸委签订了《关于推动产业转移与合作的框架协议》，这表明产业转移问题已经引起上海市相关政府部门的高度重视，也显著提高了上海产业转移和合作的层次。2008 年《国务院关于进一步推进长江三角洲地区改革开放和经济社会发展的指导意见》提出长三角要加快发展现代服务业，努力形成以服务业为主的产业结构；全面推进工业结构优化升级，集中力量发展电子信息、生物、新材料、新能源等战略性高技术产业，进一步做大做强石化、钢铁、汽车、船舶及先进装备制造等优势支柱产业，大力发展总部经济和研发、设计、营销中心，促进产业链向高端延伸。此指导意见加快了上海产业结构调整与产业转移的步伐。

"十二五"期间，上海更是将产业转型升级和政府转型作为核心。根据工业和信息化部《关于下达 2011 年工业行业淘汰落后产能目标任务的通知》（工信部产业〔2011〕161 号）要求，2011 年上海市实际淘汰落后产能制革 30 万标张、印染 2 181.3 万米、化纤 0.7 万吨，涉及 7 家企业，其中 5 家位处浦东，1 家位处金山区，1 家位处松江区。此措施将为上海的产业转型升级提供更大的空间。最新数据显示，"十二五"期间，上海共淘汰 201 个落后产能项目，包括水泥及熟料 554 万吨、钢铁 22.5 万吨、碳素 6.5 万吨、稀土（氧化铕）15 吨、火电机组 33 万千瓦、铅蓄电池 66 万千伏安时，并淘汰电镀生产线 160 余条、染色布 800 万米、水洗服装 43.4 万件、染色线 13 200 吨和皮革 65 万标张。除了这些产能落后和过剩的主要行业外，"十二五"期间，上海市还淘汰其他落后工艺装备或生产线 1 000 余台套（条），关闭各类小企业近 430 家。对照国家、省、市政府相关工作部署，"十二五"期间上海市全面完成了淘汰落后及化解过剩产能目标任务。[1]

3. 政策支持的"企业规模化扩张"式产业转移

上海的产业转移已经不仅仅是劳动密集型等低端产业向外转移的问题，高新技术产业也开始加入转移的行列，在转移过程中不断实现技术、装备的整体升级，表现为政府支持的"企业规模化扩张式"的产业转移升级。政府出台各种政策积极鼓励有规模化扩张的企业进驻上海在异地建立的产业园，使得总部经济能够在上海得以延续。比如，上海市领导对外高桥保税区在启东建立的产业园进行了专题研究，时任市委书记俞正声作出专门批示："希望上海各区县开发区借鉴外高桥保税区和启东合作联动模式，积极走出去。"

政府支持的"企业规模化扩张"式产业转移的领域主要有：第一，战略新兴产业，如航空航天、新能源、新材料、电子信息制造、节能环保、生物医药等。上海罗氏制药有限公司成立于 1994 年。2002 年，罗氏药业下属巴塞

〔1〕 参见"'十二五'全市淘汰 201 个落后产能项目"，载 http://jsnews.jschina.com.cn/system/2016/01/20/027700506.shtml，最后访问时间：2016 年 2 月 2 日。

里亚公司又在海门全额投资了“江苏原创研发中心”，主要从事新药目标分子合成研发与工艺制程开发。德国拜耳公司为了在启东打造其在中国的非处方药品生产基地，2008 年收购了东盛科技启东盖天力制药股份有限公司。上海的台湾兆阳科技、法国博旭瓦等都在浙江海宁投资了新能源、电子信息等新的研发生产基地。第二，一般加工制造业，如石油化工、汽车零部件、纺织、食品等行业。上海的部分加工制造企业已经在江苏盐城的大丰市设立新厂区，有扩大生产规模的打算。大丰市也专门设立了纺织产业园、光明工业园、杨浦工业园等承接上海企业转移。第三，重化工业，包括船舶及海洋工程装备、钢铁、汽车产业、精细化工、装备制造业等都有在异地寻找扩产基地的准备和打算。2009 年 6 月，宝钢集团斥资 4.3 亿元，将线材制品项目的生产转移到江苏南通。第四，生产和生活性服务业，包括服务外包（业务流程外包、信息技术服务外包和知识流程外包等）、现代物流、商贸服务、职业培训和金融业、房地产等也出现了异地发展的迹象。如上海浦东发展银行入驻安徽合肥、芜湖等地，上海大批物流公司入驻江西、安徽等地。

三、上海经验对其他地区产业转移的借鉴

上海一直是长三角地区经济发展的龙头，表现为政府导向的上海产业结构调整所带动的长三角及泛长三角地区的经济发展。近年来，由上海所带动的产业转移的区域和范围正在不断扩大。从区域范围看，上海的产业转移正在由以上海为中心的 1 小时都市圈向 3 小时经济圈乃至更大的时空范围延伸，苏北、浙西、皖江、闽北、赣东等正在成为继苏南和浙北城市之后，争夺上海新一轮产业转移的热点区域，甚至上海的产业转移还有向长江中上游地区扩展的态势。但是，在产业转移中政府应该扮演什么样的角色这一问题一直以来未有统一的答案。不过有一点是明确的，即在政府引导下的产业转移，将能够充分发挥长三角各城市的优势，既服务于区域经济一体化，又能带动上海的产业结构调整和产业升级。上海经验值得其他地区借鉴的主要有以下几点。

1. “服务型政府”的积极参与，成为推动产业转移的重要力量

近年来，上海产业向外转移的力度越来越大。在产业转移的过程中，“服务型政府”的积极参与成为推动产业转移的重要力量。因此，各地要学习上海产业转移的经验，让各级政府积极参与到产业转移中去，为产业转移工作

提供规划、政策、资金、组织等服务性支持，而不是直接参与到产业转移的运营和管理中去。上海政府推动的产业转移的载体以建立“异地工业园”为主。异地工业园建立的主角是上海各级国资委下属的大型国有企业集团，如上海外高桥集团、漕河泾开发公司、嘉定工业园开发公司、浦东软件园公司、杨浦区新长宁集团、上海华谊集团、上海通用汽车公司等。在上海，这些大型国企的品牌、诚信度、规范化、法制化等方面均居领先地位，在异地建立工业园，有很强的品牌效应和产业链集聚力。但是，政府并没有直接运营这些异地工业园，而是为异地工业园的工作顺利开展提供政策性支撑，异地工业园的运营交由双方成立的公司按照市场化机制运营。

2. 建立利益共享机制，创造产业转移的双赢格局是重点

要让转出方政府积极参与到产业转移过程中去，为产业顺利转移提供服务，探索产业转移合作模式，建立利益共享机制，创造产业转移的双赢格局是重点。上海的产业经过多年发展，已经具有内在的推进产业向外转移的动力，但同时政府又担心产业转移会导致产业空心化，出现税收减少、产业竞争力下降、就业不足等问题。因此，为消除顾虑，在推动产业转移的过程中，政府积极探索了一种由转出地和中西部地区双方合作建立区域间利益共享的“异地工业园”，由转出方控股，按照公司化运作，税收、收益分成等方面也按照股份比例分成，因此转出方的积极性较高；而对于转入方来说，上海的异地工业园不仅可以为当地带来大企业、大项目，同时可以带来先进的园区管理经验，转入方何乐而不为呢？这样，就实现了转移双方的双赢格局。

3. 建立法制化长期诚信合作机制，避免“前恭后倨”“先引后驱”现象

20 世纪 80 年代，上海与喜来登国际酒店集团合资建立五星级华亭宾馆，经营业绩良好。20 世纪 90 年代，华亭的中方领导层自以为已经掌握了五星级酒店的管理经验，中途毁约，赶走喜来登。在赶走喜来登的同时，华亭也失去了喜来登的全球客户资源，迅速由盈转亏，一蹶不振。此教训值得吸取。因此，对异地工业园的转入方来说，外来企业的法制化长期诚信合作机制非常重要。政府必须出台相应的规章制度，形成相应的监督机制，避免少数政府机构出现“前倨后恭”“先引后驱”等现象，即在引进上海企业初期，谦恭备至，任何条件都可以满足，等到园区招商引资成功以后，大量企业入驻园区，税收或 GDP 大增，地方政府开始制造种种摩擦、设置种种障碍或者中途毁约等。如果出现一例类似案例，将会产生巨大负面效应，从而影响其他

园区顺利承接上海产业转移。

案例九：外高桥（启东）产业园的经验借鉴

一、上海外高桥（启东）产业园介绍

上海外高桥保税区是国务院于1990年6月批准设立的国家级开发区，批准时的规划面积为10平方公里，位于上海浦东新区，濒临长江入海口，地处黄金水道和黄金岸线的交汇点，紧靠外高桥港区，是全国第一个也是目前全国15个保税区中经济总量最大的保税区。外高桥保税区依托开发浦东的优势，吸取国外类似区域先进的管理理念，20年来取得了年均20%以上的增长速度，形成了以国际贸易、现代物流、先进制造业等3大功能为主的口岸产业。到2008年12月底，保税区累计批准来自94个国家和地区的10 242个项目，其中，世界500强企业中有111家入驻保税区。园区累计吸引投资总额160.6亿美元，合同外资74.1亿美元，实际利用外资50.3亿美元。区内企业从业人数达19万，其中外籍工作人员9 200余人。[1]2008年，外高桥保税区完成销售收入6 511.21亿元，占全国保税区的44.3%；完成各类税收517.98亿元，其中税务部门税收217.63亿元，占浦东新区的24.09%。[2]随着外高桥保税区经济的快速发展，越来越多的企业打算入驻保税区，但是园区可利用的土地却越来越少。同时，随着上海国际化大都市的建设，企业的商务成本逐渐升高，生产成本越来越高，部分企业有将生产环节外迁的打算，外高桥保税区面临产业空心化的危险。面对上述困境，上海外高桥集团有限公司（以下简称“外高桥集团”）抓住长三角区域一体化的发展时机，及时调整发展战略，把目标瞄准“区外发展”。经过多次考察、商谈、调研，外高桥集团将区外拓展的目标放在苏北南通的启东，达成联合兴办外高桥集团（启东）产业园［以下简称“外高桥（启东）产业园”］的共识。上海外高桥集团和启东的跨江合作，已经成为上海本地跨省区合作开发的成功典范。

---

〔1〕 参见“上海自由贸易试验区——外高桥保税区”，载 http://www.shport.gov.cn/shkaq/info-detail/?infoid=11A1BA4C-9823-45C3-8B13-E326FF66592F，最后访问时间：2016年3月9日。

〔2〕 参见“上海外高桥保税区”，载 http://www.zsyz88.com/gongyedichan/377.html，最后访问时间：2016年3月9日。

外高桥（启东）产业园位于江苏南通启东滨海工业园，距离外高桥保税区约40分钟车程，由上海外高桥保税区联合发展有限公司（以下简称“外联发”）与启东滨海工业园开发有限公司共同开发建设，规划面积8 000亩，分3期开发。2008年1月28日，产业园签约仪式暨奠基典礼在江苏启东举行。2008年9月10日，占地约5平方公里的外高桥（启东）产业园正式开工建设，注册资本3.2亿元，启东以土地入股40%，上海外高桥集团现金入股60%。按照规划，产业园重点引进世界500强企业以及国内大型企业，打造外高桥在上海北翼的重要生产制造业基地，形成机械制造、电子电器、船舶配件、生物医药四大支柱产业。园区自建设以来，取得了可喜的成绩。2009年4月，总投资800多万美元的首个项目上海丸仓工贸有限公司落户园区。2010年3月31日，启东滨海工业园20个工业项目集中开工典礼隆重举行，是园区推进大项目建设、营造大发展氛围的一项重大举措。以南通世邦机器为代表的20个工业项目，占地总面积921.5亩，项目总投资18.64亿元，单体项目平均投资规模9320万元。2010年6月24日，首期208亩用地建设已经基本完成，4万多平方米的现代化标准厂房已经建成，配套设施逐步跟进，四大支柱产业雏形可见。2010年6月24日，园区副主任道：“我们目前进来200多家企业，接近80家企业已经投产，预计今年年底有120家到150家企业投产，其余企业到明年这个时候进入产值期，今年我们预期产值在50亿元到60亿元，税收在2亿元到3亿元，明年不少于100亿元的产出，税收绝对不少于5亿元，再经过3年到5年的努力，全部完成一二期的全部投入，不少于500家到800家企业的进驻，总投入量不少于1000亿元，至少有2000亿元到3000亿元的产出，我们大的定位就是江苏沿海开发园区建设的排头兵。”2011年1月8日，外高桥（启东）产业园与向海重工联手打造“航母”，上海外高桥造船有限公司与江苏启东的向海船舶重工股份有限公司签订协议，双方正式缔结战略合作关系（上海外高桥造船有限公司是上市公司中国船舶的子公司，该公司创造了造船总量和经济效益连续多年稳居国内造船企业首位的业绩，享有“中国第一船厂”的美誉）。2011年10月11日，外高桥（启东）产业园招商推介会在上海中银大厦隆重举行，众多企业有入驻的打算。2011年12月18日，上海西西艾尔气雾推进剂制造与罐装有限公司启东新厂项目隆重开工。西西艾尔启东项目在外高桥（启东）产业园开工建设，对外高桥产业园实现经济持续快速发展具有十分重要的示范作用。随着沪崇通道和崇启大桥的通车，启东已经进入上海“一小时都市圈”，这座由江苏与上海两省市直接对接的首座特大型跨长江大桥，把启东推向了长三角经济圈的前沿阵地，也将进一步带动外高桥（启东）产业园的发展。[1] 截至2015年，园区的道路、桥梁、电信、供电配套设施、绿化等基础设施方面的投入累计约1.5亿元，自建厂房、仓库等建设投入累计约2.5亿元，9栋共4.7万平方米的产业园钢结构标准厂房已全面竣工并投入使用，已有久源木业、西西艾尔、三好塑料、聚义宝金、飞利达物流、启东鑫然物流等6家企业入驻产业园。[2]

二、如何突破产业转移中社会资本的嵌入性约束？

在上海外高桥产业园面临着产业转型升级压力的背景下，多数低附加值的加工型企业仍然宁愿待在园区受生产要素成本上升的煎熬，也不愿意转移到苏北去，原因是产业转移不是单个企业的转移行为，而是整个企业生产网络和社会网络的转移。如果一个企业转移到外地去，虽然直接的要素成本下降了，但是如果配套企业没有转移过去，企业间接的要素成本不降反升。那么，外高桥（启东）产业园是如何克服产业转移过程中社会资本的嵌入性约束，实现企业的顺利转移呢？

（一）市场化运营，股份合作管理模式

外高桥（启东）产业园采取市场化运营股份合作管理模式，即在现有开发区（江苏南通启东滨海工业园）中设立共建园，交由合作双方成立的合资股份公司按照市场化运营和管理，公司负责园区规划、投资开发、招商引资和经营管理等工作，收益按照双方股本比例分成。外高桥（启东）产业园注册资本3.2亿元，启东以土地入股40%，上海外高桥集团现金入股60%，税收等收益也按照4∶6分成。这样，转出方占股份较多，有利可图，转出方的积极性较高，派外高桥产业园的管理人员长驻启东，加速了产业转移的进程。这种模式下，企业虽然外迁到了启东，但是与企业打交道的还是上海外高桥集团的管理人员，企业的评价是“虽然企业在启东，但是服务和在上海时一

〔1〕 相关资料及数据来源于“上海外高桥（启东）产业园”网站，载 http://www.qdbh.gov.cn/n643.html，最后访问时间：2016年2月2日。

〔2〕 参见“沪启合作共建两大产业园”，载 http://hszh.nantong.gov.cn/art/2015/7/5/art_19921_1909639.html，最后访问时间：2016年2月2日。

模一样，感觉还是在和上海领导打交道”，因此企业嵌入在政府官员中的社会资本也随着企业一起外迁出去，打消了企业对可能会被当地政府“敲竹杠”的担心。而作为国际知名的国家级开发区，外高桥集团入驻启东，本身就是对江苏沿海地区投资环境的一种推介和提升，因此，启东方面的积极性也较高，尽可能提供绿色通道配合外高桥（启东）产业园的发展。该模式运作规范，适合资金实力较强、园区开发经验丰富的发达地区政府、园区或大企业与具有较强园区开发经验的一方开展合作。

（二）转出方园区牵头，产业转移积极性更高

近年来，上海外高桥保税区内的许多企业，特别是以 HP、IBM、INTEL、联想等为代表的 IT 类龙头企业，以及以德尔福、伊顿等为代表的汽车零部件巨头均已经进入向综合制造中心转型的升级阶段，因此受外高桥土地瓶颈的制约，越来越需要在保税区外寻找生产、物流等配套基地。但是，这些企业已经熟悉了保税区的运作模式，对保税区外的发展环境不了解，对区外的政府缺乏信任，故对外迁的担忧较多。通过联合兴办产业园，外高桥集团在异地营造了一个较低土地成本、较小运输半径、拥有一流物业服务的良好发展环境，并利用自己的品牌优势以及长期以来与企业建立的互相信赖、互相依存关系（社会资本），使区内企业特别是一些国外企业能够以较小的风险和成本寻找到满意的发展空间，为他们提供了新的服务，受到了区内企业的普遍欢迎。而且，外高桥（启东）产业园是上海外高桥保税区不可分割的一部分，利用外高桥集团多年的管理经验继续为入驻启东的企业提供生产、物流等全方位的集成服务。上海外高桥保税区内的企业及其关联企业已经纷纷到外高桥（启东）产业园考察，一些企业已经外迁到启东，一些企业也已准备外迁到启东发展。他们讲道：“我们虽然迁移到了启东，但是我们的根还在上海，我们还可以利用上海城市品牌优势在上海外高桥发展总部经济，我们还是享受着上海外高桥开发区所能给我们提供的服务，我们没有什么后顾之忧。”实际上，迁移出去的企业既保留了企业嵌入在产业链内的企业网络社会资本，也保留了企业嵌入在政府官员中的社会网络社会资本。随着江苏沿海开发的深入推进和长三角一体化进程的不断加快，启东的战略优势、区位优势、资源优势、产业优势、人文优势将更加凸显，吸引更多的企业入驻启东。而外高桥（启东）产业园的建立则排除了社会资本的约束，将吸引更多的企业入驻。

（三）"组团式"外迁，增强企业信心

随着上海土地成本、人力成本等的上升和周边地区投资环境的改善，上海外高桥开发区内的一些企业，特别是在价值链低端、低成本的劳动密集型的简单加工制造企业已经出现了外迁势头。比如，JVC 和先锋已经将总部和研发、生产环节一起迁出了保税区，如果不及时采取措施，很多企业的总部、研发、设计、营销等产业链高端也可能将随之转移，将有碍于上海外高桥保税区的产业升级。还有一些企业虽然暂时没有打算外迁，但是经过多年的发展，其中一部分高污染、高能耗、资源型、劳动密集型企业已经不符合上海产业发展方向，也需要"腾笼换鸟"。因此，外高桥集团主动出击、因势利导，通过在异地搭建新的土地和物业服务平台等方式，发挥自身长期积累的品牌效应和管理服务优势，"组团式"外迁，使得园区内企业能够就近配置低成本资源，形成产业链高、低端配套发展的格局，不仅带动了中西部地区的经济发展，而且起到了对上海外高桥产业园区高端产业的稳商、留商的效果。同时，通过"组团式"外迁和转移，解决了企业"单打独斗"向外发展的费时费力、成本高的问题，增强了企业把低附加值环节转移到区外的信心和积极性，打消了企业对产业链网络断裂的顾虑，保留了企业嵌入在产业链中的社会资本，促进了上海外高桥产业园区的产业结构调整升级。上海外高桥产业园内的管理人员已经开始着手动员一些园区内的企业将其价值链低端的加工环节迁移到启东去。比如，2010 年 3 月 31 日，20 个工业项目集中在外高桥（启东）产业园举行开工典礼，〔1〕这标志着外高桥（启东）产业园"组团式"外迁的成功，也增强了其他企业外迁到启东的信心。

（四）共建产业园，确保双赢

上海外高桥集团与启东联合兴办产业园，拓展了外高桥集团的土地、厂房等资源，扩大了企业运作的空间，为破解园区土地、能源资源等瓶颈制约、应对商务成本升高等开辟了新途径。签约以来，外高桥集团一方面采取多种方式引导低端投资向外高桥（启东）产业园转移，力争早日产生经济效益。另一方面调整外高桥保税区内的土地、厂房、仓库等资源，进行有选择的招

〔1〕 数据来源于"上海外高桥（启东）产业园"网站，载 http://www.qdbh.gov.cn/n643.html，最后访问时间：2016 年 2 月 2 日。

商，加快保税区IT和汽车零部件等优势产业的发展。虽然转移的是低端投资，但是受外高桥保税区的高平台的带动，也吸引了较多高端客户的低端加工投资，明显提高了外高桥（启东）产业园区的知名度，吸引着其他配套企业进驻。共建产业园，外高桥集团不仅为企业拓展了新的发展空间，而且也给启东带去了其多年积累的先进的园区管理理念。因此，在产业园的整个运作过程中，启东方面都表现得非常重视与非常积极，该市党政领导多次带队到外高桥考察，市四套班子领导都参加了产业园的签约仪式暨奠基典礼，并给予产业园较为优惠的扶持政策，力争使双方达到互赢互利。因此，新一轮产业转移对长三角发达地区来说并不是坏事，而是好事，因为企业并不是完全转移到苏北等欠发达地区，而是虽然生产链条转移到了苏北等欠发达地区，但还是和苏南的政府官员、园区管理人员、企业有着千丝万缕的联系，企业的社会资本网络并没有断裂，反而得到了进一步延伸。这种模式的优势在于长三角发达地区可突破土地、能源、资源匮乏和环境瓶颈的约束，转变经济发展方式，进行产业升级，加快高新技术产业和现代服务业发展；而苏北等欠发达地区可充分吸引外资，利用长三角的资金优势和园区管理经验优势发展本地经济。

三、外高桥（启东）产业园对其他地区产业转移的借鉴

上海外高桥保税区与启东的合作模式被上海认为是既突破了土地瓶颈，促进产业转型升级，又能保持上海经济持续发展的典范。此举已经引起了上海市高层的重视，市领导进行了专题研究，时任市委书记俞正声作出专门批示："希望上海各区县开发区借鉴外高桥保税区和启东合作联动模式，积极走出去。"此后，上海张江海门高科技园、杨浦区大丰工业园、杨浦区海安工业园、漕河泾开发区闵行高科技园区、漕河泾松江新桥经济联合园区、长宁临空经济园盐城工业园等纷纷效仿外高桥（启东）产业园模式，在异地合作共建产业园区，加速了上海的产业转型升级和长三角的区域经济一体化进程。

产业转移浪潮既是政府的政策导向，也是客观规律。除了长三角地区积极推动产业转移，加快区域一体化进程外，各地纷纷亮牌表示主动、积极地承接发达地区的产业转移。在2010年于厦门举办的中国国际投资贸易洽谈会上，安徽、河南、河北、辽宁等省市纷纷亮出承接国际国内产业转移的大幅

标语和广告牌。河北打出“国际资本转移首选地、国内南资北移主战场”标语，安徽打出“承接转移、创新共赢”标语。不久前率台湾企业来沪参加中国电子展的台湾电机电子工业同业公会大陆联络处主任孙景莉告知，目前投资落户长三角的台湾电子企业中，超过 1/3 已经或打算将其工厂向大陆北部和西部转移。

从全球范围看，每一次产业转移几乎都是中小企业“先行先试”冲锋在前，最终才是作为产业转移主力军的以跨国公司为代表的大企业。但是，势单力薄的中小企业个体往往事倍功半，而如果在政府扶持、园区协调下企业“组团”行动则可能取得更好的产业转移效果。以上海纺织面辅料家纺博览会参展企业为例，绍兴、无锡、常熟等地纺织企业人士反映，随着当地生产要素成本的上涨，他们很愿意转移出去，问题是企业小且实力弱，如果独自搬迁工厂或部分生产能力外移，就会遇到投资所在地产业链条不完整、企业网络不完善、企业与政府的关系不顺畅等社会资本约束而带来的成本更高的困境。其实，当年我国台港的中小企业准备来到大陆（内地）投资发展时，同样遇到了此类难题，但是这些中小企业在台港相关行业协会的协调下，“组团”来大陆（内地）投资，形成了多个产业集群，成功解决了这一难题，并带动了当地经济发展。当下，长三角地区的企业在政府、园区和市场的推动下，同舟共济，“组团式”外迁到苏北或内地去，既解决了企业担心的社会资本网络断裂的问题，也带动了长三角地区的产业转型升级，值得其他地区借鉴。

CHAPTER8 第八章

嵌入性约束下，长三角制造业的出路

曾几何时，长三角地区凭借低廉的人工成本优势的制造业在国际市场竞争中占尽先机。而如今，面对不断上升的劳动力成本，长三角地区制造业是否仍具有竞争力？未来出路在何方？作为经济前沿阵地的长三角地区，近年来的经济形势并没有想象中乐观。一方面，中小企业受困于经营成本上升、外部需求疲弱，颓势依旧；另一方面，长三角等地频现制造型外企撤离，给长三角也敲响了警钟。于是，依靠科技创新成为长三角制造业转型发展的新选择。然而，自主创新能力不足，市场机制不畅，人才流失严重，却也给长三角制造业的转型之路添了“新堵”。

一、低端制造业外资撤离，高端制造业受外资“追捧”

（一）低端制造业外资对华投资意愿减弱

我国制造业成本上升、世界经济缓慢复苏、贸易保护主义抬头等因素，给我国吸收外资带来了挑战。吸收外资曾经是中国经济发展的重要动力。但是近几年，中国经济发展到一定水平，外商将中国作为廉价劳动力基地或廉价原材料基地的必要性在降低。[1]低端制造业在中国已经失去优势。原因如下：第一，我国制造业劳动力数量进入下降通道。其中从事制造业中生产、设备操作等一线岗位的员工人数下降明显。虽然进城务工人员的总体数量稳

〔1〕 参见高连奎：“中国吸引外资将会发生三方面的变化”，载 http://sike.news.cn/statics/sike/posts/2017/11/219526974.html，最后访问时间：2019 年 10 月 12 日。

步增长，但是从事制造业的人员比例却在下降，2012 年~2017 年，制造业公司中从事生产的工作人员占公司员工数比例从 57.55%下降至 54.95%。[1]第二，劳动力成本持续上升，部分发达地区制造业用工成本已高于工业机器人成本。经济学人智库（TheEIU）的报告显示，到 2020 年，我国绝大多数省份的制造业从业者的时薪超过 25 元/小时，江苏、浙江、广东将超过 35 元/小时，北京与上海将超过 40 元/小时。[2]第三，中国本土制造业已经快速崛起，生产制造技术不断提升，部分依赖外部技术的产品国有化程度也越来越高，外资在中国低端制造业的投资比例还会持续下降。

（二）低端制造业外资开始撤离长三角等地

1. 越来越多的低端制造业外企正在撤离中国

国内越来越多的生产制造型外资企业正在撤离中国，长三角地区也不例外。据德国工程技术协会估算，在中国大约有 1 600 家的德国公司，而现在其中的 1/5 打算退出中国市场。人力成本的上升是他们退出中国市场的主要原因。Steiff 公司 CEO 马丁·弗雷辛表示“在中国的人力成本是没法计算的”，他曾打算花费 6 个月的时间来培训员工关于泰迪熊复杂的缝纫程序来迎合公司的质量标准，但他担心“等到培训成功的时候，他们也许已经跳槽到隔壁付酬更多的汽车工厂了”。事实上，2011 年以来，由于国内劳动力等生产资料成本不断提高，纺织服装等生产制造型外资企业逐渐撤离中国，转移投资东南亚等劳动力成本较低的国家。比如，2012 年底，国际运动品牌阿迪达斯关闭了在中国的唯一直属工厂（位于苏州工业园），这一调整也波及到其在华的众多代工商。阿迪达斯全球 CEO 赫伯特·海纳就曾在接受德国媒体采访时表示，由于中国政府制定的工资标准逐渐变得过高，阿迪达斯希望部分地撤出中国，转移至劳动力更便宜的地区。2014 年 12 月 5 日，知名手机零部件代工厂苏州联建科技宣布倒闭，随后联建的兄弟公司，位于东莞的万事达公司和联胜公司相继倒闭，三家公司累计员工人数近万人。在联建科技倒闭之际，位于苏州的诺基亚手机零部件供应商闳晖科技也宣布关门停产。其实，不少

---

〔1〕 参见“2018 年中国制造业困境：劳动力供给持续下降成本持续上升”，载 http://www.gyii.cn/m/view.php?aid=210364，最后访问时间：2019 年 10 月 12 日。

〔2〕 参见“2018 年中国制造业困境：劳动力供给持续下降成本持续上升”，载 http://www.gyii.cn/m/view.php?aid=210364，最后访问时间：2019 年 10 月 12 日。

行业的跨国公司近年来都已经开始调整全球布局，将生产工厂迁往越南、泰国等东南亚国家。随着低成本优势的逐渐丧失，中国与“世界工厂”似乎渐行渐远。[1] 2018 年 4 月 27 日，韩国三星正式关闭其在中国大陆唯一一家网络设备生产企业——深圳三星电子通信公司。近年来，三星在中国的用工人数大幅跌落，其工厂渐渐由中国转移至东南亚。

2. 部分制造业外企开始了“隐性撤离”

部分制造业外企认为中国市场的“黄金时代”已经结束，开始了“隐性撤离”。某些跨国公司虽然在中国设有机构，但公司内部业务量尤其是关键业务已经逐渐转移出去，在华分支机构的地位逐渐被边缘化；部分制造业外企将利润汇出，不再继续投资内地。比如，2014 年，通用汽车把国际运营总部从上海转移到新加坡。而作为世界最大的油籽、玉米和小麦加工企业之一的阿彻丹尼尔斯米德兰公司也把亚太业务中心转移至新加坡。世界第一大铁矿石生产和出口商巴西淡水河谷公司也将业务重心外移，目前亚太总部设在新加坡，上海办公室名义上还是中国区总部，但基本等同于后台部门，只负责跟单，签合同和结算都在欧洲。

执法环境和人力成本过高是制造业外企“隐性撤离”的两大主要原因。中国的法制正日趋完善，但是在具体执法过程中，还存在着不公平的现象。对于制造业外企而言，最需要的是一个公平竞争的环境，市场应该占据更主导的位置，否则会挫伤企业的信心。上海最高 45%的个税征收率和 30%的外资企业所得税率，削弱了上海对制造业外企的吸引力。上海、中国香港、新加坡是外企设立亚太总部时优先考虑的 3 个城市，然而新加坡和中国香港对外资企业征收的最高税率仅为上海的一半，新加坡和中国香港的最高个人所得税率也远低于上海。而跨国公司招聘亚洲总部高管，往往都是起薪百万元以上，如果在上海招则需要付出比在中国香港或新加坡更高的人力成本，这会大大影响制造业外企在上海设立地区总部的积极性。[2]

（三）高端制造业成为外商投资的必争之地

国家发改委、商务部 2015 年联合公布《外商投资产业指导目录（2017 年

[1] 参见杨毅沉等：“外资大挪移背后”，载 http://www.360doc.com/content/14/1021/14/535749_418669765.shtml，最后访问时间：2015 年 9 月 2 日。

[2] 参见有之炘：“中国外资流向调查”，载 http://bbs.tianya.cn/post-worldlook-1193469-1.shtml，最后访问时间：2015 年 9 月 2 日。

修订）》中，减少限制性措施和鼓励外商投资高端制造业成为新目录最大看点。与2015年版相比，新目录在制造业方面的开放程度更高，其主要目的是进一步放宽投资准入、开放市场，对外资形成新的吸引力。国际金融危机后，欧美发达国家纷纷推出再工业化战略，以抢占新一轮科技革命的制高点，而东南亚等发展中国家也不断放宽吸引外商投资的优惠政策，使其低成本优势更加明显。当前我国制造业面临多重挑战，我国亟须通过引入新技术、新资本和新人才加快转型升级步伐，进而提升在全球产业价值链中的地位和话语权。新目录提出，要大幅缩减外商投资的准入限制，促进制造业改造提升，将高端制造业作为鼓励外商投资的重点领域。鼓励外商投资到节能环保、新一代信息技术、生物、高端装备制造、新能源、新材料、新能源汽车等战略性新兴产业。此外，我国正在全面推进的"一带一路"倡议也将带动中国高端装备"走出去"，并且加快外商对该领域的投资，形成新的引资优势。国家发改委有关负责人表示，新目录将对促进外商投资、优化外资结构起到积极作用。一方面，积极主动扩大开放，重点扩大服务业和一般制造业开放；复制推广中国（上海）自由贸易试验区试点经验。另一方面，调整优化经济结构，鼓励外商投资高新技术、先进制造、节能环保、新能源、现代服务业等领域，承接高端产业转移。〔1〕《中国制造2025》规划，更是给高端装备制造业迎来了历史发展的新机遇，使得"中国装备，装备中国"和"中国制造，中国创造"的理想向着彻底实现的道路迈出了坚实的步伐。

在《中国制造2025》的推动下，高端制造业对外资将形成强大的吸引力。比如，在环境技术方面，威立雅环境集团相关人士表示："我们目前注意到浙江正在推进的'五水共治'等工作，在发展经济的同时，浙江对绿色发展的要求越来越高，这对我们而言就是发展的机遇。"一家针对中国市场的芬兰环保公司斯麦尔特主要负责人库马拉表示："公司是为中国空气污染而成立的，目前传统低质量的净化器对PM2.5的净化效率实际不足90%（尽管普遍宣称为99%以上），这并不能真正保护健康。"库马拉表示：芬兰技术加上中国市场，是他决定跳进看上去已经一片"红海"的中国空气净化市场的原因。和斯麦尔特公司负责人一起组团来中国"路演"的还有十几家芬兰环境技术

〔1〕参见宦佳："高端制造业成外商眼中'香饽饽'"，载 http://news.ifeng.com/a/20150821/44486563_0.shtml，最后访问时间：2015年9月2日。

企业，有的拥有可以刷信用卡和设置密码的垃圾桶，这在欧洲主要用于支付垃圾处理费和防止他人乱放垃圾；还有的专门“贩卖”二氧化碳，用于替代水以清洁硬盘、芯片等电子设备，而这项技术还可以用于清洗中国西部干旱地区的太阳能电站。最近，这些来自世界各国的环境技术“路演团”络绎不绝，一位从事国际环境技术转移的专家甚至说，这些人“不是在中国，就是在来中国的路上”。[1]

（四）长三角地区的产业结构调整倒逼外资“优胜劣汰”

低端制造业的“出走”和高端制造业的“奔来”，一定程度上显现出长三角产业结构调整的优势所在。出现这种情况是长三角经济转型的必然结果，经济转型升级后，一部分不适应长三角水土的外资撤出是正常现象，而随着经济结构调整，过剩产能淘汰，信息化、城市化等建设加快，重新吸引高端制造业将是重点。比如，随着长三角经济增速放缓、劳动力成本上升、在产业链中的地位提升、环保要求日益提高等，部分低端制造业撤离长三角，这并不表示它们放弃了中国市场，因为这在很大程度上只是基于行业自身变化及如前所述长三角转型升级背景下的正常调整。一方面，随着长三角在全球产业链分工地位中的提升，在华生产制造的成本有所上升，对成本敏感型的跨国集团在中国的产业布局提出了挑战，这也是顺应我国产业转型升级的结果。另一方面，部分行业自身的发展前景暗淡，而非针对中国市场。如鸿海集团旗下广宇公司已于 2014 年 5 月抛售了其持有赛博数码公司 48%的股权，但这并不表示集团放弃了中国市场，而是线下销售本身受到网购的冲击，导致集团内部的再调整。因此，在全球大环境和长三角产业结构调整的过程中，对于确实不适合在长三角继续待下去的外资不必强留，应鼓励外资在高技术、高附加值领域投资。而且，现阶段外资不会大批撤出长三角，而是分类的、循序的、小规模地撤出，前瞻地看，外资将以一种全新模式重新进入中国。

长三角吸引外资经历了从改革开放之初的“要素驱动型”到后来的“市场驱动型”，而现在随着全球产业链的重新布局，应该说吸引力变成了“优势展现型”，即跨国公司从全球战略上考虑最佳“优势选择”，将中国作为其自身实力的重要节点所在。这些“优势”既包括了现阶段还不算很高的劳动力

---

〔1〕 参见谢丹：“环保需求刺激技术转移到中国去，时机最佳?”，载 http://www.infzm.com/content/105939，最后访问时间：2015 年 9 月 2 日。

成本和尚未消失的人口红利，也包括了我们不断出台的产业配套政策和不断提升的科技研发能力。因此，当下我国传统工业生产虽然进一步回落，但战略性新兴产业发展潜力巨大，这标志着我国产业的新旧增长点、新旧支柱产业进入更替时期，经济的发展动力也转向新的增长点。[1]

二、制造业深度调整期到来：转移与转型并举

（一）低端制造业：逐步向中西部地区及周边国家转移

从国际产业转移趋势看，由于交通运输成本高昂，纺织服装、鞋等传统劳动密集型产业一般都在沿海地区设厂。因此，在中国劳动力成本日益高昂的情况下，这些产业转移到越南、印度、泰国等国家的沿海地区是必然趋势。此外，由于这些产业中相当一部分产能是由跨国企业代工厂完成的，这些工厂受国际资本需求制约明显，对于劳动力成本的增加较为敏感，因此转移到越南、印度等地的速度也在加快，耐克在越南工厂的生产能力超过中国就是一个例证。

而长三角地区的中低端制造业向中西部地区转移的趋势也日趋明显。因为，在西部大开发和“一带一路”倡议的带动下，中西部的投资环境日益改善，而中西部地区劳动力价格相比长三角地区低许多，对很多劳动密集型制造业还是有很大吸引力的。实际上，为促进长三角地区的中低端制造业向中西部转移，国家应强化政策扶持，在财政和金融上都应给予优惠政策，让中西部地区在发展上重现当年沿海的优势，保住中国的劳动密集型产业的国际优势。同时，国家也应该加紧制定加工贸易企业梯度转移的专业规划，为企业腾挪、转移预留时间与空间。三丰鞋业有限公司董事长助理楼苹道：“曾经有个竞争对手把工厂搬到中部某省，以较低的价格抢订单。没想到第二年当地就调高了最低工资标准；用工成本上涨，加上内地运输成本、工人不熟练等因素，经营情况立刻就不行了，最后只能关厂。每个工人要赔上 1 年的工资，企业钱没赚到还亏掉 1 亿元。因为现在无论东中西部，都对高新技术、高端服务业趋之若鹜，有些地区实际上是与当地产业基础和劳动力素质脱节

[1] 参见谢丹：“环保需求刺激技术转移到中国去，时机最佳?”，载 http://www.infzm.com/content/105939，最后访问时间：2015 年 9 月 2 日。

的。希望政府充分理解现阶段加工制造类企业存在的必要性，牵头制定一个专业性的产业转移规划，在扶持企业转型升级的同时，也为企业梯度转移指引方向。”[1]

（二）低端制造业：转型发展新型劳动密集型制造业

劳动密集与先进技术有机结合，是长三角制造业发展的最佳模式；大力发展技术含量高的制造业以及高新技术产业中的生产环节是发展方向。正如江苏一家贸易公司的经理所言：“制造业必须要往高科技、设计和创新方面去努力，这样才有能力去竞争，也才会有出路。”为此，要大力发展围绕高科技产业终端环节或外部配套的组装加工业，如 IT 业和新兴家电业。此外，还要鼓励发展为满足个性化和多样化的市场需求而需采用人工作业的制造业，如个性化服装和用品，以及采用电脑设计的陶艺、雕刻、刺绣等工艺品的生产。在寻求走出危机和发展之路时，就整体而言，长三角外向型制造业必须坚持切入价值链中高增值环节的方针。

（三）依靠科技创新繁荣长三角经济实体

依靠科技创新，成为长三角制造业转型发展的新选择。科技创新力量是制造业未来发展的救赎之道。在低端制造业转移出去的同时，长三角的制造业如果没有出现同步升级、产业技术水平和附加值的同步上升，可能会导致长三角实体经济、制造业空心化。长三角并不是制造业严重过剩，而是中高端制造业环节明显不足，必须通过加速提升产业转型以消除劳动力成本上升带来的冲击。

我国为进一步增强科技创新能力，完善创新氛围，针对科技创新创业，出台了一系列鼓励性政策和保障措施。《中国制造 2025》规划，就是以体现信息技术与制造技术深度融合的数字化网络化智能化制造为主线，由要素驱动向创新驱动转变，由低成本竞争优势向质量效益竞争优势转变，由资源消耗大、污染物排放多的粗放制造向绿色制造转变，由生产型制造向服务型制造转变。这一规划为长三角依靠科技创新繁荣实体经济提供了机遇。

在政府的大力推动下，长三角地区也掀起了依靠科技创新转型发展的热

---

〔1〕 参见杨毅沉等：“外企调整在华布局现隐性撤离”，载 http://finance. sina. com. cn/chanjing/cyxw/2041020/005920580007. shtml，最后访问时间：2015 年 9 月 2 日。

潮。在上海，制造业“皇冠上的明珠”——中电联合重型燃气轮机技术公司、“智能电网”专项工程实施项目——“高温超导电缆产业化项目”、发那科机器人技术中心、马瑞斯3D打印等重大科技攻关项目和智能装备产业陆续落户上海。按照“淘汰落后、减少低端、提升中端、引进高端”的工作思路，上海市正在着力发展智能机器人、3D打印产业等新兴产业。浙江省提出的“四换”，即“腾笼换鸟、机器换人、空间换地、电商换市”指明了依靠科技创新激发经济活力的方向。江苏省通过建立多层次、多形式的技术创新战略联盟，突破科技成果转化的瓶颈制约，鼓励科技人员创新创业。发展路径的转变使长三角地区大力推动科技创新初步取得成效。《中国区域科技创新评价报告2018》显示，上海综合科技创新水平居首位。

（四）高端装备制造业：走出国门拓展海外市场

近年来，国内产能过剩使得不少行业，尤其是高端装备制造行业的经营举步维艰，“走出国门，局部海外”成为不少装备制造企业打破经营困局的首选。而随着“一带一路”倡议的实施，装备制造企业“走出去”有了更加便利的条件。工信部表示，中国装备制造具有产品、企业、政策三大优势，今后高端装备制造业“走出去”将作为发展重点。中国装备制造总体规模是世界总量的1/3，优势较为明显，电力装备的制造总量大约占世界的61%，造船工业占世界41%。从推销中国高铁、中国核电到推销中国装备，李克强总理一直致力于推动装备制造业产能“走出去”。2015年5月，中国中铁股份有限公司旗下的中铁二院集团工程有限责任公司与俄罗斯企业组成的联合体已中标俄罗斯莫斯科-喀山高铁项目的勘察设计部分。2015年以来，我国与法国、阿根廷、南非等多个国家也签署了核电站领域的合作协议，并将在巴基斯坦承建6座核电站，同时向其出口更多的核反应堆。2015年1月份，西安陕鼓动力股份有限公司斥资5 000多万美元收购捷克EKOL汽轮机公司，约占我国对捷克投资总额的17%。高端装备制造业处于价值链高端和产业链核心环节，也是助推“一带一路”倡议实施的主力军。推动高端装备制造业“出海”，能在提高中国制造形象的同时，将一部分有效产能转移出去，可以解决目前中国经济面临的产能过剩问题。

（五）加快制造业的品牌塑造

经过30多年的改革开放，我国制造业已经具备了完整的体系和进一步发展的基础，高端装备制造业也在部分领域开始崭露头角。不过，在品牌塑造上，“中国制造”仍需加把劲，长三角也不例外。浙江省技术监督局局长高鹰忠曾经指出，当前“中国制造”还缺乏整体品牌效益，大量代工生产处于国际产业链中的低端，没有定价权、利润分配话语权，只能赚取微薄的加工费，个体自主品牌建设进程依然缓慢。总体上，在国际市场的影响力、竞争力不高。要改变这种现状，中国急需全面打响“中国制造”品牌。高端装备制造业处于产业链核心环节，是国民经济和国防建设的重要支撑，是推动工业转型升级的关键引擎。而我国高端装备制造业与世界先进水平仍有较大差距。在“中国制造2025：高端装备制造与工业应用协同创新高峰论坛”上，国家能源局总经济师李冶对《中国产经新闻报》记者表示，能源装备是中国装备的重要组成部分，但现阶段我国能源装备缺少一些像GE、ABB、西门子这样的大型国际化企业集团，进入全球500强的装备企业更是微乎其微。在目前全球经济一体化背景下，国家提出“一带一路”的倡议，对于整个高端装备制造业而言，将酝酿巨大的市场机会。打响“中国制造”品牌，是推动经济转型升级的务实管用之策，也是加快政府职能转变、发挥市场决定性作用，推动质量提升及品牌创建的重要体现。“中国制造”代表着国家形象，必须高标准高起点定位，长三角地区应该抓住机遇把“中国制造”品牌打造成在市场与社会公认，集质量、技术、服务、信誉为一体，具有丰富文化内涵，以质量和诚信为核心的区域综合品牌，使之成为产业转型升级的典范和经济社会发展的重要支柱。

三、高度重视制造业的作用，重塑“工业精神”

（一）高度重视制造业的作用，防范企业的“去工业化”倾向

制造业是国民经济的主体，是立国之本、兴国之器、强国之基。18世纪中叶开启工业文明以来，世界强国的兴衰史和中华民族的奋斗史一再证明，没有强大的制造业，就没有国家和民族的强盛。打造具有国际竞争力的制造业，是我国提升综合国力、保障国家安全、建设世界强国的必由之路。而且，中国是人口大国，因此，制造业过去、现在、未来仍然是我国经济发展的主要产业领域，是转变经济发展方式、调整优化产业结构的主战场。中国要成为创新型国家，就必须有发达的工业基础和工业体系，因为工业特别是制造

业是实体经济的主体，不仅其本身是实现科技创新的最重要领域，而且第一、第三产业的技术进步也必须以工业的技术创新和运用为基础，制造业尤其是高端制造业是战略新兴产业的主体，战略性新兴服务业也必须以先进制造业为基础和技术条件。从国际发展经验来看，除了少数几个石油输出国，世界上所有国家和地区都是借助工业化进入高收入国家行列的，2008 年金融危机之后，很多曾经实施“去工业化”战略的欧美国家，都相继提出了“再工业化”战略。

这也启示长三角地区，要高度重视工业特别是制造业对经济发展的重要意义，在生产成本越来越高的时代，要防范长三角地区企业的“去工业化”倾向，为培育先进制造业打下良好的产业基础。

（二）重视制造业的质量和效率

质量和效率“双重大山”令中国制造企业步履维艰、危机四伏。

1. 关键是提高劳动生产率

随着长三角制造业从“低劳动力成本时代”进入“高劳动力成本时代”，长三角地区的制造业已经不能再仅仅依靠劳动力成本的低价格优势来维持自身的国际竞争力了，关键是要提高劳动生产率。目前，我国的劳动生产率仅为发达国家的 20%左右。以家具行业为例，德国企业的效率是中国企业的 10 倍。而饲料行业，韩国企业的效率是中国企业的 23 倍。

因此，长三角未来的发展战略应该摈弃传统的、狭义的、单纯的以低工资为核心的国际竞争战略，建立新型的、广义的、综合的以单位劳动力成本为核心的国际竞争战略，即提高劳动生产率，充分发挥劳动生产率和劳动力成本的综合效应，形成综合的单位劳动力成本优势，即在劳动报酬等生产成本增长的同时，高度重视劳动生产率的提高，实施一些战略措施来提高劳动生产率，使单位劳动力成本日益降低，进而保持以及提升长三角制造业的国际竞争力。

2. 质量仍是中国制造业的“痛”

攻克制造业质量难题，日本用了 10 年时间，韩国用了 20 年时间，而中国用了近 30 年时间，质量仍是制造业的“痛”，“中国制造”一度成为“粗制滥造”“劣质产品”的代名词。回首改革开放 40 多年，诸多企业的繁荣所遵循的都是“商人精神”，在创立之初就没有精心的企业设计，老板们只是为了挣钱而创办企业。出于快速挣钱的动机，他们当然不可能精心设计和雕琢企业的产品、生产方式和经营管理模式。他们急功近利，盲目扩张，以数量换取钞票，牺牲了产品质量，也延缓了企业技术升级的道路。他们把自己在生意场上积累的人际交往的经验和商业文化，草草拿来用在企业管理上，大搞人情化管理，最终封闭了企业管理创新的大门。工厂的员工更是如此，一些人一边干活一边想着跳槽，管得松就多干几天，管得严随时准备炒老板鱿鱼。如此下去，长三角曾经喧嚣的工业区将出现“人去厂空，老板下岗”的景象。

（三）重塑“工业精神”

“工业精神”是人们在工业产品制造上赋予的积极态度，是一国工业化的思想基础和精神动力，在企业层面则体现为对市场和产品本身的尊重，是设计和制造人员附着在产品上的情感和能量，以及因此而形成的对产品创新和制造过程精益求精的思维模式和行为习惯，制造者用智慧和双手创造价值可以获得一种满足感和成就感。工业精神包含对规则、制度、标准、流程的坚守和对岗位的尊重。

长三角制造业出路只有一条：重塑“工业精神”。对于长三角制造业来讲，在回归“工业精神”、实现由“中国制造”向“中国创造”转型的道路上可谓充满艰难曲折。首先，要转变办企业的理念，从“商人精神”转为“工匠精神”。所谓“工匠精神”正是“工业精神”在制造业的具体体现，其核心是：热爱所做的事情，胜过爱这些事带来的钱。像雅马哈这样的企业就非常懂得“热爱”的价值，让一个老工人在企业一干就是几十年，而且让工人觉得他做的事情不仅仅是为了挣钱，而是在干一件他喜欢的事情，就这样把一种热爱的精神代代相传。中国制造业的企业家、经理人正面临挑战和转型：未来制造型企业的主角将是工匠型企业家，而不是商人型企业家。其次，认清所处的发展阶段，寻找适合自身发展的道路。风靡全球的“精益生产”管理模式也是在“工匠精神”下诞生的。丰田创始人丰田佐吉本人就是一个工匠、一个研究狂人，他研究发明的织布机对现在的纺织行业影响犹在。丰田佐吉的儿子丰田喜一郎是一个“发动机迷”。丰田佐吉的孙子丰田英二是个工作方式的研究狂，他研究如何才能降低库存、降低成本。三代研究狂造就了丰田帝国。“精益管理模式”就是由丰田英二和厂长大野奈一共同研究出来的，从零库存和准时生产切入，对付遥遥领先的美国汽车，并最终为丰田带来巨大收益。

最后，长三角制造业转型要克服“三痛”。一是利益之痛。做百年基业，就要从长计议，在适当时候要能够放弃短期利益以获取稳定、持续的长期利益。这对于老板的确是一道必须突破的关口。二是习惯之痛。摈弃浮躁、急功近利的心态，回到研究工厂的事情上，这对许多游走于市场、客户之间的老板来说，不仅是个理念问题，更是个习惯问题。三是变革之痛。变革创新必然会遇到重重困难，甚至会影响企业眼前的业绩。只有坚定信念，百折不挠，才能达成目标，完成转型升级。

（四）发扬日本企业的“工匠精神”

长三角地区应该学习日本企业的“工匠精神”，由“中国制造”转变为“中国创造”。所谓“工匠精神”的核心是：不仅仅是把工作当作赚钱的工具，而是树立一种对工作执着、对所做的事情和生产的产品精益求精、精雕细琢的精神。

为什么日本企业能把“工匠精神”体现得淋漓尽致呢?“工匠”意味深远，代表着一个时代的气质，与坚定、踏实、精益求精相连。全球寿命超过200年的企业，日本有3 146家，为全球最多，德国有837家，荷兰有222家，法国有196家。为什么长寿企业在这些国家扎堆，这是一种偶然吗？它们长寿的秘诀是什么呢？答案就是：他们都在传承着一种精神——工匠精神。比如，冈野信雄，日本神户的小工匠，30多年来只做一件事：旧书修复。在别人看来，这件事实在枯燥无味，而冈野信雄乐此不疲，最后做出了奇迹：任何污损严重、破烂不堪的旧书，只要经过他的手即恢复如新，就像施了魔法。在日本，类似冈野信雄这样的工匠灿若繁星，竹艺、金属网编、蓝染、铁器等，许多行业都存在一批对自己的工作有着近乎神经质般追求的匠人。他们对自己的出品几近苛刻，对自己的手艺充满骄傲甚至自负，对自己的工作从无厌倦并永远追求尽善尽美。如果任凭质量不好的产品流通到市面上，这些日本工匠会将之看成是一种耻辱，与收获多少金钱无关。这正是当今应当推崇的工匠精神。

四、制造业科技创新仍存在“短板”，需加快步伐

发展高端制造业，离不开科技创新。然而，科技创新在政府和企业层面仍存在自主创新能力不足、市场机制不畅、人才流失严重等诸多“短板”，给长三角的科技创新转型之路添了“新堵”。

（一）企业的创新意识薄弱

长三角地区劳动制造型企业转型缓慢，与企业的创新意识薄弱关系紧密。一是部分民营企业自主创新能力薄弱，消化吸收能力不强，无法有效承接与吸收利用国际创新资源。二是科技创新多注重于投资模式创新，而非新材料、高端制造等硬技术领域的创新。三是缺乏对接国际创新资源的服务平台与渠道，对国外市场的分析与了解程度不够，制约了企业科技创新与发展。四是外资企业人才流失严重，难以从国外引进所需的高层次科技创新人才。上海市工商业联合会经济发展服务中心调研显示，无论是中国创新型企业还是跨国公司，都认为人才、知识产权保护和运行成本是开展科技创新所面临的最主要障碍。尤其是人力资源成本上升、高素质的科学家及科技创新团队缺乏将会成为未来最关键的影响因素。[1]

（二）政府需完善科技创新体制

仔细研读历史就可以轻松得出：在任何以创新驱动经济增长的国家里，政府一直是私营企业最重要的合作伙伴，因为只有政府才能让创新企业获得更好的发展，才能让创新成为企业的唯一选项。以 iPhone 为例，这款凝结着乔布斯大量心血和无限灵感的伟大产品也是政府参与创新的绝佳案例，苹果备受赞誉的操作系统——不论 MacOS 还是 iOS 都源自贝尔实验室的 Unix，而贝尔实验室之所以能开展这些基础研究，是因为美国政府在 1925 年批准美国电话电报公司（AT&T）维持在电话系统的垄断地位，但要求该公司将盈利的一部分投入科研当中，而贝尔实验室正是计划的承担者。互联网的前身是 20 世纪 60 年代诞生的阿帕网（ARPANET），这个由美国国防部高级研究计划局（DARPA）开发的项目，是为了解决集中式系统应对导弹攻击时的不足，从

〔1〕 参见“长三角经济形势低于预期：自主创新不足填新堵”，载 http://finance.sina.com.cn/china/dfjj/20150511/005922146232.shtml，最后访问时间：2015 年 8 月 21 日。

而让美军可以在受到攻击快速作出反应。GPS 源自 20 世纪 70 年代的军事项目“导航之星”（Navstar），直到苏联空军误击韩国客机，导致包括一名美国议员在内的 200 多人失去生命后，时任美国总统里根才批准将这一技术转为民用。谷歌公司采用的搜索引擎算法是在美国国家科学基金会资助下开发出来的。大狗（Bigdog）机器人的出现源自 DARPA 在 1966 年开展的一个项目：“研发一种在南越复杂地形条件下能极大提升跨境运输能力的地面运输工具”。中国同样如此。为了让汉字在计算机时代融入全球，激光照排技术应运而生，随后的一系列创新才变得可能。为了促进大市场的形成，集成创新的典范高铁才最终落地，很多创新型的城市才真正借助长三角、珠三角和京津冀的连接而实现了互动。为了克服油气运输中的种种困难，超高压输电才在中国迅速成熟。此外，海尔的崛起源自青岛市政府 20 世纪 80 年代提出的“创金花”活动，特区深圳在华为和华大基因崛起的过程中贡献良多，至于百度和小米在北京的崛起，则部分归因于中国缔造一个硅谷式园区的诉求而实现的人才集聚等。〔1〕

而现阶段，制约科技创新的体制机制障碍尚未破解。一是，科技创新宏观统筹弱，科技、产业、金融、财税等政策缺乏协同，倡导性政策多、操作性政策少，供给性政策多、需求性政策少，财政投入单一政策多、社会资源协同政策少，全社会创新效率不高。二是，让创新者获利的分配制度不够健全。按照现行的税收和监管制度，被激励人员获得股权时需要交纳所得税，同时国企实施股权奖励被视为国有资产流失。三是，支持创新活力不同阶段的市场化投入机制不完善。主要是缺乏针对性的税收制度安排，天使投资发展较为缓慢，传统商业银行信贷不适应早期高风险、轻资产的特点。现有的中小板、创业板准入门槛较高，场外交易市场不发达，企业研发费用不够高。四是，从研发到产业化的创新链、价值链存在一定的体制机制障碍。比如，让科学家静下心来全心探索的制度有待完善，法律法规制度缺失。目前政府对创新的管理服务方式还有些不适应，支持方式上倾向于项目化的支持，对于科技型小微企业普惠政策不够，对于采购首台套支持力度不足，部分行业的前置审批仍然比较多，对创新活动包容性不够。五是，构建市场引导的科

〔1〕 参见“政府的创新角色”，载 http://www.huanqiukexue.com/html/newft/2015/0303/25172.html，最后访问时间：2016 年 1 月 25 日。

技成果转移转化制度，打通科技创新与产业化应用的通道。确立企业、高校、科研机构在技术市场中的主体作用，形成产权归属。优化技术类无形资产交易流程，建立科技成果转换、技术产权交易、知识产权保护协同的支柱体系。同时加快培育新型知识产权研发组织，促进科技成果的转化模式。[1]

（三）政府需搭建科技人才的开发、引进和培养平台

在民营科技企业的崛起过程中，知识型与创新型人才起着不可替代的作用。如果没有人才，华为不可能在全球竞争最激烈的领域对既有商业秩序带来强烈的冲击，百度不可能在深度学习领域和大数据研究中一日千里，华大基因不可能成为亚洲论文发表数量居于前列的研究机构，小米也不可能设计出一种基于众包的创新模式从而在短时间内就成为智能手机领域的巨头。

但是，长三角地区作为中国最重要的制造业基地之一，制造业企业大量聚集，人才和技术瓶颈却制约着该区域制造业的升级步伐。目前，长三角的制造业人才培养明显不足，尤其是高级“蓝领”不能满足制造业发展的需求。政府部门可以从以下几方面培养科技人才：一要对基层创新型人才、各个行业的“排头兵”出台相关的创新激励机制，激发企业基层人员钻研技术、革新技术的动力；二要建立有效的创新激励机制，吸引全球科技创新人才，借鉴国际成熟做法，如知识产权归属和利益分享机制、明确发明人的收益权等，进一步完善股权激励政策，有效激发国有人员创新动力；三要建立更具吸引力的海内外人才引进制度，提供更好的便利，集聚海内外优秀人才；四要尽早启动高技能人才培养机制，加大对技能型人才的开发和引进；五要充分利用长三角大专院校云集的优势，引导大专院校尤其是职业院校设立顺应市场经济发展的课程，培育出更多的技能型人才。

（四）政府要重视非技术工人特别是农民工的培训

从经济发展的角度来看，农民工是经济建设的主力军，他们的职业素养、职业技能水平直接影响着长三角经济的发展。提升其综合素质将直接促进实现企业转型升级，优化经济发展结构。从目前情况来看，长三角各级政府对这一问题的重要性的认识还不到位，对农民工的技能培训重视度不够。虽然

---

〔1〕 参见“长三角经济形势低于预期：自主创新不足填新堵”，载 http://finance.sina.com.cn/china/dfjj/20150511/005922146232.shtml，最后访问时间：2015 年 8 月 21 日。

国家已经出台了相关措施，但在长三角各级政府的实施过程中出现了脱节现象，因此针对农民工的培训数量、质量和结构都欠佳，长三角各级政府没能形成统一的培训体系、培训内容、培训方式，没能建立农民工培训长效机制。因此，长三角各级政府要高度重视非技术工人特别是农民工的就业培训工作，增加再教育和培训投入，为现有工人提供各种技能培训的机会，提升他们的技能水平，这样才能为产业转型升级提供强大的后备军。

（五）上海需加快发展为全球科技创新中心

“上海在推进科技创新、实施创新驱动发展战略方面，要走在全国前头、走到世界前列，加快向具有全球影响力的科技创新中心进军”，这是中央综合分析国内外大势、立足我国发展全局、根据上海具体实际作出的国家战略部署。而且，上海也已经发展到了没有改革创新就不能前进的阶段。因此，上海必须依靠科技创新，重构城市发展动力、激发全社会创新活力，同时带动长三角其他城市的创新氛围。但是，上海在发展成为全球科技创新中心方面还存在短板。

首先，上海离成为全球研发总部还有相当大的差距。截至 2017 年底，在上海的外资研发中心有 422 家。但这些研发中心的研究领域并不完全是体现最新理念的前沿技术，并且目前的研发中心数量还相对偏少，难以形成技术创新的平台经济。因此，上海要进一步加快体制创新，吸引外资研发中心落户上海，并带动内资研发中心落户上海。

其次，上海现有的户籍管理制度难以吸引高科技人才。其中突出的问题是高科技人才子女的教育问题和户籍管理制度不灵活。因此，上海要建立有利于吸引高端科技人才的户籍管理制度。有必要对目前的户籍管理制度进行根本性改革，比如对科技人才实施资格认定制，取消后续的审批程序等。

再次，金融体制难以适应科技创新中心的发展需要。就上海的金融机构而言，国有经济比重相对较高，难以适应风险程度较高的创新活动需要。更为重要的是，不发达的金融市场导致缺乏与创新活动特征相匹配的金融支持工具，影响了科技创新融资。因此，上海要建立面向技术创新主体——企业的金融支持。目前，在以国有金融机构为主导的金融体制下，大量以创新见长的中小企业难以从正规渠道获得充足融资。因此，在未来的经济体制改革中，要加强银行业竞争机制的建立，放松银行业的进入管制。同时，积极拓展中小企业直接融资渠道，完善中小企业上市制度。

此外，以知识产权体系为代表的创新服务体系和环境难以适应科技创新中心的需要。其中突出问题在于知识产权申请周期较长和知识产权保护力度较低，这影响了企业创新的动力，也难以吸引跨国公司研发总部的入驻。上海建设全球科技创新中心需以加强知识产权体系建设为抓手。因此，上海要扩大开放程度，始终秉持大开放的理念，面向全球整合创新资源。为此，政府需要出台相关法规和政策促进本土科技计划对外开放，开放地区和合作地区可以在资金、设备和人力资源等方面优势互补，学习对方国家或地区的长处，促进双方科技水平的提升，增强地区科技实力。

最后，科技管理体制无法对创新活动产生应有的激励作用。更为重要的是，其进一步导致了产学研结合程度偏低，技术研发和市场转化出现条块分割的情况。科技合作与协同创新亟须加强。因此，上海要构建有利于创新驱动发展模式的政府职能体系。目前上海自贸区的建立为政府职能转变提供了契机，且重点应放在政府监管模式的转变上，从事前监管转变为事中事后监管，通过放松管制为科技创新活动提供制度动力。[1]

〔1〕 参见吴一平："上海打造全球科技创新中心仍有短板"，载 http://finance.eastmoney.com/news/1371，20141008431003291.html，最后访问时间：2015 年 9 月 7 日。

REFERENCES

参考文献

[1] Adler P. S., Kwon S. W., "Social Capital: Prospects for A New Concept", *The Academy of Management Review*, Vol, 27, 2002.

[2] Ahuja G., "Collaboration Networks, Structural Holes, and Innovation: a Longitudinal Study", *Administrative Science Quarterly*, Vol. 45, 2000.

[3] Akamatsu Kaname, "A Historical Pattern of Economic Growth in Developing Countries", *The Developing Economies*, Vol. 1, 1962.

[4] Akamatsu Kaname, "A Theory of Unbalanced Growth in the World Economy", *Weltwirtschaftliches Archiv*, Vol. 86, 1961.

[5] Andersson U., Forsgren M., Holm U., "The Strategic Impact of External Networks: Subsidiary Performance and Competence Development in the Multinational Corporation", *Strategic Management Journal*, Vol. 23, 2002.

[6] Agrawal Anup, Charles R. Knoeber, "Do Some Outside Directors Play a Political Role?", *The Journal of Law and Economics*, Vol. 44, 2001.

[7] Baum J. A. C., Oliver C., "Institutional Linkages and Organizational Mortality", *Administrative Science Quarterly*, Vol. 36, 1991.

[8] Bian Yanjie, "Bringing Strong Ties Back In: Indirect Ties, Network Bridges, and Job Searches in China", *American Sociological Review*, Vol. 62, 1997.

[9] Bian Yanjie, "Getting A Job Through A Web of Guanxi in China", in Barry Wellman, Boulder eds., *Networks in the Global Village*, Routledge, 1999.

[10] Bourdieu P., "Le Capital Social: Notes Provisoires, Actes Rech", *Actes de la Recher en Sciences Sociales*, Vol. 3, 1980.

[11] Bourdieu P., "The Forms of Capital", in Richardson J. eds., *Handbook of Theory and Research for the Sociology of Education*, Greenwood, 1986.

[12] Burt R. S., "The Contingent Value of Social Capital", *Administrative Science Quarterly*,

Vol. 42, 1997.

[13] Burt R. S., *Structural Holes: The Social Structure of Competition*, Harvard University Press, 1992.

[14] Cantwell J., Tolentino P. E. E., "Technological Accumulation and Third World Multinationals", Discussion Paper in *International Investment and Business Studies*, Vol. 139, 1990.

[15] Chaminade C., Roberts H., "Social Capital as a Mechanism: Connecting Knowledge within and Across Firms", in Tsoukas H., Mylonopoules N. eds., Proceeding of the *Third European Conference on Organizational Knowledge, Learning and Capabilities*, 2002.

[16] Chung S., Singh H., Lee K., "Complementarity, Status Similarity and Social Capital as Drivers of Alliance Formation", *Strategic Management Journal*, Vol. 21, 2000.

[17] Coase R. H., "The Nature of the Firm", *Economica*, Vol. 4, 1937.

[18] Coleman J. S., "Social Capital in the Creation of Human Capital", *American Journal of Sociology*, Vol. 94, 1988.

[19] Coleman J. S., *The Foundations of Social Theory*, Belknap Press of Harrard Chiversity, 1990.

[20] Collier P., "Social Capital and Poverty: A Microeconomic Perspective", in Grootaert C. and Bastelaer T. V. eds., *The Role of Social Capital in Development: An Empirical Assessment*, Cambridge University Press, 2002.

[21] Cooke P., Clifton N., "Social Capital, and Small and Medium Enterprise Performance in the United Kingdom", Paper Prepared for Workshop on Entrepreneuship in the Modern Space-economy: Evolutionary and Policy Perspectives, Tinbergen Institute, Keizersgrachi 482, Amsterdam, 2002.

[22] Bruce Cumings, "The Origins and Development of the Northeast Asian Political Economy: Industrial Sector, Product Cycles and Political Consequences", *International Organization*, Vol. 38, 1984.

[23] DiMaggio Paul, Walter W. Powell, "The Iron Cage Revisited: Institutional Isomorphism and Collective Rationality in Organizational Fields", *American Sociological Review*, Vol. 23, 1983.

[24] DiMaggio Paul, "Cultural Aspects of Economy Action and Organization", in Roger Friedland, Robertson A. F. eds., *Beyond the Marketplace: Rethinking Economy and Society*, New York: De Gruyter, 1990.

[25] Mary Douglas, *How Institutions Think*, Syracuse University Press, 1986.

[26] Dunning J. H., *Explaining International Production*, Unwin Hyman, 1988.

[27] Dunning J. H. , *International Production and the Multinational Enterprise*, London: George Allen&Unwin, 1981.

[28] Michael Enright M. J. , "The Globalization of Competition and the Localization of Competitive Advantage: Policies Towards Regional Clustering", in N. Hood, S. Young eds. , *The Globalization of Multinational Enterprise Activity and Economic Development*, Macmillan, 2000.

[29] Fountain J. E. , "Social Capital: A Key Enabler of Innovation in Science and Technology", in Branscomb L. M. , Keller J. eds. , *Investing in Innovation Towards a Consensus Strategy for Federal Technology Policy*, The MIT Press, 1997.

[30] Fujita M. , Paul. Krugman, Anthony J. Venables, *The Spatial Economy: Cities, Regions, and International Trade*, The MIT Press, 1999.

[31] Fukuyama F. , *Trust: The Social Virtues and the Creation of Prosperity*, Free Press, 1995.

[32] Gabby S. , Zuckerman E. , "Social Capital and Opportunity in Corporate R&D: The Contingent Effect of Contact Density on Mobility Expectations", *Social Science Research*, Vol. 27, 1998.

[33] Giddens A. , *The Consequences of Modernity*, Polity Press, 1990.

[34] Holger Görg, Eric Strobl, "Multinational Companies and Productivity Spillovers: A Meta-Analysis", *The Economic Journal*, Vol. 111, 2001.

[35] Grabher G. , "Rediscovering the Social in the Economics of Interfirm Relations", in Grabher G. eds. , *The Embedded Firm*, Routledge, 1993.

[36] Mark. Granovetter, "Problems of Explanation in Economic Sociology", in N. Nohria, R. GEccless eds. , *Networks and organizations Structure, Form and Action*, Harvard Business School Press, 1992.

[37] Mark. Granovetter, "The Strength of Weak Ties", *American Journal of Sociology*, Vol. 78, 1973.

[38] Mark. Granovetter, "Economic Action and Social Structure: the Problem of Embeddedness", *The American Journal of Sociology*, Vol. 91, 1985.

[39] Greve A. , J. W. Salaff , "The Development of Corporate Social Capital in Complex Innovation Processes", *Research in the Sociology of Organizations*, Vol. 18, 2001.

[40] Gulati R. , "Alliances and Networks", *Strategic Management Journal*, Vol. 19, 1998.

[41] Gulati R. , Nohria N. , Zaheer A. , "Strategic Networks", *Strategic Management Journal*, Vol. 21, 2000.

[42] Hagedoorn J. , "Understanding the Cross-Level Embeddedness of Interfirm Partnership Formation", *The Academy of Management Review*, Vol. 31, 2006.

[43] Haiyang Li, Yan Zhang, "The Role of Managers' Political Networking and Functional Ex-

perience in New Venture Performance: Evidence from China's Transition Economy", *Strategic Management Journal*, Vol. 28, 2007.

[44] Hall R., "A Framework Linking Intangible Resources and Capabilities to Sustainable Competitive Advantage", *Strategic Management Journal*, Vol. 14, 1993.

[45] Hall R., "The Strategic Analysis of Intangible Resources", *Strategic Management Journal*, Vol. 13, 1992.

[46] Hamilton G. G., *Business Networks and Economic Development in East and Southeast Asia*, Centre of Asian Studies, 1991.

[47] Hamilton G. G., Feenstra R., "The Organization of Economics", in Mary Brinton and Victor Nee eds., *The New Institutionalism in Sociology*, Russell Sage Foundation, 1998.

[48] Hanson G. H., "Regional Adjustment to Trade Liberalization", *Regional Science and Urban Economics*, Vol. 28, 1998.

[49] Helpman E., Paul. Krugman, *Market Structure and Foreign Trade*, MIT Press, 1985.

[50] Holmes T. J., "How Industries Migrate When Agglomeration Economies are Important", *Journal of Urban Economics*, Vol. 45, 1999.

[51] Jarillo J. C., "On Strategic Networks", *Strategic Management Journal*, Vol. 9, 1988.

[52] Julie M. Hite, "Patterns of Multidimensionality Among Embedded Network Ties: a Typology of Relational Embeddedness in Emerging Entrepreneurial Firms", *Strategic Organization*, Vol. 1, 2003.

[53] Kent Eriksson, Jan Johanson, Anders Majkgard, Sharma D. D., "Experiential Knowledge and Cost in the Internationalization Process", *Journal of International Business Studies*, Vol. 28, 1997.

[54] Kogut B., Shan W., Walker G., "The Make-or-cooperate Decision in the Context of a Industry Network", in Nohria N. and Eccles R. eds., *Network and Organizations: Structure, Form and Action*, Harvard Business School Press, 1992.

[55] Kojima K., "The 'Flying Geese' Model of Asian Economic Development: Origin, Theoretical Extensions, and Regional Policy Implications", *Journal of Asian Economics*, Vol. 11, 2000.

[56] Kojima K., *Direct Foreign Investment: A Japanese Model of Multinational Business Operations*, Croom Helm, 1978.

[57] Kraatz M. S., "Learning by Association? Interorganizational Networks and Adaptation to Environmental Change", *Academy of Management Journal*, Vol. 41, 1998.

[58] Krackhardt D., "The Strength of Strong Ties: The Importance of Philos in Organizations", in Nohria N., Eccles R. G. eds., *Networks and Organizations*, 1992.

[59] Paul Krugman, "Increasing Returns and Economic Geography", *Journal of Political Economy*, *Vol.* 99, 1991.

[60] Krugman Paul, "Scale Economy, Product Differentiation and Trade Models", *American economic review*, Vol. 2, 1980.

[61] Krugman Paul, "Space: The Final Frontier", *The Journal of Economic Perspectives*, Vol. 12, 1998.

[62] Krugman Paul, Venables A. J.. "Globalization and the Inequality of Nations", *Quarterly Journal of Economics*, Vol. 110, 1995.

[63] Landry R., et al, "Does Social Capital Determine Innovation? To What Extent", *Technological Forecasting and Social Change*, Vol. 69, 2002.

[64] Larsson A., Starr J. A., "A Network Model of Organization Formation", *Entrepreneurship Theory and Practice*, Vol. 17, 1993.

[65] Lawler E. J., Yoon J., "Power and the Emergence of Commitment Behavior in Negotiating Exchange", *American Sociological Review*, Vol. 58, 1993.

[66] Leana C. R., Van Buren H. J., "Organizational Social Capital and Employment Practices", *The Academy of Management Review*, Vol. 24, 1999.

[67] Lecraw D. J., "Outward Direct Investment by Indonesian Firms: Motivation and Effects", *Journal of International Business Studies*, Vol. 24, 1993.

[68] William Arthur Lewis, *The Evolution of the International Economic Order*, Princeton University Press, 1978.

[69] William Arthur Lewis, "Economic Development with Unlimited Supplies of Labour", *The Manchester School*, Vol. 22, 1954.

[70] Hongbin Li, Lian Zhou, "Political Turnover and Economic Performance: The Incentive Role of Personnel Control in China", *Journal of Public Economics*, Vol. 89, 2005.

[71] Lin Justin Yifu, Fang Cai, Zhou Li, *Zhongguo Guoyou Qiye Gaige* (*The Reform of China's State-owned Enterprises*), Chinese University Press, 1999.

[72] Lin Justin Yifu, Fang Cai, Zhou Li, "Competition, Policy Burdens, and State-Owned Enterprise Reform", *American Economic Review*, Vol. 88, 1998.

[73] Lin Nan, "Local Market Socialism: Local Corporation in Action in Rural China", *Theory and Society*, Vol. 24, 1995.

[74] Lin Nan, "Social Networks and Status Attainment", *Annual Review of Sociology*, Vol. 25, 1999.

[75] Lin Nan, "Building a Network Theory of Social Capital", in Lin Nan, Cook K. and Burt R. S. eds, *Social Capital: Theory and Research*, Aldine de Gruyter, 2001.

[76] Lin Nan, *Social Capital: A Theory of Social Structure and Action*, Cambridge University Press, 2001.

[77] Markusen J. R., Venables A. J., "The Theory of Endowment, Intra-Industry and Multinational Trade", *Journal of International Economics*, Vol. 52, 2000.

[78] Schuller T., Baron S., Field J., "Social Capital: A Review and Critique", in Baron S., Field J. and Schuller T. eds., *Social Capital: Critique Perspectives*, Oxford University Press, 2000.

[79] John W. Meyer, Brian Rowen, "Institutionalized Organizations: Formal Structure as Myth and Ceremony", *American Journal of Sociology*, Vol. 83, 1977.

[80] Hanson M. T., "The Search-Transfer Problem: The Role of Weak Ties in Sharing Knowledge Across Organization Subunits", *Administrative Science Quarterly*, Vol. 44, 1999.

[81] Moses Acquaah, "Managerial Social Capital, Strategic Orientation and Organizational Performance in An Emerging Economy", *Strategic Management Journal*, Vol. 28, 2007.

[82] Nahapiet J., Ghoshal S., "Social Capital, Intellectual Capital, and the Organizational Advantage", *The Academy of Management Review*, Vol. 23, 1998.

[83] Nee Victor, "Organizational Dynamics of Market Transition: Hybrid Forms, Property Rights, and Mixed Economy in China", *Administrative Science Quarterly*, Vol. 37, 1992.

[84] Nee Victor, Paul Ingram, "Embeddedness and Beyond: Institutions, Exchange, and Social Structure", in Mary Brinton and Victor Nee eds., *The New Institutionalism in Sociology*, Russell Sage Foundation, 1998.

[85] North D. C., *Institutions, Institutional Change, and Economic Performance*, Cambridge University Press, 1990.

[86] North D. C., *Structure and Change in Economic History*, W. W. Norton and Company, 1982.

[87] OECD, *Innovative Clusters: Drivers of National Innovation System*, Paris: OECD, 2001.

[88] Oi J. C., "The Evolution of Local State Corporatism", in Andrew Walder ed., *Zouping in Transition: The Process of Reform in Rural North China*, Harvard University Press, 1998.

[89] Oi J. C., "Fiscal Reform and the Economic Foundation of Local State Corporatism in China", *World Politics*, Vol. 45, 1992.

[90] Oi J. C., *Rural China Takes Off: Institutional Foundations of Economic Reform*, University of California Press, 1999.

[91] Oi J. C., "The Role of the Local State in China's Transitional Economy", *The China Quarterly*, Vol. 144, 1995.

[92] Okita S., "Special Presentation: Prospect of the Pacific Economies", in Korea Development Institute ed., *Pacific Cooperation: Issues and Opportunities*, Report of the

Fourth Pacific Economic Cooperation Conference, in Seoul, Korea, 1985, April 29-May 1.

[93] Ozawa T., "Foreign Direct Investment and Structural Transformation: Japan as a Recycler of Market and Industry", *Business and Contemporary World*, Vol. 2, 1993.

[94] Ozawa T., Castello S., "Toward an 'International Business' Paradigm of Endogenous Growth: Multinationals and Governments as Co-Endogenisers", *International Journal of the Economics of Business*, Vol. 8, 2001.

[95] Paul Zak J., Stephen Knack, "Trust and Growth", *The Economic Journal*, Vol. 111, 2001.

[96] Mike W. Peng, Yadong Luo, "Managerial Ties and Firm Performance in a Transition Economy: The Nature of a Micro - Macro Link", *The Academy of Management Journal*, Vol. 43, 2000.

[97] Mike W. Peng, J. Tan, Tony W. Tong, "Ownership Types and Strategic Groups in an Emerging Economy", *Journal of Management Studies*, Vol. 41, 2004.

[98] Peng Yu-Sheng., "Chinese Villages and Townships as Industrial Corporations: Ownership, Governance, and Market Discipline", *American Journal of Sociology*, Vol. 106, 2001.

[99] Pennings E., Sleuwaegen L., "International Relocation: Firm and Industry Determinants", *Economics Letters*, Vol. 67, 2000.

[100] Perroux Francois, "The Theory of Monopolistic Competition-A General Theory of Economic Activity", English Translation by Krishnan Kutty of Perroux's Preface to the French Translation of E. H. Chamberlin's Theory of Monopolistic Competition, *The Indian Economic Review*, Vol. 2, 1995.

[101] Podolny J. M., Page K. L., "Network Forms of Organization", *Annual Review of Sociology*, Vol. 24, 1998.

[102] Polanyi K., *The Great Transformation*, Beacon Press, 1957/1944.

[103] Polanyi K., "The Economy as Instituted Process", in Karl Polanyi, Conrad Arensberg, Harry Pearson eds., *Trade and Market in the Early Empires: Economics in History and Theory*, Henry Regnery Company, 1971/1957.

[104] Polanyi K., "The Economy as Instituted Process", in Mark Granovetter and Richard Swedberg eds., *The Sociology of Economical Life*, Westview Press, 1992.

[105] Polanyi K., *The Great Transformation*, Beacon Press, 1957/1944.

[106] Michael E. Porter, "Location, Competition and Economic Development: Local Clusters in a Global Economy", *Economic Development Quarterly*, Vol. 14, 2000.

[107] Michael E. Porter, *The Competitive Advantage of Nations*, Free Press, 1990.

[108] Portes A., "Social Capital: Its Origins and Applications in Modern Sociology", *Annual*

Review of Sociology, Vol. 24, 1998.

[109] Powell W., Koput K., Smith－Doerr L., "Inter－organizational Collaboration and the Locus of Innovation: Networks of Learning in Biotechnology", *Administrative Science Quarterly*, Vol. 41, 1996.

[110] Powell W., "Neither Market Nor Hierarchy: Network Forms of Organization", *Research in Organizational Behavior*, Vol. 12, 1990.

[111] Prahalad C. K., Hamel G., "The Core Competence of the Corporation", *Harvard Business Review*, Vol. 68, 1990.

[112] Puga D., "European Regional Policies in Light of Recent Location Theories", *Journal of Economic Geography*, Vol. 2, 2002.

[113] Puga D., Anthony J. Venables, "The Spread of Industry: Spatial Agglomeration in Economic Development", *Journal of the Japanese and International Economies*, Vol. 10, 1996.

[114] Putnam R. D., "The Prosperous Community: Social Capital and Public Life", *The American Prospect*, Vol. 13, 1993.

[115] Buderi R., GT Huang, *Guanxi (The Art of Relationships): Microsoft, China, and Bill Gates's Plan to Win the Road Ahead*, Simon and Schuster, 2006.

[116] Roberta Rabellotti, "Collective Effects in Italian and Mexican Footwear Industrial Clusters", *Small Business Economics*, Vol. 10, 1998.

[117] Rauch J. E., "Does History Matter Only When It Matters a Little? The Case of City－Industry Location", *The Quarterly Journal of Economics*, Vol. 108, 1993.

[118] Leenders R. T. A. J., Gabbay S. M., *Corparate social capital and liability*, Kluwer Academic Pub, 1999.

[119] Rowley T., Behrens D., Krackhardt D., "Redundant Governance Structures: An Analysis of Structural and Relational Embeddedness in the Steel and Semiconductor Industries", *Stratigic Management Journal*, Vol. 21, 2000.

[120] Schuller T., Baron S., Field J., "Social Capital: A Review and Critique", in Baron S., Field J., Schuller T. eds, *Social Capital: Critique Perspectives*, Oxford University Press, 2000.

[121] Scott W. R., *Institutions and Organizations*, Sage Publications, 1995.

[122] Seemann P., Hüppi R.., "Social Capital: Securing Competitive Advantage in the New Economy", *Financial Times*, 2001.

[123] Seung Ho Park, Yadong Luo, "Strategic Alignment and Performance of Market－seeking MNCs in China", *Strategic Management Journal*, Vol. 22, 2001.

[124] Newman P., Eatwell J., Milgate M., et al., *The New Palgrave: A Dictionary of Economics*, 1987.

[125] Simon H. A., *Administrative Behavior: A Study of Decision-Making Processes in Administrative Organizations*, Free Press, 1965.

[126] Swedberg R., Mark Granovetter, "Introduction", *The Sociology of Economic Life*, Westview Press, 1992.

[127] Tan Z. A., "Product Cycle Theory and Telecommunications Industry-foreign Direct Investment, Government Policy, and Indigenous Manufacturing in China", *Telecommunications Policy*, Vol. 26, 2002.

[128] Thompson J. H., "Some Theoretical Consideration for Manufacturing Geography", *Economic Geography*, Vol. 3, 1966.

[129] Tsai W., Ghoshal S., "Social Capital and Value Creation: The Role of Intrafirm Networks", *The Academy of Management Journal*, Vol. 41, 1998.

[130] Tsui A., Farh J., Xin K., Xiao Z, *Hierarchical Ties and Network Closure as Social Capital for Chinese Managers*, Workng Paper, Arizona State University, 2006.

[131] Uzzi B., Ryon Lancaster, "Relational Embeddedness and Learning: The Case of Bank Loan Managers and Their Clients", *Management Science*, Vol. 49, 2003.

[132] Uzzi B., "Social Structure and Competition in Interfirm Networks: The Paradox of Embeddedness", *Administrative Science Quarterly*, Vol. 1, 1997.

[133] Uzzi B., "The Source and Consequences of Embeddedness for the Economic Performance of Organizations: the Network Effect", *American Sociological Review*, Vol. 4, 1996.

[134] Uzzi B., "Embeddedness in the Making of Financial Capital: How Social Relations and Networks Benefit Firms Seeking Financing", *American Sociological Review*, Vol. 64, 1999.

[135] Uzzi B., Gillespie J. J., "Knowledge Spillover in Corporate Financing Networks: Embeddedness and the Firm's Debt Performance", *Strategic Management Journal*, Vol. 23, 2002.

[136] Vanhonacker W., "A Better Way to Crack China", *Harvard Business Review*, Vol. 7, 2000.

[137] Varian H. R., *Intermediate Microeconomics With Calculus: A Modern Approach*, W. W. Norton & Company, 2010.

[138] Raymond Vernon, "International Investment and International Trade in the Product Cycle", *The Quarterly Journal of Economics*, Vol. 80, 1966.

[139] Andrew G. Walder, "Local Governments as Industrial Firms", *The American Journal of Sociology*, Vol. 101, 1995.

[140] Andrew G. Walder, "The State as an Ensemble of Economic Actors: Some Inferences from China's Trajectory of Change", 1998, *http://www.nap.edu/read/5852/chapter/24*.

[141] Weitzman, Martin, Xu Cheng-Gang, "Chinese Township-Village Enterprises as Vaguely Defined Cooperatives", *Journal of Comparative Economics*, Vol. 18, 1994.

[142] Wells L. T., *Third World Multinationals-The Rise of Foreign Direct Investments from Developing Countries*, MIT Press, 1983.

[143] Westphal J. D., Boivie S., Ming Chng D. H., "The Strategic Impetus for Social Network Ties Reconstituting Broken CEO Friendship Ties", *Strategic Management Journal*, Vol. 27, 2006.

[144] White H. C., "Where Do Markets Come from", *American Journal of Sociology*, Vol. 87, 1981.

[145] Williamson O. E., *The Economic Institutions of Capitalism*, Free Press, 1985.

[146] Woolcock M., "Social Capital and Economic Development: Toward a Theoretical Synthesis and Policy Framework", *Theory and Society*, Vol. 27, 1998.

[147] Yangmin Kim, "Board Network Characteristics and Firm Performance in Korea", *Corporate Governance: An International Review*, Vol. 13, 2005.

[148] Yli-Renko H. E., et al., "Social Capital, Knowledge Acquisition, and Knowledge Exploitation in Young Technology - Based Firms", *Strategy Management Journal*, Vol. 22, 2001.

[149] Zhao YuShan, Cavusgil Tamer S., "The Effect of Supplier's Market Orientation on Manufacturer's Trust", *Industrial Marketing Management*, Vol. 35, 2006.

[150] Zhao Bei, *Embeddedness and Competitiveness: Reginal Clusters in China*, Ph. D. dissertation, University of HongKong, Online Outstanding Thesis of 2003.

[151] Zucker L. G., "Institutional Theories in Organization", *Annual Reviews of Sociology*, Vol. 13, 1987.

[152] Zukin S., DiMaggio Paul, *Structures of Capital: The Social Organization of the Economy*, Cambridge University Press, 1990.

[153] [美] 萨缪尔森、威廉·诺德豪斯:《经济学》, 萧琛主译, 人民邮电出版社 2008 年版。

[154] [美] 赫希曼:《经济发展战略》, 曹征海、潘照东译, 经济科学出版社 1991 年版。

[155] [日] 藤田昌久、[美] 保罗·克鲁格曼、[美] 安东尼·J·维纳布尔斯:《空间经济学——城市、区域与国际贸易》, 梁琦主译, 中国人民大学出版社 2005 年版。

[156] [日] 藤田昌久、久武昌人:"日本和东亚地域经济系统的演变——新空间经济学视角分析", 载《通商产业研究所报告》1998 年 6 月。

[157] [日] 小岛清:《对外贸易论》, 周宝廉译, 南开大学出版社 1987 年版。
[158] [英] 彼得·迪肯:《全球性转变——重塑 21 世纪的全球经济地图》, 刘卫东等译, 商务印书馆 2007 年版。
[159] [美] 安纳利·萨克森宁:《地区优势: 硅谷和 128 公路地区的文化与竞争》, 曹蓬等译, 上海远东出版社 1999 年版。
[160] 白小明:"我国产业区域转移粘性问题研究", 载《北方论丛》2007 年第 1 期。
[161] 白彦、吴言林:"人力资本的双重外部效应对产业转移的影响分析——为什么大规模产业转移没有出现", 载《江淮论坛》2010 年第 6 期。
[162] 边燕杰、丘海雄:"企业的社会资本及其功效", 载《中国社会科学》2000 年第 2 期。
[163] 卜长莉:《社会资本与社会和谐》, 社会科学文献出版社 2005 年版。
[164] 蔡铂、聂鸣:"社会网络对产业集群技术创新的影响", 载《科学学与科学技术管理》2003 年第 7 期。
[165] 蔡昉、王德文、曲玥:"中国产业升级的大国雁阵模型分析", 载《经济研究》2009 年第 9 期。
[166] 蔡兴、刘子兰、赵家章:"国际产业转移与全球贸易失衡", 载《当代经济研究》2014 年第 1 期。
[167] 陈刚、张解放:"区际产业转移的效应分析及相应政策建议", 载《华东经济管理》2001 年第 2 期。
[168] 陈建军:《产业区域转移与东扩西进战略: 理论和实证分析》, 中华书局 2002 年版。
[169] 陈建军:"长江三角洲地区产业结构与空间结构的演变", 载《浙江大学学报 (人文社会科学版)》2007 年第 2 期。
[170] 陈建军:"中国现阶段产业区域转移的实证研究——结合浙江 105 家企业的问卷调查的分析", 载《管理世界》2002 年第 6 期。
[171] 陈建军:"中国现阶段的产业区域转移及其动力机制", 载《理论参考》2002 年第 11 期。
[172] 陈健:"经济转型中的政府转型", 载《上海行政学院学报》2010 年第 3 期。
[173] 陈介玄:《协力网络与生活结构——台湾中小企业的社会经济分析》, 联经出版事业公司 1994 年版。
[174] 陈向明:《质的研究方法与社会科学研究》, 教育科学出版社 2000 年版。
[175] 陈耀、冯超:"贸易成本、本地关联与产业集群迁移", 载《中国工业经济》2008 年第 3 期。
[176] 陈英武、郑江淮:"转型背景下'中心-外围'特征的演变机制与发展趋势——基于江苏区域产业结构变迁的实证分析", 载《经济地理》2010 年第 3 期。

[177] 程必定："产业转移'区域粘性'与皖江城市带承接产业转移的战略思路"，载《华东经济管理》2010 年第 4 期。

[178] 迟福林、方栓喜："公共产品短缺时代的政府转型"，载《上海大学学报（社会科学版）》2011 年第 4 期。

[179] 迟福林："以政府转型为重点的结构性改革"，载《江苏社会科学》2004 年第 6 期。

[180] 储小平、李怀祖："家族企业成长与社会资本的融合"，载《经济理论与经济管理》2003 年第 6 期。

[181] 戴宏伟："北京产业梯度转移和产业结构优化的几点思索"，载《首都经济》2003 年第 6 期。

[182] 戴宏伟："产业转移研究有关争议及评论"，载《中国经济问题》2008 年第 3 期。

[183] 丁海中、周禹、王升玉：《安徽经济蓝皮书：皖江城市带承接产业转移示范区建设报告（2014）》，社会科学文献出版社 2014 年版。

[184] 丁建军："产业转移的新经济地理学解释"，载《财经科学》2011 年第 1 期。

[185] 樊钱涛："关系嵌入性对于合作创新的影响机制——一个整合的研究模型"，载《浙江科技学院学报》2015 年第 1 期。

[186] 樊士德、沈坤荣、朱克朋："中国制造业劳动力转移刚性与产业区际转移——基于核心-边缘模型拓展的数值模拟和经验研究"，载《中国工业经济》2015 年第 11 期。

[187] 范剑勇："市场一体化、地区专业化与产业集聚趋势——兼谈对地区差距的影响"，载《中国社会科学》2004 年第 6 期。

[188] 费孝通：《乡土中国》，北京大学出版社 2012 年版。

[189] 冯长春、曹敏政、甘霖："皖江城市带承接产业转移的空间适宜性研究"，载《经济地理》2014 年第 10 期。

[190] 符平："'嵌入性'：两种取向及其分歧"，载《社会学研究》2009 年第 5 期。

[191] 傅允生："浙江劳动密集型制造业转移态势与政策取向"，载《浙江学刊》2011 年第 6 期。

[192] 高丙中："社会团体的合法性问题"，载《中国社会科学》2000 年第 2 期。

[193] 高秀艳："国际产业转移与我国产业升级问题探析"，载《理论界》2004 年第 5 期。

[194] 高煜、张雪凯："政策冲击、产业集聚与产业升级——丝绸之路经济带建设与西部地区承接产业转移研究"，载《经济问题》2016 年第 1 期。

[195] 桂勇、陆德梅、朱国宏："社会网络、文化制度与求职行为：嵌入问题"，载《复旦学报（社会科学版）》2003 年第 3 期。

[196] 郭爱君、毛锦凰："全球价值链背景下产业集群式转移的特点与机理研究"，载《兰州大学学报（社会科学版）》2013 年第 6 期。

[197] 郭凡生:“评国内技术的梯度推移规律——与何钟秀、夏禹龙老师商榷”, 载《科学学与科学技术管理》1984 年第 12 期。

[198] 郭丽:“产业区域转移粘性分析”, 载《经济地理》2009 年第 3 期。

[199] 郭连成、徐雅雯、王鑫:“国际产业转移与美国和欧盟产业结构调整”, 载《财经问题研究》2012 年第 10 期。

[200] 郭志刚主编:《社会统计分析方法——SPSS 软件应用》, 中国人民大学出版社 1999 年版。

[201] 何德旭主编:《中国服务业发展报告 No. 6——加快发展生产性服务业》, 社会科学文献出版社 2008 年版。

[202] 何龙斌:“区际产业转移的要素变化与现实表征”, 载《改革》2012 年第 8 期。

[203] 何龙斌:“我国区际产业转移的特点、问题与对策”, 载《经济纵横》2009 年第 9 期。

[204] 何钟秀:“论国内技术的梯度转递”, 载《科研管理》1983 年第 1 期。

[205] 贺贵才、于永达:“政府转型: 实现经济持续增长的关键——从俄罗斯转轨看中国经济增长”, 载《南方论丛》2006 年第 3 期。

[206] 贺志锋:“家族企业二元代理模型研究”, 中山大学 2004 年博士学位论文。

[207] 侯杰泰、温忠麟、成子娟:《结构方程模型及其应用》, 教育科学出版社 2004 年版。

[208] 胡俊峰、陈晓峰:“产业转移视角下中小企业集群创新网络的动态演进——来自江苏共建产业园区的例证”, 载《现代经济探讨》2014 年第 8 期。

[209] 胡玫:“浅析中国产业梯度转移路径依赖与产业转移粘性问题”, 载《经济问题》2013 年第 9 期。

[210] 胡伟:“合法性问题研究: 政治学研究的新视角”, 载《政治学研究》1996 年第 1 期。

[211] 胡兴华:“国际产业转移与中国制造的供应链危机”, 载《经济问题》2004 年第 3 期。

[212] 胡旭阳:“民营企业家的政治身份与民营企业的融资便利——以浙江省民营百强企业为例”, 载《管理世界》2006 年第 5 期。

[213] [日] 荒山裕行、丁宏伟:“三次产业部门两地区模式中的所得转移 (上)”, 载《日本问题研究》1995 年第 1 期。

[214] 黄斌欢:“双重脱嵌与新生代农民工的阶级形成”, 载《社会学研究》2014 年第 2 期。

[215] 黄芳铭:《结构方程模式: 理论与应用》, 教育科学出版社 2005 年版。

[216] 黄林:“集群社会资本、集群知识创新平台与集群企业创新绩效”, 载《经济体制改革》2014 年第 6 期。

[217] 黄钟仪:“产业转移：东部的趋势及西部的选择——以重庆为例”，载《经济问题》2009 年第 7 期。

[218] 蒋凯、杨开忠:“多重视角下的产业转移文献述评”，载《开发研究》2011 年第 3 期。

[219] 蒋廉雄:“品牌知识的内容、结构及其模型——关于中国老字号和国际品牌的比较研究”，中山大学 2007 年博士学位论文。

[220] 康荣平:“全球华人资源与中国产业发展”，载《经济研究参考》2004 年第 45 期。

[221] 兰建平、苗文斌:“嵌入性理论研究综述”，载《技术经济》2009 年第 1 期。

[222] [阿根廷] 劳尔·普雷维什:《外围资本主义——危机与改革》，苏振兴、袁兴昌译，商务印书馆 1990 年版。

[223] 季稻葵:“转型经济中的模糊产权理论”，载《经济研究》1995 年第 4 期。

[224] 李汉林等:“组织和制度变迁的社会过程——一种拟议的综合分析”，载《中国社会科学》2005 年第 1 期。

[225] 李汉林、魏钦恭:“嵌入过程中的主体与结构：对政企关系变迁的社会分析”，载《社会科学管理与评论》2013 年第 4 期。

[226] 李久鑫、郑绍濂:“管理的社会网络嵌入性视角”，载《外国经济与管理》2002 年第 6 期。

[227] 李培林、梁栋:“网络化：企业组织变化的新趋势——北京中关村 200 家高新技术企业的调查”，载《社会学研究》2003 年第 2 期。

[228] 李瑞梨、邝国良、刘灿亮:“广东省产业转移中企业主体作用的研究”，载《改革与战略》2010 年第 12 期。

[229] 李四海、高丽:“企业家社会资本与研发投入及其绩效研究——基于社会资本工具效用异质性视角”，载《科学学与科学技术管理》2014 年第 10 期。

[230] 林竞君:“嵌入性、社会网络与产业集群——一个新经济社会学的视角”，载《经济经纬》2004 年第 5 期。

[231] [美] 林南:“社会资本：争鸣的范式和实证的检验”，载《香港社会学学报》2001 年第 2 期。

[232] [美] 林南:《社会资本——关于社会结构与行动的理论》，张磊译，上海人民出版社 2005 年版。

[233] 林平凡、刘城:“产业转移：转出地与转入地政府博弈分析——以广东产业转移工业园为例”，载《广东社会科学》2009 年第 1 期。

[234] 林尚立:“民主的成长：从个体自主到社会公平——解读 2005 年中国政治发展的意义”，载《当代中国政治研究报告》2007 年第 00 期。

[235] 刘国宜等:“集群社会资本对企业自主创新能力影响的实证研究”，载《经济地理》

2014 年第 9 期。
[236] 刘红光、刘卫东、刘志高："区域间产业转移定量测度研究——基于区域间投入产出表分析"，载《中国工业经济》2011 年第 6 期。
[237] 刘红光、李浩华、王云平："中国产业跨区域转移的总体特征与趋势"，载《地域研究与开发》2014 年第 5 期。
[238] 刘林平："企业的社会资本：概念反思和测量途径——兼评边燕杰、丘海雄的《企业的社会资本及其功效》"，载《社会学研究》2006 年第 2 期。
[239] 刘少杰、姚伟："论企业集群的网络、制度结构与双重绩效"，载《黑龙江社会科学》2007 年第 3 期。
[240] 刘世定主编：《经济社会学研究》（第 2 辑），社会科学文献出版社 2015 年版。
[241] 刘世定："嵌入性与关系合同"，载《社会学研究》1999 年第 4 期。
[242] 刘新争："比较优势、劳动力流动与产业转移"，载《经济学家》2012 年第 2 期。
[243] 刘育新："嵌入性与产业集群研究"，载《科学学与科学技术管理》2004 年第 10 期。
[244] 卢根鑫：《国际产业转移论》，上海人民出版社 1997 年版。
[245] 陆军荣："从'梯度发展'到'同步转型'——中西部实体经济发展的'柳州拐点'"，载《上海经济研究》2014 年第 8 期。
[246] 罗党论、应千伟："政企关系、官员视察与企业绩效：来自中国制造业上市企业的经验证据"，载《南开管理评论》2012 年第 5 期。
[247] 马海霞："区域传递的两种空间模式比较分析——兼谈中国当前区域传递空间模式的选择方向"，载《甘肃社会科学》2001 年第 2 期。
[248] 马军、吴梦宸、鲍宗客："长三角制造业专业化与产业转移研究"，载《华东经济管理》2011 年第 5 期。
[249] 马子红、朱绍辉、蒋璇："产业转移与区域产业升级：一个文献综述"，载《生产力研究》2012 年第 1 期。
[250] 马子红、胡洪斌："中国区际产业转移的主要模式探究"，载《生产力研究》2009 年第 13 期。
[251] [美] 莫洛·F. 纪廉等编：《新经济社会学——一门新兴学科的发展》，姚伟译，社会科学文献出版社 2006 年版。
[252] 潘伟志："产业转移内涵、机制探析"，载《生产力研究》2004 年第 10 期。
[253] 潘未名："跨国公司的海外生产对母国'产业空心化'的影响"，载《国际贸易问题》1994 年第 12 期。
[254] 彭文斌、周善伟："反梯度视角下中部地区承接沿海产业转移的研究"，载《当代经济管理》2012 年第 12 期。

[255] 钱锡红、徐万里、李孔岳："企业家三维关系网络与企业成长研究：基于珠三角私营企业的实证"，载《中国工业经济》2009 年第 1 期。

[256] 谯薇："西部地区承接产业转移问题的思考"，载《经济体制改革》2008 年第 4 期。

[257] 丘海雄、于永慧："嵌入性与根植性——产业集群研究中两个概念的辨析"，载《广东社会科学》2007 年第 1 期。

[258] 邱泽奇："乡镇企业改制与地方威权主义的终结"，载《社会学研究》1999 年第 3 期。

[259] 任晓："温州民营企业的国际化：一个观察样本"，载《浙江经济杂志》2006 年第 6 期。

[260] 申洪源："本地市场效应对产业转移的区域协调发展研究"，载《软科学》2011 年第 12 期。

[261] 石军伟、胡立君、付海艳："企业社会资本的功效结构：基于中国上市公司的实证研究"，载《中国工业经济》2007 年第 2 期。

[262] 石军伟：《管理有效性的 7 项修炼：对主流理论回归实践的反思》，湖北人民出版社 2006 年版。

[263] 石奇、张继良："区际产业转移与欠发达地区工业化的协调性"，载《产业经济研究》2007 年第 1 期。

[264] 世界银行编著：《1997 年世界发展报告——变革世界中的政府》，蔡秋生等译，中国财政经济出版社 1997 年版。

[265] 宋晶、陈菊红、孙永磊："双元战略导向对合作创新绩效的影响研究：网络嵌入性的调节作用"，载《科学学与科学技术管理》2014 年第 6 期。

[266] 孙浩进："国内外主要产业转移理论比较与评析"，载《福建论坛（人文社会科学版）》2012 年第 2 期。

[267] 孙君、姚建凤："产业转移对江苏区域经济发展贡献的实证分析——以南北共建产业园为例"，载《经济地理》2011 年第 3 期。

[268] 覃成林、熊雪如："产业有序转移与区域产业协调发展——基于广东产业有序转移的经验"，载《地域研究与开发》2012 年第 4 期。

[269] 唐春晖、曾龙凤："资源、网络关系嵌入性与中国本土制造企业升级案例研究"，载《管理案例研究与评论》2014 年第 6 期。

[270] 唐颖等："社会资本、企业技术创新能力与企业绩效的实证分析"，载《统计与决策》2014 年第 16 期。

[271] 汪斌、赵张耀："国际产业转移理论述评"，载《浙江社会科学》2003 年第 6 期。

[272] 王缉慈等：《创新的空间：企业集群与区域发展》，北京大学出版社 2001 年版。

[273] 王珺："是什么因素直接推动了国内地区间的产业转移"，载《学术研究》2010 年

第 11 期。
[274] 王宁:“从‘消费自主性’到‘消费嵌入性’——消费社会学研究范式的转型”,载《学术研究》2013 年第 10 期。
[275] 王宁:“地方消费主义、城市舒适物与产业结构优化——从消费社会学视角看产业转型升级”,载《社会学研究》2014 年第 4 期。
[276] 王宁:《定性研究方法》,中山大学课堂课件,2007 年。
[277] 王宁:“消费行为的制度嵌入性——消费社会学的一个研究纲领”,载《中山大学学报(社会科学版)》2008 年第 4 期。
[278] 王霄、胡军:“社会资本结构与中小企业创新:一项基于结构方程模型的实证研究”,载《管理世界》2005 年第 7 期。
[279] 王悦荣:“关于政府转型的人本思考”,载《广东行政学院学报》2004 年第 3 期。
[280] 王志远、廖建军、李晟:“基于产业转移的城市空间结构优化研究——以衡阳市为例”,载《南华大学学报(社会科学版)》2015 年第 5 期。
[281] 王仲田:“中国需要什么样的政府”,载《领导文萃》1999 年第 6 期。
[282] 韦影:“企业社会资本与技术创新:基于吸收能力的实证研究”,载《中国工业经济》2007 年第 9 期。
[283] 魏后凯:“产业转移的发展趋势及其对竞争力的影响”,载《福建论坛(经济社会版)》2003 年第 4 期。
[284] 魏江:《产业集群——创新系统与技术学习》,科学出版社 2003 年版。
[285] 魏玮、毕超:“区际产业转移中企业区位决策实证分析——以食品制造业为例”,载《产业经济研究》2010 年第 2 期。
[286] 巫景飞等:“高层管理者政治网络与企业多元化战略:社会资本视角——基于我国上市公司面板数据的实证分析”,载《管理世界》2008 年第 8 期。
[287] 吴成颂:“产业转移承接的金融支持问题研究——以安徽省承接长三角产业转移为例”,载《学术界》2009 年第 5 期。
[288] 吴伟华:“反梯度转移:欠发达地区的发展战略选择与实践——以浙江省丽水市为例”,载《重庆科技学院学报(社会科学版)》2014 年第 7 期。
[289] 吴晓波、韦影、杜健:“社会资本在企业开展产学研合作中的作用探析”,载《科学学研究》2004 年第 6 期。
[290] 夏禹龙等:“梯度理论和区域经济”,载《科学学与科学技术管理》1983 年第 2 期。
[291] 相伟、鲁春慧:“南宁市承接东部地区产业转移研究”,载《经济地理》2010 年第 4 期。
[292] 谢呈阳、周海波、胡汉辉:“产业转移中要素资源的空间错配与经济效率损失:基于江苏传统企业调查数据的研究”,载《中国工业经济》2014 年第 12 期。

[293] 谢丽霜："产业梯度转移滞缓原因及西部对策研究"，载《中央民族大学学报》2005年第5期。
[294] 熊必琳、陈蕊、杨善林："基于改进梯度系数的区域产业转移特征分析"，载《经济理论与经济管理》2007年第7期。
[295] 胥留德："后发地区承接产业转移对环境影响的几种类型及其防范"，载《经济问题探索》2010年第6期。
[296] 徐超、池仁勇："企业家社会资本、个人特质与创业企业绩效——基于中国创业板上市公司的实证研究"，载《软科学》2014年第4期。
[297] 徐建牛："后地方法团主义——市场转型过程中乡镇政府经济行为的制度分析"，中山大学2007年博士学位论文。
[298] 徐永利、赵炎："京津冀协同发展：河北省产业逆梯度推移策略"，载《河北学刊》2014年第4期。
[299] 许林："国际产业转移对中国经济及环境保护的影响与对策"，载《生态经济》2014年第3期。
[300] 李建军："产品内分工、产业转移与中国产业结构升级——兼论产业耦合转移背景下中国加工贸易升级"，载《理论导刊》2012年第1期。
[301] 许崴、魏攀："国内外产业转移相关理论研究综述"，载《金融理论与教学》2011年第4期。
[302] 宣文俊："关于长江三角洲地区经济发展中的法律问题思考"，载《社会科学杂志》2005年第1期。
[303] 严成樑："社会资本、创新与长期经济增长"，载《经济研究》2012年第11期。
[304] 颜琼、成良斌："企业社会资本对技术创新推动的作用研究"，载《科技管理研究》2006年第7期。
[305] 杨本建、王珺："地方政府合作能否推动产业转移——来自广东的经验"，载《中山大学学报（社会科学版）》2015年第1期。
[306] 杨丹辉："国际产业转移的动因与趋势"，载《河北经贸大学学报》2006年第3期。
[307] 杨昊、杨上广、章守颖："上海中小企业产业转移的实证研究"，载《上海经济研究》2015年第3期。
[308] 杨玲丽："'组团式'外迁：社会资本约束下的产业转移模式——上海外高桥（启东）产业园的案例研究"，载《华东经济管理》2012年第7期。
[309] 杨玲丽："共生或竞争：论社会资本约束下的产业转移——苏州和宿迁两市合作经验的归纳与借鉴"，载《现代经济探讨》2010年第9期。
[310] 杨玲丽："区域产业转移中的地方政府行为：效率机制与合法性机制的博弈"，载《科技管理研究》2010年第17期。

[311] 杨善华、苏红："从'代理型政权经营者'到'谋利型政权经营者'——向市场经济转型背景下的乡镇政权"，载《社会学研究》2002 年第 1 期。

[312] 杨秀云、袁晓燕："产业结构升级和产业转移中的产业空洞化问题"，载《西安交通大学学报（社会科学版）》2012 年第 2 期。

[313] 姚瑶、徐燕："产业位势、社会资本及其交互作用对创新意愿积极性的影响"，载《科研管理》2014 年第 10 期。

[314] 叶嘉国："珠三角产业转移趋势及承接地应对之策"，载《宏观经济管理》2013 年第 1 期。

[315] 叶琪："我国区域产业转移的态势与承接的竞争格局"，载《经济地理》2014 年第 3 期。

[316] 游家兴、邹雨菲："社会资本、多元化战略与公司业绩：基于企业家嵌入性网络的分析视角"，载《南开管理评论》2014 年第 5 期。

[317] 余慧倩："长三角需审慎对待国际产业转移"，载《江南论坛》2004 年第 6 期。

[318] 原小能："国际产业转移规律和趋势分析"，载《上海经济研究》2004 年第 2 期。

[319] 臧得顺："从波兰尼到格兰诺维特：'社会人'对'经济人'假设的反拨与超越——兼议新经济社会学的最新进展"，载《甘肃行政学院学报》2009 年第 6 期。

[320] 臧得顺："格兰诺维特的'嵌入理论'与新经济社会学的最新进展"，载《中国社会科学院研究生院学报》2010 年第 1 期。

[321] 臧旭恒、何青松："试论产业集群租金与产业集群演进"，载《中国工业经济》2007 年第 3 期。

[322] 张方华："知识型企业的社会资本与技术创新绩效研究"，浙江大学 2005 年博士学位论文。

[323] 张公嵬、梁琦："产业转移与资源的空间配置效应研究"，载《产业经济评论》2010 年第 3 期。

[324] 张公嵬："我国产业集聚的变迁与产业转移的可行性研究"，载《经济地理》2010 年第 10 期。

[325] 张国胜、杨怡爽："我国制造业内发生了区域间的产业梯度转移吗——基于'五普'与'六普'的数据比较"，载《当代财经》2014 年第 11 期。

[326] 张宏、薛宪方："民营企业家社会资本与企业绩效的关系：基于温州市的调研"，载《社会科学家》2014 年第 8 期。

[327] 张建军："产业转移、比较优势与西部区域经济发展战略研究"，载《唐都学刊》2007 年第 2 期。

[328] 张丽曼：《从全能型政府到效能型政府——论社会主义政府管理模式的转型》，吉林人民出版社 2000 年版。

[329] 张丽曼："论中国政府管理模式的转型"，载《社会科学研究》2004 年第 6 期。

[330] 张敏丽、贾蓓："金融危机后中国产业空心化发展的新动向及其原因探析"，载《河北学刊》2014 年第 2 期。

[331] 张其仔：《社会资本论：社会资本与经济增长》，社会科学文献出版社 2002 年版。

[332] 张其仔："社会资本与国有企业绩效研究"，载《当代财经》2000 年第 1 期。

[333] 张少军、刘志彪："全球价值链模式的产业转移——动力、影响与对中国产业升级和区域协调发展的启示"，载《中国工业经济》2009 年第 11 期。

[334] 张文宏、张莉："劳动力市场中的社会资本与市场化"，载《社会学研究》2012 年第 5 期。

[335] 张文宏："社会资本：理论争辩与经验研究"，载《社会学研究》2003 年第 4 期。

[336] 张文宏："中国城市的阶级结构与社会网络"，香港中文大学 2003 年博士学位论文。

[337] 张秀娥、姜爱军、张梦琪："网络嵌入性、动态能力与中小企业成长关系研究"，载《东南学术》2012 年第 6 期。

[338] 张燕："环境管制视角下污染产业转移的实证分析——以江苏省为例"，载《当代财经》2009 年第 1 期。

[339] 张宗庆："论我国产业结构调整面临的难题及对策"，载《东南大学学报（哲学社会科学版）》2000 年第 4 期。

[340] 赵炎、郑向杰："网络嵌入性与地域根植性对联盟企业创新绩效的影响——对中国高科技上市公司的实证分析"，载《科研管理》2013 年第 11 期。

[341] 赵张耀、汪斌："网络型国际产业转移模式研究"，载《中国工业经济》2005 年第 10 期。

[342] 甄志宏："从网络嵌入性到制度嵌入性——新经济社会学制度研究前沿"，载《江苏社会科学》2006 年第 3 期。

[343] 郑伯埙："差序格局与华人组织行为"，载《本土心理学研究》1995 年第 3 期。

[344] 郑胜利、黄茂兴："从集聚到集群——祖国大陆吸引台商投资的新取向"，载《世界经济与政治论坛》2002 年第 3 期。

[345] 郑鑫、陈耀："运输费用、需求分布与产业转移——基于区位论的模型分析"，载《中国工业经济》2012 年第 2 期。

[346] 周黎安："中国地方官员的晋升锦标赛模式研究"，载《经济研究》2007 年第 7 期。

[347] 周明华："国际产业转移的动因研究"，载《经济研究导刊》2009 年第 15 期。

[348] 周五七："中部地区承接沿海产业转移中的制度距离与制度创新"，载《经济与管理》2010 年第 10 期。

[349] 周小虎、陈传明："企业社会资本与持续竞争优势"，载《中国工业经济》2004 年第 5 期。

[350] 周小虎:“企业家社会资本及其对企业绩效的作用”，载《安徽师范大学学报（人文社会科学版）》2002 年第 1 期。
[351] 周雪光:《组织社会学十讲》，社会科学文献出版社 2003 年版。
[352] 周业安:“地方政府治理：分权、竞争与转型”，载《人民论坛（学术前沿）》2014 年第 4 期。
[353] 朱彬钰:“社会资本与技术创新——珠三角传统产业集群中的企业研究”，中山大学 2007 年博士学位论文。
[354] 朱国宏:《经济社会学》，复旦大学出版社 2003 年版。

POSTSCRIPT

后　记

2009 年，我和项目组成员一起开始了长三角产业转移的研究。而此书稿主体部分的撰写，从 2015 年开始持续到 2017 年，先进行的案例研究，然后展开企业家问卷调查，进行定量研究。案例部分多数完成于 2015 年，定量研究部分完成于 2017 年底。2018 年~2019 年，我又对书稿中的部分数据进行了更新，虽然仍有一些数据略显过时，但并不影响书稿中的观点。这十年中，我付出了很多汗水，多次走访了长三角的产业转移园区和企业，完成了 9 个案例；利用各种社会关系，完成了 312 份长三角企业家的问卷调查。大家知道，企业家调研不像普通消费者调研那么容易，没有一定的社会关系，企业家是不会接受调研的，所以调研过程的艰辛可想而知。我要在此感谢所有对我的调研提供帮助的朋友们，谢谢你们！

图书在版编目（CIP）数据

嵌入性约束下的长三角产业转移/杨玲丽著. —北京：中国政法大学出版社，2019.10
ISBN 978-7-5620-9240-7

Ⅰ.①嵌… Ⅱ.①杨… Ⅲ.①长江三角洲－产业转移－研究 Ⅳ.①F269.275

中国版本图书馆 CIP 数据核字(2019)第 228298 号

出版者　中国政法大学出版社
地　址　北京市海淀区西土城路 25 号
邮寄地址　北京 100088 信箱 8034 分箱　邮编 100088
网　址　http://www.cuplpress.com (网络实名：中国政法大学出版社)
电　话　010-58908285(总编室) 58908433（编辑部）58908334(邮购部)
承　印　固安华明印业有限公司
开　本　720mm×960mm　1/16
印　张　22.25
字　数　360 千字
版　次　2019 年 10 月第 1 版
印　次　2019 年 10 月第 1 次印刷
定　价　79.00 元